Ludger Eversmann

Die Revolution ist überfällig!
Aufruhr im Angesicht der Gefahr des Global Meltdown

Ludger Eversmann, geboren 1953 im Münsterland, war früh von den großen "utopischen" Fragestellungen der Philosophie angezogen, fand aber zuerst keinen festen akademischen Boden unter den Füßen. Er durchwanderte mehrere Stationen von Studien in Philosophie und Psychologie, unterbrochen von längeren Phasen als Jazzmusiker. Ein Studium der Wirtschaftsinformatik führte dann in die IT-Beratung, und mit der Promotion in diesem Fach fand er endlich zu dem gesuchten großen Thema „Zukunft der Arbeit". Er hat mehrere Bücher zu diesen Themen (Zukunft bzw. Ende der Arbeit, Postkapitalismus und Digitalisierung) geschrieben, und dazu publiziert (u.a. für Telepolis und der Freitag). Er hat über 30 Jahre als freier Berater in Hamburg gelebt.

Ludger Eversmann

Die Revolution ist überfällig!
Aufruhr im Angesicht der Gefahr des Global Meltdown

WWW.BOD.DE

© 2025 Dr. Ludger Eversmann
Verlag: BoD · Books on Demand GmbH,
Überseering 33, 22297 Hamburg, bod@bod.de
Druck: Libri Plureos GmbH,
Friedensallee 273, 22763 Hamburg

ISBN: 978-3-8192-4600-5

Inhaltsverzeichnis

Gewidmet den ermordeten Kindern von Gaza.
Ihr Leid darf nicht vergebens gewesen sein.

Vorwort

Die Ereignisse überschlagen sich Ende März 2025: Donald Trump, der als „Peacemaker" zu seiner Wiederwahl angetreten war und den Ukraine-Krieg in 24 Stunden beenden wollte, überzieht Wladimir Putin mit heftigen Vorwürfen und droht ihm gar Santionen an, nachdem er ihn zuvor hoch gelobt und stundenlang mit ihm verhandelt hatte.[1] Gleichzeitig droht Trump Selensky mit „großen Problemen", falls der den von Trump gewünschten Rohstoff-Deal verweigert.[2]

Einige Tage zuvor, am 19. März, waren die „JFK-Files" freigegeben worden, also die bis dahin geheimgehaltenen Dokumente zu dem Attentat auf John F. Kennedy. Während nach einigen Tagen der fieberhaften Suche nach neuen Erkenntnissen in den Großmedien die Einschätzung verbreitet wurde, es sei doch eigentlich nichts Spektakuläres zutage getreten, wurden einige Spurensucher aber doch fündig. Die wichtigste Erkenntnis: Spuren nach Israel. Aus einem Dokument ging zum Beispiel hervor, dass der damalige CIA-Mann James Jesus Angleton die Aufgabe hatte, alle Verbindungen des geheimen Atomwaffen-Programms Israels zur CIA zu verwischen, um Kennedy darüber hinters Licht zu führen. Angleton hatte enge Verbindungen zum Mossad.

Auf der Plattform X hat jemand einen Thread zusammengestellt mit öffentlich verfügbaren Informationen zu Personen, die mit dem Attentat in Zusammenhang standen und die alle zu jüdischen Personen führten, wie etwa Jack „Ruby" Rubenstein, der Lee Harvey Oswald erschoss; Arlen Specter, der die Betrugs-Theorie der „Magischen Kugel" erfand; Abraham Zapruder, dem das Dallas-Tex-Building gehörte, von dem aus Sniper auf Kennedy schossen, und der auch den Schmalfilm drehte, der die tödlichen Schüsse auf Kennedy zeigt; es stand neben der Schulbücherei, in der Oswald bis zu diesem Tag gearbeitet hatte; oder der Filmproduzent Arnon Milchan, der früher für Israel Waffen geschmuggelt hatte, und der den Film „JFK" des Regisseurs Oliver Stone produzierte, aus dem dann alle Israel-Verbindungen getilgt werden mussten.[3]

Für Angleton wurde in Jerusalem eine Art Denkmal errichtet, eine „Jim Angleton Corner", eine Stätte, die von Yitzak Rabin und dem damaligen Bürgermeister Jerusalems geschaffen worden ist, zur Erinnerung an den damaligen Chef der Spionageabwehr der CIA.[4] Offenbar gibt es enge Verbindungen zu den Kennedy-Morden, die sog. „Mossad-Connection" – von der aus Spuren auch zum 11. September führen.[5]

Wir stehen also vor einer explosiven Situation: der Kennedy-Mord, die Verbindungen zu 9/11 und zu Gaza könnten auffliegen – liegt da vielleicht auch Revolution in der Luft? Eben das sagt ein Spurensucher aus Schottland in einem Video-Clip, veröffentlicht auf der Plattform X: „Revolution in the air". Wir könnten nicht länger in einer Welt leben, in der Genozid etwas Normales ist; Menschen aus Palästina, aus dem Libanon, aus Gaza werden massenhaft ermordet und Journalisten werden exekutiert, weil sie die Wahrheit berichten über das, was vor den Augen der Welt vor sich geht. Er sagt, die Menschen müssten sich einfach weigern zur Arbeit zu gehen und sollten stattdessen massenhaft streiken; Millionen Menschen könnten sich zusammentun, wenn nicht Milliarden, die alle das Gleiche denken; sie alle haben das Beste versucht auf friedliche Weise, und sie halten sich an die Regeln, aber die herrschende Klasse hält sich selbst leider nicht an die Regeln.[6] Auch darum wird es gehen in diesem Buch: um unfassbare, gigantische Verbrechen, und um all die endlosen Kriege in Nahost, Gaza und Ukraine, die die Menschen nicht länger mitansehen und ertragen wollen.-

Das möglicherweise letzte Kapitel dieser Geschichte beginnt mit der Wiederwahl Donald Trumps. Donald Trump hat als ersten Staatsgast nach seiner Wiederwahl den israelischen Ministerpräsidenten Benjamin Netanjahu empfangen, und ihn behandelt, als sei er der wahre Präsident der USA. Auch daraus ergibt sich das Vorwort zur Geschichte dieses Buches, die erklärt, was in den letzten rund hundert Jahren in den USA geschehen ist, und die das alles fast an einem einzigen Tag offenbar werden lässt.

Trump hat Netanjahu offenbar seine bedingungslose Unterstützung zugesichert, die bis zur Unterwürfigkeit geht, zu erkennen an der Demutsgeste, dass Trump persönlich dem zur Fahndung ausgeschriebenen Kriegsverbrecher Netanjahu zu einer Unterschriftszeremonie den Stuhl unterschiebt. Zu der Gelegenheit trägt Trump entgegen seiner sonstigen Gewohnheit nicht seine rote Krawatte, als Symbol der Macht, sondern eine hellblaue, israelische, während Netanjahu dazu nun die rote Krawatte trägt. Alle Welt soll verstehen: Die USA sind jetzt beherrscht von Zionisten, die sich für das auserwählte Volk halten.

Trump hat in den wenigen Tagen dieses Besuches erst einen Streit mit Südafrika angezettelt und behauptet, die Regierung Südafrikas wolle weißen Südafrikanern Land wegnehmen, was kaum mißzuverstehen ist als Retourkutsche für die von Südafrika angestrengte Völkermordklage gegen Israel; die Idee dazu kam von Netanjahu. Dann hat Trump behauptet, der Iran wolle ihn ermorden lassen, und hat für den Fall mit so vernichtender Vergeltung gedroht, dass vom Iran nichts übrig bleiben werde. Ein Attentat des Iran auf Trump – nichts könnte verheerendere Reaktionen provozieren als das. Auch diese Idee kam anscheinend von Netanjahu.

Nun hat Trump Netanjahu zum entspannten Kamingespräch im Weißen Haus geladen, und Journalisten seine Pläne zu Gaza bei einer Pressekonferenz vorgestellt. Er bleibt bei seiner Idee, den Gazastreifen zu „räumen", weil der nur noch eine fürchterliche Trümmerlandschaft sei. Die Gazaner könnten doch gut irgendwohin umgesiedelt werden, wo es schöne neue Häuser für sie geben werde; sie würden darum garnicht erst in ihre Häuser zurückkehren wollen. Was völkerrechtlich eine Annexion des Gazastreifens ist, ist für Trump ein Immobiliengeschäft: Trump sieht die USA in einer „langfristigen Eigentümerposition", und unter Führung der USA könne das Gebiet zu einer „Riviera des Nahen Ostens" werden.

Nach dem Krieg in ihre angestammte Heimat zurückkehren sollen die Palästinenser also nicht, meint er: „Warum sollten sie zurückkehren wollen? Der Ort ist die Hölle", sagte Trump an der Seite Netanjahus im Weißen Haus.[7] Trumps Vision: „Wenn wir das richtige Stück Land oder mehrere Stücke Land finden und ein paar wirklich schöne Orte bauen könnten, (...) dann wäre das meiner Meinung nach viel besser, als nach Gaza zurückzukehren, wo es jahrzehntelang Tod gegeben hat" (a.a.O.) Der jahrzehntelange Tod war das Werk der „moralischsten Armee der Welt", wie die Welt weiß; ersten Reaktionen nach zu urteilen hat die Welt aber offenbar wieder vor, zu diesem vor den Augen der Welt begangenen Völkermord zu schweigen.

Die Welt hat im Laufe von Geschichte und Vorgeschichte zum Zweiten Weltkrieg erlebt, wie das vormals hochgeehrte und angesehene Kulturvolk der Deutschen in Barbarei versunken ist. Das deutsche Volk hat dafür einen hohen Preis bezahlt, das Land ist zerstört und das Volk schuldig geworden, auch wenn nicht alle gleichermaßen an den Eroberungskriegen und der Barbarei des Holocaust mitschuldig waren.

Nun muss die Welt mitansehen, wie das einmal hochgeehrte Kulturvolk der Juden in Israel in Barbarei versinkt, als Höhepunkt seiner jahrzehntelangen Apartheid-Politik gegenüber den Palästinensern. Es ist tragisch zu nennen, dass der gleiche irrationale, todessüchtige Fanatismus, der damals Nazi-Deutschland befiel, nun das faschistisch gewordene Israel befällt: „Auschwitz, das Warschauer Getto und Gaza haben die gleiche Genese", schreibt der Journalist Wolf Wetzel dazu (s. u.).

Aber es gibt einen großen Unterschied: Nazi-Deutschland wurde am Ende von den vereinten Kräften der Siegermächte Sowjet-Union, USA, Frankreich und Groß-Britannien besiegt, gekämpft hat es bis dahin ganz alleine. Aber das frühere Kulturvolk der Juden kämpft nicht allein: Es hat es verstanden, das viel größere Kulturvolk USA in seine Dienste zu tricksen, indem diese Menschen, die sich für das auserwählte Volk halten, in das fremde große Land eingewandert sind und es unter ihre Kontrolle gebracht haben. So sehr, dass der amerikanische Präsident nun die Interessen des kleinen Israel vertritt, und für die Interessen Israels Geld, Ressourcen und Menschen opfert. Das kleine Land Israel beherrscht auf diese Weise nicht nur die Palästinenser auf der West-Bank und im Gazastreifen, sondern die ganze westliche Welt.

Die Aussichten, dass die beiden ehemaligen Kulturvölker USA und Israel auf die gleiche Weise wieder zur Besinnung auf ihre vorherige Kultur, ihre vorherige Größe, ihre vorherigen Werte gebracht werden können, sind damit vergleichsweise gering. Ein militärischer Sieg nach einem mit dieser Absicht geführten Krieg scheidet aus.-

Dieses kurze Vorwort ist die schnelle spontane Reaktion auf die erschreckende Erkenntnis, dass sich die in diesem Buch beschriebene Jahrzehnte lange Entwicklung nun so dramatisch zuspitzt. Amerika, die lang geliebte und bewunderte Führungsmacht des Westens, die uns den Jazz, den Ford Mustang, Coca-Cola und Michael Jackson beschert hat, ist nicht mehr die Kraft des Guten, der Freiheit des Wortes, des Wohlstands und des Fortschritts, sondern versinkt in radikaler Ehrlosigkeit, verführt durch die korrupten Eliten, die vor Genozid und anderen Verbrechen nicht zurückschrecken – weil sie sich für das auserwählte Volk halten. Netanjahu plant nun ganz offen die Annexion Gazas und die Vertreibung der Palästinenser,[8] nachdem mit der Person des mutmaßlichen Völkermörders Netanjahu dieser morallosen Elite in aller Offenheit vom Präsidenten Amerikas ein Führungsanspruch eingeräumt worden ist – das ist eine bittere Erkenntnis, und sich dieser Erkenntnis zu stellen verlangt Mut.[9]

Mut und den Willen zu sagen: das alles machen wir nicht mehr länger mit.

Netanjahu hat Donald Trump einen „goldenen Pager" überreicht, montiert auf die Scheibe eines alten libanesischen Olivenbaumes, der von Soldaten der IDF gefällt worden ist. Der Zynismus der sich hier offenbart macht fassungslos: Mit diesem Pager sind 37 Menschen getötet worden, Tausende verletzt, darunter viele zufällig betroffene und nun für ihr Leben gezeichnete junge Menschen und Kinder. Viele haben Gliedmaßen oder das Augenlicht verloren. Dieses „Geschenk" widmet Netanjahu seinem „größten Freund und Verbündeten" Donald Trump. Ein Präsident, der solche Geschenke annimmt, hat keine Moral. Trump nannte die hinterhältige Pager-Attacke eine „eine großartige Operation".

Anmerkungen zum Vorwort:

[1] Frankfurter Rundschau vom 31.3.2025: Trump „wütend und stinksauer": US-Präsident geht auf Putin los. Trump sagte in einem Telefoninterview mit NBC News, er sei „sehr wütend und stinksauer" gewesen, „als Putin über die Glaubwürdigkeit des ukrainischen Präsidenten Wolodymyr Selenskyj herzog und begann, über eine neue Führung in der Ukraine zu sprechen". Diese Kommentare würden nicht „an der richtigen Stelle ankommen", bekräftigte Trump weiter. https://www.fr.de/politik/trump-ist-ploetzlich-pissed-off-und-droht-putin-93657007.html

[2] Tagesschau vom 31.3.2025: Trump droht der Ukraine wegen Rohstoff-Deal. https://www.tagesschau.de/newsticker/liveblog-ukraine-montag-482.html#Problemen

[3] Vgl. X-Tweet des Users "Uncommon Sense": https://x.com/Uncommonsince76/status/1906389464340963366

[4] Jim Angleton Corner in Jerusalem https://jerusalemfoundation.org/old-project/jim-angleton-corner/

[5] Der frühere Feuerwehrmann und Kongressabgeordnete Curt Weldon hat in einem Podcast mit dem früheren Fox-News Moderator Tucker Carlson erhebliche Zweifel vorgetragen an der offiziellen Version der Ereignisse um den 11. September, und fordert nun die Aufnahme einer erneuten seriösen Untersuchung. Der offizielle Untersuchungsbericht zu 9/11 sei ein einziger Betrug. Wie Carlson selbst äußern auch immer mehr Blogger, Youtuber und Podcaster ihre Zweifel, die damit inzwischen ein Millionenpublikum erreichen. Wenn die Erfahrung nach nun 23 Jahren lehrt, dass anfängliche Zweifel nicht etwa ausgeräumt wurden im Laufe dieser langen Zeit, sondern dass im Gegenteil immer mehr anfangs als „Verschwörungstheorie" verworfene Erkenntnisse durch immer umfassendere und substantielle Erkenntnisse bestätigt werden, werden die Rufe nach neuen Untersuchungen und Aufdeckung der wahren Hintergründe zwangsläufig immer lauter. Vgl. Auszug aus dem Interview mit Tucker Carlson: „Ich werde sie nennen": Curt Weldon fordert Kongressabgeordnete heraus. https://www.youtube.com/watch?v=o11BfsmjLQI Sollte sich dabei herausstellen dass diese Untersuchungen tatsächlich derartig massive Staatsverbrechen zum Vorschein bringen, wie sie von vielen Autoren vermutet werden, wäre eine Revolution auch aus diesem Grund wohl tatsächlich fällig.

[6] X-Tweet von Tadhg: „Are you willing to engage in mass, civil disobedience to save G@za? Time is rapidly running out. It's now or never." https://x.com/TadhgHickey/status/1906351999517331831

[7] Tagesschau: „Trump will Gazastreifen unter US-Kontrolle bringen". Stand 5.2.2024 https://www.tagesschau.de/ausland/amerika/trump-netanjahu-gaza-100.html

[8] Die Berliner Morgenpost schreibt am 26.3.2025: „Israel schafft Tatsachen. „Riviera" in Gaza: Netanjahu bereitet Trump den Boden." Im Artikel heißt es: „Israels Regierung macht keinen Hehl mehr aus dem Wunsch, die Palästinenser anderweitig unterzubringen. Wie geht es für die Menschen weiter?" „Anderweitig unterbringen" heißt im Klartext: sie werden vertrieben. „Allein in den ersten sieben Tagen nach dem Bruch der Waffenruhe mussten 140.000 Menschen flüchten", sagt Gavin Kelleher vom Norwegischen Flüchtlingsrat. „Sie haben überhaupt keine Ahnung, wo sie hinsollen. Es gibt keinen sicheren Ort für sie.' Schließlich greift Israel auch im Süden des Gazastreifens an." Israels Verteidigungsminister Katz erklärt dazu: „Und das ist erst der Anfang, warnt Israels Verteidigungsminister Israel Katz. „Ihr werdet immer mehr Gebiete verlieren", sagt Katz. In einem öffentlichen Schreiben an das Volk von Gaza kündigte Katz an, dass Israels Armee seine Luftangriffe in Gaza ausweiten werden. „Ihr werdet aufgerufen werden, weitere Gebiete zu evakuieren", sagt Katz. Das ist Genozid und Annexion mit Ansage, und die Welt schaut ungerührt zu. https://www.morgenpost.de/politik/article408651275/gaza-gazastreifen-israel-trump-riviera-plaene-netanjahu.html

[9] Donald Trump unterscheidet sich dadurch von den anderen US-Präsidenten seit Bestehen des Council on Foreign Relations, dass er diesem mächtigen Verein ebenso wenig angehört wie damals US-Präsident Kennedy. Dies könnte der Grund dafür sein, dass Trump zwar ebenso Israel-freundlich ist wie alle Präsidenten nach Kennedy, er aber gegenüber Russland – bisher – auf einem prorussischen Kurs verbleibt, und sich um Beendigung des Ukraine-Krieges bemüht. Der gesamte übrige Westen inkl. EU lässt aber in seiner kriegstüchtigen/kriegssüchtigen Haltung nicht nach, weshalb die Gegenwart im Zeichen dieser großen Frage steht – wie wird die Geschichte entscheiden? Für oder gegen Krieg? Und wie werden „wir alle" uns entscheiden?

Einleitung

Wie können Menschen auf diese Einsicht reagieren – dass Gottes auserwähltes Volk nicht die Guten sind? Sondern Teil einer finsteren, erbarmungslosen, morallosen und selbstherrlichen Kabale? Die unfassbare Verbrechen begangen haben und noch immer begehen – weil sie sich für Gottes auserwähltes Volk halten? Das keiner universal bindenden Moral verpflichtet ist, und zur Herrschaft über die ganze Welt berufen? Diese Einsicht ist schmerzhaft, verstörend und bedrückend. Sie lähmt den Verstand, den Willen und die Entschlusskraft, einem sich offenbarenden bösen Willen und diesen monströsen, im Namen eines falschen, unbarmherzigen alttestamentarischen Gottes begangenen Verbrechen mit aufgeklärtem Verstand und mit dem Guten Willen moderner Ethik und Moralität zu begegnen, um diese Verbrechen aufzuklären, die Täter zu stellen und die Menschheit aus diesem Albtraum zu befreien.

Dieser nicht zu fassende, gigantische Kriminalfall, der sich vor den Augen der Welt abspielt, ist kein angenehmes Schauspiel, wie es sein könnte bei einem fesselnden Krimi, in dem die Zuschauer von Regie und Drehbuch auf die Aufklärung des Falles hingeleitet werden, bis die Spannung ins Unterträgliche steigt, aber sich am Ende in der dramatischen Schlussszene alles auflöst, das Böse gestellt und entlarvt ist und das Gute hat gesiegt. Nein: In diesem Kriminalfall wird betrogen und geraubt und gemordet, aber die Regie führt die Zuschauer auf der großen Weltbühne hinters Licht mit raffiniertesten Mitteln, und sie versucht, die Aufklärung auf ewig zu verhindern.

Um welche Kriminalfälle geht es: Um die Morde an den Brüdern John F. und Robert F. Kennedy, um den Mord an Martin Luther King, um den Raubüberfall auf die Republik Serbien im Jugoslawienkrieg der NATO um die Kontrolle des Kosovo vom 28. Februar 1998 bis zum 10. Juni 1999; um den 11. September 2001; den darauf folgenden Überfall auf Afghanistan 2002; um den erlogenen Krieg gegen den Irak ab 2003; um die betrügerische „Hypothekenkrise" 2007/2008; um den erlogenen Überfall auf Libyen 2011; um die jahrelangen Umsturzversuche in Syrien bis 2024; um den inszenierten Aufstand des „Maidan" in der Ukraine ab 2013 und den folgenden Putsch gegen den gewählten Präsidenten Janukowisch; um den Bürgerkrieg der Ukraine gegen die Menschen des Donbass von 2014 bis 2022; um die Verbrechen an Kindern und Minderjährigen durch den Sexualverbrecher Jeffrey Epstein und seinen Pädophilenring ab 2002; um die betrügerische Covid-„Plandemie" ab 2019, und um den inszenierten Krieg in Gaza ab dem 7. Oktober 2023. Darum geht es: um die Aufklärung, wer in diesem gigantischen Kriminalfall die Bösen sind.

Seit Adolf Hitler wusste man bald in der ganzen Welt, wer damals die Bösen waren: Die Nazis und das Nazi-Deutschland, das die Welt in den Zweiten Weltkrieg gestürzt hat und den Holocaust begangen. Das war der Inbegriff des Bösen. Die Nazis waren diejenigen, die sich für die auserwählte Herrenrasse hielten, und alle anderen für Untermenschen. Die Nazis wollten mit ihrer Welthauptstadt Germania die Welt beherrschen, in der Mitte ihres Tausendjährigen Reiches, gestützt auf die überlegene Kriegsmaschinerie und den Kampfeswillen ihres Militärs. Die „Judenfrage" wollten sie „lösen" – endgültig. Jeder Mensch mit einem Minimum an Verstand und Kultur konnte damals von Anfang an wissen, dass diese Ideen ein barbarischer Rückfall waren in eine gewaltverherrlichende, irrationale, mittelalterliche, antizivilisatorische Ideenwelt. Aber die Ideenwelt dieser Menschen, die sich für das auserwählte Volk halten, ist ebenso antizivilisatorisch, rassistisch, morallos und irrational. Diese Welt stammt aus der gleichen Wurzel, und ist sie beseelt und getrieben von nahezu gleichen Zielen. Sie verstehen es dabei meisterhaft, ihr Handeln und ihre Absichten zu verschleiern. Sie haben auch den Neoliberalismus erfunden, was ihnen ermöglicht, ihr Ziel einer möglichst vollständigen, totalen Herrschaft über die Welt zu erreichen, ohne dass die Menschen dies überhaupt erkennen – weshalb sie nun glauben, eine Welt ohne Neoliberalismus und seine Regeln und Gesetze sei einfach nicht möglich. Der verstorbene Kulturanthropologe David Graeber schrieb einmal, es gebe ein verbreitetes Gefühl von Hoffnungslosigkeit, das jeder hat, und das sei ein vorfabriziertes Produkt: Darum gehe es im Neoliberalismus; Neoliberalismus sei nicht einfach ein ökonomisches Programm, sondern ein politisches Programm und darauf angelegt, Hoffnungslosigkeit zu produzieren, und jede zukünftige Alternative zu töten.[10] Diese Hoffnungslosigkeit lähmt und schwächt – und sie ermöglicht umgekehrt die Herrschaft dieses Volkes.

Darum müssen die Menschen nun auch – auf einmal – „kriegstüchtig" sein: denn damit ist jede zukünftige Alternative vollständig abgetötet. Wenn die Menschen dazu gebracht werden können, sich die Gefahr eines Angriffs durch Russland einzubilden und Hunderte Milliarden von Dollar und Euros für Rüstung auszugeben, wird kein Mensch mehr über Alternativen nachdenken, nicht einmal über Alternativen zur Kriegstüchtigkeit, und über Alternativen zum Neoliberalismus schon gar nicht. Wer es wagt zu fragen, wohin all diese Milliarden fließen, und warum Russland und China der Feind sein müssen, braucht eigentlich nicht lange nach der Lösung des Rätsels zu suchen, aber: die Menschen sind gelähmt, kognitiv erblindet, und sehen es nicht.

Darum soll aus dem früheren Wohlfahrtsstaat Europa ein Kriegsführungsstaat werden: „Europe must trim its welfare state to build a warfare state", schreibt die „Financial Times";[11] es sei unmöglich, den Kontinent zu verteidigen ohne Einschnitte in Sozialausgaben. Dabei kann jeder, dessen Gedächtnis nur etwas mehr als 10 Jahre zurückreicht, nachlesen, wie und von wem der Proxy-Krieg der Ukraine gegen Russland provoziert worden ist: Victoria Nuland, ehemalige Vizeaußenministerin der USA und Nachkömmling einer jüdischen Familie aus Bessarabien, brüstete sich in einem Senatshearing im November 2013, die USA hätten seit 1991 fünf Milliarden Dollar in die Ukraine investiert, um „demokratische Fähigkeiten und Bestrebungen" zu fördern.[12] Wie gesehen, endeten diese Bemühungen mit dem Maidan-Aufstand und dem Putsch gegen den demokratisch gewählten Präsidenten Janukowitsch, und dann begann Pietro Poroschenko den „Anti-Terror-Operation" genannten Bürgerkrieg gegen das eigene Volk, den Donbass.[13] Aber der Beginn dieses späteren Proxy-Feldzugs gegen Russland liegt noch weiter zurück: Schon im November 2010 schrieb der Spiegel: „Nato sucht Gegner"; die Nato habe sich beim Gipfel in Lissabon „mit viel Pomp ein neues strategisches Konzept" gegeben.[14] Warum *suchte* die Nato damals einen Gegner? Und warum musste der Gegner dann Russland sein, obwohl damals niemand in Putin einen möglichen Gegner oder gar bedrohlichen Feind sah?

Nun gibt es diesen Krieg, der zwischen 2014 und 2022 im Donbass tobte, mit 14.000 Toten, und seit Februar 2022 in der ganzen Ukraine, nachdem Putin nichts anderes übrig blieb, als in diesen Krieg einzugreifen. Was passierte in dieser Zeit, als die Menschen an beiden Seiten der Front zu Abertausenden starben – das Globale Vermögen verdoppelte sich, und stieg bis 2024 an auf 14 Billionen Dollar. *14 Billionen Dollar*, entstanden aus Rüstungs- und leistungslosen Zins- und Spekulationsgewinnen! Es darf aber niemand auf die Idee kommen, die Bezieher der gigantischen Windfallprofite mit „Strafsteuern" zu belasten, wie es in den beiden Weltkriegen selbstverständlich der Fall war, nein – es müssen nun Schulden gemacht werden, „Sondervermögen" gebildet, und der Wohlfahrtsstaat muss dem Kriegsführungstaat weichen. Schon garnicht dürfen Krieg und Kriegsvorbereitungen gestoppt werden. Die Gewinne müssen sprudeln – auch darum brauchen diese Menschen Krieg.-

Es gibt einen Parody-Account, der Robert F. Kennedy Jr. zuzuordnen ist, dem langjährigen Bürgerrechtsanwalt und nun von Trump zum Amt bestimmten Gesundheitsminister. Ein Parodie-Account einer öffentlichen Pesönlichkeit hat den Zweck, dieser Persönlichkeit fremde Aussagen in den Mund zu legen, die klingen sollen, als stammten sie von ihr – um sich über sie lustig zu machen. Annalena Baerbocks Parodie-Account z. B. hat den Menschen in diesem Sinne viel Freude gemacht. Dieser Parodie-Account Kennedys legt diesem aber Worte den Mund, die tatsächlich von ihm selbst stammen könnten, die zu sagen er sich selbst aber nicht traut, oder die er nur in dieser Rolle oder unter dieser Tarnung sagen könnte. So könnte der folgende Tweet zu verstehen sein, der am 1. März 2025 von diesem Account abgesetzt wurde:

„Dieser Tweet läuft Gefahr, gemeldet und gesperrt zu werden, aber ich sehe die Notwendigkeit, es laut auszusprechen:
Unser wirklicher Feind ist nicht Russland oder die Ukraine. Es ist nicht einmal China.
Es sind diejenigen, die Kriege angezettelt und versucht haben, sie aufrechtzuerhalten – damit sie Milliarden unseres Geldes in ihre eigenen Taschen waschen können.
Es sind diejenigen, die über USAID Revolten und Instabilität auf der ganzen Welt finanziert haben.
Es sind diejenigen, die auf einer Insel unaussprechliche Verbrechen an Kindern begangen und sich über das Gesetz gestellt haben.
Es sind diejenigen, die Menschen mit endloser Propaganda manipulieren – mit unseren Steuergeldern.
Es sind diejenigen, die so viel Zwietracht unter unserem eigenen Volk gesät haben.
Es sind diejenigen, die meinem Vater, meinem Onkel und @realDonaldTrump in den Kopf geschossen haben.
Es sind diejenigen, die unser eigenes Volk jahrelang vergiftet haben, nur um mehr Profit zu machen.
Es ist dieselbe Gruppe von Menschen.
Und wir werden nicht haltmachen, bis wir ihn, den tiefen Staat, in tausend Stücke zersplittert und unser Land zurückerobert haben."[15]

Die Absicht, sich über Kennedy lustig zu machen, verfolgt dieser Parodie-Account offensichtlich nicht: dazu ist der Text zu ernst, zu bitter, und – zu wahr. Was kann es also sein, was da jemand in der Maske Kennedys sagen will über eine „Gruppe von Menschen", die unser „wirklicher Feind" sind, und der nicht China oder Russland ist? Menschen, die Kriege anzetteln und versuchen, sie aufrechtzuerhalten, „damit sie Milliarden unseres Geldes in ihre eigenen Taschen waschen können"?

Wer ist gemeint mit der „Insel"? Der Tweet-Text sagt: „Diejenigen, die auf einer Insel unaussprechliche Verbrechen an Kindern begangen und sich über das Gesetz gestellt haben" – offenbar ist die Rede von dem aufgeflogenen Pädophilenring um den in Untersuchungshaft umgekommenen Betreiber dieses Ringes, Jeffrey Epstein, und von der Insel Little Saint James, auf der diese Sexualverbrechen an Minderjährigen begangen wurden, um sie zu filmen und so Erpressungsmaterial zu erzeugen.[16]

Wer hat dem Vater und dem Onkel von RFK Jr. in den Kopf geschossen? (die Hintergründe der Schüsse auf Donald Trump seien an der Stelle irrelevant.[17])

Und wer „manipuliert Menschen mit endloser Propaganda"?

Von endloser, manipulativer Propaganda sprach damals John F. Kennedy, von der Bedeutung einer freien Presse in Amerika, und von den Gefahren ihres Missbrauchs durch manipulative Propaganda. Von John F. Kennedy ist bekannt, wie sehr er damals die freie Presse gefährdet sah, wie etwa aus der bekannten Rede Kennedys vor amerikanischen Zeitungsverlegern vom 27. April 1961 zu entnehmen ist. In der Rede warnte Kennedy vor „geschlossenen, unbarmherzigen Verschwörungen" durch die Presse, also durch Journalisten, Zeitungen und ihre Verleger, mit drastischen Worten: „Es ist ein System, das gewaltige, menschliche und materielle Resourcen in einem eng verbundenen Aufbau zu einer höchst effizienten Maschinerie kombiniert, in der Militär, Diplomatie, Intelligenz, Ökonomie, Wissenschaft und politische Operationen zusammengefaßt sind."[18] Könnte also diese „Gruppe von Menschen" gemeint sein in diesem Tweet, der so klingen soll als stamme er von RFK Jr.? Diese „Gruppe von Menschen", die so eine „höchst effiziente Maschinerie" geschaffen hat, um Menschen mit endloser Propaganda zu manipulieren? Und vielleicht sogar auch: Um JFK und RFK, mit anderen „Verschwörern" als Komplizen, in den Kopf zu schießen?

Von JFK existiert ein Zitat, das allerdings nicht mit Quellen belegt ist, andererseits aber auch nicht mit Belegen für eine mögliche Falschheit des Zitats. Es lautet:

„Eines Tages, nachdem ich längst gegangen bin, werden Sie sich an mich erinnern und sagen: Wir hätten das Atomprogramm Israels stoppen, die Federal Reserve abschaffen und alle Geheimbünde, Okkultisten, Usurpatoren und Zionisten aus unserem wundervollen Land werfen sollen, damit das so bleibt, aber es ist nie zu spät, denken Sie daran."

Unterstellt das Zitat ist richtig, und stammt von JFK. Dass Kennedy mit allen Mitteln versucht hat, das Atomprogramm Israels zu stoppen, ist vielfach belegt, und dass er kein Freund war von „Geheimbünden, Okkultisten, Usurpatoren", wäre mit obigem Zitat aus der Rede Kennedys vor amerikanischen Zeitungsverlegern ebenfalls gut belegt. Dass er auch kein Freund der Zionisten war ergibt sich daraus, dass JFK und später sein Bruder RFK den „American Zionist Council" (später umbenannt in AIPAC) als ausländische Agenten registrieren lassen wollte.[19] Daraus könnten – oder sollten – sollten sich für RFK Jr. einige Anhaltspunkte und Verdachtsmomente ergeben, welche Gruppe von Menschen wohl auch so etwas im Schilde geführt haben könnte: Kriege anzetteln und Menschen mit endloser Propaganda manipulieren. Sind sie vielleicht auch „diejenigen, die so viel Zwietracht unter unserem eigenen Volk gesät haben"? Und „diejenigen, die unser eigenes Volk jahrelang vergiftet haben, nur um mehr Profit zu machen"? Dieselbe Gruppe von Menschen?

Um zu erfahren welche Gruppe von Menschen Kriege angezettelt hat und versucht, „sie aufrechtzuerhalten, damit sie Milliarden unseres Geldes in ihre eigenen Taschen waschen können", könnte man jemanden befragen der sich mit angezettelten Kriegen gut auskennt: nämlich den an der Columbia Universität lehrenden Ökonomen Jeffrey Sachs. Sachs spricht zu verschiedenen Gelegenheiten von einer „mächtigen zionistischen Lobby", die Amerika für Serienkriege im Interesse Israels missbraucht habe, und einem „israelischen Extremismus", der die Kontrolle über das Pentagon innehat.

Man muss nun vorausschicken: Sachs ist nicht irgendwer; er ist absolut glaubwürdig, und genießt weltweit einen erstklassigen Ruf: Sachs war Professor an der Columbia-Universität, und da von 2002 bis 2016 Direktor des Earth Institute; von 2002 bis 2006 war er Sonderberater der Millennium Development Goals. Zurzeit ist Sachs Direktor des UN Sustainable Development Solutions Network an der Columbia-Universität; von 2001 bis 2018 war er Sonderberater der UN-Generalsekretäre Kofi Annan, Ban Ki-moon und Antonio Guterres, und von 2002 bis 2006 Direktor des Projekts der UN zu den Millenniums-Entwicklungszielen. Jeffrey Sachs ist glühender Bewunderer des ermordeten Präsidenten Kennedy und seiner Friedenspolitik; er sagte einmal, nach Präsident Kennedy seien alle anderen Präsidenten nur noch „Faktotums" gewesen. Es gibt ein Interview des früheren Bundesrichters und zeitweiligen Fox-News-Moderators Andrew Napolitano mit Sachs zu dem Thema „Serienkriege", und es ist an dieser Stelle lohnend, dieses Interview ausführlich wiederzugeben. In dem Gespräch mit Andrew Napolitano sagte Jeffrey Sachs am 20.11.2024 über den israelischen Ministerpräsidenten Benjamin Netanjahu:

„Netanjahu hat Amerika mehr Schaden zugefügt als jeder andere unserer elenden Präsidenten in all ihrer gescheiterten Politik, weil Netanjahu Amerika benutzt hat, Amerika wiederholt missbraucht hat, weil die zionistische Lobby so mächtig ist, dass Netanjahu im Grunde im Namen des israelischen Extremismus die Kontrolle über das Pentagon hatte. Der Krieg im Irak 2003 ist ein Netanjahu-Krieg. Der Versuch, Baschar al-Assad in Syrien zu stürzen, der 2011 begann und sich über weitere 14 Jahre Krieg erstreckte, ist ein Netanjahu-Krieg. Der Sturz von Muamar Gaddafi im Jahr 2011, der nicht nur in Libyen, sondern in ganz Afrika zu Instabilität führte, ist ein Netanjahu-Krieg. Netanjahu und seine Freunde in der US-Regierung, diese sogenannten Erz-Zionisten hatten eine effektive Kontrolle über das US-Militär. Sie haben Sie und mich und den Rest von uns als Steuerzahler Billionen Dollar gekostet. Es ist ein ziemlich toller Deal, dass die Israel-Lobby oder die zionistische Lobby, sagen wir mal, hundert Millionen Dollar in Wahlkämpfe steckt und Billionen, Billionen rausbekommt. Nicht Milliarden – Billionen! Und wenn Netanjahu spricht, kommt es mir bizarr vor. Es geht nicht darum, wen Trump ernennt oder benennt, sondern darum, dass die Vereinigten Staaten von Amerika sich von einer Extremistenbande für Serienkriege missbrauchen lassen, die für Amerikas Interessen katastrophal waren. Die Kriege Israels zu führen, damit Israel seinen Extremismus, seine Besetzung palästinensischer Gebiete und seine Apartheidherrschaft über palästinensische Gebiete aufrechterhalten kann, liegt nicht im Interesse Amerikas."

Könnten in diesem Tweet also genau die Kriege Netanjahus gemeint sein, die auch von derselben „Gruppe von Menschen" angezettelt wurden? Und die möglicherweise auch diese unaussprechlichen Verbrechen „auf einer Insel" begangen haben? Und die möglicherweise auch Kennedys Vater und seinen Onkel auf dem Gewissen haben?

Das ist natürlich Spekulation, zumindest was die Kennedy-Morde angeht, aber die von Netanjahu behaupteten Serienkriege sind dann immerhin von einer Persönlichkeit vom Format eines Jeffrey Sachs bestätigt. Über die „unaussprechlichen Verbrechen auf einer Insel" kommt immer mehr an die Öffentlichkeit: Jeffrey Epstein war Partner der inzwischen verhafteten und verurteilten Sexualstraftäterin Ghislaine Maxwell, Tochter des unter mysteriösen Umständen ums Leben gekommenen früheren Verlegers Robert Maxwell. Robert Maxwell ist jüdischer Abstammung und wurde als Ján Ludvík Hoch in der Tschechoslowakei geboren; er wurde nach seinem Tod auf dem Jüdischen Friedhof am Ölberg in Jerusalem bestattet. Maxwell werden Beziehungen zum israelischen Geheimdienst Mossad nachgesagt, so etwa von dem ehemaligen Mossad-Agenten Victor Ostrovsky.[20] Jeffrey Epsteins Pädophilenring soll von dem jüdischen Milliardär und Unternehmer Lesley Wexner finanziert worden sein, zu dessen Firmenkonglomerat auch die Modefirma „Victoria's Secret" gehörte, die Damenunterwäsche und Reizwäsche produzierte. Wexner gründete 1991 gemeinsam mit dem Milliardär Charles Bronfman die „Study Group", auch unter dem Namen „Mega Group" bekannt, und diese war eine informelle Vereinigung einiger sehr einflussreicher Geschäftsleute, darunter der weltbekannte Filmregisseur Steven Spielberg und der zeitweilige Präsident des jüdischen Weltkongresses Edgar Bronfman.[21]

Die Verbrechen der Sexualstraftäterin Ghislaine Maxwell sind gerichtsnotorisch. Epstein wurde ebenfalls verurteilt; zeitweilig aus unbekannten Gründen freigelassen bis zur erneuten Inhaftnahme, in der er nach einem angeblichen Selbstmord umkam. Wer diesen Ring finanzierte, der Milliardär Leslie Wexner, ist somit ebenfalls kaum noch ein Geheimnis – welche „Gruppe von Menschen" also ist gemeint? Ist es weit hergeholt zu vermuten, dass dazu auch diese „Erz-Zionisten" gehören, die „Israel-Lobby" oder „zionistische Lobby", von der Jeffrey Sachs in diesem Interview sprach?

Diesen Gedanken weist RFK Jr. selbst aber erstaunlicherweise weit von sich. Dem Text des Tweets zufolge will der parodierte Kennedy den „tiefen Staat" in tausend Stücke zersplittern und „unser Land zurückerobern", aber wer der tiefe Staat ist – davon will der reale Robert Kennedy Jr. nichts wissen, ganz im Gegenteil: er ist gut Freund mit allen Zionisten. In „tausend Stücke zersplittern" wollte JFK damals die CIA, wie man weiß, sein Neffe RFK Jr. aber gibt sich dazu heute völlig ahnungslos. Wird RFK Jr. vielleicht auch erpresst, von Epsteins Pädophilenring?

RFK Jr. unterzeichnete den „Aufruf für die Kirche und die Welt", den eine Gruppe um den Erzbischof Carlo Maria Viganò am 7. Mai 2020 verfasst hatte. In dem Aufruf ist im Zusammenhang mit der COVID-19-Pandemie davon die Rede, dass „Kräfte […] daran interessiert" seien, „in der Bevölkerung Panik zu erzeugen", und „fremde Mächte" und „supranationale Einheiten" mischten sich ein, „um besser manipulieren und kontrollieren zu können". Es handle sich um einen „beunruhigender Auftakt zur Schaffung einer Weltregierung". Weltregierung? Welche „Gruppe von Menschen" mag da Interesse haben an der Schaffung einer Weltregierung?

Die Wikipedia schreibt in diesem Artikel, die Medien, die Deutsche Bischofskonferenz sowie Kirchenvertreter haben diese Thesen zurückgewiesen und sie als „Verschwörungstheorien" bezeichnet.[22] Wirklich überraschend ist das tatsächlich nicht: Wer heute noch den Denunziationsbegriff „Verschwörungstheorie" verwendet, demaskiert sich inzwischen eher selbst und bekennt sich damit zur Unwahrheit.[23]

Wer ist der „tiefe Staat"? Es wird oft vermutet oder der Eindruck erweckt, es handle sich hier um eine Schattenregierung, mit einer festen Struktur und Organisation und festgelegten Zielen und Aufgaben, die niemand mit Namen kennt. Vielleicht handelt es sich aber einfach um eine Vielzahl von Personen, die sich zunächst einmal nur in einem Merkmal gleichen: dass sie erklärte Freunde und Unterstützer des Staates Israel sind, und, das ist nicht unwichtig, Freunde und Anhänger des Idee des Zionismus. Es ging vor einiger Zeit eine Rede des Immobilien- und Casino-Millardärs Sheldon Adelson durch die sozialen Medien, in der dieser seine Liebe zu Israel erklärte:

„Die Uniform, die ich beim Militär trug, war leider keine israelische Uniform. Es war eine amerikanische. Obwohl meine Frau in der israelischen Armee war … Uns geht es nur darum, gute Zionisten zu sein. Gute Bürger Israels zu sein … Israel liegt mir am Herzen."[24]

Adelson war Nachkomme jüdischer Einwanderer aus Osteuropa[25]; er machte sein Vermögen in der Immobilien- und Casinobranche und vermehrte es bis November 2020 auf 33,5 Milliarden Dollar. Seine israelische Frau Miriam, die er nach dem Tod seiner ersten Frau heiratete, spendete während der Wahlkampagne Donald Trumps 100 Millionen Dollar an Trump. Diese Geschichte und diese Haltung amerikanischer Bürger mit sehr großen finanziellen Mitteln, meist doppelter US-israelischer Staatsbürgerschaft und engen Beziehungen sowohl zum Staat Israel und seinen Werten, Zielen und Aktivitäten als auch zur Idee des Zionismus sind typisch für diese Haltung, und aus diesen Menschen mit ihren Zielsetzungen und Wertungen „besteht" gewissermaßen der „tiefe Staat": sie überziehen Politik, Parteien, Medien und Entscheidungsträger auf staatlicher und kommunaler Ebene mit einem Netz von durch Spenden (oder auch Bestechung) geschaffenen Bindungen und Verpflichtungen, und beeinflussen die Poltik der USA in die gewünschte Richtung. Der „tiefe Staat" ist im Grunde genau das, was schon Kennedy in seiner Rede vor den Zeitungsverlegern beschrieb: „…ein System, das gewaltige, menschliche und materielle Resourcen in einem eng verbundenen Aufbau zu einer höchst effizienten Maschinerie kombiniert, in der Militär, Diplomatie, Intelligenz, Ökonomie, Wissenschaft und politische Operationen zusammengefaßt sind." Dieses Netz wird gebildet von Hunderten von Organisationen, von denen das „AIPAC" (American Israel Public Affairs Committee) und die „ADL" (Anti-Defamation League) die bekanntesten sind.

Um es in aller Kürze zusammenzufassen: Die Israel-Lobby besteht aus organisierten Lobbygruppen, „Political Action Committees" (PACs), Think Tanks und „Medien-Watchdog-Gruppen", und diese Medien-Watchdog-Gruppen bilden ein landesweites Netzwerk lokaler „Political Action Committees", die in der Regel nach der Region benannt sind, aus der ihre Spender stammen; es stellt einen Großteil des pro-israelischen Geldes in der US-Politik bereit. Zusätzliche Mittel kommen von Einzelpersonen (s.o.), die Spenden an von den PACs favorisierte Kandidaten bündeln. Als gemeinsames Ziel der Geber wird genannt, die Beziehungen zwischen Israel und den Vereinigten Staaten zu stärken und Israel bei seinen Verhandlungen und bewaffneten Konflikten mit seinen arabischen Nachbarn zu unterstützen. Wie der Verlauf des Gaza-Kriegs aber inzwischen gezeigt hat: Israel verfolgt gegenüber seinen Nachbarn Palästina und Libanon recht klar kriegsverbrecherische und genozidale Absichten.[26]

Die „Conference of Presidents of Major American Jewish Organizations" (CoP) ist der Dachverband der jüdischen Gemeinde in Amerika; sie besteht aus 53 nationalen jüdischen Organisationen aus dem gesamten politischen Spektrum und wurde 1955 gegründet, um eine einheitliche Stimme jüdischer Organisationen zu entwickeln, insbesondere gegenüber der US-Regierung. Im Jahr 2022 umfasste die CoP 53 amerikanisch-jüdische Gruppen aus dem gesamten politischen Spektrum.[27]

Man könnte einwenden dass Lobby-Organisationen in jeder Branche vorkommen und aktiv sein können, in x-beliebigen Berufsverbänden oder in den Gewerkschaften, und dass das zum politischen Leben einfach dazugehört. Zu den amerikanisch-jüdische Gruppen gehören auch explizit anti-zionistische Gruppen wie die „Jüdische Stimme für den Frieden" (Jewish Voice for Peace) oder die Gruppe „IfNotNow", die sich explizit gegen die israelische Besatzung des Westjordanlands und des Gazastreifens richtet. Aber diese Gruppen scheinen gegenüber der pro-iraelischen und zionistischen Lobby machtlos, wie ja die tatsächliche antipalästinensische Politik Israels und damit der von diesen Gruppen unterwanderten USA zeigt. Und diese Menschen führen offenbar mehr im Schilde, als nur eine Lobby-Organisation zu sein, zumindest wenn man dem damaligen Weltklasse-Schachspieler und Intelligenz-Genie mit einem IQ von 182, Bobby Fischer, glauben will oder darf:

„Meine Grundthese ist, dass die Juden ein kriminelles Volk sind, die die Vereinigten Staaten vollständig kontrollieren und die Vereinigten Staaten als Vehikel benutzen, um die Welt zu erobern."[28] Fischer, der selbst Jude war, spricht hier von „den Juden", was natürlich mit Blick auf die Nazi-Vergangenheit und deren rassistischen antisemitischen Judenhass gefährlich und zu verallgemeinernd ist, aber den explizit zionistischen Lobby-Gruppen – womit Thorah-Judaisten eben nicht gemeint sind, dazu später – ist derartiges womöglich durchaus zuzutrauen, und insbesondere die Kennedy-Morde, und der 11. September 2001 – diese Behauptung wäre offenbar zu belegen.

In den letzten Jahren sind nun eine Reihe von Autoren mit genau der These an die Öffentlichkeit getreten: dass es eben so eine kriminelle Kabale aus Zionisten gewesen ist, die die Morde an den Kennedy-Brüdern und an Martin Luther King begangen hat, und die auch das Jahrhundertverbrechen des 11. September 2001 zu verantworten hat. Zu nennen sind hier die folgenden Autoren (sie sind nicht die einzigen):

Christoffer Bollyn: Der amerikanische Journalist Christopher Bollyn[29] vertritt schon seit seinen ersten Veröffentlichungen im Jahr 2002, tatsächlich schon seit dem 11. September 2001, als er das Einschlagen der Flugzeuge in die Zwillingstürme des WTC mit eigenen Augen sah, die These, es gebe eine „Zionist Connection", die hinter dieser Kabale steckt. Die Türme des WTC in New-York seien gesprengt worden, um unter dem Vorwand eines islamistischen Anschlags durch Al-Kaida-Terroristen Afghanistan und den ganzen Nahen Osten überfallen und im Interesse Israels und des US-amerikanischen Großkapitals sich unterwerfen und wirtschaftlich ausbeuten zu können. Bollyn hat auf seiner Webseite ein umfassendes, seit 2001 geführtes Archiv von Material zusammengetragen, das seine These stützt.[30]

David Icke: Ähnlich argumentiert auch der britische Publizist und ehemalige Fussballprofi David Icke, der in seinen Vorträgen eine Fülle an Material zusammenträgt, die die Recherchen Christopher Bollyns in weiten Teilen stützen und ergänzen.[31] David Icke, der sich eindeutig im Sinne des Thorah-Judaismus[32] philosemitisch äußert und nach seiner Zeit als Sportreporter der BBC für die britische „Green-Party" als Parteisprecher gearbeitet hat, also offenbar keineswegs rechtsextremem Gedankengut nahestand, veröffentlicht heute esoterische Literatur, die andere Themen und Interessen seiner Leser anspricht, vertritt aber zu den von ihm dargelegten Verbindungen der „Zionisten" zu den Ereignissen des 11. September und zu den Kennedy-Attentaten im Wesentlichen noch immer korrespondierende Überzeugungen wie auch Bollyn.

Kees van der Pijl: Diesen Zusammenhang sieht auch der niederländische emeritierte Sozialwissenschaftler Kees van der Pijl, der detailliert die Verbindungen der Israel-Lobby zu den Ereignissen des 11. September untersuchte, und nach Veröffentlichung seiner Untersuchungen prompt von seiner Universität wegen des Vorwurfs des „Antisemitismus" entlassen worden ist.[33]

Laurent Guyénot: Der französische Autor und Filmemacher Laurent Guyénot hat sich in zwei Büchern, zwei Dokumentarfilmen und einer Reihe von Artikeln in Magazinen, Zeitschriftenartikeln und in Interviews mit den Themen 9/11 und den Kennedy-Morden (John F., Robert F. und John F. Kennedy Jr.) auseinandergesetzt; in seinem Buch „From Yahweh to Zion" beleuchtet er die biblisch-religiösen sowie philosophischen Hintergründe des Zionismus.[34]

Matthew Towers: Zuletzt ist mit der gleichen These der amerikanische Publizist und Filmemacher Matthew Towers hervorgetreten, der den Film „Israel's Second 9/11" produzierte.[35] Matthew Towers, von seiner Familienherkunft her jüdisch, bekennt sich dazu, als ehemaliger Zionist und ehemaliger Jude zum Christentum konvertiert zu sein. In seinem Film zitiert bzw. stützt Towers die Thesen Bollyns und Gyuénots und zeigt Ausschnitte und Szenen aus deren Filmen, Büchern und Vorträgen.

Richard Gage: Richard Gage ist der frühere Hochbau-Architekt, der im Jahr 2006 während einer Autofahrt im Radio zuerst von dem Vortrag des Theologie-Professors David Ray Griffin erfuhr, in dem dieser darlegte, dass die Türme des World Trade Centers unmöglich durch Bürobrände haben zum Einsturz gebracht werden können, sondern dass sie gesprengt worden sein müssen. Richard Gage, dem als Hochbauarchitekt die Sachlage bekannt war, schien der Vortrag von Griffin überzeugend, und er ließ seit dem von diesem Thema nicht mehr ab und gründete die Organisation „Architects and Engineers for 9/11 Truth", der sich später rund 3.700 Architekten anschlossen.[36] Richard Gage vermied es über all die Jahre, die Frage der Schuld an diesem Verbrechen anzusprechen, sondern beschränkte sich auf den Nachweis, dass die offizielle Erklärung nach der „Pancake-Theorie" für die Zwillingstürme sowie Bürofeuer für das Gebäude WTC7 falsch sein muss, und dass die tatsächlichen Hintergründe vor Gericht aufgeklärt werden müssen. Inzwischen scheinen Gage aber die Indizien für einen zionistischen Hintergrund so massiv und erdrückend, dass er sich dieser Theorie anschließt. Insbesondere untersucht Gage die erstaunlichen Parallelen zwischen den Ereignissen des 11. September, der Covid-Pandemie und dem 7. Oktober 2023, die bei näherem Hinsehen den Eindruck erwecken, als seien die Abläufe dieser drei Ereignisse von den gleichen Drehbuchschreibern erdacht worden.[37]

Damit liegen Recherche-Ergebnisse von Aktivisten, Journalisten, Wissenschaftlern und Filmemachern vor (es gibt weitere[38]), die einen nachhaltig prägenden Einfluss zionistischer US-amerikanischer und/oder israelischer Kreise auf die Zeitgeschichte seit mindestens hundert Jahren sehen, der die Entwicklung Amerikas, des Mittleren Ostens sowie des gesamten Westens inkl. NATO und EU massiv dominiert hat und möglicherweise bis heute und bis über die Gegenwart hinaus in seine Gewalt bekommen hat, mit – möglicherweise – verhängnisvollen Konsequenzen für die weitere Zukunft. Wer an ihnen zweifelt, sollte diesen Recherchen zumindest genügend Plausibilität zuerkennen, um die Mauer des Verschweigens zu durchbrechen und um weitere Untersuchungen mit wissenschaftlichem Anspruch oder von Journalisten, sonstigen Zeitdiagnostikern oder auch von Völkerrechtlern, anzustoßen.

Diese Autoren sind ernst zu nehmen, ihr Vortrag ist schlüssig und überzeugend, und stößt bei den Lesern auf viel Zustimmung. Widerlegt werden konnten sie bisher nicht, auch nach vielen vergangenen Jahren, und es gab auch keine Versuche juristischer Maßnahmen wie Verbote von Veröffentlichungen oder Strafandrohungen. Was es allerdings gab: Versuche, diese Veröffentlichungen ganz oder teilweise mit anderen Mitteln zum Schweigen zu bringen, etwa durch Sperren auf Youtube oder in sozialen Medien, und teilweise sogar durch körperliche Gewaltanwendung. Das spricht nicht gerade für eine in ehrlicher Absicht der Wahrheitsfindung geführte Diskussion.

Wie haarsträubend der Hang dieses „auserwählten Volkes" zur Kriminalität tatsächlich ist, den aufzudecken die genannten Autoren und unzählige andere Zeitzeugen und Beobachter sich gegenwärtig bemühen, zeige ein jüngst publik gewordener Fall von Verbrechen durch diese Menschengruppe: „Sexualisierte Gewalt als Kriegsmethode". Der Bericht des Menschenrechtsrats der UN ist überschrieben mit dem Text:

„Mehr als ein Mensch ertragen kann: Israels systematischer Einsatz sexueller, reproduktiver und anderer Formen geschlechtsspezifischer Gewalt seit Oktober 2023".[39] Die „Tagesschau" zitiert den australischen Juristen Chris Sidoti: „Die Häufigkeit und Schwere von sexuellen und geschlechtsspezifischen Verbrechen in den palästinensischen Gebieten lässt uns zu dem Schluss kommen, dass sexualisierte Gewalt von Israel zunehmend als Kriegsmethode eingesetzt wird, um das palästinensische Volk zu destabilisieren, zu beherrschen, zu unterdrücken und zu vernichten."[40]

Die Medien bzw. genauer die sozialen Medien (nicht MSM) sind voll von diesen haarsträubenden, unfassbaren Verbrechen der „moralischsten Armee der Welt", deren die Welt inzwischen Zeuge werden musste. All dies fügt sich in das Bild, dass diese „Gruppe von Menschen" mittelbar oder unmittelbar tatsächlich auch für all diese oben genannten Schwerverbrechen verantwortlich zu machen sind.-

Bei dem Bemühen, das Dickicht all der Verbrechen zu durchdringen, die dieser zionistischen Kabale zuzuschreiben sind, wird ein Zusammenhang häufig übersehen: der Zusammenhang zum Neoliberalismus. Der Neoliberalismus ist ja zunächst einmal eine wirtschaftswissenschaftliche Theorie, eine Schule, eine Lehrmeinung, und sie kann die Hände mit allem Recht in Unschuld waschen, denn es geht ihr um nichts anderes als um das, worum es allen Theoretikern der Nationalökonomie gegangen ist: um die Vermehrung des Wohlstands der Nationen. Der Neoliberalismus hat sich aber von Anfang an der Mittel bedient, die auch Kennedy damals beschrieb, also der Bildung eines Systems zum Aufbau einer „Maschinerie aus Diplomatie, Intelligenz, Ökonomie, Wissenschaft und politischen Operationen", nur ohne Einbezug des Militärs. In der Ökonomie war das Ziel der Aufbau eines Netzwerkes von Ökonomen, in dem es vor allem um eines ging: um die reine Lehre des freien Marktes und die Herrschaft des Kapitals; und um die Herrschaft des Kapitals und der „Eliten" durchzusetzen, durften die wissenschaftlichen Netzwerker und ihre Meinungsmacher sich auch durchaus des Mittels der Täuschung und der Propaganda bedienen, um den Wohlstand der Nationen zu vergrößern. Allerdings, wohlgemerkt – nur den Wohlstand der Eliten, der Herrschenden und Besitzenden, nicht den der lohnabhängigen Bevölkerung. Wenn nun, am Ende eines anfangs tatsächlich noch wohlstandserweiternden Kapitalismus, der Wohlstand und der Reichtum extrem groß und konzentriert geworden sind, kommen zunehmend irrationale und keineswegs mehr wohlstandserweiternde, sondern wohlstandszerstörende Pläne und Ziele in den Blick, und damit dann auch das irrationale, biblisch-psychopathische Ziel der Weltherrschaft.

Darum geht es in diesem Buch. Das ist die große Klammer, die dieses Buch umfasst: das biblisch-psychopathische Wirken und Streben dieser Menschengruppe, das toxisch und zerstörerisch ist, weil sie sich für das auserwählte Volk hält, und dessen Strategie des Neoliberalismus, der die sozialökonomische Entwicklung seit fünfzig Jahren in eine falsche, oligarchische Richtung lenkt, obwohl eine nachkapitalistische, sozialstaatliche Transformation längst möglich und notwendig gewesen wäre.

Die Menschheit steht vor gewaltigen Aufgaben, darunter die Verhinderung der drohenden Klimakatastrophe. Menschen, die sich für das auserwählte Volk halten, sind aber nicht qualifiziert, solche Aufgaben zu bewältigen, weil es Aufgaben sind, die alle Menschen gemeinsam betreffen und von allen solidarisch gelöst werden müssen.

1. Zionismus, Neoliberalismus und Gottes Wille

In sehr groben Zügen und unter Verwendung von sehr dicken Pinselstrichen mag es erlaubt sein, die 100-jährige Geschichte der USA, des kapitalitischen Westens, des Nahen Ostens und des Neoliberalismus zusammenfassend wie folgt zu beschreiben: Der Eroberungskampf der Zionisten gegen den sterbenden, geblendeten, willen- und vernunftlosen und dem Amoralismus verfallenden Westen spielt sich auf verschiedenen zeitlichen und geopolitischen Ebenen ab: Die erste Etappe war bestimmt vom Ziel der Schaffung des konzentrierten Reichtums dieser Menschengruppe, wofür die Schaffung der privaten amerikanischen Zentralbank FED (Federal Reserve Bank) 1913 die Grundlage und der Startschuss war. In Palästina wurde der Staat Israel entsprechend der Balfour-Deklaration von 1917 den nach und nach zu vertreibenden Palästinensern abgerungen. Die Entwicklung ging Hand in Hand: Amerika entwickelte im Laufe der 1950er und 1960er Jahre seinen Reichtum, die zionistischen Netzwerke wurden ausgeworfen, und der Staat Israel wurde gegründet und profitierte von deren massiver Unterstützung, und als Israel und die Unterstützung der zionistischen Netzwerke in den USA stark genug waren, konnte bzw. musste Präsident Kennedy aus dem Weg geräumt werden – auch weil er den zionistischen Plänen mit ihrer größenwahnsinnigen Idee der Schaffung eines „Groß-Israel" im Weg war.

Ökonomisch ging es im Westen um die Herrschaft und Entwicklung des Kapitals, wobei der Westen ab den 1950er Jahren noch auf eine grundlegende sozialstaatliche Transformation hoffen konnte, aber – ab 1980 hatte der Neoliberalismus gesiegt.

Um die Zusammenhänge zu verstehen, muss man in der Geschichte weit zurückgehen, etwa hundert Jahre: bis zu Walter Lippmann und Edward Bernays als den zwei wichtigsten Erfindern der Propaganda, zum „Council on Foreign Relations", an dessen Entstehung der Journalist Walter Lippmann beteiligt war, dann zum Neoliberalismus, der ebenfalls auf Initiativen und Impulse von Walter Lippmann zurückgeht (Erläuterungen in weiterem Text). Das biblische Konzept des „auserwählten Volkes" mag zunächst als weit hergeholt erscheinen, aber es gibt diesen Zusammenhang, wie der Historiker und Medievalist Laurent Guyénot über das Konzept des auserwählten Volkes schreibt: „Dieser Traum, den der biblische Jahwe seinem auserwählten Volk eingeflößt hat, ist nicht nur rassistisch; er ist militaristisch und imperialistisch."[41] Und dieser Traum ist, wie die Geschichte des Nationalsozialismus gezeigt hat, ebenso imperialistisch und militaristisch wie das deutsche Volk es war, und ebenso brutal und gewaltverherrlichend. Der nationalsozialistische Imperialismus trat damals auf als Militarismus, der US-Imperialismus bedient sich dagegen eben auch des Instrumentariums einer Wirtschaftstheorie, also des Neoliberalismus, er ist aber ebenso bestimmt vom Ziel der globalen sowohl militärischen als auch wirtschaftlichen Dominanz.

Wie gefährlich und zerstörerisch dieses Konzept ist, zeigt die aktuelle Geschichte Israels und des Gaza-Streifens; es lohnt sich, sich die aggressive kriminelle Energie und die anhaltende Gefahr zu vergegenwärtigen, in der die Welt und ihr bedrohter Frieden unter diesem zerstörerischen Einfluss sich befindet. Der Journalist Wolf

Wetzel hat dies in folgendem Artikel sehr schön aufgezeigt: Auschwitz, das Warschauer Getto und Gaza haben die gleiche Genese.[42] Wetzel schreibt, ausgehend von dem Vorwurf des Völkermords gegen den Staat Israel, den Südafrika in Den Haag erhoben hat: „Ende 2023 hat Südafrika in Den Haag den Vorwurf des Völkermordes gegen den Staat Israel erhoben. Der Klage, die sich auf den Vernichtungskrieg in Gaza bezieht, haben sich viele Länder angeschlossen. Der Internationale Gerichtshof (IGH) behandelt schwere Verbrechen, die Staaten verüben. Dazu gehört insbesondere der Vorwurf, einen Genozid zu begehen. Dabei geht es um materielle, generalisierende Elemente, die einen Völkermord substantiieren:

- Die systematische Entmenschlichung des Gegners
- Der Vernichtungswille (totaler Sieg) gegenüber einem (Groß-)Teil der Bevölkerung
- Die Missachtung von nationalem und internationalem Recht
- Die Geplantheit eines Menschheitsverbrechens.“

Diese vier Elemente charakterisieren auch das Verhalten des Hitler-Faschismus – kurioserweise, könnte man sagen, weil widersprüchlich zum Judenhass; die innere Verwandtschaft lässt sich aber auch auf andere Weise erklären und nachweisen.[43]

Der Wille zur systematischen Entmenschlichung wurde im beginnenden Gaza-Krieg schon gleich zu Anfang überdeutlich, als Ex-Verteidigungsminister Yoav Gallant am 9. Oktober 2023 sagte, gegen wen man kämpft: „Wir kämpfen gegen menschliche Tiere, und wir handeln entsprechend.“ Wetzel schreibt: „Diese Form der Entmenschlichung ist nicht neu, sondern zieht sich durch alle israelischen Kriegsrethoriken der letzten Jahrzehnte.“ Er zitiert die indische Schriftstellerin Arundhati Roy, die in ihrer Rede zur Annahme des PEN-Pinter-Preises 2024 sagte: „Wie jeder Staat, der ethnische Säuberungen und Völkermord in der Geschichte durchgeführt hat, haben Zionisten in Israel, die sich für ‚das auserwählte Volk‘ halten, Palästinenser entmenschlicht, bevor sie aus ihrem Land vertrieben und ermordet wurden. Premierminister Menachem Begin nannte Palästinenser ‚zweibeinige Tiere ‘, Yitzhak Rabin nannte sie ‚Heuschrecken‘, die ‚zerquetscht werden könnten‘ und Golda Meir sagte: ‚Es gab keine solche als Palästinenser‘. (…) Nachdem diese zweibeinigen Tiere, Heuschrecken, Hunde und nicht existierenden Menschen ermordet, ethnisch gereinigt und ghettoisiert worden waren, wurde ein neues Land geboren. Es wurde als ‚Land ohne Menschen für Menschen ohne Land‘ gefeiert. Der atomar bewaffnete Staat Israel sollte als militärischer Außenposten und Tor zum natürlichen Reichtum und den Ressourcen des Nahen Ostens für die USA und Europa dienen. Ein schöner Zufall von Zielen und Vorgaben.“ (a.a.O.)

Wetzel nennt als zweites dieser vier Elemente den unbedingten Vernichtungswillen, der sich in vielen Äußerungen israelischer Offizieller wiederfindet, wie Wetzel Arundhati Roy zitiert: „Die amtierende israelische Ministerin für Soziales und Frauen, May Golan, sagte vor einigen Jahren über sich selbst, sie sei eine stolze Rassistin. Sie hetzt nicht nur rassistisch gegen Menschen aus afrikanischen Ländern, die sie als Kriminelle und Vergewaltiger beschimpft.“

Ein weitere Beleg: „Israels Finanzminister Bezalel Smotrich, der sich stolz als Faschist bezeichnet, sagte am 5. August 2024 auf einer Konferenz des Mediums Israel Hayom im Interview: ‚Es ist gerechtfertigt und moralisch vertretbar, zwei Millionen Zivilisten (in Gaza) auszuhungern. Aber die Welt lässt uns nicht.‘" (a.a.O.)

Wetzel zitiert die Rechtsanwältin Rana Issazadeh: „Israel ist also bereits mitten in einem Prozess der Faschisierung. Die israelische Gesellschaft ist so weit nach rechts gerückt, dass offen faschistische Positionen nicht nur ausgesprochen werden können, sondern sogar Mehrheiten finden und in der Regierung sitzen".

Und diese Menschheitsverbrechen sind ebenso ungeheuerlich wie geplant: „Der vor kurzem entlassene israelische ‚Verteidigungs'minister Joaw Galant sagte am 9. Oktober 2023, also zu Beginn des Krieges in Gaza: ‚Ich habe eine vollständige Belagerung des Gazastreifens angeordnet. Es wird keinen Strom geben, keine Lebensmittel, keinen Treibstoff. Alles ist geschlossen. Wir kämpfen gegen menschliche Tiere und wir handeln entsprechend.‘" Der amtierende israelische Finanzminister Bezalel Smotrich sagte im letzten Jahr über sich selbst, er sei ein Faschist; Teil seiner faschistischen Ideologie ist die Überzeugung, ein palästinensisches Volk existiere nicht.

Premierminister Netanjahu sagte am 8. Oktober 2023: „Wir werden Gaza zu einer Insel aus Ruinen machen", und das ist, so lässt sich nach rund 15 Monaten Bombenhagel unschwer feststellen, gelungen. Der wiedergewählte US-Präsident Trump, der auch die verheerenden 2000-Pfund-Bomben wieder freigeben will, möchte also nun den planvoll verwüsteten Gaza-Streifen „räumen" – aber es geht da um die zu über 80% zerstörten Gebäude der Bewohner des Gaza-Streifens, Häuser, Schulen, Kliniken, Universitäten; Menschen, die da seit Jahrhunderten mit allen international anerkannten Rechten ihre Heimat haben. Ein palästinensisches Volk existiert sehr wohl, nach fast allen Rechtsauffassungen der UN, auf der ganzen Welt – außer der Israels und der USA.

Das alles zeigt also, wie Wolf Wetzel schreibt: Auschwitz, das Warschauer Getto und Gaza haben die gleiche Genese. In Nazi-Deutschland breitete sich diese ebenso irrationale Form des Rassismus aus, mit ebenso militaristischen und imperialistischen Zielen und Ideen, und es sollte damals das Deutsche Volk sein, das die Welt beherrrscht, weil es eben eine Herrenrasse ist, und alle anderen Menschen „Untermenschen". Und nicht nur ausersehen zum Dienen, sondern zur „Vernichtung" sollten eben sein – die Juden.-

Es war der Zweite Weltkrieg notwendig, um Deutschland von seinem Rassenwahn zu befreien. Im Nachkriegsdeutschland und im gesamten „freien Westen" herrschte nun Demokratie und Kapitalismus, und von einem US-Imperialismus war noch wenig zu spüren, im Nahen Osten und in Israel allerdings schon. Aber nach den Verbrechen Nazi-Deutschlands an den Juden und an dem von den Deutschen angezettelten Zweiten Weltkrieg wurde die Sicherheit Israels zur deutschen Staatsräson.

Dem Westen bzw. West-Europa wurde nach dem Zweiten Weltkrieg gestattet, sich demokratisch und frei zu entwickeln, allerdings unter einer konsequenten, dabei aber kaum spürbaren Kontrolle der Amerikaner. Dabei spielten die Medien die entscheidende Rolle, um diese Kontrolle zu sichern, und zwar schon sehr früh, kurz nach dem Ersten Weltkrieg: 1921 wurde der Council on Foreign Relations (CFR)[44] gegründet, als Netzwerk, in das Top-Journalisten und Führungskräfte nahezu aller bekannten US-Medien eingebunden waren: „Gegründet 1921 als eine private, überparteiliche Organisation zur ‚Erweckung Amerikas für seine weltweiten Pflichten‘, prägen der CFR und seine knapp 5000 renommierten Mitglieder seit Jahrzehnten die US-Außenpolitik und deren mediale Darstellung. Wie ein bekanntes Council-Mitglied erklärte, schufen sie aus der amerikanischen Republik ein globales Imperium, indes eines der ‚benevolenten‘ Art", schreibt das Swiss Policy Research in einer Studie über „Das American Empire und seine Medien".[45] Eine Studie der SPR über die „Propaganda-Matrix" beschreibt, „wie der CFR den geostategischen Informationsfluss kontrolliert."[46] Unter der Kontrolle dieses globalen Imperiums, in seiner „benevolenten Art", entwickelte sich der Kapitalismus dann mehr und mehr in diese von ihm gewünschte, Neoliberalismus genannte Richtung. Zum Ursprung des CFR heißt es da:

„Der Ursprung des Council on Foreign Relations liegt im sogenannten ‚Trauma von 1920‘: Nach dem Ersten Weltkrieg hätten die USA erstmals die globale Führungsrolle übernehmen können – doch der Senat entschied sich gegen den Beitritt zum Völkerbund und die kriegsmüde Bevölkerung wählte mit Warren Harding einen Präsidenten, der eine ‚Rückkehr zur Normalität‘ versprach und sich zuerst um die Angelegenheiten und Probleme Amerikas und der Amerikaner kümmern wollte. Um einen solchen Rückschlag künftig zu vermeiden und ‚Amerika für seine weltweiten Pflichten zu erwecken‘, gründeten international orientierte Bankiers, Unternehmer und Politiker im Folgejahr in der Finanz- und Handelsmetropole New York den parteiübergreifenden CFR. Durch die Mitarbeit führender Akademiker und Publizisten, darunter Archibald Coolidge[47] und Walter Lippmann[48], sollten Ideen für eine aktive Außenpolitik entwickelt und in der Öffentlichkeit beliebt gemacht werden.

Der Durchbruch gelang dem Council während des Zweiten Weltkriegs, als CFR-Experten im Rahmen der War and Peace Studies die amerikanische Kriegsstrategie sowie die Grundsätze der Nachkriegsordnung formulierten – inklusive der Satzungen von UNO, Weltbank und Weltwährungsfonds. Dabei folgten sie der Vorgabe von CFR-Gründungsdirektor Isaiah Bowman, wonach die USA künftig die ‚globale Sicherheit garantieren‘ müssten, dabei jedoch ‚konventionelle Formen des Imperialismus‘ zu vermeiden hätten, weswegen der Ausübung amerikanischer Macht ein ‚internationaler Charakter‘ zu verleihen sei.[49]

Auf diese Weise entstand – nur 170 Jahre nach der Unabhängigkeitserklärung – ein globales American Empire, dessen Schlüsselpositionen seitdem nahezu durchgehend von den inzwischen knapp 5000 Vertretern des CFR besetzt wurden (…). Das Nachrichtenmagazin Der Spiegel bezeichnete den Council deshalb einst als die ‚einflussreichste private Institution Amerikas und der westlichen Welt‘ und als ein ‚Politbüro für den Kapitalismus‘." (Swiss Policy Research, a.a.O.)

Was macht nun den gewaltigen Einfluss des CFR problematisch – eben die Tatsache, dass sich darin das „biblische Konzept eines ‚auserwählten Volkes‘" zeigt, und das macht es, wie Guyénot schreibt, „viel toxischer als säkulare Formen des Rassismus, [weil] es untrennbar mit der Vorstellung verbunden ist, dass andere Völker verloren und dem Tod geweiht sind, wenn sie nicht dem auserwählten Volk dienen."

Der CFR ist nicht nur Teil eines globalen Imperium, sondern recht unverkennbar Teil eines jüdisch-zionistisch dominierten Imperiums: Die amerikanische Republik wurde nach dem „Trauma von 1920" mehr und mehr zu einem jüdisch-zionistisch dominierten Imperium; die Propaganda-Erfinder Walter Lippmann und Edward Bernays und die Mitgründer des CFR Paul Moses Warburg und Herrmann Otto Kahn waren jüdisch; der auf eine Initiative Walter Lippmanns zurückgehende Neoliberalismus und die von ihm entwickelten Netzwerke waren und sind jüdisch dominiert, und so ist es auch der CFR, seit dem CFR-Gründungsdirektor Isaiah Bowman.

Die Liste einiger ehemaliger Mitglieder des CFR, von denen zwar nicht alle jüdisch sind, die aber die erreichte Machtposition des CFR dokumentiert, spricht für sich:

- CIA-Direktor Allen Dulles

- der Gründer der deutschen Atlantik-Brücke e. V. des American Council on Germany und Präsident der Weltbank John J. McCloy, ein Vordenker der US-amerikanischen Außenpolitik

- Zbigniew Brzeziński, Politikwissenschaftler und Präsidentenberater

- US-Präsident George H. W. Bush

- US-Außenminister Henry Kissinger

- der ehemalige US-Vizepräsident Dick Cheney

- der Unternehmer George Soros

Diese Namen brauchen keine ausführliche biografische Erläuterung; diese Personen sind weltbekannt, außer vielleicht John J. McCloy, der von 1947 bis 1949 Präsident der Weltbank war, und von 1953 bis 1960 Vorstandsvorsitzender der Chase Manhattan Bank.[50] Aber der CIA-Mann Alan Dulles und seine (mutmaßliche) Verwicklung in den Kennedy-Mord sind der Öffentlichkeit ebenso bekannt wie Zbigniew Brzeziński, der Erfinder des „Großen Schachbretts"[51], die Verantwortlichen beider Irak-Kriege, Dick Cheney und Bush Senior, oder der „Philanthrop" George Soros, der (vermutlich) mit Unterstützung von „Fuck You"-Victoria Nuland[52] den Maidan-Aufstand in der Ukraine 2013 finanzierte.

Präsident des aktuellen Vorstands des CFR ist Michael B. Froman, ehemaliger Bankier der Citibank Group, vorher Assistent des Präsidenten der USA und stellvertretender nationaler Sicherheitsberater für internationale Wirtschaftsangelegenheiten, also Inhaber höchster Ämter in der US-Administration. Als Jugendlicher war Froman aktiv in der B'nai B'rith Jugendorganisation, einer Organisation mit dem Ziel der Bildung einer Identität für jüdische Teenager, dem Angebot eines Entwicklungsprogramms für Führungskräfte, und – in einer geheimen Freimaurerloge.[53] Die anderen aktuellen Vorstände:

- David Rubenstein (Chairman), Mitgründer und Co-Chief Executive Officer der Carlyle Group

- Blair Effron (Vice Chairman), Mitgründer von Centerview Partners, einer Investment Bank

- Jami Miscik (Vice Chairman), Chief Executive Officer und Vice Chairman bei der Beratungsgesellschaft Kissinger Associates Inc. Sie war vorher tätig bei CIA und NSA, bei der Lehmann Brothers Bank und bei Barklays.

Walter Lippmann gehörte 1917/1918 zu der dreiköpfigen Gruppe „The Inquiry", die als „diskret operierenden Gemeinschaft" die Aufgabe hatte, für den damaligen Präsidenten Woodrow Wilson politische Gestaltungsoptionen nach dem Fall des Deutschen Kaiserreichs zu erarbeiten. Lippmann erklärte dieses Vorhaben so: „Unser Vorhaben ist genial. Pure, aufsehenerregende Genialität – und nichts anderes" – was mag er mit dieser mysteriösen Erklärung gemeint haben?[54] Aus dieser Gruppe „The Inquiry" ging 1921 der CFR hervor, zu dessen Kernfunktion die Formulierung außenpolitischer Strategien gehörte; der CFR gehört zusammen mit dem Chatham House und Carnegie Endowment for International Peace bis heute zu den vier weltweit einflussreichsten privaten Think Tanks. Welche Art von „außenpolitischen Strategien" wird auf diese Weise entstanden sein? Ein „Politbüro für den Kapitalismus", wie der „Spiegel" schrieb? (s. o.) Was werden die New Yorker Investmentbank Kuhn, Loeb & Co., der Banker Paul Moses Warburg und Otto Hermann Kahn als Vorstand dieses Bankhauses wohl für „aufsehenerregend geniale Ideen" finanziert haben?

Walter Lippmann und die Mont Pèlerin Society

Walter Lippmann propagierte als Journalist die Idee, dass die öffentliche Meinung durch die Einwirkung der Medien geprägt und vorbestimmt werden sollte, also nicht durch öffentlich verfügbare Informationen gebildeter, informierter mündiger Bürger, sondern dass Medien die Interessen einer „spezialisierten Klasse" bzw. einer berufenen Elite vertreten sollten. Nach Edward Bernays, der den Begriff Propaganda entwickelte, sollte mittels Propaganda eine „unsichtbare Regierung" geschaffen werden, „welche die wahre Herrschermacht unseres Landes ist;"[55] Lippmanns Idee war es, die durch Propaganda zu erschaffenden „Pseudoumwelten" zu nutzen, um Menschen im Dienste von Partikularinteressen der besitzenden Klasse zu manipulieren,[56] also der „Schicht, die von Zins und Gewinnen lebt", wie Joseph Schumpeter schrieb. (s. u.)

Die Geschichte des Neoliberalismus ist untrennbar mit dem Namen Walter Lippmann verbunden, wie aus dieser Geschichte hervorgeht: Lippmann hatte ein Treffen von Intellektuellen und Akademikern in Paris organisiert, das vom 26. bis 30. August 1938 stattfand; dieses Treffen erhielt den Namen „Colloque Walter Lippmann". Lippmann hatte mit seinem Buch „The Good Society"[57] großen publizistischen Erfolg, und man hoffte, angesichts wirtschaftlicher und politischer Krisen in der Vorkriegszeit werde er für Angehörige liberaler Strömungen aus Europa und den USA Impulse liefern, dass neue Leitideen des Liberalismus und ein neues gesellschaftliches System entstehen. Als Namen wählte man für das erhoffte neue System die Bezeichnung „Neoliberalismus", obwohl man in dieser Phase noch keineswegs über das Programm einig war. Jahre später, erst nach dem Zweiten Weltkrieg, wurde als Nachfolgeorganisation die Mont Pèlerin Society (MPS) gegründet, die zukünftige Generationen von

Ökonomen von wirtschaftsliberalen Ideen überzeugen sollte, und die heute als zentraler Knotenpunkt neoliberaler Netzwerke fungiert. Die Vereinigung wurde im April 1947 am Mont Pèlerin bei Vevey am Genfersee gegründet; der Ökonom Friedrich Hayek hatte dazu 36 dem Liberalismus nahestehende Wirtschaftswissenschaftler sowie einige Philosophen, Historiker und Politiker eingeladen.[58]

Eine Vereinigung von Wirtschaftswissenschaftlern, Philosophen, Historikern und Politikern – da war noch nicht zu vermuten, dass diese ehrenwerten Geistesarbeiter in irgendeinem Sinne Böses im Schilde führen. Aber wenn man die Geschichte und die Entwicklung dieser Gesellschaft genauer unter die Lupe nimmt, wird durchaus schon erkennbar, wo die Merkmale dieses Elite-Denkens zu finden sind. Die Mont Pèlerin Society begann schon bald nach ihrer Gründung in „einen lang anhaltenden Stellungskrieg im ‚Kampf um die Köpfe'" einzutreten, wie Nick Srnicek und Alex Williams in ihrem Buch „Die Zukunft erfinden"[59] schreiben: „Man traf sich zu „strategischen Beratungen intellektueller Eliten im privaten Kreis"; dabei war „die Strategie der Gesellschaft (...) bewusst auf lange Sicht angelegt." Über diese privaten Treffen der MPS hinaus „begannen Netzwerke in deren Umfeld damit, aktiv eine ausgedehnte transnationale Infrastruktur zur ideologischen Einflussnahme aufzubauen."[60] Hier zeigte sich die gleiche Methodik, die auch schon das Wirken des CFR prägte.

In den 1950er Jahren wurde auch bald klar, worum es den „intellektuellen Eliten" wirtschaftspolitisch ging: „In den USA und in Großbritannien kam es zu einer Welle systematischer Angriffe auf Positionen der organisierten Arbeiterbewegung. Stück für Stück wurden Gewerkschaften geschwächt und Arbeitnehmerrechte ausgehöhlt. Kapitalverkehrskontrollen wurden gelockert, man deregulierte die Finanzsphäre und zerfledderte den Sozialstaat auf der Suche nach profitablen Teilen." (Pos. 1324)

So zeigt sich auch die Verbindung zu Russland, wie Srnicek und Williams schreiben: „Mit dem Zusammenbruch der UdSSR schließlich schwappte auch über Osteuropa eine Welle der Neoliberalisierung, vorangetrieben durch Berater aus dem Westen. Schätzungen zufolge war die Privatisierungspolitik in den Ländern des ehemaligen sowjetischen Machtbereichs letztlich für den Tod von einer Million Menschen verantwortlich, was zeigt, dass Privatisierung genauso tödlich enden kann wie Kollektivierung und die Expansion des Neoliberalismus alles andere als unblutig verlief." (Pos. 1342)[61]

Der verhinderte Aufstieg des Westens

Die Geschichte des Westens ist also die Geschichte des Westens – nachdem diese Kräfte, der Neoliberalismus und der CFR, gesiegt hatten. Was in Anbetracht des sich entwickelnden Dramas und seiner Brisanz aber dann meist unter den Tisch fällt, nicht klar erkannt und vergessen wird: Der Geschichte des Westens und seines Niedergangs hätte als Geschichte der Verhinderung des Aufstiegs des Westens beschrieben werden müssen; als Verhinderung einer nachkapitalistischen Transformation, die aus der erfolgreichen Geschichte des kapitalistischen Westens hätte hervorgehen müssen. Diese Geschichte wäre nicht von Historikern und Soziologen zu schreiben gewesen, sondern von Ökonomen, genauer: nicht nur von einem Ökonomen, sondern von vielen; zuerst von den drei Schöpfern der ökonomischen „Grand Theories"[62] Marx, Keynes und Schumpeter, und ebenso wie von vielen anderen, die von diesen beeinflusst waren. Joseph Schumpeter, von dem im Folgenden die Rede sein wird, war einer von diesen. Sie alle waren sich trotz diverser Differenzen im Einzelnen einig darüber, dass so ein Aufstieg hätte entstehen und hervorgebracht werden müssen, statt eines Niedergangs. Entstanden sind aber tatsächlich – moral- und ehrlose Oligarchien, mit einem zionistischen Hang zur Weltherrschaft.-

Der verhinderte Aufstieg ist der Schlüssel zu dem Drama, in dem der niedergehende Westen nun schon seit dem Ende der optimistischen Phase des westlichen Kapitalismus gefangen ist; eine Phase, die es Mitte bis Ende der 1970er Jahre gegeben hat, als ein weiterer Aufstieg noch möglich war, aber der wurde verhindert, und die Menschen, die Gesellschaften, die politischen Organe und ihr Führungspersonal wurden gelähmt und geblendet. Die Geschichte und Gegenwart bestimmenden Ereignisse und Phänomene sind bestimmt von der Agenda des „Deep State", und darum oftmals nicht wesentlich ökonomische, also an Wohlstandserweiterung orientierte Prozesse. Typisches Symptom ist zum Beispiel die Tatsache, dass niemand im Westen an der Aufklärung der Sprengung der Nordstream-Pipelines interessiert ist. Die Zerstörung lebenswichtiger Infrastruktur ist ein schweres Staatsverbrechen und hat für die Betreiber der Pipelines sowie für Russland und Deutschland Milliardenschäden verursacht, wie jeder weiß. Donald Trump und Wladimir Putin fordern nun gemeinsam die Aufklärung der Nordstream Sprengungen[63], was eigentlich eine Sensation ist und die Spalten füllen müsste – aber niemand will es wissen. Das Bundeskanzleramt verweigert die Einsicht in Unterlagen zum Bau der Nord-Stream-2 Pipelines.[64]

Ein anderes Beispiel: Die Menschenrechtsorganisation DAWN fordert den Internationalen Strafgerichtshof auf, Ermittlungen gegen die Biden-Regierung wegen Beihilfe zu israelischen Kriegsverbrechen in Gaza einzuleiten: „Der IStGH müsse gegen die ehemaligen Vertreter der US-Regierung, Präsident Joe Biden, Außenminister Anthony Blinken und Verteidigungsminister Lloyd Austin wegen ihrer unterstützenden Rollen bei der Beihilfe und Anstiftung sowie der vorsätzlichen Beteiligung an israelischen Kriegsverbrechen und Verbrechen gegen die Menschlichkeit in Gaza ermitteln – zu diesem Ergebnis gelangt DAWN in einer 172-seitigen Mitteilung an den IStGH-Chefankläger Karim Khan vom 19. Januar 2025."[65] Gegen Benjamin Netanjahu ist ja bereits Haftbefehl beantragt – auch das scheint aber nicht zu interessieren.

Ein weiteres Beispiel: Francisca Albanese, Sonderberichterstatterin der Vereinten Nationen für die von Israel besetzten Gebiete Palästinas, berichtet auf ihrem X-Account seitenweise von den unfassbaren Verbrechen Israels, die nahezu täglich in diesen Gebieten in Gaza oder auf der Westbank begangen werden.[66] Aber der nach der Bundestagswahl nun feststehende Kanzlerkandidat der CDU, Friedrich Merz, nimmt den Glückwunsch des mutmaßlichen Kriegsverbrechers Netanjahu dankend entgegen und lädt diesen zu einem Besuch in Deutschland ein – was Deutschland nach internationalem Recht verpflichten würde, diesen auf deutschem Boden festzunehmen. Merz glaubt aber, sich nicht an international gültiges Recht halten zu müssen.

Heute ist der ganze Westen verwirrt und verstummt, und seine politischen Artikulationen und Willensäußerungen sind zu einem informationslosen Gewirr von schrillen Stimmen entartet, zu einem sinnentleerten weißen Rauschen; die Ergebnisse der letzten Bundestagswahl, die völlige Plan- und Ratlosigkeit und das unverdrossene Schwören auf die immer gleichen Rezepte dokumentieren das auf erschreckende Weise. Einigkeit herrscht nur darin, Aufrüstung gegen Russland für das Allerwichtigste zu halten, sowie Israel weiterhin in seinen völkermörderischen Aktivitäten zu unterstützen; das Brandenburger Tor erstahlt dazu gelegentlich in den Farben Israels.

Die großen amerikanischen Staatsverbrechen, die Kennedy-Morde und der 11. September 2001 sind unverzichtbarer, integraler Bestandteil der Niedergangsgeschichte des Westens; die Geschichte des Westens kann nicht verstanden werden ohne Aufklärung dieser Verbrechen. Ohne diese Aufklärung hat der Westen keine Zukunft, keinen Verstand, keine Moral und weder Würde noch Anstand. Die wahren Verantwortlichen für den Niedergang des Westens sind die Täter dieser Staatsverbrechen; verantwortlich für die von Benjamin Netanjahu angezettelten Nahost-Kriege nach dem 11. September, für den Gaza-Krieg und für die Feindschaft des Westens gegen Russland und China, die sich wegen der ständig vorangetriebenen maßlosen militärische Aufrüstung zu einem Atomkrieg gegen diese Atommächte auswachsen kann. Die unmittelbaren Profiteure dieses Niedergangs des Westens sind eine Handvoll superreiche Oligarchen, die sich mittels der ewigen Kriege in all diesen Krisengebieten die Taschen vollstopfen. Diese Art von ewigen Kriegen und von Niedergang – maßlose Staatsverschuldung, exzessive Ungleichheit und Vermögenskonzentration, maßlose leistungslose Gewinne und Verlust der politischen demokratischen Steuerungsfähigkeit – hätte es eben nicht geben müssen, wenn der westliche Kapitalismus nicht an der Reifung gehindert worden wäre.

Schumpeter: Der Erfolg des Kapitalismus erzeugt seinen Nachfolger

Der Ökonom Joseph Alois Schumpeter hatte schon früh eine Ahnung, wer bei diesem Griff in den Lauf der ökonomischen Geschichte seine Finger im Spiel hatte. Werfen wir also einen vertieften Blick auf die Geschichte des Kapitalismus, wie sich eigentlich hätte abspielen können und sollen, wenn sie nicht verhindert worden wäre.- Joseph Schumpeter, geboren am 8. Februar 1883 im damaligen Kaiserreich Österreich-Ungarn, gilt noch immer als einer der bedeutendsten und prägendsten Köpfe der deutschen Nationalökonomie. Heiner Flassbeck, ebenfalls Ökonom und Autor eines Buches über die „Grundlagen einer relevanten Ökonomik"[67] – nach Urteil eines Rezensenten ein „Destillat" des inzwischen mehr als 50 Jahre währenden Berufslebens[68] Flassbecks –, schrieb über Schumpeter: „Schumpeter ist wichtiger als Keynes", und bezog sich damit auf Schumpeters 1911 erschiene „Theorie der Wirtschaftlichen Entwicklung". (Flassbeck, a.a.O. S. 447; zu Keynes später mehr) Schumpeters 1942 zuerst in Englisch, dann 1946 auf Deutsch erschienenes Buch „Kapitalismus, Sozialismus und Demokratie" aber erwähnt Flassbeck nicht einmal. Dabei war Schumpeter damals wichtig genug, dass er „viel Staub aufgewirbelt" hat, wie Schumpeters Kollege aus einer gemeinsamen Bonner Zeit, Prof. Beckerath, 1949 in einer Buchbesprechung schrieb. Eines der wichtigsten Zitate Schumpeters aus diesem Buch: „Kann der Kapitalismus weiterleben? Nein, meines Erachtens nicht." (S. 105) Wie bitte – der Kapitalismus kann nicht weiterleben? Natürlich hat diese Aussage eines anerkannten Ökonomen damals viel Staub aufgewirbelt.

Trotzdem scheint das heikle Buch Heiner Flassbeck nicht zu interessieren, so wenig wie auch fast die gesamte Zunft der damaligen sowie späteren Kollegen Schumpeters. Fast könnte man denken, man versuchte das Buch totzuschweigen oder seine Aussagen irgendwie zu entschärfen oder zu entwerten; beispielsweise wurde behauptet, Schumpeter habe seine „berühmt-berüchtigten Prognosen" zum Untergang des Kapitalismus „in erster Linie als Provokation zur Erzeugung von Aufmerksamkeit und Belebung der Diskussion" betrachtet,[69] was einigermaßen absurd zu sein scheint. An anderer Stelle wurde behauptet, das Buch sei „ironisch" gemeint gewesen; Schumpeter habe in diesem Buch mit der „rhetorischen Figur der Ironie" gearbeitet, und „Ironie bedeutet, dass man das Gegenteil von dem sagt, was man wirklich meint."[70] Ist das aber überzeugend? Schumpeter schreibt ein fast 500 Seiten umfassendes Buch mit so brisantem Inhalt, nur um Aufmerksamkeit zu erzeugen und die Diskussion zu beleben? Und meint bei alledem das Gegenteil von dem was er sagt?

Schumpeter schließt in seinen Überlegungen aus 1942 an seine frühere Theorie der Wirtschaftlichen Entwicklung an, also an das viel zitierte Motiv der „Schöpferischen Zerstörung", oder an die damals beschriebene Bedeutung der unternehmerischen Innovation als Durchsetzung neuer Kombinationen von Produktionsfaktoren. Eine Schlüsselrolle spielen die „Pionierunternehmer", die ständig nach neuen „Kombinationen" suchen und diese unter Inkaufnahme von Risiken und ggfls. auch gegen Widerstände umsetzen („Schumpeterscher Unternehmer"). Schumpeter unterschied damals fünf Fälle neuer Kombinationen:

- Produktion eines neuen Gutes oder einer neuen Qualität eines Gutes,
- Einführung einer neuen Produktionsmethode,
- Erschließung eines neuen Absatzmarktes,
- Eroberung neuer Bezugsquellen von Rohstoffen oder Halbfabrikaten,
- Neuorganisation der Marktposition, z. B. Schaffung oder Durchbrechung eines Monopols.

Dreißig Jahre später interessieren Schumpeter vor allem die Resultate des Wirkens der schöpferisch-dynamischen Unternehmer: „Die Resultate bestehen jedesmal in einer Lawine von Konsumgütern, die dauernd den Strom des Realeinkommens vertiefen und erweitern, obschon sie zuerst Verwirrung, Verluste und Arbeitslosigkeit bedeuten. Und wenn wir diese Lawinen von Konsumgütern betrachten, (…) so finden wir (…), dass der kapitalistische Prozess progressiv den Lebensstandard der Massen erhöht, und zwar nicht durch einen bloßen Zufall, sondern kraft seines Mechanismus. Dies geschieht in einer Folge von Wechsellagen, deren Ausschläge proportional zur Geschwindigkeit des Fortschritts sind. Doch das geschieht mit Erfolg. Die Probleme der Versorgung der Massen mit Konsumgütern sind eines nach dem andern erfolgreich dadurch gelöst worden, dass sie innerhalb des Wirkungskreises der kapitalistischen Produktionsmethoden gebracht worden sind." (S.115)

Der Gedanke Schumpeters, der im Vergleich zu seinen früheren Überlegungen so viel Staub aufwirbelte: Dieser Prozess der Expansion kommt Schumpeters Argumentation zufolge zum Erliegen, er wird sich nicht ewig fortsetzen. Die Investitionschancen, die für den schöpferischen Unternehmer den Ansporn zu immer neuen Innovationen und Neukombinationen bilden, nehmen tendenziell ab, (auch) weil die „wirtschaftlichen Bedürfnisse der Menschheit eines Tages so völlig befriedigt" sein könnten, „dass wenig Anlass bliebe, noch weitere produktive Anstrengungen zu unternehmen." (S. 213). Um Schumpeters Argument auf „verzweifelte Kürze" zu reduzieren: Dann, glaubt Schumpeter „würde sich daraus ein mehr oder weniger stationärer Zustand ergeben" – eben das wäre gleichbedeutend mit dem Ende des Kapitalismus.

Und das wäre aus Sicht des Kapitals entsetzlich, so entsetzlich wie ein Zustand ewigen Friedens für einen General: „Der Kapitalismus, seinem Wesen nach ein Entwicklungsprozess, würde verkümmern. Für die Unternehmer würde nichts mehr zu tun übrig bleiben. Sie würden sich in der gleichen Lage befinden wie Generäle in einer des ewigen Friedens völlig gewissen Gesellschaft. Die Profite und mit ihnen der Zinsfuß würden sich dem Nullpunkt nähern. Die Schicht der Bourgeoisie, die von Zins und Gewinnen lebt, hätte die Tendenz zu verschwinden. Die Leitung von Industrie und Handel würde zur Sache einer gewöhnlichen Verwaltung, und das Personal würde unvermeidlich den Charakter einer Bürokratie annehmen. Beinahe automatisch entstünde ein Sozialismus eines sehr gemäßigten Typs. Die menschliche Energie würde sich von der Wirtschaft abwenden. Das Streben nach anderen als wirtschaftlichen Zielen würde die Geister anziehen und das Abenteuer bieten." (S. 214)

Kann man sich also vorstellen dass diese „berüchtigte Prognose" Staub aufwirbelte: „Die Schicht der Bourgeoisie, die von Zins und Gewinnen lebt, hätte die Tendenz zu verschwinden"? Ob diese wohl mit allen Mitteln versuchen wird das zu verhindern?

Das wären jedenfalls – auf „verzweifelte Kürze" zusammengefasst, wie Schumpeter sich mit Vorliebe ausdrückte – die Kernsätze aus seiner Theorie vom Ende des Kapitalismus, und dessen notwendiger Transformation in einen stationären Sozialismus „eines sehr gemäßigten Typs." Und eben darum geht es in diesem ganzen Buch: um das hartnäckige Bemühen dieser Schichten der Bourgeoisie, ihr Verschwinden zu verhindern, und um das chaotische Drama, das daraus entstanden ist; um ein Drama, dessen die Welt seit Jahrzehnten Zeuge wird und das sie ungläubig und fassungslos mitansehen muss. Es geht um die eigentlich mögliche und notwendige Transformation in eine nachkapitalistische, nachhaltige, wachstumsunabhängige Ökonomie und Gesellschaft einerseits, und die bis heute anhaltenden Bemühungen andererseits, das Entstehen einer solchen Transformation zu verhindern – um der „Schicht der Bourgeoisie, die von Zins und Gewinnen lebt", den Zugriff auf die im Laufe des Kapitalismus geschaffene „ungeheure Warensammlung" auf ewig zu sichern. Diese Schichten haben dazu Kriege provoziert, gigantische Staatsverbrechen begangen, Millionen und Abermillionen von Toten zu verantworten, und ein heilloses Chaos in den Köpfen der Menschen angerichtet, bei den Verantwortungsträgern in der Politik, im Staat, in der öffentlichen Verwaltung, in den Wissenschaften und in den Medien.-

Von dem, was sich aus dem aufgewirbelten Staub zusammenbrauen sollte, ahnte Schumpeter noch nichts. In der dritten Auflage von „Kapitalismus, Sozialismus und Demokratie", die 1950 erschien, gibt es ein Kapitel mit dem Titel „Kann der Kapitalismus überleben", und da erwähnt Schumpeter in einer Fußnote die Existenz der Mont-Pèlerin-Society: „Ich glaube es gibt einen Berg in der Schweiz, auf dem Wirtschaftskongresse abgehalten wurden, und die ihre Missbilligung aller oder der meisten dieser Dinge zum Ausdruck bringen [mit denen Schumpeters Buch sich beschäftigt, L.E.]. Aber diese Verdammungen haben nicht einmal einen Angriff provoziert."[71]

So glaubte Schumpeter, ganz ahnungslos; Schumpeter aber hat Intensität, Rafinesse, Reichweite und Beharrlichkeit der Angriffe dieser Gesellschaft dramatisch unterschätzt. Auf dem Mont-Pèlerin entfaltete die Mont-Pèlerin-Gesellschaft ihr verhängnisvolles Wirken, und die Ökonomen, die an diesen Wirtschaftskongressen teilnahmen, hatten an vorderster Stelle genau dies im Sinn: das Veschwinden dieser parasitären Schicht der Bourgeoisie zu verhindern. Der Neoliberalismus, von Lippmanns „Colloque Walter Lippmann"[72] in Paris noch vor dem Zweiten Weltkrieg gegründet, zielte mit einer Flut von neu entstandenen Think-Tanks und Lobby-Organisationen darauf ab, die öffentliche Meinung in die Richtung zu manipulieren, dass nichts wichtiger sei als möglichst hohe und möglichst ewige Gewinne der Kapitaleigner, und dass die Intereressen der abhängig Beschäftigten und der Gewerkschaften vor allem nur schädlich seien und im Wege – so jedenfalls die etwas zugespitzte Zusammenfassung des Wirkens dieser Gesellschaft auf ihrem Berg in der Schweiz. (s. o.)

Aber es wäre eben nicht Schumpeter alleine gewesen, der einen solchen Entwicklungsprozess des Kapitalismus zu diagnostizieren hatte. Die innere Logik der industriekapitalistischen Entwicklung, die „in einem Beobachtungsobjekt vorhandenen Tendenzen" (S. 105), die in dem von Schumpeter beobachteten Zeitabschnitt wirksam waren und die diese Entwicklung hin zu einem Ende des Kapitalismus nach seinem Urteil diagnostizierbar machte, wurden auch von anderen Ökonomen beschrieben; Schumpeter und andere hatten dies als „Marsch in den Sozialismus" bezeichnet. Das ist als argumentativer Strang der Beschreibung einer komplexeren ökonomischen Entwicklung zu verstehen, die auch von anderen Ökonomen beschrieben und beobachtet worden ist, so nicht zuletzt von Schumpeters fast gleichaltrigem Kollegen John Maynard Keynes, der eine ganz ähnliche Entwicklung des Kapitalismus hin zu abnehmendem Wachstum, abnehmenden Gewinnen, zurückgehenden gewinnerweiternden Investitionen und schwindender Beschäftigung beschrieb. Keynes nannte diesen entstehenden und von Keynes erwarteten Zustand zwar nicht Sozialismus,[73] mit einer Stärkung und Ausweitung der Sphäre des Öffentlichen rechnete aber auch Keynes. Marx wiederum legte die ungeheure Masse seiner Befunde und Beobachtungen gewissermaßen unter ein starkes Mikroskop, unter ein scharfes Brennglas, und er destillierte daraus ein abstraktes Muster des Ganges der wirtschaftlichen Entwicklung, bis hin zu einem überhaupt vorstellbaren Gipfelpunkt oder Maximum, an dessen Ende Kapital und Arbeit und die damit gegebenen „antagonistischen Gegensätze" verschwinden und sich auflösen und ein „Reich der Freiheit" entsteht, mit Null-Arbeit, Null-Kapital, Null-Gewinnen und Null-Zinsen – genaueres dazu ab Kap. 6. Aber das, worauf der Neoliberalismus als äußerlich ehrenwerte, rationale wirtschaftswissenschaftliche Denkschule abzielt, ist getrieben von anderen Motiven und stammt aus einem anderen Gewächs, das älter ist als der Neoliberalismus – und das ist bösartig, soziopathisch, den Weltfrieden bedrohend und toxisch.-

Irrationalität und Bosheit – eine toxische Kombination

Betrachten wir zunächst die – eigentlich schon irritierende und Verdacht erregende – innere Irrationalität des Neoliberalismus. Es ist in der gesamten Welt des Westens eine alltägliche Beobachtung, wirtschaftliches Wachstum für absolut unbezweifelbar notwendig und unverzichtbar zu halten. Das Wachstum des BIP, der Renditen und der Gewinne muss ohne Ende weitergehen, bis in alle Ewigkeit – so lautet der mit fast biblischer Inbrunst vorgetragene Glaubenssatz. Alle politischen Parteien streiten sich, besonders zu Wahlkampfzeiten, über dieses und jenes, über die Steuerquote, die zu hoch oder zu niedrig sein kann, über die Verschuldung des Staates, die zu hoch oder zu niedrig sein kann, über die aus der Wirtschaftstätigkeit resultierende Schadstoffbelastung, die zu hoch oder zu niedrig sein kann, und über die Möglichkeit oder Unmöglichkeit neuer, innovativer, digitaler Technologien. Unbezweifelbar feststehendes Diktum ist aber, dass das Wachstum um Himmels Willen weitergehen muss.[74]

Manche setzen dabei Hoffnungen auf von reichen Investoren vorangetriebene Innovationen, die entweder neue Wachstumsimpulse setzen können, die in der Lage sind, zu befürchtende ökologische Schäden und Belastungen so weit zu reduzieren, dass auch bei in alle Ewigkeit in beliebiger Höhe vorangetriebenem Wirtschaftswachstum mit keinerlei Grenzen zu rechnen ist. Die australische Bloggerin und Autorin Caitlin Johnstone hat sich in einem X-Tweet zu Ideen „soziopathischer Technologieplutokraten wie Elon Musk" geäußert, die derartige Versprechen machen:

„Die unausgesprochene Prämisse des Kapitalismus ist, dass soziopathische Technologieplutokraten wie Elon Musk die Welt retten werden. Die Idee besteht darin, den Plan des unendlichen Wachstums auf einer endlichen Welt einfach fortzusetzen, bis hoffentlich ein Technologieunternehmen eine Technologie produziert, die dieses Wachstum so nachhaltig macht, dass sowohl (A) alle davon profitieren als auch (B) Milliardäre zu Billionären werden. Dies ist ein religiöser Glaube. Es handelt sich um ein blindes Glaubensdogma, das buchstäblich auf nichts anderem als dem Wunsch, es zu glauben, basiert. Der ‚unsichtbaren Hand des Marktes' wird eine Weisheit zugeschrieben, die der Behauptung gleichkommt, der Kapitalismus werde von Gott gesteuert. Das ist etwas, woran die Menschen glauben wollen, weil die Alternative darin besteht, auf irgendeine Form eines sozialistischen Systems zurückzugreifen, um unser Überleben auf diesem Planeten zu sichern, das wir im Westen reflexartig ablehnen."[75]

Sie will damit nicht nur sagen, dass die Hoffnung auf Rettung durch einen „soziopathischen Technologieplutokraten wie Elon Musk" absurd ist. Sie will sagen, dass der Glaube an unendliches Wachstum in einer endlichen Welt an sich absurd ist, weil es *nie* etwas geben wird, das Milliardäre zu Billionären macht, und Billionäre zu Trillionären, auch eine noch so phantastische Technologie wie etwa die KI nicht, von der sich manche Stimmen solche phantastisch sprudelnden Gewinne versprechen.

Um auf Joseph Schumpeter zurückzukommen: Die unsichtbare Hand des Marktes, von der der Begründer der Nationalökonomie Adam Smith sprach, hat die Menschen völlig unbezweifelbar reicher gemacht, und aus Not, Mangel und Knappheit befreit. Kapitalismus und die unsichtbare Hand des Marktes haben geholfen, das „Knappheitsproblem" zu lösen, wie John Maynard Keynes Ziel und Sinn der kapitalistischen Entwicklung beschrieb. Wenn das Problem aber endlich gelöst ist, muss das Wachstum vernünftigerweise enden, und dann müsste „die Alternative darin bestehen, auf irgendeine Form eines sozialistischen Systems zurückzugreifen, um unser Überleben auf diesem Planeten zu sichern", wie Caitlin Johnstone schreibt. Das Überleben auf diesem Planeten – ja ganz sicher *das*, und auch einfach ein *gutes Leben*, so wie Keynes es als „die Zukunft unserer Enkelkinder" beschrieben hat, wenn der Kapitalismus seinen Job einmal erledigt hat.[76] Joseph Schumpeter versuchte genau das zu beschreiben: eine Form eines sozialistischen Systems, so wie es vernünftigerweise nach dem Ende der erfolgreichen Wachstumsphase des Kapitalismus aussehen müsste.

Aber die Menschen im Westen wollen glauben, der Kapitalismus sei „von Gott gesteuert", wollen „ewiges Wachstum und lehnen Alternativen reflexartig ab". Dieser Glaube ist aber nicht von Gott gesandt oder fällt vom Himmel, sondern er stammt – aus kunstvoll angelegter und von mächtigen Medien vorangetriebener Propaganda, und die will genau das in die Köpfe pflanzen: den Glauben an ewiges Wachstum der Profite und der Renditen, und weil auch „soziopathische Technologieplutokraten wie Elon Musk" ewiges Wachstum durch Flüge zum Himmel oder durch neue Technologien nicht schaffen können, gibt es eben auch Propaganda für ewige Kriege.

Das Stichwort „Ewige Kriege" leitet über zum tieferen Ursprung des Neoliberalismus, und zum Ursprung und der Qualität des biblischen Glaubens, der gefährlich und toxisch ist: eben zum Zionismus, und zu dieser Gemeinschaft von Gläubigen, „die sich für das auserwählte Volk halten". Der Neoliberalismus, seine Propaganda und diese „biblischen Psychopathen" streben gewissermaßen das genaue Gegenteil an von alle dem, wovon Marx, Keynes und Schumpeter schrieben: nämlich unendliche, riesige, maximal konzentrierte Gewinne, ewig fließende Rentenströme, und eine moralose, dabei praktisch unbegrenzte Machtfülle. Und hinter dem biblischen Konzept des „auserwählten Volkes" verbirgt sich diese toxische, völlig irrationale Form des Rassismus: andere Völker haben dem auserwählten Volk zu dienen, und sind von Gott auserwählt zu Weltherrschaft und unendlichem Reichtum.[77]

Die Bloggerin Caitlin Johnstone schreibt auch über die seit dem 7. 10. in Israel sich zeigende Realität der Menschen, die sich für das auserwählte Volk halten. Das tut sie nicht erst seit dem 7. Oktober 2023, aber seit dem natürlich mehr und intensiver.

In einem X-Tweet vom 17. Februar 2025 schreibt sie:

„Ich schreibe ständig über Israel, weil ich es muss, nicht weil ich es will.

Also hielt Israel eine Menge Palästinenser ohne Anklage in Konzentrationslagern fest, nur weil sie Palästinenser waren, und ließ sie dann nicht nur verhungern und foltern, sondern ließ sie sogar einen Davidstern auf ihrer Gefängniskleidung tragen.

Aber denkt daran, Kinder: Es ist böse und falsch, Israel mit Nazi-Deutschland zu vergleichen – egal, wie drastisch und karikaturhaft diese Ähnlichkeiten sind. Einem israelischen Medienbericht zufolge schnallten IDF-Truppen im vergangenen Mai in Gaza einem 80-jährigen Palästinenser Sprengstoff um den Hals und benutzten ihn stundenlang als menschlichen Schutzschild. Anschließend erschossen sie ihn und seine Frau. Als der Holocaust in Gaza begann, habe ich Schlagzeilen wie diese gelesen und gesagt: ‚Heilige Scheiße, das muss eine Übertreibung sein‘, und dann habe ich mich darüber informiert und gesagt: ‚Scheiße, nein, genau das ist passiert.‘ Jetzt lese ich sie und seufze und verwelke innerlich.“[78]

Das ist nur ein kurzes Streiflicht zu ihren Empfindungen seit diesem Tag, zu ihrer Wut und Empörung, die in ihr aufstiegen nach alldem, was über die Hintergründe dieses Krieges Israels, seine vor der Welt verborgenen Absichten, Pläne und Motive bekannt wurde, und über die unfassbaren Grausamkeiten der IDF. Und wie ihre anfängliche Wut und Empörung langsam begann zu verstummen und einem innerlichen Verwelken zu weichen, das sie beschreibt.

Sie spricht auch dieses dunkle Kapitel der deutschen Geschichte an: „Es ist böse und falsch, Israel mit Nazi-Deutschland zu vergleichen.“ Sie will damit sagen: Nazi-Deutschland war so böse, dass nichts und niemand, kein Staat und auch nicht die IDF Israels böser sein kann als Nazi-Deutschland, also auch Israel nicht. Aber natürlich ist es so, dass auch Israel kein Recht hat, Böses zu tun und gegen Recht zu verstoßen, auch wenn Nazi-Deutschland Böses gegen jüdische oder israelische Menschen getan hat. Man kann nicht Unrecht mit Unrecht aufrechnen.

Wir haben aus der NS-Zeit längst gelernt: Rassenhass ist der schwerste Verstoß gegen alle Errungenschaften der Moderne und der Aufklärung, der denkbar ist; es ist ein Verstoß gegen den Gleichheitsgrundsatz, gegen die Unantastbarkeit der Menschenwürde und gegen die Norm der Rechtsstaatlichkeit. Die Erfahrung mit der Barbarei unter dem deutschen Nationalsozialismus führte nach Entstehung des deutschen Grundgesetzes zu dessen Artikel 3:

„Niemand darf wegen seines Geschlechtes, seiner Abstammung, seiner Rasse, seiner Sprache, seiner Heimat und Herkunft, seines Glaubens, seiner religiösen oder politischen Anschauungen benachteiligt oder bevorzugt werden. Niemand darf wegen seiner Behinderung benachteiligt werden.“ (GG Art. 3) Die Barbarei in Nazi-Deutschland als Hass und Vernichtungswille gegen Angehörige jüdischen Glaubens, jüdischer Abstammung und Familienzugehörigkeit und jüdischer „Rasse“ war der bisher schwerste Fall von Degeneration und Rückfall hinter längst erreichte Normen von Recht, Zivilisation und Sittlichkeit, und mit Recht leitet sich aus dieser geschichtlichen Erfahrung eine Verpflichtung ab, diese Normen einzuhalten.

Aber daraus ist eben kein Recht abzuleiten, nun gegen diese Normen zu verstoßen. Diese Bestimmungen aus Artikel 3 des Grundgesetzes gelten dem Sinn und der Intention nach weltweit, sie entsprechen dem Völkerrecht, und darum müssen *alle* Menschen vor Benachteiligung geschützt werden, und erst recht vor Vertreibung oder gar Völkermord. Das geschieht aber gerade in Palästina, völlig ungehindert, vor den Augen der gesamten Weltöffentlichkeit, und nicht erst seit dem 7. Oktober 2023.

Was ist nun aus dem Westen geworden, nach Jahrzehnten neoliberalistischer Propaganda durch all diese Think Tanks: Der Westen befindet sich im Niedergang[79], wie der Historiker Emmanuel Todd schreibt, und hat sich in eine morallose, nihilistische Oligarchie verwandelt. Der scheidende US-Präsident Joe Biden sagte in seiner Abschiedsrede vom Weißen Haus im Januar 2025, die USA seien von einer Oligarchie beherrscht, die Demokratie, Grundrechte und Freiheiten bedroht: „Heute nimmt in Amerika eine Oligarchie extremen Reichtums, extremer Macht und extremer Einflusses Gestalt an, die buchstäblich unsere gesamte Demokratie, unsere Grundrechte und Freiheiten und eine faire Chance für jeden, voranzukommen, bedroht."[80]

Emmanuel Todd beschreibt in seiner soziologischen Analyse des Niedergangs des Westens eigentlich genau all das, was die Zionisten in ihrem irrationalen Wahn, das auserwählte Volk zu sein, angerichtet haben: eine endlose Serie von Kriegen seit dem Überfall auf Jugoslawien 1999, und die Kriege in Afghanistan, im Irak, in Libyen, in der Ukraine und endlich in Gaza bzw. ganz Palästina. Aber Todd vermeidet es konsequent, die Rolle des Zionismus anzusprechen, wie im 2. Kapital genauer beleuchtet werden soll.

In Israel wird ganz offensichtlich der Plan der Schaffung eines israelischen Großreiches verfolgt, eines „Erez Israel", weil man glaubt, dieses Reich sei den Juden von Gott versprochen. David Ben-Gurion, geboren 1886 als David Josef Grün im damals zum Russischen Kaiserreich gehörenden Polen, war der erste Ministerpräsident des Staates Israel nach Verkündigung der israelischen Unabhängigkeitserklärung 1948, und schon er verfolgte diesen Plan. Aber dieser Glaube und diese Idee sind so irrational und unhistorisch wie sie nur sein können; der Filmemacher und Autor Laurent Guyénot schreibt dazu: „Ben Gurion und die meisten Zionisten bis heute glauben, dass die Tora historisch korrekt ist, und scheuen die wachsenden archäologischen Beweise dafür, dass Salomos Königreich, wie der Großteil der ‚biblischen Geschichte', zum Bereich der Mythen und Propaganda gehört. Bibelgeschichten und Prophezeiungen sind für sie ein Modell und ein Programm. Die von Ben Gurion in den Jahren 1947–48 geplante ethnische Säuberung, die 750.000 Palästinenser (mehr als die Hälfte der einheimischen Bevölkerung) zur Flucht zwang, erinnerte zutiefst an das, was Jahwe gegen die Kanaaniter angeordnet hatte: ‚Enteignet sie ihrer Städte und Häuser' und in den Städten, die Widerstand leisten, ‚lasst nichts am Leben, was Odem hat' (5. Mose 19,1). 20:16-17)."[81] Aus diesem Wahn ist aber kein Recht abzuleiten.

Diese damalige Vertreibung in den Jahren 1947 bis 1948 zwang 750.000 Palästinenser zur Flucht, und nun spielt sich nach dem 7. Oktober 2023 vor den Augen der Weltöffentlichkeit das gleiche Drama ab: Enteignung von Städten und Häusern, aber dieses mal soll es um die komplette und endgültige Vertreibung gehen. Und dieses Mal ist es der amerikanische Präsident Trump, der im Auftrag von Ben Gurions Nachfolger, dem Ministerpräsidenten Benjamin Netanjahu, diese ethnische Säuberung durchführt; bezahlt und bedingungslos unterstützt wird alles von den USA.

Das biblische Konzept eines „auserwählten Volkes" ist, wie Guyénot schreibt, tatsächlich völlig immun gegenüber rationalen Argumenten – und so ist es inzwischen auch Amerika selber: der letzte amerikanische Präsident, der rationalen Argumenten zugänglich war, war John F. Kennedy. Eben darum befindet sich der Westen im Niedergang, auch wenn Todd dies nicht dem Wirken des Zionismus, sondern dem Zerfall der calvinistisch-protestantischen Moral zuschreibt, die vorher die Entstehung und den Aufschwung des Kapitalismus bewirkt hatte.

Wenn die Wirtschaftspolitik eines Staates, dazu eines so mächtigen wie der USA, irrational, vernunftlos und dazu noch morallos ist, kann kein dauerhafter, stabiler, nachhaltiger Wohlstand entstehen. Die Gründe sind innere: wie oben bei Schumpeter gesehen, es sind es die industriekapitalistischen Bewegungsgesetze, die den Rahmen setzen, innerhalb dessen rationale, moralische, vernünftige Politik möglich ist. Die industriekapitalistischen Bewegungsgesetze haben bewirkt, dass der Wohlstand des Kapitalismus wachsen konnte, bis zum Erreichen der inneren und äußeren Wachstumsgrenzen – aber nun soll der Kapitalismus ewig weiterwachsen, und eben davon träumen diese Kräfte, die sich für das auserwählte Volk halten, und nehmen dafür erhebliche Schäden und Risiken in Kauf, ja sie gehen dabei sogar über Leichen. Der biblische Gott soll Reichtum und Macht seines Volkes auf ewig wachsen lassen, und das wird mit immer verzweifelteren Mitteln versucht zu erreichen; die westliche Welt ist darüber inzwischen wie von Sinnen, im Truman-Wahn[82] – und das ist gefährlich.

Der ganzen westlichen Welt wird vorgegaukelt, sie müsse sich auf einen bevorstehenden Angriff durch Putins Russland vorbereiten; tatsächlich aber wird von der EU ein Angriff auf Russland vorbereitet, durch absurd massive, größenwahnsinnige Aufrüstung, was offenbar zu einem atomar geführten Dritten Weltkrieg führen kann.

Klar ist jedenfalls, dass Trump diese Kreise nach Kräften unterstützt. Klar ist aber auch dies: Diese Kreise haben nach der Ermordung Kennedys die amerikanische Seele vergiftet; sie sind verantwortlich für die Umkehrung Amerikas vom Guten zum Schlechten, von der Todd spricht. Der Glaube an eine jedem Menschen offen stehende Zukunft, der unerschütterliche Optimismus, das Streben nach Glück, das nach der amerikanischen Unabhängigkeitserklärung neben dem Recht auf Freiheit zu den unveräußerlichen Menschenrechten gehört, ist seit dem beschädigt und durch das Wuchern dieser Oligarchien und von eben diesen undurchsichtigen geheimen Gesellschaften bedroht, vor denen Präsident Kennedy schon damals warnte.[83]

~

Wenn nun von Niedergang des Westens die Rede ist, ist es zweckmäßig, den Blick nach vorne zu richten. Und es zeigt sich: Während der Westen in Nihilismus, Irrationalität und Rüstungswahn verfällt, tun Russland und China das nicht. Russland und China sind als einzige Großmächte in der Lage, den Weltherrschafts- und Dominanzansprüchen der USA Paroli zu bieten, und darum sind sie diesen Kräften, die die USA tatsächlich beherrschen und die sich für das auserwählte Volk halten, im Wege.

Russland war nach dem Zerfall der Sowjetunion 1991 auf dem besten Wege zu einer Oligarchie und war bereits beherrscht von parasitären Oligarchen, bis Wladimir Putin diese Entwicklung im letzten Moment stoppen konnte. Russland ist nun eine stabile, autoritäre Demokratie, wie Emmanuel Todd schreibt, deren Stabilität sich aber vornehmlich dem Reichtum an staatlich kontrollierten Bodenschätzen verdankt.

China dagegen ist sozialistisch geworden. China hat einen enormen Aufschwung erlebt und geschafft, und erntet nun die Früchte seiner umsichtigen und über viele Jahre vorangetriebenen Entwicklungsarbeit. Wohin, in welche Entwicklungsrichtung soll der Westen also nun gehen? Kann es denkbar und vorstellbar sein, dass die Zukunft des Westens in China liegt? Dass die untergehende Welt des Westens von China lernen muss, um ihren Untergang zu verhindern? Kann es sein, dass China klüger und intelligenter geworden ist als der kapitalistische Westen es je war? Und dass die Chancen für eine Revolution im Westen nun besser stehen? Und der Westen nur noch auf den Startschuss wartet?

Was sind die Anzeichen dafür:

- China wird auch für Amerikaner attraktiv, und Amerikaner reisen nach China und erleben das Land mit positiver Überraschung und Begeisterung; ein Beispiel: die chinesische App „Red Note" liefert die Definition für „Menschenrechte", wenn man sie danach fragt: Erschwingliche Lebensmittel, preiswerte Restaurants, niedrige Mieten, kostenlose und subventionierte Gesundheitsversorgung, schuldenfreie Hochschulausbildung, kriminalitätsfreie Städte, erstklassige Infrastruktur; der sensationelle Erfolg der KI-Applikation „Deep Seek" machte gerade Schlagzeilen;
- die katastrophale wirtschaftliche und soziale USA der USA; Arbeitslosigkeit, Obdachlosigkeit, Drogenabhängigkeit, Bildungsnotstand; am Tage der Amtseinführung Donald Trumps sind die USA zahlungsunfähig;
- Jeffrey Sachs: die USA sind den „Erz-Zionisten" ausgeliefert, die deren Politik kontrollieren und bestimmen[84]; Politiker im Kongress werden beaufsichtigt von ihrer „AIPAC-Person" (vg. Interview von Tucker Carlson mit dem Kongress-Abgeordneten Thomas Massie[85]);
- Die verborgenen Nachwirkungen der großen Staatsverbrechen der USA (Kennedy-Morde, Martin Luther King, 9/11); der Patriot-Act direkt nach 9/11 und die damit verbundenen Einschränkungen der Freiheitsrechte; Verunsicherung und Misstrauen gegen Politik und Medien;
- Europa wird deindustrialisiert, teilweise durch Druck von seiten der USA, Produktion in die USA zu verlagern, teilweise wegen der attraktiveren Produktionsbedingungen in China (der VW-Konzern wird nach China verkauft);
- Die Aussichtslosigkeit des MAGA-Projekts: Amerika wird nie wieder so „groß" und optimistisch sein wie zur Zeit Kennedys; Amerika wird nun beherrscht von Superreichen und Oligarchen; die Demokratie ist bedroht.

Ist die Revolution noch immer verboten?

Der Westen befindet sich nach Todd im Niedergang, China und Russland aber nicht – wäre darum im Westen nun tatsächlich eine Revolution fällig? Im September 2020 schrieb Albrecht Müller sein Buch mit dem Titel „Die Revolution ist fällig", die Titelzeile damals geschrieben in großen roten Buchstaben. Der sehr klein geschriebene

Untertitel damals: „Aber sie ist verboten".[86] Nun warnte Joe Biden in seiner Abschiedsrede vor einer extrem mächtigen Oligarchie – das scheint doch nach Revolution geradezu zu rufen. Was würde Müller heute also sagen: Wäre sie nun, einige Jahre später und nach allem was geschehen ist, noch immer verboten?

Auch Albrecht Müller beschrieb damals den beginnenden Siegezug der neoliberalen Ideologie. Die neoliberale Ideologie und Praxis hat nach Ende der 1970er Jahre begonnen, das Land zu beherrschen, nachdem dies vorher über lange Zeit ganz anders war: „Das war in der Bundesrepublik Deutschland einmal anders. Ganz am Anfang, kurz nach 1945, und nach einer restaurativen Phase im Kalten Krieg der 1950er-Jahre gab es in den 60ern und 70ern einen wirklichen Schwung aufwärts. Dann folgte der Siegeszug der neoliberalen Bewegung. Und abwärts ging's rund um das Jahr 1980." (a.a.O., S. 7) Mit der Amtsübernahme des US-amerikanischen Präsidenten Ronald Reagan und der britischen Premierministerin Margaret Thatcher sei die neoliberale Ideologie „ins Spiel" gekommen: „Sie haben den Siegezug der neoliberalen Ideologie befördert. Thatcher mit dem bekannten Spruch ‚There Is No Alternative'. TINA. Reihenweise beugte man sich den neuen Regeln: Deregulierung, Flexibilisierung, Lohnkürzung, Privatisierung öffentlicher Unternehmen und sozialer Sicherungssysteme, Entstaatlichung sowie Zusammenstreichen des öffentlichen Sektors." (S. 22) Ein „wirklicher Schwung aufwärts" – eben das hätte zu dem Programm gehört, das Schumpeter und Keynes sich damals vom einem stationären Zustand erhofften, nach Erreichen des verdienten Endes des Kapitalismus. Aber das durfte eben nicht sein.

Müller beschreibt in seinem Buch, wie sich all das, was nun eine Revolution fällig machen müsste (wenn sie nicht verboten wäre), über die Jahre hinweg zusammenbraute. Statt Fortschritt hat es ab Mitte bis Ende der 1970er Jahre plötzlich Rückschritt und Restauration gegeben, wie Müller schreibt: „An verschiedenen Beispielen, an großen und an kleineren, wird gezeigt, wie desolat die Lage ist und was anders gemacht werden müsste. Zu den großen Rückschritten zählen beispielsweise

- die dramatisch wachsende Ungleichheit,
- Kriege als Fortsetzung der Politik,
- die neue Feindschaft mit Russland und China und die damit verbundenen Kriegsgefahren,
- die gefährliche Abhängigkeit von den USA und der Rüstungswirtschaft,
- der Einfluss der wirtschaftlich Starken und Vermögenden auf die Politik und der auch deshalb eingetretene Ruin der Demokratie,
- die freimütige Nutzung von Steueroasen,
- die Herrschaft der neoliberalen Ideologie und die Abwertung von Solidarität, Sozialstaatlichkeit und staatlicher Tätigkeit insgesamt,
- die Zerstörung unserer Parteien,
- der selbstverständlich gewordene Einsatz von Einflussagenten,
- Korruption,
- die mangelnde Qualität der politischen Entscheidungen,
- die traurige Rolle der Medien,

- der labile unattraktive Zustand der EU und der neue Nationalismus …" (S. 12)

Danach ging es dann abwärts. Aber heute geht es um mehr als nur Neoliberalismus: Mit dem Wahlsieg Donald Trumps und seiner Machtübernahme im Januar 2025 wird der Triumph des Zionismus unübersehbar. Trump sagte schon am 21. September 2024 in einer Wahlrede: „Wir werden Israel wieder groß machen, und wir werden Amerika wieder groß machen." Am 29. Januar 2025 unterzeichnete Trump eine Durchführungsverordnung mit der Anweisung, Antisemitismus zu bekämpfen, einschließlich der Möglichkeit, „antijüdische Aktivisten" nach Guantanamo abzuschieben.[87] Trump folgt bei der Definition des Antisemitismus der IHRA-Definition[88] der Stockholmer Erklärung, und Trumps Einführung der IHRA-Definition des Antisemitismus in Amerika bedeutet einen Angriff auf die Redefreiheit, weil Kritik an Israel damit bedingungslos zum Schweigen gebracht werden soll. Ausländische Studierende, die Israels Politik kritisieren, riskieren die Abschiebung nach Guantanamo, während Israel vor jeder rechtlichen Überprüfung geschützt ist.

Müllers Sorgen um die Ausbreitung des Neoliberalismus waren damals noch vergleichsweise harmlos: „Der Neoliberalismus hat sich in den Amtsstuben der deutschen Politik und in den Universitäten und Forschungseinrichtungen der Wirtschaftswissenschaften wirkungsvoll eingenistet." (S. 23) Tatsächlich sind die Folgen heute aber auch schlimm genug, und es ist eigentlich kaum fassbar, wie die „Amtsstuben der deutschen Politik", die Curricula und Lehrpläne und die Berufungspraxis an Universitäten und Forschungseinrichtungen der Wirtschaftswissenschaften desmassen tiefgreifend „umgedreht" werden konnten. Wer oder was steckte dahinter – es war eben schon damals ziemlich genau das, nur noch nicht so klar erkennbar.

In den USA wird eine Revolution vorerst kaum möglich sein, aber Europa hätte das Recht, sich aus der Herrschaft der USA zu befreien, und ein erster Schritt könnte bestehen im Austritt aus der Nato. In der Folge könnte Europa sich aus der Abhängigkeit von amerikanischem Frackinggas befreien, und als ersten Schritt die Nordstream Pipelines instandsetzen und in Betrieb nehmen.[89] Länder Europas könnten die Wiederherstellung freundschaftlich-nachbarschaftlicher Beziehungen zu Russland anstreben, und die westliche Welt könnte eine Revitalisierung der ursprünglichen Idee Europas als Völkergemeinschaft anvisieren. Europa könnte auch in vieler anderer Hinsicht lernen von China, durch Stärkung des öffentlichen Sektors und die Intensivierung einer wahrhaft politischen Gestaltung, also nicht nur Förderung neoliberaler Phantasien von schnell wachsenden Start-Ups, die dann an Oligarchen gehen.

Der Westen ist nicht in Nihilismus zerfallen, wie Todd schreibt, als habe das niemand verantwortet oder verschuldet, sondern der Westen ist nach Strich und Faden betrogen worden, arglistig getäuscht, aus niederen Motiven der Herrschsucht und Habgier. Der Westen muss den Willen und die Entschlusskraft aufbringen, sich dem entgegenzustellen, und zu sich selbst, seiner Würde und zur Wahrheit zurückfinden. Und mit dieser Überleitung nun zu Emmanuel Todd, der über den Zionismus nicht sprechen will.

2. Emmanuel Todd und seine halbe Wahrheit

Emmanuel Todd, renommierter französischer Historiker und Anthropologe, sieht den „Westen im Niedergang", und „Ökonomie, Religion und Kultur im freien Fall", wie er sein jüngstes Buch überschrieb.[90] Todds Ruhm ist darin begründet, dass er schon 1976 das Ende der Sowjetunion voraussagte, lange vor der Invasion Afghanistans und Gorbatschows „Perestroika", das 1991, viele Jahre später, dann auch eintraf. „Nun sagt derselbe Todd auch das Ende des Westens voraus".[91] Dann, könnte man daraus ja schließen, wird seine Voraussage wohl auch stimmen.

Aber wie erklärt Todd Niedergang und freien Fall von Kultur und Religion? Passiert das einfach so, ohne jemandes Zutun, oder gar Verschulden? Todd schreibt den Niedergang des Westens dem Tod der protestantischen Religion zu, aber warum zerfällt die plötzlich? Zerfällt auch die ganze christliche Religion, nach zweitausend Jahren?

Im Geleitwort zur deutschen Ausgabe schreibt Todd: „Dieses Buch ist ein nüchternes, das Buch eines Historikers und Anthropologen, der danach strebt, die Geopolitik zu verstehen, ohne sich den Emotionen hinzugeben." (S. 13) Bedeutet das, dass man dem „freien Fall von Ökonomie, Religion und Kultur" mit dem „nüchternen" Blick des Historikers und Soziologen einfach zusehen darf oder muss, um Geopolitik zu verstehen, und sich dabei nicht den „Emotionen hingeben" darf – man also keinen Widerstand leisten darf, nicht protestieren, und nicht erkennen, dass mit so einem „freien Fall von Ökonomie, Religion und Kultur" etwas fundamental faul sein muss?

Die *wahre* Geschichte des Westens – die Geschichte, die Todd nicht erzählt – besteht aus seinen Möglichkeiten, seinen Utopien, seinen Hoffnungen. In Blochs Prinzip Hoffnung etwa ist wie in Kants Geschichtsphilosophe eine Verpflichtung zu einer Verfassung der Freiheit angelegt, zu Weltbürgertum und ewigem Frieden; auch eine Bindung an einen „Willen zur Wahrheit", der in jeder Ausübung von Wissenschaftlichkeit schon enthalten ist. Der Wille zum „Wahren Schönen Guten" muss einen – zumindest impliziten – Widerstand gegen einen solchen Niedergang enthalten, den Todd beschreibt, und damit auch einen Willen zum Aufhalten des Niedergangs, und damit einen Willen zum Aufstieg, zum Aufbruch. Todds Opposition gegen den Verfall der Moral und das Absinken in Nihilismus ist in seinem Buch an vielen Stellen auch deutlich erkennbar – aber er vermeidet zu sagen, wer dafür verantwortlich ist.

Auch die Ökonomie, von deren freiem Fall Todd spricht, enthält einen Willen zur Wahrheit, als Willen zur Nutzung der Möglichkeiten, die in der Ökonomie als Potential angelegt sind. Das bedeutet: Die industriekapitalistische Entwicklung des Westens der letzten 350 Jahre hätte einen Weg des Aufstiegs nehmen können (und müssen), eine Aufwärtsentwicklung zu einem höheren nachkapitalistischen Reifeniveau.

Aber: Diese Entwicklung wurde blockiert und verhindert, von einer kriminellen, amoralischen, zionistischen Kabale. Mit dem Zerfall der Religion ist in den USA der (manchmal auch christliche) Zionismus überproportional erstarkt, und der hat den Westen in einen amoralischen, degenerierten Raubtier-Kapitalismus verwandelt.

Todd beschreibt also nur die halbe Wahrheit. Die ganze Wahrheit ist: Wir leben in einer Welt gigantischen, unfassbaren Schwindels, und um eine mögliche Zukunft in einer Welt jenseits des Kapitalismus, um eine Welt mit lebendiger, nachhaltiger und tragfähiger Ökonomie, Religion und Kultur sind wir umfassend und absichtlich betrogen worden. Aber nicht von einem nichts wollenden, nichts verstehenden Nihilismus, sondern von einem toxischen, imperialistischen, äußerst aggressiven Zionismus.

Wo sind Moral, Kultur und Ökonomie erstaunlicherweise nicht zerfallen – in „autoritären", dennoch demokratischen Staaten wie Russland und China. Sie seien im Vorteil, denn sie sind stabil, gemischt staatlich-marktwirtschaftlich organisiert, und gleichzeitig auch demokratisch. Todd schreibt: „Ich für meinen Teil würde es eher als autoritäre Demokratie bezeichnen und dabei jedem der beiden Begriffe – Demokratie, autoritär – das gleiche Gewicht zuweisen." (S. 49).

Die entscheidende Frage ist nicht die, ob der Staat Macht hat, sondern die, ob die Macht legitimiert ist; ob er die Interessen der Menschen im Sinn und im Blick hat, oder die Partikularinteressen einer Oligarchie, die die Macht des Staates für ihre Zwecke ausnutzt. Im Westen ist dies der Fall, in China und Russland aber nicht.

Staaten können durchaus legitimiert sein, auch wenn sie Macht besitzen; in Russland ist das gewährleistet durch den Besitz der 51%-Mehrheit an den großen Energieunternehmen. Im „autoritäten" Russland (nach Überwindung der „chaotisch funktionierenden liberalen Oligarchien" der Jelzin-Ära) unter Putin ist dieser Macht- und Stabilitätsgewinn gelungen, wie auch (und noch weit mehr) im sozialistischen China, das aber gewissermaßen nur zufällig oder irrtümlich sozialistisch geworden ist, und erst nach langem und mühsamem Trial-and-Error bei seinem erfolgreichen Modell einer gemischten Marktwirtschaft mit starkem Staat und einem hohen Anteil von Staatsunternehmen angekommen ist.

Diese Entwicklung hätte der Kapitalismus auch gehen können und müssen. Der Kapitalismus verdankt seine Entstehung dem Geist des Protestantismus, sagt Todd, aber auch eine *gelungene* Transformation in einen nachkapitalistischen Zustand, in einen resilienten, lebensfähigen, nicht wachstumsabhängigen und auch ökologisch seinen Herausforderungen gewachsener Nachkapitalismus wäre (auch) von einer ethischen Kraftanstrengung hervorzubringen, und wird auch noch hervorzubringen sein – sofern der Welt die Gelegenheit dazu noch gegeben wird.[92]

Die Schuld der kriminellen Kabale

Der Niedergang des Westens lässt sich beschreiben als Abweichung von einer Normalentwicklung, die von Ökonomen vielfach beschrieben worden ist (siehe Kap. 6). Wichtig zu verstehen ist vor allem dies: dieser Niedergang war verschuldet, und böswillig und hinterhältig herbeigeführt. Das spezielle Etappenziel in Europa: das Inszenieren eines Proxy-Krieges der Ukraine gegen Russland.

Deutschland und seine Geschichte im Verlauf des Ukrainekonflikts bilden darin ein zentrales und aufschlussreiches Kapitel. Es bietet sich an damit zu beginnen; die Spuren des verhängnisvollen Wirkens der Kabale werden aber nicht nur da auftauchen.

Todd schreibt, Deutschland werde von den Vereinigten Staaten und dem Vereinigten Königreich „methodisch" manipuliert, indem diese das in Deutschland historisch verankerte Schuldgefühl aus der NS-Zeit ausnutzen: „Eine gängige Methode der Vereinigten Staaten und des Vereinigten Königreichs zur Manipulation Deutschlands besteht darin, das historisch verankerte Schuldgefühl der Deutschen, hervorgegangen aus den katastrophalen Erfahrungen der NS-Zeit, zu benutzen, um Deutschlands Bedürfnis anzuregen, endlich wieder auf der ‚richtigen Seite der Geschichte' stehen zu wollen. Heute zum Beispiel, indem Deutschland die ‚liberale Demokratie' gegen ein ‚autokratisches' oder ‚neostalinistisches' Putin-Regime verteidigt. Doch unglücklicherweise ist der Westen, wie ich beweisen werde, nicht länger demokratisch und die Vereinigten Staaten werden inzwischen vom Nihilismus heimgesucht so wie Deutschland in den 1930er-Jahren." (S. 13)

Dass der Westen nicht länger demokratisch ist – dem wird man sicher zustimmen wollen. Aber Deutschland hätte sich beteiligt am Maidan-Aufstand im November 2013 und am „Krieg der Ukraine gegen das eigene Volk" mit der „ATO" Petro Poroschenkos[93] ab April 2014, nur um nun endlich wieder „auf der richtigen Seite der Geschichte zu stehen"? Dass die Vereinigten Staaten und das Vereinigte Königreich Deutschland manipulieren, wird man konzedieren wollen und können, aber manipulieren lassen sie sich nur aus Schuldgefühl? Hat Deutschland denn selbst keine Ziele und Absichten in diesem Drama? Was sagt etwa der kriegsbesessene Oberst Roderich Kiesewetter dazu? Oder der seinerzeitige sozialdemokratische Verteidigungsminister Pistorius, der die Deutschen kriegstüchtig machen will? Könnte nicht eher etwas ganz anderes dahinterstecken, das Deutschland zu seinem folgsamen Vasallen machen will? Die Frage stellt sich offenbar – die Antwort aber vermeidet Todd.

Wie kam es zum Maidan? Wer hat den Maidan-Putsch konzipiert und inszeniert? Die Deutschen haben mitgemacht, richtig, folgsam und gehorsam und mit mitunter geradezu selbstmörderischer Folgsamkeit, wie Todd dies am Beispiel der völlig passiv und widerstandslos von Bundeskanzler Scholz mitangesehenen Sprengung der Nordstream-Pipelines beschreibt. (ab S. 19) Aber der Maidan und der Bürgerkrieg der Ukraine gegen den Donbass war nicht die Folge davon, dass die USA nun „von Nihilismus heimgesucht" wurden. Der von langer Hand und mit umsichtiger Hilfe der Expertin für schmutzige Interventionen Victoria Nuland geplante Maidan-Aufstand, der folgende Putsch gegen den gewählten Präsidenten Victor Janukowitsch und der dann folgende Krieg der Ukraine gegen das eigene Volk im Donbass war ein schuldhaft begangenes Schwerverbrechen, dem bis zu 14.000 Menschen zum Opfer gefallen sind; dass die Deutschen dies widerstandslos mitgemacht haben, ist mit Schuldgefühlen aus der NS-Zeit kaum hinreichend erklärt. Die Ziele all der zum Maidan-Aufstand gehörenden Operationen und der zum Werkzeug der USA degradierten Ukraine erklärt Todd nicht – natürlich war Russland von Anfang an das Ziel all dieser Operationen, aber Todd sagt es (an Stelle jedenfalls noch) nicht.

Über den Beginn des Krieges Russlands gegen die Ukraine am 24. Februar 2022 schreibt Todd: „Am 24. Februar 2022 erschien Wladimir Putin auf den Fernsehbildschirmen der ganzen Welt. Er kündigte den Einmarsch der russischen Truppen in die Ukraine an. Seine Rede drehte sich im Grunde weder um die Ukraine noch um das

Recht auf Selbstbestimmung der Bevölkerung des Donbass. Sie war eine Herausforderung an die NATO." Herausforderung an die NATO? Russland hat am 17. Dezember 2021 geradezu flehentlich um schriftliche Sicherheitsgarantien gebeten, um nicht erneut auf nicht gehaltene Versprechen wie im Fall des nur mündlich zugesicherten Verzichts auf Erweiterungen der Nato hereinzufallen. Todd schreibt dazu: „Am 26. Januar 2022 antwortet Blinken: ‚Es gibt keine Veränderung und es wird auch keine geben.' Was nicht bedeutet, dass die NATO angreifen wird." (S. 365) Was will er damit sagen? Blinken hat diese Garantien doch – wohlweislich – verweigert, und natürlich bedeutet das nicht, dass die Nato angreifen wird – die Nato wird warten, bis Russland gar nichts anderes mehr übrig bleibt, als die Ukraine anzugreifen.

Warum Putin nun angreift, beschreibt Todd so: „Putin erklärte, warum er nicht wollte, dass Russland wie 1941 überrascht wird, als es zu lange auf den unvermeidlichen Angriff gewartet hatte: ‚Ein weiteres Vordringen der Infrastruktur der Nordatlantik-Allianz, die bereits begonnene militärische Aneignung des ukrainischen Staatsgebiets: Das ist für uns inakzeptabel'. Eine ‚rote Linie' sei überschritten worden; es komme nicht infrage, sich in der Ukraine ein ‚Anti-Russland' entwickeln zu lassen; es handele sich, wie er betonte, um einen Akt der Selbstverteidigung." (S. 16)

Todd schreibt auch: „Das Misstrauen der Russen ist daher vollauf gerechtfertigt: Gegen Ende 2021 ist ein ukrainischer Angriff in Vorbereitung." Das gesteht er also ausdrücklich zu. Aber er behauptet: „Zu diesem Zeitpunkt ist das Weiße Haus nicht der Auftraggeber. Vielleicht dieser oder jener Zweig der CIA, ich weiß es nicht." (S. 365). Er behauptet also: Russland bittet dringend um Sicherheitsgarantien, Antony Blinken verweigert sie, die Ukraine bereitet dann einen Angriff auf den Donbass vor, der Putin zwingt, die Ukraine anzugreifen, „zur Selbstverteidigung". Das aber soll das Weisse Haus nicht gewusst haben? Nach acht Jahren eines von den USA provozierten und massiv unterstützten Krieges gegen das eigene Volk, im Donbass?

Die ganze Wahrheit der Sache ist die: die USA und der Westen befinden sich nicht nur im freien Fall, sondern der Westen bzw. die USA handeln schwerkriminell, ja schwerstkriminell. Der Westen hat (mindestens) die folgenden schuldhaft begonnenen Kriege zu verantworten, mit folgenden Opferzahlen:

IRAK: Der Iraq Body Count verzeichnete von 2003 bis zum 14. Dezember 2011 103.160 bis 113.728 zivile Todesopfer. Statistische Schätzungen nach Lancet gehen von 654.965 zivilen Toten allein von März 2003 bis Juli 2006 aus; Opinion Research Business kalkuliert 1,033 Millionen Tote von März 2003 bis August 2007, und die PLOS Medicine Studie kommt auf 405.000 Tote von März 2003 bis Juni 2011.[94]

Ingar Solty schreibt dazu, dass diese horrenden Opferzahlen auf vollständig erlogenen und fabrizierten Behauptungen beruhten mit dem Ziel, einen Vorwand für einen Überfall auf den Irak und die Entmachtung Saddam Husseins zu schaffen: „Nach Angaben von Richard A. Clarke, dem ehemaligen Chefberater für Terrorismusbekämpfung in den USA, trat US-Präsident George W. Bush am Tag nach den Terroranschlägen vom 11. September 2001 an ihn heran und ersuchte ihn, einen Zusammenhang zwischen den Anschlägen und dem irakischen Staat herzustellen. Clarke widersprach und sagte, dass der Irak doch nichts damit zu tun habe. In seinem 2004 erschienenen Buch ‚Against all Enemies: Inside America's War on Terror' (Gegen alle Feinde: Amerikas Krieg gegen den Terror) schrieb er später, dass Bush und US-Verteidigungsminister Donald Rumsfeld einen Vorwand für eine Bombardierung des Irak finden wollten." (Solty, a.a.O.)

Der frühere Nato-General für Europa, Wesley Clark, schrieb in seinem 2003 erschienenen Buch „Winning Modern Wars", dass es von Anfang an nicht nur um den Irak gegangen sei, sondern gleich um sieben Länder, in fünf Jahren: „In Clarks 2003 erschienenem Buch ‚Winning Modern Wars' beschreibt er sein Gespräch mit einem Militäroffizier im Pentagon kurz nach dem 11. September, über einen Plan, sieben Länder in fünf Jahren anzugreifen: ‚Als ich im November 2001 noch einmal durch das Pentagon ging, hatte einer der hochrangigen Militäroffiziere Zeit für ein Gespräch. ‚Ja, wir seien immer noch auf dem Weg, gegen den Irak vorzugehen", sagte er. Aber da war mehr an der Sache. Dies wurde diskutiert als Teil eines Fünf-Jahres-Aktionsplans, sagte er, und es werde insgesamt gegen sieben Länder gehen, angefangen mit dem Irak, dann Syrien, Libanon, Libyen, Somalia, Sudan und schließlich dem Iran.' Clark betrachtet die Invasion des Irak im Jahr 2003 als ‚einen großen Fehler'".[95]

Vielleicht ist es an der Stelle erlaubt zu fragen, wer denn wohl der Hauptprofiteur eines solchen Schlachtplanes sein werde – Israel vielleicht? Tatsächlich war es der israelische Ministerpräsident Benjamin Netanjahu, der sich schon am 12. September 2002 in einer Anhörung vor dem US-Kongress sehr vehement dafür einsetzte, in den Irak einzufallen, mit dem genannten (falschen) Argument, Saddam habe Massenvernichtungswaffen, und es sei besser ihn loszuwerden bevor er dazu kommt diese Waffen einzusetzen.[96]

Zum Irak und seiner Vorgeschichte schreibt Todd: „Russland wird nun nicht mehr als Bedrohung wahrgenommen und der Terroranschlag auf das World Trade Center am 11. September 2001 reicht aus, um die Agitation der USA gegen den Nahen Osten zu wenden, wo sie es mit nichtexistierenden Mächten aufnehmen. Die Invasion in Afghanistan rechtfertigt sich dadurch, dass Bin Laden dorthin geflohen war." (S.347-348) Der Terroranschlag auf das WTC hat dazu also ausgereicht? Ist es jemandem bei diesem „Terroranschlag" vielleicht genau darum gegangen, die Agitation der USA gegen den Nahen Osten zu wenden? Auf diese Idee kommt Todd offenbar nicht.

Die Invasion in Afghanistan sei gerechtfertigt, weil Bin Laden dorthin geflohen ist; da muss man aber doch fragen: glaubt Todd das selber? Kennt Todd nicht die Geschichte der Turkmenistan-Afghanistan-Pakistan-Pipeline? Die Geschichte von Unocal, des zu der Zeit zwölftgrößten Ölunternehmens der USA, das als Mitglied eines Konsortiums aus acht westlichen Ölkonzernen zur gemeinsamen Ausbeutung der Ölfelder um Baku in Aserbaidschan großes Interesse an einer Pipeline durch Afghanistan hatte? Und intensiv nach Wegen suchte, diese Pipeline zu realisieren?

Über den am 27. Dezember 2002 unterzeichneten Vertragsabschluss über die Pipeline ist zu lesen: „Der Vertrag über die Pipeline, über die bereits mit dem gestürzten Taliban-Regime verhandelt worden war, wurde am 27. Dezember 2002 von den Staatschefs Turkmenistans, Afghanistans and Pakistans unterzeichnet. Der Vertragsabschluss wurde durch die US-Invasion in Afghanistan im Jahr zuvor ermöglicht."[97]

Ach was. Weil zufällig 19 arabisch aussehende, nur mit Teppichmessern bewaffnete junge Männer im Auftrag eines frommen reichen jungen Mannes aus Saudi-Arabien an einem einzigen Tag drei riesige Wolkenkratzer zum Einsturz brachten, die alle kerzengerade und im freien Fall einstürzten, was dann nie wieder geschah, und dieser fromme reiche Mann aus Saudi-Arabien mit Namen Osama Bin Laden dann unbedingt nach Afghanistan fliehen musste, weshalb die Taliban dann unbedingt per US-Invasion vertrieben werden mussten, konnte der lang erwartete Vertragsabschluss besiegelt werden. Ja so ein Glück. Kann es aber so viel Glück für ein unbescholtenes Öl-Konsortium gegeben, an dem sowohl die Regierung Bill Clinton wie auch die Lobbyisten Henry Kissinger und Richard Armitage beteiligt waren, ohne dass da jemand ein wenig nachgeholfen hätte? (Es sei zugegeben, dass diese Stelle ein wenig spekuliert wird, Belege für den wahren Kern werden aber nachgeliefert.)

An die Version mit den 19 Terroristen glaubt Todd ja nicht, glaubt er aber denn, dass die Taliban den USA die Übergabe von Osama Bin Laden angeboten haben? Und dass Präsident Bush dieses Angebot am 14. 10. 2001 zurückgewiesen hat? Nun, das hat er, nachweislich, mit dem Argument: „Es besteht kein Grund, darüber zu diskutieren", sagte Bush. „Wir wissen, dass er schuldig ist. Übergeben Sie ihn einfach. … Es gibt nichts, worüber man verhandeln könnte. Sie beherbergen einen Terroristen und müssen ihn ausliefern."[98] Der Hintergrund ist also, dass die USA den Taliban mit Invasion drohen, weil sie eben einfach wüssten dass Bin Laden schuldig ist, und dass keine weiteren Beweise notwendig sind; wenn sie ihn nicht ausliefern, greifen sie an. Vor einem solchen Hintergrund einen Krieg anzufangen, wäre schon ein Kriegsverbrechen. Was dem aber nun die Krone aufsetzt, ist folgendes: Am 29.3.2006 sagte Vizepräsident Dick Cheney in einem Radio-Interview: „Wir haben nie behauptet oder argumentiert, dass Osama Bin Laden irgendwie direkt an 9/11 beteiligt war. Dieser Beweis ist nie erbracht worden." Er gibt also zu dass es keine Beweise gab! Er gibt zu, dass die USA völlig ohne auch nur die minimalste Rechtsgrundlage diesen Krieg angefangen haben. Wenn Todd also nun behauptet, die Invasion von Afghanistan sei gerechtfertigt gewesen, steht seine Behauptung doch auf sehr schwachen Beinen.

Zum Irakkrieg schreibt Todd dann: „Die Invasion in den Irak hingegen rechtfertigt sich überhaupt nicht, sondern markiert den Eintritt Amerikas in eine neue Phase seiner Geschichte, sie ist schlicht und einfach ein Angriffskrieg. Was der Irak erlitten hat, wird in die Geschichtsbücher (nach dem Niedergang des Westens) als größte Schande des 21. Jahrhunderts eingehen. Dieser ganz neue Nihilismus der USA bringt Colin Powell hervor, der, mit dem Reagenzglas in der Hand, vor den Vereinten Nationen behauptet, dass der Irak über Massenvernichtungswaffen verfüge. Nihilismus leugnet sowohl Realität als auch Wahrheit, ein Kult, der aus der Lüge erwächst. Die Regierung Bush junior hat in dieser Hinsicht neue Wege beschritten." (S. 347-348)

Wie schon gesagt: es ist nicht nur eine Schande, sondern ein monströses Schwerverbrechen. Und dieser Kult der Lüge und der Leugnung der Realität beherrscht den Westen (in dessen Zentrum: die USA bzw. zu der Zeit die „Neocons") seit Jahren, wenn nicht Jahrzehnten. Das aber nun Nihilismus zu nennen, ist eine Beschönigung: der Irakkrieg, die Invasion Afghanistans, der Plan des Überfalls von sieben Ländern des Nahen Ostens in fünf Jahren ist das Ergebnis kühler, eiskalter, teuflisch rationaler

Planung. Und, wie es mit zunehmender Erkenntnis der Wurzel dieses „Nihilismus" immer schwerer zu widerlegen oder zu bestreiten scheint: auch das Ergebnis der Planung und Ausführung der Verbrechen der drei Kennedy-Morde, der Morde an John F., Robert F. und John F. Kennedy Junior; und des Verbrechens des 11. Septembers. Beweise im Sinne einer Beweiserhebung mit anschließender Verurteilung vor ordentlichen Gerichten wird es natürlich nicht geben – welchen Gerichten würde man eine solche Beweiserhebung, einen solchen Prozess und ein solches Urteil auch überhaupt zutrauen können. Nichtsdestotrotz sammelten sich im Laufe der vergangenen Jahre und Jahrzehnte nimmer mehr Erkenntnisse, Filmaufnahmen, Zeitzeugenberichte, Dokumente, wissenschaftliche Untersuchungen und Forschungsergebnisse und inzwischen auch einige Dokumentarfilme an, die die „offizielle" Version der Ereignisse zum 11. September wie auch zu den Kennedy-Morden erheblichen und wachsenden Zweifeln aussetzen. All dies soll als Teil der Aufklärung über den „Westen im Niedergang", die Aufklärung seiner Ursachen und die Aufklärung über Möglichkeiten zur Schaffung eines Aufstiegs aus dem Niedergang zur Sprache kommen.

LIBYEN: Zur „Intervention" in Libyen äußert sich Todd nur knapp. Europäer, darunter auch Franzosen, hätten sich am 19. März 2011 „von der Bombardierungsmarotte hinreißen" lassen, noch mehr als die Amerikaner. (S. 358). Weil „die Welt zu groß und zu lebendig sei, als dass die USA sie kontrollieren könnte", habe sich die Geschichte beschleunigt, „vor allem in der arabischen Welt", wie Todd dies im folgenen Abschnitt beschreibt: „Am 17. Dezember 2010 bricht die tunesische Revolution aus; Ben Ali flieht am 14. Januar 2011. Mit dem 3. Januar beginnt in Algerien eine Protestbewegung. Am 14. Januar sind die Jordanier an der Reihe. Gleich darauf bricht die ägyptische Revolution aus. Der 27. Januar ist der Beginn der jemenitischen Revolution. Am 14. Februar begehrt die Bevölkerung Bahrains auf und am 15. Februar die im Libyen Gaddafis. Am 20. Februar wird auch Marokko von einer Protestbewegung erfasst und am 15. März schließlich beginnt der Aufstand gegen Bascharal-Assad in Syrien." (S. 358). Und dann folgt, wegen dieser „Bombardierungsmarotte", die Ermordung Gaddafis, und die bis in die Gegenwart andauernde Verwandlung des ehemals reichen und blühenden Wüstenstaates Libyen in einen von ständigen Bürgerkriegen verwüsteten Faled State.

Vor wenigen Jahren, in den 2000ern, gab es diesen Kontrollverlust noch nicht, denn da wurde ja munter so ein Fünf-Jahres-Aktionsplan diskutiert, dem die Regierungen von sieben Ländern zum Opfer fallen würden: Irak, Syrien, Libanon, Libyen, Somalia, Sudan und schließlich Iran. (s. o.) Beim Irak war man erfolgreich, und man konnte melden: „Mission accomplished". Hat man sich überlegt, es könnte preiswertere und weniger verlustbringende Mittel geben, diese Ziele zu erreichen? Einfach ein wenig die Kontrolle verlieren? Und in den härtesten Fällen mit Bombardierung nachhelfen?

Dass sich dieser amerikanische Kontrollverlust für die arabische Welt jedenfalls äußerst nachteilig auswirken würde, und für die israelische äußerst vorteilhaft, scheint Todd nicht in den Sinn zu kommen. Die Schätzungen für die Opferzahlen nur der Bombadierung Libyens durch die NATO zumindest reichen bis zu 50.000 Toten.

Der Völkerrechtler Reinhard Merkel hält die NATO-Intervention gegen das Gaddafi-Regime für illegitim. Es sei das Ziel, Gaddafi zu stürzen, auf Kosten des Schutzes der Zivilbevölkerung in den Vordergrund gerückt worden. Die libysche Bilanz dieses gewaltsamen Regime-Changes falle dabei „in jedem Sinn des Wortes verheerend aus: 50.000 Tote (…), ein zerschlagenes Land, eine friedlos gewordene Gesellschaft, die düstere Aussicht auf Jahre eines klandestinen Bürgerkriegs, die nachdrückliche Diskreditierung der entstehenden völkerrechtlichen Norm einer ‚responsibilty to protect' (Schutzverantwortung) durch ihren massiven Missbrauch – all das ist trostlos. Der Umstand, dass Gaddafi ganz gewiss ein Schurke war und zeit seines Lebens zahlreiche schwere Verbrechen begangen hat, ändert daran nicht das Geringste."[99] Die blutigen Kämpfe zum Sturz Gaddafis dauern dann sieben Monate, bis am 20. Oktober 2011 gemeldet wird: Gaddafi ist tot.[100] Q. e. d.: Der Westen ist der weitaus größere Schurke als Gaddafi.

UKRAINE / MAIDAN: Zur Geschichte der russischen Militäroperation gegen die Ukraine und ihrer Vorgeschichte zu dem inszenierten Maidan-Aufstand ist schon das Vorstehende gesagt worden, nur noch nicht dies: Alles, was über die Absichten „Putins" behauptet worden ist und immer wieder von Neuem noch wird, dass Russland bzw. sein Präsident Putin „die Sowjet-Union wiederherstellen" oder den gesamten Westen bis Lissabon unterwerfen wolle, dass er imperialistische Absichten habe und Putin sowieso das personifizierte Böse sei und ein wiedererstandener Hitler – ist vollständig fabriziert, aus den Fingern gesaugt und erlogen. Die Vorbereitungen, aus Putin den neuen Feind und Hauptgegner der NATO zu machen, liefen insgeheim schon seit Jahren und wurden bekannt, als die NATO sich auf ihrem Gipfel in Lissabon „mit viel Pomp ein neues strategisches Konzept" gab, wie bereits erwähnt. In dem zitierten Artikel des Spiegel wird von den Existenznöten der Militärallianz aus einer (damals) ständig zunehmenden Zahl von Mitgliedsstaaten berichtet, die sich mit all ihrer geballten Militärpower zufällig zusammengewürfelten Banden aus chaotisch agierenden Allah-ist-groß-Terroristen gegenüber sah, für die die NATO kein glaubwürdiger Angstgegner sein konnte, der ihre gewaltigen Militärausgaben würde rechtfertigen können. Also suchte man einen Gegner, den man zum Angstgegner aufbauen könnte, und das war Putin, und der brachte noch den großen Vorteil mit, dass man ihn auch zu einem lohnenden Ziel im Falle eines Regimechange-Coups würde machen können, um sich dann die russischen Naturressourcen aneignen zu können, auf die der Westen (die westlichen Öl- und Gaskonzerne) seit dem Zerfall der Sowjet-Union so scharf geworden war. Also: ein wirklich teuflisch böses, niederträchtiges, dennoch von (ehemals ehrenhaften und in der einen oder anderen Weise sicher auch religiösen) Nato-Staaten mitgemachtes und mitgetragenes strategisches Konzept. -

Um wieder auf den „Westen im Niedergang" und die Erklärung Emmanuel Todds zurückzukommen, dass der Zerfall der protestantischen Religionen hauptsächlich dafür verantwortlich zu machen sei: es handelte sich bei all den genannten Operationen und schwerstkriminelle Feld- und Raubzüge, über Jahrzehnte hinweg, und die sind eben kaum mit einem Zerfall der protestantischen Religionen zu erklären, sondern mit nichts anderem als Habgier; als Geld-, Macht und Dominanzgier, auch mit dem

(NATO-)Ziel, ewige Kriege führen zu können, damit die dadurch angerichteten Zerstörungen einigen wenigen Rüstungsprofiteuren endlos die Taschen füllen. Dabei muss man sich klarmachen: natürlich gab es eine unaufhörlich scheinende Geschichte von langen, schrecklichen Kriegen. Aber das sind keine ewigen Kriege in dem Sinne, dass sie nie aufhören *sollen*. Der Zweite Weltkrieg war noch nicht gedacht als ewiger Krieg, denn er war zum größten Teil steuerfinanziert; auch darum musste er enden, natürlich möglichst mit einem Sieg, denn sonst, ohne Sieg, wären die Kassen eines Tages leer gewesen. Alle Kriege der bisherigen Geschichte waren teuer, und mussten von den kriegführenden Staaten zum größeren Teil durch Erhebung von Steuern finanziert werden, und nur zum kleineren Teil durch Schulden, die dann nach Kriegsende abzutragen waren. Aber die Kriege der USA werden *nur noch* durch Schulden finanziert, und darum können die öffentlichen Schulden der USA, der Nato-Länder und der EU ebenso ins Gigantische wachsen wie privaten Vermögen (weit überwiegend) der USA – indem Kriege geführt werden, in denen fremde Staaten, deren Werte, Vermögen und Menschen zerstört werden. Nur die Werte der beteiligten Konzerne und Vermögensverwalter wachsen auf diese Weise ewig.

Staatsverbrechen, Angriffskriege und die Rolle der jüdischen Intelligenz

So viel also zu den schuldhaft begonnenen Kriegen, von denen es ja nun nicht nur die drei Genannten gibt. Es ist nun vielleicht aber auch an der Zeit, folgenden Zusammenhang festzustellen: den Zusammenhang der Zerstörung des (ehedem protestantisch-moralischen) Westens und dessen Verwandlung in eine korrupte, kriegslüsterne und (vielleicht auch nach Weltherrschaft strebende) betrügerische Oligarchie, mit der Rolle der amerikanischen jüdischen Intelligenz. Einen solchen Zusammenhang bestreitet Todd. Todd betont an der Stelle, dass er selbst Jude ist: „Gleich zu Beginn möchte ich, um wiederum ein Missverständnis zu vermeiden, festhalten, dass ich selbst jüdischer, bretonischer sowie britischer Herkunft und mit allen diesen drei sehr zufrieden bin." (S. 293).

Todd beginnt einen Absatz über „Die Washingtoner Clique" und das „Ende der WASPs" (White Anglo Saxon Protestants), das ja im Zentrum der Analysen Todds steht. Er schreibt: „Die Machtelite WASP, die C. Wright Mills so lieb war, ist verschwunden; um das zu erkennen, genügt ein Blick auf die aktuelle amerikanische Verwaltung. Zu ihren wichtigsten Figuren, jenen, die insbesondere den Ukrainekrieg steuern, zählt nur ein einziger WASP. Joe Biden ist irisch-katholischer Herkunft; Jake Sullivan, sein Sicherheitsberater, ebenfalls; Antony Blinken, der Staatssekretär, also Außenminister, ist jüdischer Abstammung; Victoria Nuland, die für Europa und Eurasien (also die Ukraine) zuständige Unterstaatssekretärin, stammt von einem jüdischen Vater und einer britischen Mutter; der Verteidigungsminister Lloyd Austin ist schwarz und katholisch." (S. 289-290) Gehören zu den wichtigsten Figuren der amerikanischen Verwaltung aber tatsächlich nur die hier genannten, mit jüdischer Abstammung? Über das Ende der Machtelite der WASP schreibt Todd: „Das Ende der Machtelite in einem Klima der Nullmoral ging einher mit dem Verschwinden jedes gemeinschaftlichen Ethos' der herrschenden Gruppe. Die WASP-Elite gab eine

Richtung vor sowie moralische Ziele, ob gut oder schlecht. Die aktuell herrschende Gruppe (ich wage es nicht, sie Elite zu nennen) bietet nichts dergleichen. In ihr gibt es nur noch die reine Machtdynamik, welche auf die Außenwelt projiziert wird und zu einer Vorliebe für militärische Macht und Krieg mutiert." (S. 292).

Dann schreibt Todd über das Verschwinden der jüdischen Intelligenz, das mit der Beobachtung der klaren Überrepräsentation der Juden in der amerikanischen Bevölkerung zunächst nicht zu erklären ist: „Der Anteil der Juden in der amerikanischen Bevölkerung beträgt 1,7 Prozent. Einen weitaus größeren Anteil haben wir unter den Mitgliedern der Biden-Administration angetroffen, insbesondere unter den für die Außenpolitik zuständigen. Dieselbe Überrepräsentation ist im Board of Directors des renommiertesten außenpolitischen Think Tanks zu beobachten, dem Council on Foreign Relations: Fast ein Drittel seiner vierunddreißig Mitglieder ist jüdisch. Im Jahr 2010 wies die Forbes-Liste aus, dass unter den hundert wohlhabendsten Menschen der USA 30 Prozent Juden waren. Man fühlt sich an das Budapest der Dreißigerjahre erinnert." (S. 293) (Dies wäre die Erklärung für das manchmal rätselhaft erscheinende Stimmverhalten Ungarns bei Abstimmungen der UN etwa zum Gaza-Krieg, das sich dann in einsamer Allianz mit Israel, den USA und einigen anderen der treuesten Verbündeten wiederfindet, in Opposition zu der großen Mehrheit der übrigen Welt. Das aber nur am Rande.)

Todd behauptet aber nun, der Einfluss der Juden ginge zurück: „Der Artikel mit dem Titel ‚The Vanishing', veröffentlicht am 1. März 2023 von Jacob Savage, ist ziemlich besorgniserregend. Der Autor stellt fest, dass ‚in der akademischen Welt, in Hollywood, Washington und selbst in New York, überall, wo die amerikanischen Juden sich erfolgreich etabliert hatten, ihr Einfluss nun deutlich zurückgeht'. Eine Reihe von sehr verblüffenden Beispielen illustriert seine Äußerung: Bei den Babyboomern waren 21 Prozent der bessergestellten Akademiker Juden; bei den unter Dreißigjährigen sind es nur noch 4 Prozent; sie stellen gerade einmal 7 Prozent der Studierenden an den Ivy League-Universitäten, anders ausgedrückt weniger als die Quote von 10 Prozent, die der Numerus clausus von ihnen Ende der Fünfzigerjahre verlangte. ‚Harvard ist von 25 Prozent Juden in den 1990er- und 2000er-Jahren bis heute auf weniger als 10 Prozent zurückgegangen', beklagt Savage." (S. 294)

Die politische Macht amerikanischer Juden gehe überall zurück, an den Universitäten, bei den Kongressabgeordneten, in den Stadträten, bei den Bundesrichtern, und dasselbe zeige sich nun auch in Hollywood: „Und schließlich: derselbe Rückgang in Hollywood. Abgesehen von einigen Relikten einer anderen Zeit wie Steven Spielberg, James Gray oder Jerry Seinfeld findet man dort kaum noch große Regisseure oder gar Drehbuchautoren jüdischer Herkunft." (S. 295). Todd fürchtet deshalb aber keine Rückkehr einer gegen Juden gerichteten Diskriminierung: „Daran glaube ich keinen Augenblick. Ich sehe nicht, warum die Weißen ihnen die Asiaten vorziehen sollten. Die plausibelste Interpretation ist die, dass die amerikanischen Juden, nachdem sie lange Zeit durch eine sehr bildungsaffine Religion begünstigt waren, inzwischen so gut assimiliert sind, dass sie in den religiösen und intellektuellen Niedergang Amerikas hineingezogen wurden." (S. 295)

Er glaubt also, auch die amerikanischen Juden werden in den intellektuellen Niedergang Amerikas hineingezogen, aber ist das glaubhaft? Die „Jüdische Allgemeine"
schrieb bei der Vorstellung der wichtigsten Mitarbeiter des Kabinetts Joe Biden im
Januar 2021: „Dem Kabinett des neuen Präsidenten gehören so viele Juden an wie
nie zuvor in der Geschichte;" und: „Noch nie war ein Kabinett so jüdisch wie das des
irischstämmigen Katholiken Joseph Robinette Biden."[101]
Der Artikel zählt die jüdischen Kabinettsmitglieder dann namentlich auf:

- Antony Blinken, Außenminister
- Avril Haines, Nachrichtendienste
- Janet Yellen, Finanzen
- Merrick Garland, Justiz
- Alejandro Mayorkas, Homeland Security
- Ron Klain, Stabschef
- Eric Lander, Wissenschaftsberater
- Ann Neuberger, stellvertretende Nationale Sicherheitsberaterin für Cyber-
  security mit Kabinettsrang
- David Cohen, stellvertretende Direktorin der CIA mit Kabinettsrang.
- Wendy Sherman, stellvertretende Außenministerin
- Rachel Levine, stellvertretende Gesundheitsministerin
- Doug Emhoff, „Second Gentleman der US-Geschichte". (In dem Artikel
  heißt es: „Der Ehemann von Vizepräsidentin Kamala Harris, den Freunde
  neuerdings ‚Second Mensch' nennen, lehrt Jura an der Georgetown Univer-
  sity und hat gewaltigen Einfluss auf seine Frau…")

Nach dem erneuten Wahlsieg von Bidens Vorgänger Donald Trump am 5. November 2024 ist das alles natürlich hinfällig, und die Geschichte wird lehren, wie sich der
jüdische Einfluss weiter entwickelt. Aber dass vier Vorsitzende der amerikanischen
Notenbank FED in der jüngeren Geschichte, nämlich Jerome Powell, Allan Green-
span, Janet Yellen und Ben Bernanke alle jüdischer Abstammung waren und damit
wegen dieser Position mit ganz besonderer Machtfülle ausgestattet, spricht nicht gerade für einen abnehmenden Einfluss der Juden. Und mit der Gründung der FED
1913 unter maßgeblicher Beteiligung der jüdischen Bankiers Paul Warburg und Otto
Herrmann Kahn begann die Geschichte des jüdischen Einflusses doch eigentlich erst.
Auch was den Einfluss amerikanischer Juden auf die Medien angeht, scheint Todd
zu untertreiben. Belegt ist der Einfluss der großen amerikanischen News-Corporati-
ons und Zeitungen wie CBS, ABC, CNN oder der New York Times, der Washington
Post, The Guardian, The Economist und auch der britischen BBC, die entweder in
jüdischem Besitz sind oder unter jüdischer Leitung. Die Überrepräsentation im Board
of Directors im Council on Foreign Relations hat Todd angesprochen, aber wie weit
der Einfluss des „amerikanischen Imperiums und seiner Medien" reicht, ist aus der
Zahl der jüdischen Mitglieder im Board of Directors des CFR noch nicht ablesbar.

Ein Artikel unter dem Titel „Das amerikanische Imperium und seine Medien", erschienen 2017 bei Swiss Media Research[102], dokumentierte (damals zum ersten Mal) das „umfangreiche Mediennetzwerk des CFR und seiner beiden internationalen Tochter-Organisationen, die Bilderberg-Gruppe[103] (hauptsächlich die USA und Europa) und die Trilaterale Kommission[104] (die Nordamerika, Europa und Ostasien abdeckt), die beide von Council-Führern gegründet wurden, um die Elite-Zusammenarbeit auf globaler Ebene zu fördern." Der CFR besitzt eine absolute Schlüsselstellung für das US-Imperium, und der Vorsitz des CFR befindet sich mit David Rubenstein und Michael Froman bis heute in jüdischer Hand. In dem Artikel wird der ehemalige Chefredakteur der *Washington Post* Richard Harwood zitiert: „Die Mitgliedschaft dieser Journalisten im Rat, wie auch immer sie an sich selbst denken mögen, ist eine Anerkennung ihrer aktiven und wichtigen Rolle in öffentlichen Angelegenheiten und ihres Aufstiegs in die amerikanische herrschende Klasse. Sie analysieren und interpretieren nicht nur die Außenpolitik für die Vereinigten Staaten, sie helfen, sie zu machen. (…) Sie sind Teil dieses Establishments, ob es ihnen gefällt oder nicht, sie teilen die meisten seiner Werte und Weltanschauungen." (a.a.O.) Das war im Jahr 2017 und ist somit einige Jahre her, aber dieses Establishment scheint sich gefühlt zumindest noch nicht allzu sehr im Niedergang zu befinden.

Aber vielleicht spricht Todd auch nur vom Niedergang der (protestantischen) Moral im in diesem Sinne niedergehenden Westen. Was aber nun bei der Betrachtung des Hanges des niedergehenden Westens zur Schwerkriminalität ganz besonders auffällt: dass die Nutznießer all dieser angerichteten kriegerischen Verwüstungen auf die eine oder andere Weise immer Israel oder amerikanische „Zionisten" zu sein scheinen, also Personen entweder mit doppelter israelisch-amerikanischer Staatsbürgerschaft, oder nur israelischer Staatsbürgerschaft, oder eben amerikanische „Juden", durch Glauben, Herkunft oder Verwandtschaft. Es dürfte nicht leicht von der Hand zu weisen sein, dass sowohl bei der Umgestaltung des Nahen Ostens – was nichts anderes bedeutet als dessen nachhaltige und praktische irreparable Verwüstung, wohl um dann die israelische Machtübernahme durch das „Greater Israel" einzuleiten – als auch bei der Degradierung der Ukraine zu einem willenlosen Werkzeug der USA, um seine Menschen und seine Ressourcen im Stellvertreter-Krieg gegen Russland zur Schlachtbank zu führen, jüdische Menschen (Victoria Nuland, Arsen Yatsenjuk, Igor Kolomoiski, Wladimir Selensky) eine maßgebliche Rolle gespielt haben – auch wenn dies unter dem katholischen (Vize-)Präsidenten Joe Biden geschehen ist, oder dem vorherigen und nun wiedergewählten Präsidenten Donald Trump, der an seiner Nähe, Verehrung und Bindung an das Volk und den Staat Israel genauso wenig Zweifel hat aufkommen lassen wie der jetzige Ex-Präsident Joe Biden.[105]

Ohne Zweifel richtig ist Todds Analyse, dass das Ende der protestantischen Machtelite „mit einem Klima der Nullmoral" einherging, und mit ihm „jedes gemeinschaftliche Ethos' der herrschenden Gruppe" verschwand; nun gibt es nur noch „die reine Machtdynamik, welche auf die Außenwelt projiziert wird und zu einer Vorliebe für militärische Macht und Krieg mutiert." Aber *Vorliebe für militärische Macht und Krieg?* Wie das? Kam die so unerklärlich über die Welt wie das Verschwinden der Moral?

Oder ist es vielleicht so, dass ein solches Verschwinden einer moralischen Machtelite durchaus erwünscht war, und noch ist? Weil es einer anderen, amoralischen Machtelite nun Aufstiegs- und Herrschaftschancen bot, und noch bietet? Vielleicht wurde und wird so ein Klima der Nullmoral geradezu provoziert, und gezielt herbeigeführt? Etwa die viel diskutierte Eröffnungsfeier der Olympischen Spiele in Paris im Sommer 2024 wurde als eine Show, ja eine Verherrlichung und Anbetung der Dekadenz, der Amoral, der Verherrlichung von Tod und Zerstörung und des Niedergangs von Kultur und Zivilisation wahrgenommen. Wie die katholische Nachrichten-Agentur CNA berichtete, haben katholische Kardinäle und Bischöfe aus aller Welt das Internationale Olympische Komitee (IOC) in einem offenen Brief aufgefordert, die „absichtliche, hasserfüllte Verhöhnung" des Letzten Abendmahls während der Eröffnungsfeier der Olympischen Spiele 2024 in Paris „zurückzuweisen" und sich dafür zu „entschuldigen". Der Brief wurde von 3 Kardinälen und 24 Bischöfen unterzeichnet, darin heißt es: „Mit Entsetzen hat die Welt verfolgt, wie die Olympischen Sommerspiele in Paris mit einer grotesken und blasphemischen Darstellung des letzten Abendmahls eröffnet wurden."[106] Auch der Vatikan hat sich dazu geäußert: „Heiliger Stuhl kritisiert Eröffnungsfest der Olympischen Spiele".[107] Die von dem schwulen jüdischen Regisseur Thomas Jolly inszenierte Show ließ sich nicht nur wegen der von kirchlicher Seite kritisierten Szenen der Verhöhnung des Abendmahls lesen als Feier des Niedergangs christlicher, ja überhaupt universal bindender Werte der Aufklärung, mit der Szene der geköpften Marie Antoinette, symbolisch für die gewaltsame Ablösung des Ancien Regime und der Königsherrschaft durch die Französische Revolution und die Terror-Herrschaft der Jakobiner, oder der Symbolik des apokalyptischen Reiters auf dem blassen Pferd; als Show zur Feier von Wokismus und Transideologie.

Viel weiter als die katholischen Kirchenleute mit ihrer Feststellung eines Klimas der Nullmoral im religiösen Sinn geht nun der frühere Hacker, Multi-Künstler und Digital-Unternehmer Kim Dotcom, der in einem über acht Millionen mal angesehenen X-Tweet behauptete, dieses Klima der Null-Moral werde nach allen Regeln der Kunst erzeugt, und zwar so vollständig und kenntnisreich, dass einem verständigen und mit analytischer Begabung ausgestatteten Beobachter wie ihm gar nichts anders übrig bleibe, als hier eine Art von Personen am Werk zu sehen, die so denken und ähnliches im Schilde führen wie die Autoren der „Protokolle der Weisen von Zion".[108]

Dieser Tweet wird Gegenstand des nächsten Kapitel sein, an der Stelle nur einige der wichtigsten Aussagen daraus: Einleitend beteuert Kim Dotcom, er sei kein Nazi, er sei „einfach ein ehemaliger Hacker mit großartigen analytischen Fähigkeiten, der versteht, was in der Welt passiert." Dann fragt (auch) er, warum „Zionisten" in den Medien, der Politik, im Bankwesen und im Weltgeschehen so massiv überrepräsentiert sind, und wie eine so kleine Gemeinschaft alle Macht- und Informationszentren beherrschen konnte. (s.o.) Anschließend stellt er eine Frage, die auch Todd stellt: „Warum kann Israel UN-Resolutionen und internationales Recht ignorieren und in Gaza unter Standing Ovations im US-Kongress einen Völkermord begehen? Warum verhält sich Israel scheinbar ohne Angst vor Konsequenzen, als ob es über dem Gesetz stünde?" Offensichtlich eine berechtigte Frage; von den mit großer Kaltschnäuzigkeit ignorierten UN-Resolutionen ist alle Welt wiederholt Zeuge geworden, wie auch von den 52 Standing Ovations für Netanjahus Rede im US-Kongress.[109]

Nun zwei markante Abschnitte aus den sogenannten Protokollen, die Kim zitiert; zunächst diesen (Näheres dazu später): „Wir werden die Medien absolut kontrollieren, damit keine einzige Ankündigung jemals ohne unsere Kontrolle an die Öffentlichkeit gelangt. Auf diese Weise werden wir einen sicheren Triumph über unsere Gegner haben, denn ohne die Medien sind sie hilflos." Da wird der Kontrolle der Medien offenbar eine absolut zentrale Bedeutung beigemessen – ist es da überraschend, wenn sich dies in den gegenwärtig herrschenden Medien wiederfindet?

Der nächste Textabschnitt, auch passend zu den als blasphemischen empfundenen olympischen Spielen von Paris: „Wir werden die hirnlosen Köpfe mit eitlen Vorstellungen, fantastischen Theorien, faulen Vergnügungen, Spielen und schmutzigen Leidenschaften ablenken, so dass sie ihren Intellekt nicht nutzen können. Sie werden nie ahnen, dass sie von uns inszeniert wurden." Ist es nicht exakt das, was wir erleben?

Am Ende seines Tweets spricht Kim Dotcom über einen „Weltherrschaftsplan", der seiner Analyse nach gegenwärtig ausgebrütet werde, und er sagt dazu: „Ihr werdet die Wahrheit sofort erkennen, denn genau das passiert derzeit auf der Welt. Die heutige Realität legt nahe, dass dieser Plan real ist." Die nach allgemein anerkannter Darstellung ja „gefälschten" Schriftstücke mit diesem Namen seien der gegenwärtig erlebten Realität so ähnlich, dass das alles unmöglich ein Zufall sein könne, und das alles deute darauf hin, dass so ein Weltherrschaftsplan sich bereits in der Phase der Realisierung befinde. Kim wollte Alarm schlagen, so laut wie nur möglich.-

So viel an der Stelle also zu dem millionenfach gesehenen Tweet Kim Dotcoms, den er den wichtigsten nennt, den er je geschrieben hat, und den er der Welt unbedingt nahebringen wollte.[110] Näheres zu den „Protokollen" also im nächsten Kapitel.

Nun zurück zu Emmanuel Todd, und seiner Beschreibung eines Traums von der Weltherrschaft. Todd beschreibt vier große Etappen „auf dem Weg der Vereinigten Staaten in den Krieg", und benutzt als Indikator die in jeder Phase aufgewendeten Militärausgaben, in Prozent des BIP. In der ersten Phase „nach dem Zusammenbruch der UdSSR akzeptieren die Vereinigten Staaten die Aussicht auf einen allgemeinen Frieden: Der Anteil der Militärausgaben am BIP sinkt zwischen 1990 und 1999 von 5,9 Prozent auf 3,1 Prozent. Aufgrund der Abrüstung, die mit diesem Zusammenbruch korrespondiert, können wir sagen, dass die USA in dieser zehnjährigen Phase keine Pläne für eine Weltherrschaft hegen". (S. 341) Aber schon in Phase 2 beginnen „Jahre der Hybris"; zwischen 1999 und 2010 beginnt der Anteil der Militärausgaben am BIP wieder zu steigen „und erreicht 2010 4,9 Prozent. Die Vereinigten Staaten beginnen, von der absoluten Herrschaft über die Welt zu träumen." Gleichzeitig folgt ein „scheitern auf das andere – im Irak, in Afghanistan." (S. 341). Mit „Scheitern" ist gewöhnlich gemeint, dass jemand angestrebte Ziele nicht erreicht, aber – *wollten* die Vereinigten Staaten ihre Ziele womöglich gar nicht erreichen? In Irak und Afghanistan? Hat ihnen die vollendete Zerstörung in diesen Ländern gereicht? War sie am Ende ein ausreichendes und durchaus probates Mittel, um den Traum von der absoluten Herrschaft über die Welt auf diesem Wege zu verwirklichen? Eben genau so?

Todd spricht dann von einer Phase 3 des – durch die Subprimekrise bedingten – Rückzugs, mit zeitweilig zurückgehenden Militärausgaben, und einem nun amtierenden „instinktiv friedfertigen Präsidenten" Obama. Dennoch: „Im Jahr 2017 liegen die Militärausgaben wieder bei 3,3 Prozent des BIPs."

Mit der vierten und letzten Phase beginnt nach Todds Deutung „der Ausstieg aus der Realität. Die USA gehen dem Ukrainekrieg in die Falle." Wie meint er das? Falle? Er behauptet: „Die USA waren bei Weitem keine Kriegstreiber, sie hatten die Expansion aufgegeben und suchten keine Konfrontation mit Russland, vielmehr war es der nihilistische Traum der ukrainischen Nationalisten, ein verzögertes Produkt aus dem Zerfall der Sowjetunion, der sie köderte." (S. 341-342). Ist das aber nicht ein bischen sehr gewagt? Die USA wandten nach öffentlicher Aussage Victoria Nulands in Vorbereitung des Maidan-Aufstandes 5 Milliarden Dollar auf, um mit dem angestrebten Ziel des Putsches gegen Janukowitsch endlich zum Erfolg zu kommen, und sie benutzten dabei die Bandera-Nationalisten aus der West-Ukraine für ihre Zwecke; sie unterstützten und förderten sie, damit die bei dem gewaltsamen Putsch Hilfe leisten. Wozu sonst taten sie das alles als dazu, um schließlich die Konfrontation der USA mit Russland mittels des Bürgerkriegs gegen den Donbass voranzutreiben?

Da wird man Todd kaum noch folgen können. Die ukrainischen Bandera-Nationalisten waren so wenig nihilistisch wie die deutschen Nationalsozialisten, sondern sie waren von der Blut-und-Boden-Ideologie beherrschte Fanatiker, die eben von *ihren* Werten überzeugt waren und von *ihrer* Version von Weltherrschaft träumten. Die Zionisten aber sind selbst eigentlich keine Nihilisten – sie wollen die Zerstörung nur für andere, für die übrige westliche Welt. Sie wollen die Zerstörung der (früher protestantisch-christlichen, heute – idealerweise – kantisch-universalistischen) Moral des Westens, um ihn zum Krieg gegen Russland und China benutzen und aufstacheln zu können, so wie sie die Ukraine zum Krieg gegen den Donbass haben benutzen und aufstacheln können, als Stellvertreterkrieg des Westens gegen Russland.

An der Stelle ist es vielleicht angebracht und erlaubt, erneut die Frage nach den Verantwortlichen des 11. Septembers zu stellen. Der Westen und seine teils gedungenen, teils willig mitlaufenden Helfer haben Millionen Tote zu verantworten, wie gesehen, sie haben wiederholt das Völkerrecht gebrochen und diese Kriege wissentlich und absichtlich entfacht. Kann der Westen so abgrundtief böse sein – scheinbar kann der Westen so böse sein; er hat Millionen Menschen auf dem Gewissen. Wenn man dann aber fragt, wer denn wohl den 11. September zu verantworten hat, dann wird gerne gesagt, das sei ja völlig unvorstellbar, so ein Massenmord an der eigenen Bevölkerung wäre *zu* böse, so etwas tun zivilisierte amerikanische Menschen nicht.[111]

Nachdem die Welt seit über einem Jahr Zeuge geworden ist, zu welchen unvorstellbaren Bosheiten die IDF fähig ist, die angeblich „moralischste Arme der Welt", die zum Spass ganze zivile Wohnblocks in die Luft sprengen und sich dabei filmen lassen, und die gezielt Journalisten, Zivilisten und unschuldige Frauen und Kinder erschießen, sind vielleicht inzwischen doch Zweifel berechtigt, ob der „Deep State" nicht doch auch zu diesem Verbrechen fähig war.[112]

Widerstand gegen den Alptraum ist nicht „rechts"

Die schon genannte australische Journalistin, Künstlerin und Autorin Caitlin Johnstone sieht die Welt in einem einzigen Alptraum:

„Das einzig Positive an diesem Albtraum ist, dass er die wahren Monster als diejenigen entlarvt, die sie sind.
Immer mehr Menschen erkennen, dass die US-Regierung viel zu böse ist, um die Welt regieren zu dürfen.
Immer mehr Menschen erkennen, dass der Staat Israel viel zu böse ist, als dass er in seiner jetzigen Form weiterbestehen könnte.
Immer mehr Menschen erkennen, dass die westliche Presse ein Propagandadienst für das US-Machtbündnis ist und man ihm niemals trauen sollte.
Immer mehr Menschen erkennen, dass die Demokratische Partei nur dazu da ist, den mörderischen und korrupten oligarchischen Status quo des US-Imperiums zu schützen und nicht, um die Interessen der einfachen Menschen zu fördern."[113]

Caitlin Johnstone schrieb diesen dramatisch pessimistischen, ergreifenden Text am 24. Oktober 2024. Ihr Werk umfasst Artikel, Essays, Gedichte, Notizen und auch Schöpfungen darstellender Kunst, und ihr einziges Ziel bei all ihrer Arbeit, schreibt sie, sei es, „das menschliche Bewusstsein zu wecken und ein Verständnis dafür zu schaffen, wie eine gesunde Welt aussehen würde."

Ist das aber überhaupt noch vorstellbar? Können wir, mitten in diesem Alptraum, ein Bewusstsein dafür schaffen, wie eine gesunde Welt aussehen würde? Wie unmöglich scheint das zu sein, angesichts etwa der horrenden Tatsache, dass der designierte EU-Kommissar für Verteidigung Kubilius nun „wegen Putin" Investitionen von 500 Milliarden Euro plant, weil angeblich Geheimdiensterkenntnisse vorliegen, „nach denen ‚Russland die Entschlossenheit der EU oder der Nato bis zum Ende des Jahrzehnts testen könnte".[114] Die EU müsse aufrüsten, um Russland von einem Angriff abzuhalten und so den Frieden zu sichern. Aber diese „Gefahr" ist komplett zusammenphantasiert und eine pure Fata Morgana, um die Rüstungsausgaben erneut ins Unendliche aufzublähen und zu boosten; kein Mensch mit einem Minimum an Verstand würde ein mit Bergen von Waffen aller Art inkl. Atomwaffen ausgerüstetes Verteidigungsbündnis aus 32 Staaten auf seine Entschlossenheit testen wollen, einen Angriff Russlands abzuwehren. Russland ist nicht suizidal und hat auch nicht im Entferntesten eine solche Absicht und hätte sie wohl auch dann nicht, wenn es die NATO gar nicht gäbe. Es ist völlig absurd, einem Riesenland wie Russland imperiale Absichten zur Gewinnung von zusätzlichem Territorium zu unterstellen; Russland ist wahrhaftig groß genug und möchte nichts anderes erreichen als mit seinen Nachbarn in Frieden Handel und Wandel treiben und sich wirtschaftlich und kulturell zu entwickeln. Russland möchte allenfalls eine Pufferzone in der Ukraine aufbauen als Teil einer Sicherheitsarchitektur, nachdem es über so viele Jahre hat miterleben müssen, wie die Ukraine zur Vorbereitung eines stellvertretenden Angriffskrieges der USA bzw. der NATO gegen Russland missbraucht worden ist.[115]

Offenbar stecken andere Monster hinter dem Wunsch, die „Entschlossenheit Russlands" zu testen – böse, wahrhaft mörderische Monster. Ist es aber dennoch möglich, ein Verständnis dafür zu schaffen, wie eine gesunde Welt aussehen würde?

Nun, dazu wird es notwendig sein, die wahren „Monster" zu entlarven: zu zeigen dass die „US-Regierung viel zu böse ist, um die Welt regieren zu dürfen"; zu zeigen dass „der Staat Israel viel zu böse ist, als dass er in seiner jetzigen Form weiterbestehen könnte". Und das bedeutet auch, auch wenn sich kaum jemand traut, so Ungeheuerliches zu behaupten: zu zeigen, dass Menschen mit israelischer Staatsbürgerschaft und zionistischer Weltsicht sowohl in Israel wie in den USA für die Jahrhundertverbrechen des 11. September wie auch für die Staatsverbrechen der 1960er Jahre verantwortlich sind, also die Kennedy-Morde und andere. Vor Gerichten zu beweisen ist das sicher nicht, wie schon gesagt, aber man wird es versuchen müssen, denn anders wird ein Ausweg aus diesem Alptraum nicht möglich sein.

Wer jüdische Menschen in diesem Sinne hart kritisiert, wird häufig einem „rechten" Spektrum zugeordnet, der Logik folgend, dass Kritik gegen Israel oder gegen „die Juden" ja auch im Nationalsozialismus „rechts" und antisemitisch gewesen sei, und darum auch nicht, im Gegensatz dazu einem universal gültigen und allgemein verbindlichen Rechtsverständnis folgend, Kritik gegen Israel oder „die Juden" geäußert werden dürfe. Das hat aber mit „rechts" oder „links" nichts zu tun; die auf diesem Spektrum zwischen rechts und links angeordneten Wertorientierungen stammen aus der Zeit der französischen Revolution, als in der französischen Nationalversammlung die Adligen, Besitzenden und Konservativen auf der rechten Seite saßen, und die Bürgerlichen und Nichtbesitzenden auf der linken Seite. Die Gültigkeit des Rechtes darf aber von der Stellung eines Menschen im wirtschaftlichen Sinn (arm oder reich, im weitesten Sinn) nicht abhängig sein, sondern muss eben, wie die Justitia mit den verbundenen Augen, universal und für alle gleichermaßen gelten.-

Eine „gesunde Welt", wie Caitlin Johnstone sagt, ist unbedingt zu schaffen ist, mit allen zur Verfügung stehenden Kräften – wir haben ja nur diese eine Welt. Wird es aber noch möglich sein, sie zu schaffen? Und früh genug? Und wie?

Kennedys Vision vom Aufstieg des Westens: Frieden

Wenn man sich die Ideen des letzten US-Präsidenten anschaut, bevor alle anderen nur noch „Faktotums" waren, wie der Ökonomie-Professor Jeffrey Sachs sagte (s. o.) („After the Kennedy assassination, there has been no president; there have only been factotums of the system")[116], dann kann man sich gut vorstellen wie eine gesunde Welt hätte aussehen können, wenn Kennedy nicht ermordet worden wäre. Kennedys berühmte Rede vor den amerikanischen Zeitungsverlegern vom 27. April 1961[117] liefert aber auch eine Reihe von Hinweisen, von welcher Seite heftige Widerstände gegen die Entwicklung einer freien, offenen und gesunden Gesellschaft zu erwarten waren – später erwuchsen aus „Geheimbünden" und „geheimen Eiden" solche „Monster". Kennedy hat die freie und offene Gesellschaft mit Nachdruck gegen „Geheimhaltung" verteidigt und sich „allen Geheimbünden, geheimen Eiden und geheim ablaufenden Prozessen" entgegengestellt, gegen die seine Gegner nach seiner Ermordung dann immer höhere Hürden und Blockaden aufbauten, was nach dem 11. September mit Verabschiedung des Patriot Acts zu massiven Beschneidungen der Meinungsfreiheit führte. Es ist lohnend, sich diese Rede Kennedys erneut zu vergegenwärtigen:

„Wir stellen uns auf der ganzen Welt diesen in sich geschlossenen, unbarmherzigen Verschwörungen entgegen, die hauptsächlich mit verborgenen Mitteln versuchen ihren Einflussbereich zu erweitern - durch Unterwanderung statt durch offene Auseinandersetzung, durch Umsturz anstelle von demokratischen Wahlen, durch Einschüchterung anstelle von freier Auswahl, durch staatlichen Guerillakrieg bei Nacht und Nebel, anstelle eines Heeres am hellichten Tag. Es ist ein System, das gewaltige, menschliche und materielle Resourcen in einem eng verbundenen Aufbau zu einer höchst effizienten Maschinerie kombiniert, in der Militär, Diplomatie, Intelligenz, Ökonomie, Wissenschaft und politische Operationen zusammengefaßt sind. Diese Bestrebungen werden verborgen, nicht veröffentlicht. Gemachte Fehler werden gedeckt und tauchen nicht in den Schlagzeilen auf. Andersdenkende werden zum Schweigen gebracht, nicht gefördert. Es werden weder Mühen noch Kosten gescheut, damit keinerlei berechtigte Mutmaßung gedruckt, kein Geheimnis aufgedeckt wird. Dieses System betreibt einen kalten Krieg, mit einer Kriegsdisziplin, die weder Demokratie entstehen noch überhaupt erhoffen lässt.

Kennedy war sich der Gefahr offenbar bewusst, die von diesen „unbarmherzigen Verschwörern" ausging. Die Verbindung zu den „Protokollen" herzustellen, wie Kim Dotcom es in seinem Tweet tut, scheint nicht so weit hergeholt, wie es den Anschein hat, wie auch die Verbindung zu Kennedys späterer Ermordung, die diese Verschwörer möglicherweise nicht viel später schon anfingen zu planen.

Dabei hatte Kennedy noch so große Pläne für eine „gesunde Welt" in der Tasche. Die Geschichte des Kapitalismus war zunächst eine sehr erfolgreiche, und auch sehr offensichtlich, für jeden Zeitgenossen spürbar erfolgreiche und in einem umfassenden auch moralischen Sinne gerechtfertigte Geschichte. Steigende und sichere Löhne, steigende Arbeitsproduktivität sowie auch steigende Gewinne der Unternehmen, umfassende soziale Sicherheit und etwa kostenlose Schul- und Universitätsbildung bezeugten anhand einer Fülle von Indikatoren, dass es den Menschen besser, und es mit dem Land aufwärts ging. Todd schreibt dazu: „Das Amerika unter Eisenhower ist durchflutet von einer wahrhaft demokratischen Kultur, die sich um das Wohlergehen aller Bürger bemüht; seine inneren Werte stimmen mit denen seiner Außenpolitik im Kampf gegen den totalitären Kommunismus überein." (S. 252). Die amerikanische Wirtschaft war für „das gute Amerika" ein ebenso entscheidender Faktor wie das hohe Bildungsniveau: „Das Bildungsniveau war höher als in allen anderen Ländern, einschließlich der protestantischen. Seit der Zwischenkriegszeit wurde das Sekundarschulsystem der Highschools massiv ausgebaut." (S. 251).

Über diesen materiellen und sozialen Fortschritt hinaus hatte Kennedy den Plan gefasst, für Fortschritt in einem viel umfassenderen, die Lebensschicksale viel nachhaltiger beeinflussenden Sinn zu sorgen: er wollte die Nachkriegsjahre endgültig begraben und einen dauerhaften, das Wettrüsten der Supermächte beendenden Frieden

proklamieren und schaffen, und fest in der amerikanischen Sicherheitspolitik veran-
kern. In seiner später berühmt gewordenen Friedensrede vor der American University in Washington am 10. Juni 1963 wollte er, wie er zur Einleitung in seiner Rede
sagte, an diesem Tag über eines der wichtigsten Themen auf der Erde sprechen: den
Frieden. Diesen Frieden beschrieb Kennedy in den ersten Sätzen seiner langen Rede
mit folgenden Worten:

*„Welche Art von Frieden meine ich? Nach welcher Art von Frieden streben wir? Nicht nach einer
Pax Americana, die der Welt durch amerikanische Kriegswaffen aufgezwungen wird. Nicht nach
dem Frieden des Grabes oder der Sicherheit der Sklaven. Ich spreche hier von dem echten Frieden,
jenem Frieden, der das Leben auf Erden lebenswert macht, jenem Frieden, der Menschen und Nationen befähigt, zu wachsen und zu hoffen und ein besseres Leben für ihre Kinder aufzubauen; nicht
nur ein Friede für Amerikaner, sondern ein Friede für alle Menschen. Nicht nur Frieden in unserer
Generation, sondern Frieden für alle Zeiten.“*[418]

Friede für alle Menschen, und Friede für alle Zeiten – das wäre schon fast gleich
bedeutend mit der Weihnachtsbotschaft geworden, die dieser jüdische junge Mann
damals in seinem Eintreten für Wahrheit und Frieden an die Welt aussenden wollte.
   Kennedy hatte durchaus handfeste und konkrete Pläne im Gepäck, wie er diese
Ziele erreichen wollte, und auch, warum die Sicherung des Friedens – nach dem erfolgreichen Überstehen der Kuba-Krise vom Oktober 1962 – nach seiner Überzeugung ein dermaßen überragendes Gewicht bekommen hatte: der Krieg hatte im
Atomzeitalter „ein neues Gesicht bekommen“, wie er im Folgenden sagt:

*„Ein totaler Krieg ist sinnlos in einem Zeitalter, in dem Großmächte umfassende und verhältnis-
mäßig unverwundbare Atomstreitkräfte unterhalten können und sich weigern, zu kapitulieren, ohne
vorher auf diese Streitkräfte zurückgegriffen zu haben. Er ist sinnlos in einem Zeitalter, in dem eine
einzige Atomwaffe fast das Zehnfache an Sprengkraft aller Bomben aufweist, die von den gesamten
alliierten Luftstreitkräften während des Zweiten Weltkrieges abgeworfen wurden. Und er ist sinnlos
in einem Zeitalter, in dem die bei einem Atomkrieg freigesetzten tödlichen Giftstoffe von Wind und
Wasser, Boden und Saaten bis in die entferntesten Winkel des Erdballs getragen und sich selbst auf
die noch ungeborenen Generationen auswirken würden.“*

Darum sei der Frieden mehr denn je ein „zwangsläufig vernünftiges Ziel vernünftiger Menschen“; es gebe daher „keine dringlichere Aufgabe für uns“ als den Frieden.
Wer würde Kennedy da, im Angesicht der nun täglich wachsenden Gefahr eines aus-
gewachsenen, unbeherrschbaren und nicht gewinnbaren weltweiten Atomkriegs, widersprechen wollen? Ethiker wären sich einig, den Frieden ein zwangsläufig vernünftiges Ziel zu nennen, so wie Emmanuel Kant den ewigen Frieden ein zwangsläufig
vernünftiges Ziel genannt hat. Wie auch das Streben nach Glück: „Die USA sind in
einem Klima des Optimismus entstanden; ihre Unabhängigkeitserklärung spricht
vom ‚Streben nach Glück‘“, schreibt Todd (S. 245) Was wir erleben ist aber das genaue Gegenteil: ewige Kriege als zwangsläufig *unvernünftiges* Ziel, und, wie Todd sagt,
„Nihilismus als notwendiges Konzept“. (S. 244)

Todd beschreibt das mit großem wirtschaftlichem Erfolg und Reichtum entstehende Problem, wenn eine vordem gesunde und nun zügel- und morallos gewordene Gesellschaft sich in eine Oligarchie verwandelt: „In einem wirtschaftlich wie politisch oligarchischen System sammelt sich der Reichtum an der Spitze der sozialen Struktur an. Dieser Reichtum muss irgendwohin. Seinen Besitzer, der schließlich auch seine Probleme hat – was man nur zu oft vergisst –, stellt dies vor quälende Fragen: Wie das Geld in Sicherheit bringen und dafür sorgen, dass es ‚arbeitet‘?" (S. 186) Dass Todd es offenbar für das gute Recht der Reichen hält, dass ihr Geld „arbeitet" – mit anderen Worten: dass ihr Geld sich dadurch vermehrt, dass es irgendwo Zinsen und Renditen generiert, ohne dass jemand dafür eine Leistung erbringt – das ist schon ein bemerkenswertes Verständnis der Art von Qualen, die reiche Menschen im Gegensatz zu armen zu erleiden haben. Aber diese Entwicklung ist die am Ende des erfolgreichen Kapitalismus zu beobachtende, und sie stellt sich ein, wenn sie von moralisch intakten Gesellschaften und Staaten nicht verhindert wird: Sonst vollzieht sich der beschriebene Niedergang; Oligarchien übernehmen die Macht, in Staaten, die zu schwach geworden sind, eine gesunde stabile Ordnung aufrecht zu erhalten.-

Also: wie das Ziel einer gesunden, wertgebundenen, optimistischen Welt erreichen?

Auf die Gefahr hin, Gesagtes zu wiederholen: Es ist, wie schon gesehen, eigentlich nicht so schwer zu verstehen, warum es den Kapitalismus überhaupt einmal gab, und warum er nun – eigentlich – ganz friedlich zu einem Ende kommen müsste, oder *hätte kommen müssen*. Der Kapitalismus war von Anfang an eine Reichtumsmaschine, eine Reichtumserzeugungsmaschine; er war dazu da, diese „ungeheure Warensammlung" zu erzeugen (wenn dieser alte Marxsche Begriff den Leser nicht abschreckt). Der Kapitalismus war dazu da, den „Value of Everything" zu erzeugen, und dieser „Value" bestand natürlich aus Geld, aus Dollars, Euro oder sonstigem Wertpapier, auf das man seinen Wert als eine Zahl schreiben konnte. So sah es jedenfalls etwa die Ökonomin Mariana Mazzucato, und natürlich glaubte sie, dieser Value sei ungeheuer groß.[119] Darüber hinaus glaubte sie, und glaubt wohl noch immer, dieser Wert und die ihn als Wert ausdrückende Warensammlung werde immer weiter wachsen – ewig und unaufhörlich. Ganz offensichtlich kann das aber nicht richtig sein.

Typisch für diese ungeheure Warensammlung, aus der der Industriekapitalismus besteht, ist dies, wie gesehen: dass es typischerweise Maschinen sind, mit deren Hilfe diese Warensammlung erzeugt worden ist, und noch immer wird. Ohne Maschinen, ohne diese leistungsfähige, moderne, entwickelte „große Maschinerie" hätte es diese riesige Warensammlung niemals geben können, so fleißig und erfinderisch die arbeitenden Menschen auch immer gewesen wären. Es hätte dann keinen Kapitalismus gegeben, sondern Bauern und Handwerker und eine vergleichsweise arme, häufig Hunger- und Not leidende feudalistische Gesellschaft. Die Maschinen aber wurden und werden immer leistungsfähiger, moderner, intelligenter, und am Ende womöglich so smart und leitungsfähig, dass sie die ganze Arbeit (fast) ganz alleine erledigen können, „autonom" und (fast) ganz ohne Menschen.

Kapitalismus und Maschinerie entwickelten sich zu einem Rennen, in dem die Maschinerie den Kapitalismus – oder besser gesagt die im Kapitalismus arbeitenden Menschen – zu übertrumpfen suchte; es entstand das „Race against the Machine", das die Ökonomen Erik Brynjolfsson und Andrew McAfee in ihrem Buch beschrieben.[120] Dieses Race hätte aber vernünftigerweise – als ein zwangsläufig vernünftiges Ziel – enden müssen und auch enden können, was es es aber nicht sollte; was darum nun vor allem noch wächst, ist zweierlei: riesige globale Schulden, die inzwischen die 100 Billionen-Marke überschritten haben, und ebenso riesige private Vermögen, die der Größe nach auf immer winzigere Prozentanteile von Superreichen konzentriert sind. Das kann der „Value of Everything" also nicht sein, um dessen Schaffung es bei der Erfindung des Kapitalismus hätte gehen sollen, und der nun mit der Zerstörung der biologischen Existenzgrundlagen der Welt einhergeht, und einer inzwischen nur noch absurd zu nennenden Anhäufung von Kriegsmaterial, in solchen Mengen, dass nur der sprichwörtliche Funke genügt, um dieses gigantische Pulverfass zur Explosion zu bringen – und damit zur endgültigen und unwiderbringlichen Zerstörung unserer Lebenswelt, die das alles hervorgebracht hat, in Abermillionen von Jahren.-

Die tatsächlichen, inneren Grenzen des Wachstums tauchten auf, als trotz riesiger vorhandener Sparvermögen keine oder jedenfalls keine ausreichenden Anlagemöglichkeiten mehr auftauchten, diese Sparvermögen sicher, attraktiv und jedenfalls mindestens ausreichend verzinslich in Investitionen zu verwandeln. Der Ökonom Robert J. Gordon hat Aufstieg und Fall des (amerikanischen) Wachstums über die Jahrhunderte sehr detailliert und umfangreich beschrieben.[121] (s. Kap. 6)

Das heutige China will, kann und muss aber noch wachsen, denn er hat noch sehr viel nachzuholen; es war über Jahrzehnte von der im Westen möglichen ungestörten Reichtumsentwicklung abgeschnitten. Nun aber hat auch China ein beachtliches Wohlstands- und Reichtumsniveau erreicht; im Jahr 2024 gab es nach Angaben des Hurun Reports 753 chinesische Milliardäre.[122] China hat eine hohe Kunst entwickelt, mit Hilfe eines ausgefeilten staatlichen Mikro-Managements private Unternehmen zu leiten, zu fördern, zu steuern und zu managen, und hat dabei als Staat nicht seinen Verstand verloren. Das ist im Westen aber leider geschehen.

Es macht Sinn, Todds Beschreibung des Niedergangs des Westens zum Abschluss dieses Kapitels die im engeren Sinn wirtschaftlichen Symptome dieser Entwicklungen anzufügen; sie können nicht anders als als pathologische Fehlentwicklungen beschrieben werden. Sie sind schnell auszumachen und anhand einiger weniger Indikatoren zu beschreiben (überwiegend für die USA); die Symptome sind: Staatsverschuldung, Vermögenskonzentration, extreme Unternehmensgewinne, Ungleichverteilung:

1. Staatsverschuldung: Die globale Staatsverschuldung hat soeben die Marke von 100 Billionen Dollar überschritten, und die Schulden steigen immer schneller.[123] Die Staatsschulden der USA liegen (Stand August 2024) bei rund 35,26 Billionen US-Dollar; dabei hat der Anstieg der Verschuldung ein geradezu irrwitziges Tempo erreicht: „Seit Juni vergangenen Jahres kam alle 100 Tage eine Billion dazu, pro Sekunde waren es 2023 fast 100.000 Dollar mehr. Das Haushaltsdefizit beträgt nun sieben Prozent des BIP oder umgerechnet 1,9 Billionen Dollar – und das, obwohl die US-Wirtschaft wächst."[124] Grund ist ein gigantisches schuldenfinanziertes Konjunktur-Programm in Höhe von 400 Mil-

liarden Dollar, das insbesondere Militär und Rüstungsaufwendungen finanziert. Die USA geben derzeit 3,5 Prozent vom Bruttoinlandsprodukt für das Militär und die Rüstung aus – so viel wie kein anderer Staat weltweit.

2. Zunehmende Vermögenskonzentration in den USA: Die oberen ein Prozent besaßen 2023 30,5 Prozent aller Vermögen, 1989 waren es noch 22,9 Prozent gewesen. In den 34 Jahren von 1989 bis 2023 kann man also eine deutliche Vermögensverschiebung zu Gunsten der oberen ein Prozent und zu Lasten der unteren 99 Prozent feststellen.[125]

3. Unternehmensgewinne: Im ersten Quartal 2024 beliefen sich die US-Unternehmensgewinne nach Steuern laut Angaben der US-Notenbank auf (annualisiert) 3.168 Mrd. US-Dollar. Das entspricht 11,2 Prozent vom Sozialprodukt. Von 1947 bis 2000 lagen die US-Unternehmensgewinne im Durchschnitt bei 6 bis 7 Prozent vom Bruttoinlandsprodukt (BIP). Ab der Jahrtausendwende setzte ein starker Anstieg ein, so dass seit 2010 der Anteil der Unternehmensgewinne durchschnittlich bei knapp 11 Prozent liegt. (Kreiß 2024, a.a.O.)

4. Zunehmende Ungleichverteilung der US-Einkommen: Eine umfangreiche Studie des Pew Research Center von Anfang 2020 zeigt, dass in den 48 Jahren von 1970 bis 2018 die Upper-income-Haushalte, das sind Haushalte, die das Doppelte oder mehr des Medianeinkommens verdienen, ihren Anteil an den gesamten Einkommen von 29 Prozent (1970) auf 48 Prozent erhöht haben. Der Anteil der Middle-income-Haushalte, die 66 bis 200 Prozent des Medianeinkommens verdienen, sank von 62 Prozent 1970 auf 43 Prozent 2018 und der Anteil der Lower-income-Haushalte mit weniger als 66 Prozent der Medianeinkommen sank von 10 auf 9 Prozent aller Einkommen. 1980 verdienten die oberen 10 Prozent der Haushalte 9,1-mal so viel wie die unteren 10 Prozent, 2018 war es 12,6-mal so viel. Die Schere geht auf. Kurz: Die Entwicklung der 48 Jahre von 1970 bis 2018 zeigt eine beeindruckende Einkommensverschiebung von den unteren und den mittleren zu den oberen Einkommen. (C. Kreiß 2024, a.a.O.)

Das bedeutet per Saldo: die Schulden steigen, Unternehmenskonzentration und Ungleichverteilung nehmen zu, und die Gewinne steigen, aber die Gewinne sind überwiegend unproduktive Resultate der Finanzialisierung und der Spekulation; realwirtschaftliche Wertsteigerungen sind kaum noch möglich, außer durch Kriegswirtschaft zugunsten der Rüstungsindustrie und die „Plandemien" zugunsten der Pharmaindustrie. M. a. W.: der Westen befindet sich, wie Todd sagt, in einem pathologischen Niedergang, und diese Entwicklung ist unumkehrbar.

Von einem der berühmtesten, erfolgreichsten und für enormen sozio-ökonomischen Wohlstandszuwachs verantwortlichen Unternehmer, dem Automobil-König Henry Ford, ist folgender Ausspruch überliefert: „Das einzige Ziel dieser Finanziers ist Weltkontrolle durch die Schaffung von unauslöschlichen Schulden." Von Henry Ford ist bekannt, an wen er mit „diese Finanziers" gedacht hat: Ford war Herausgeber der Zeitung „Dearborn Independent", die er 1919 gekauft hatte; in ihr erschienen in den folgenden acht Jahren Artikel, die etwa auch von einem jüdischen Plan zur Erringung der Weltherrschaft berichteten, und auch von den sogenannten „Protokollen der Weisen von Zion", von denen schon die Rede war (und noch sein wird).

Aber wenn es auch nicht *diese* Finanziers sind, an die Henry Ford wohl dachte, die die Kontrolle der Welt und die Schaffung unauslöschlicher Schulden sich zum Ziel gesetzt haben sollen – die Schulden (nicht nur) der USA *haben* inzwischen de facto eine solche Höhe erreicht, dass ihre Löschung *nie mehr*, in Ewigkeit nicht, erreichbar sein wird; insfern ist nicht zu bestreiten dass „diese Finanziers" ihren Zielen offenbar sehr nahe gekommen sind, wer auch immer sie dann, mit Namen und Anschrift und als natürliche oder juristische Personen, sein mögen. Kann es da, nach geltendem Recht wie nach aller wirtschaftlichen Vernunft, mit rechten Dingen zugangen sein?

Die tatsächliche Erfüllung des Auftrags „Macht euch die Erde untertan" hätte die Wiedergewinnung des Paradieses bedeutet, wie Wassiliy Leontief (s.u.) schrieb, die Rückgabe der Natur an sich selbst und an den Menschen, und das Abtragen der Schulden der Menschheit, deren geschuldeter Auftrag darin bestand, dieses im Laufe der Geschichte herzustellen. Was wir aber erleben ist eben dies: die unaufhörliche, ewige Verwandlung von „Naturstoff" in käufliche, geldwerte Konsumgüter, mit Hilfe von Kapital und (falscher) Arbeit, zur unendlichen Erzeugung von Kapitalgewinnen.

Die Herstellung einer Dominanz des Öffentlichen und starker Staaten resultiert tatsächlich aus der inneren Soll-Entwicklungslogik des Kapitalismus in der Annäherung an sein Reifestadium; wenn die Staaten dann zu schwach sind, entstehen Oligarchien.

Die Unterschiede in der Struktur der Macht zwischen China und Russland einerseits und den USA bzw. dem Westen andererseits sind leicht aufzuzeigen, wie das obige Schaubild zeigt. Der Unterschied ist der: Im Westen bzw. den USA kontrollieren Banken und Konzerne die Regierung, in China und Russland ist es anders herum:

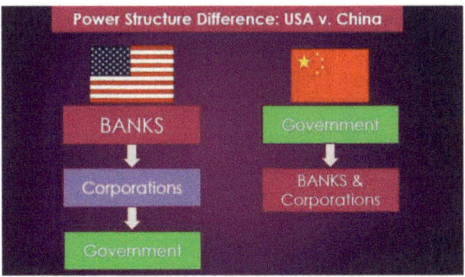

Die Regierungsgewalt liegt zwar nominell bei den westlichen Demokratien, de facto regieren aber Konzerne, die sich die ihnen genehmen Regierungen und administrativen Organe mehr oder weniger offensichtlich kaufen. Die „autoritären" Staaten dagegen haben im Laufe ihrer im Grunde reichlich chaotischen, von Zufällen bestimmten Entwicklung ein stabiles, demokratisch legitimiertes Regierungkonzept erarbeitet und gestaltet, und befinden sich damit auf einem guten Weg. Die große Frage wird also nun sein wie können Staaten und Gesellschaften, die nur noch von der Angst der Besitzenden um ihre Pfründen und den Fortbestand ihrer ewigen Renten getrieben sind, stark, stabil, moralisch und mental gesund genug werden, um ihre legitime Regierungsgewalt zurückzugewinnen?

Kennedy hatte, wie seine erwähnte Rede vor der American University zeigt, zum Kapitalismus und seinen Entwicklungsmöglichkeiten Ideen, die von enorm großer Bedeutung hätten sein können: „Wir sollten uns statt dessen auf einen praktischeren, erreichbareren Frieden konzentrieren, der nicht auf einer plötzlichen Revolution der menschlichen Natur, sondern auf einer allmählichen Evolution der menschlichen Institutionen basiert – auf einer Reihe von konkreten Maßnahmen und wirksamen Übereinkünften, die im Interesse aller Betroffenen liegen." Von Kennedy aus noch runde zwanzig weitere Jahre auf dem gleichen Fortschrittspfad – und die Welt hätte eine andere, gesundere, resilientere, friedlichere und hoffnungsvollere sein können. Aber Kennedy wurde ermordet, im Auftrag der kriminellen zionistischen Kabale.

Ein – vielleicht nicht sehr bedeutendes – Anzeichen für den Niedergang des Westens mögen Freunde der deutschen SPD darin sehen, dass der frühere Juso-Vorsitzende und SPD-Generalsekretär Kevin Kühnert am 7.10.2024 zurückgetreten ist; er meldete sich krank, und unbestätigten Mutmaßungen zufolge spielen dabei seelische Erkrankungen eine Rolle, also möglicherweise die Krankheit „Depression", die offenbar schon halbwegs zu einer Volkskrankheit geworden ist.[126] Dabei darf man sich erinnern: Kühnert hatte als Juso-Vorsitzender seine SPD und ihre Anhänger mit der Idee verschreckt, BMW und andere Großunternehmen verstaatlichen zu wollen.[127]

Zu Israel, dem Gaza-Krieg und der Ukraine haben sich Kühnert und seine SPD im Wesentlichen nur so geäußert, dass sie Todds Analyse des Niedergangs des Westens widersprechen – da gibt es keinen Niedergang; der Westen gewinnt, und Israel ist die einzige Demokratie im Nahen Osten. Den sozialistischer Ideen und Vorlieben dagegen völlig unverdächtigen Digital-Unternehmer Kim Dotcom trieb seine Furcht vor einem Niedergang des Westens zu diesen ebenso wahren wie warnenden Worten:[128]

„Ohne Moral und Wahrheit gibt es keine Freiheit. Die unmoralische, regelbasierte Ordnung und ihr Lügenreich sind der Feind der Freiheit. Schaut euch nur Gaza an. Die Verbrechen Israels verwandeln die moralische Mehrheit der Welt in Amalek. Keine Propaganda oder Bestechung kann diesen globalen Trend umkehren. Die einzige Hoffnung für Israels Überleben besteht darin, einen sinnvollen Frieden mit seinen Nachbarn zu schließen und der globalen Manipulation durch Korruption und Zwang ein Ende zu setzen."

Damit zum dritten Kapitel und zur Wurzel der Zerstörung und des Zerfalls der alten Tugenden des Westens.

3. Leo Strauß, Carl Schmidt und Kims Protokolle

Das folgende Kapital, das mit den Zitaten Kim Dotcoms aus den „Protokollen" beginnt, soll zeigen, dass die Zionisten, der israelische Staat und der Westen nach seinem Niedergang (fast) ebensolche Monster sind wie der Obernazi Alfred Rosenberg, der ebenfalls aus den „Protokollen" zitierte, und seine primitive, machtgierige und blutrünstige nationalsozialistische Herrscherclique, die damals „die Juden" glaubte vernichten zu müssen, und die doch im Denken und Trachten den jüdischen Zionisten ähnlicher war als sie es selbst wahrgenommen haben mögen.

Um zunächst kurz anzuknüpfen an die bewegte Geschichte des Kim Dotcom alias Kim Schmitz, aus Kiel: Kims Vater war Kapitän auf der MS Deutschland und seine finnische Mutter war Köchin, aber der Vater war alkoholkrank und verprügelte seine Frau, Kim musste seine Mutter oft vor dem Vater beschützen. Kim war kein Musterschüler und ihm reichte die Bildung der Hauptschule, doch war er technisch-mathematisch sehr begabt, und nach Aufkommen des Internet wurde er „Hacker", und damit reich. Richtig reich wurde er mit seinem Unternehmen „MegaUpload", einer Art Tauschbörse für digitalisierte Filme, und einer Reihe anderer Unternehmungen. Allerdings geriet er auch immer wieder mit dem Gesetz in Konflikt; er wurde wegen Urheberrechtsverletzungen in den USA verklagt, und um dem zu entgehen verlegte er seinen Wohnsitz nach Neuseeland. Es begann ein jahrelanger Rechtsstreit, und nun soll Kim bald an die USA ausgeliefert werden.[129]

Es wurde (in Fußnote 106) bereits erwähnt, dass Kim Dotcom nach seiner drohenden Auslieferung nun noch übleres Ungemach ereilte: Im November 2024 erlitt er einen „ernsthaften" Schlaganfall, wie der Spiegel am 25.11.2024 berichtete. Verschwörungstheoretisch kann man spekulieren, wie schon angedeutet, ob diesem unglücklichen Schlaganfall vielleicht irgendwie nachgeholfen wurde, denn nach dieser Vorgeschichte scheint es schon ein wenig suspekt, dass dieser Mann so plötzlich von einem Schlaganfall außer Gefecht gesetzt wird. Aber die Geschichte Kim Dotcoms soll an der Stelle nicht enden, sondern seine Geschichte soll erzählt werden auch bis zu dem Tag, an dem er diesen – möglicherweise verhängnisvollen – Tweet absetzte.

Bis zu dem Tag seines Schlaganfalls twitterte Kim, und er war ein fleißiger Twitterer, mit stolzen 1,7 Millionen Followern. Seit dem Gaza-Krieg äußerte er sich meist sehr Israel-kritisch, und zum Ukraine-Krieg äußerte er sich seit dessen Beginn pro-russisch, das heißt also USA-kritisch, und EU- bzw. West-kritisch. Politisch im Sinne von Parteipolitik äußerte er sich eher sporadisch; er war aber glühender Bewunderer von Elon Musk und damit, seit Musks erklärter Unterstützung für Donald Trump, auch Trump-Fan. Gleichzeitig ist er aber eben auch vehementer Israel-Kritiker, was im Widerspruch steht zur ausgesprochen Israel-freundlichen Haltung von Trump und Elon Musk.

Am 18. August 2024 hat Kim also diesen Tweet abgesetzt, den er als den wichtigsten bezeichnet, den seine Follower je lesen werden. Der Tweet wurde massenhaft angeklickt, und die Clickzahl wuchs an auf über acht Millionen. Und dann sagt er lauter

Dinge, die so verstanden werden können, als stammten sie direkt aus der nationalsozialistischen Gedankenwelt Alfred Rosenbergs.

Die „Jüdische Allgemeine" hat sich, wie schon erwähnt, nicht lange nach Erscheinen dieses Tweets dazu geäußert, und versuchte interessanterweise, sich in einem als „Satire" betitelten Beitrag über Kim lustig zu machen: „Kim Dotcom hat die ‚Protokolle der Weisen von Zion' entdeckt – und ist nun einer ganz, ganz großen Verschwörung auf der Spur." Kim Dotcom habe kürzlich, schreibt die Zeitung, „die ‚Protokolle der Weisen von Zion' gelesen. Und es war ihm wie Schuppen von den Augen gefallen." Will wohl sagen: So dumm ist dieser Kim, glaubt an Verschwörungen, und hält die „Protokolle" für echt.

Tatsächlich war es ja ein Text von Joseph Goebbels im „Völkischen Beobachter", aus dem damals ähnlich viele Menschen „etwas über die ‚Protokolle der Weisen von Zion' erfuhren" wie jetzt von Kim Dotcom, schreibt die Zeitung, und vergisst nicht zu erwähnen: „Seit zirka 1945 gilt das Traktat (…) als üble antisemitische Hetzschrift und wurde sogar als Fälschung entlarvt." Das könne „ein Genie wie Kim" aber „nicht anfechten" – und setzt damit sehr dicke Anführungszeichen über dem Wort „Genie"; eine deutlich mit der Absicht der Herabsetzung benutzte Formulierung.

Dabei entgeht der Zeitung aber gänzlich Kim Dotcoms Pointe: die uns umgebende Realität ist ja ganz unabhängig von der Quelle oder Urheberschaft dieser „Protokolle" zu entschlüsseln – denn wem sonst wäre zuzutrauen, nach „unbesiegbarer Macht" zu streben, und dabei „unsichtbar" zu bleiben, „bis sie so stark geworden ist, dass keine List sie mehr untergraben kann"; oder wem ist die Absicht zuzutrauen, die Medien absolut zu kontrollieren, „damit keine einzige Ankündigung jemals ohne unsere Kontrolle an die Öffentlichkeit gelangt"? Muss man sich das Management und die Besitzer von rund 90 Prozent der US-Medien (s.o.) im Einzelnen anschauen um zu wissen, wer sie kontrolliert, und wer darum „einen sicheren Triumph über unsere Gegner haben" wird, weil die Gegner ohne diese kontrollierten Medien hilflos sind?

Die Jüdische Allgemeine schrieb: „Fragen über Fragen", und wollte wohl damit sagen: dumme Fragen. Alles in allem wollte die Zeitung Kims Zeitdeutungen und die Beobachtung einer beunruhigenden Realität von enormer Machtkonzentration in den Medien, auch in den großen Konzernen und Banken, den Verfall der Moral, das Schüren ewiger Kriege und das Anzetteln von Hass und Zwietracht etc. wohl als absurde „Glosse" abtun, die „von einer KI-gesteuerten Maschine verfasst" sei; dem „Komitee der Weisen von Zion" danke man „für die freundliche Unterstützung", also dem Komitee der Phantasten, das es gar nicht gibt, wobei die KI-gesteuerte Maschine dennoch in der Lage sein soll, „Falschzitate zu produzieren".

So viel dazu. Man darf es nun schon für bemerkenswert halten, dass eine so angesehene Zeitung sich von dem privaten Tweet eines Lebenskünstlers wie Kim Dotcom so herausgefordert und angegriffen sieht – vielleicht steckt in diesen „Protokollen" eben doch diese Wahrheit, die Kim Dotcom damit unbedingt überbringen wollte.

Damit also nun zu den „Protokollen", von denen der überzeugte Nationalsozialist Alfred Rosenberg damals behauptete, sie seien nach seiner Überzeugung echt.

Tatsächlich gibt es eine Art Seelenverwandtschaft zwischen den Nazis in Deutschland einerseits, und bestimmten jüdischen Überzeugungen und Denkweisen andererseits. Im Denken des jüdischen Philosophen Leo Strauß sind einige strukturelle Ähnlichkeiten und Wesensverwandtschaften zu antidemokratischen, später offen nationalsozialistischen Denkweisen und Wertungen auszumachen, die vor dem Hintergrund der jüdischen Familienabstammung des Leo Strauß verblüffen mögen, aber Strauß fand sich mit dem nationalsozialistischen Rechtsphilosophen Carl Schmidt in vieler Hinsicht auf einer Linie, und Strauß war Schmidt nicht nur durch ein paar Gefälligkeiten verbunden, die Schmidt ihm erwiesen hatte; er folgte auch Schmidts Definition des Politischen, das in der Unterscheidung von Freund und Feind seinen höchsten Intensivierungsgrad habe. Dem Philosophen Strauß schwebte damals vor, als Bestandteil dieses Freund-Feind-Denkens einen vormodernen Horizont wiederzugewinnen, der sich an Thomas Hobbes und dessen Naturrechtsideen orientieren würde, weshalb unter Bedingungen dieses Naturzustands jeder als sein eigener Richter würde auftreten können und müssen, d. h. ohne Rücksichtnahme auf das Lebensrecht des Mitmenschen.[130]

Die Ethnologin Margareth Mead schrieb damals, als das Denken und Handeln der von Leo Strauß beeinflussten „Neo-Cons" um die 2000er Jahre bekannt wurde: „Es handelt sich um eine düstere und antiutopische Denkweise, die allem widerspricht, was Amerikaner glauben mögen. Sie widerspricht den Alltagsweisheiten der modernen demokratischen Gesellschaft." Nach Seymour Hersh, nicht erst seit seiner Veröffentlichung zu den Hintergründen der Sprengung der Nordstream-Pipeline weltbekannt, seien eine „Clique" oder „Gang" von Straussianern in der Bush-Regierung die Planer und Vordenker des Kriegs gegen den Irak: „William Kristol und Robert Kagan beriefen sich indirekt auf Lehren von Strauss, als sie nach den Terroranschlägen am 11. September 2001 eine Politik forderten, die moralisch begründet und insbesondere auch bereit ist zur politischen Täuschung wie zur Kriegsführung, zur unbedingten Verteidigung des amerikanischen Lebensstils wie zur gewaltsamen Durchsetzung von Regimewechseln. Die Neokonservativen setzten sich zeitweilig intern genauso gegenüber der Bürokratie des Powellschen Außenministeriums, Wirtschaftslobbyisten und den Regelwerken des Pentagons durch, wie sie – zeitweise – extern auch das Rahmenwerk der UNO und anderer multilateraler Organisationen wie etwa der NATO zugunsten ihres Projekts beiseitezuschieben vermochten."[131]

Die Lehren des Leo Strauß legitimieren demnach also auch das Mittel der politischen Täuschung und des heimlichen Lobbyierens gegen gewählte Organe der Politik und anderer multilateraler Organisationen, neben der gewaltsamen Durchsetzung von Regimewechseln. Letzteres dürfte aus der Sicht nationalsozialistischer Moral und Tugendhaftigkeit kein Widerspruch sein, aber organisierte politische Täuschung?

Wo ist der wesentliche Unterschied auszumachen zwischen der nationalsozialistischen Ideenwelt und der des Leo Strauß, die aus der Sicht nationalsozialistischer Denkweisen als „die jüdische" gesehen und verstanden wird? Einig sind sich Schmidt und Strauß in der Orientierung an Hobbeschen Naturrechtsideen, in der Absolutsetzung von Wertungen und Zielsetzungen entlang der Unterscheidung von Freund und

Feind, und der resultierenden Entrechtung und Bekämpfung des Feindes, der „vernichtet", oder, auf der Basis übergreifender Ideen von Weltherrschaft und „Auserwähltheit" entweder durch Rasse („arisch") oder Rasse in Verbindung mit Religion (jüdische Rasse, Gottes auserwähltes Volk) unterworfen werden darf bzw. muss. Der Unterschied: Das deutsche Volk war in der Vorstellung der Nationalsozialisten die „nordische Herrenrasse", die praktisch die gesamte restliche Welt in einem weltumfassenden Krieg zum „Endsieg" führen sollte; das Mittel war der „heroische" Kampf der arischen Rasse um die finale Weltherrschaft mit ihrer zu begründenden Welthauptstadt Germania. Der Sieg war folglich nur militärisch zu erringen, durch weltweit überlegene, militärische, imperiale Macht.

Die Ideen des Philosophen Strauß, was die Ziele und die Mittel angeht, waren aber fundamental andere. Um es vorwegzunehmen: grundfalsch und allem widersprechend, was die Menschheit in ihrer gesamten Kulturgeschichte an Fortschritt und Wertebewusstsein erreicht hat, waren sie beide. Das nationalsozialistische Weltbild war darüberhinaus, was die Klugheit und Rationalität der Mittelwahl und eben auch der Wahl der Zielideen angeht, unvergleichlich beschränkt, kurzsichtig, brutal und primitiv, und, mit Blick auf die von den Nationalsozialisten gewählte Zielsetzung der „Vernichtung der jüdischen Rasse in Deutschland" der absolute Tiefpunkt aller möglichen kulturgeschichtlichen Entwicklungsideen, wie er mit der Reichtagsrede Adolf Hitlers am 30. Januar 1939 erreicht worden ist: „Wenn es dem internationalen Finanzjudentum in und außerhalb Europas gelingen sollte, die Völker noch einmal in einen Weltkrieg zu stürzen, dann wird das Ergebnis nicht die Bolschewisierung der Erde und damit der Sieg des Judentums sein, sondern die Vernichtung der jüdischen Rasse in Europa."[132]

Die „Vernichtung der jüdischen Rasse in Europa" ist und war offensichtlich überhaupt nicht legitimiert, aber waren bzw. sind es die Ziele und Mittel des „Judentums"? Die Nationalsozialisten in Deutschland waren damals nicht die einzigen, die einer solchen Rechts- und Moralauffassung skeptisch, kritisch und abwehrend gegenüberstanden, wie sie der Philosoph Strauß (und viele andere vor ihm) formuliert hat; auch etwa der Automobilkönig Henry Ford glaubte an eine „jüdische Weltverschwörung" und vertrat von 1920 bis 1929 Positionen, die nationalsozialistischen Rasseideen entsprachen, was übrigens Haim Cohen, Mitglied des obersten israelischen Gerichtshofs, später zu der Bemerkung veranlasste, es sei „die bittere Ironie des Schicksals, die dazu führte, dass dieselben biologischen und rassistischen Gesetze, die von den Nazis propagiert wurden und auf denen die berüchtigten Nürnberger Gesetze fußten, im Staate Israel als Basis für die Definition des Judentums dienen."[133]

Darum erneut die Frage nach der Legitimation, jetzt und in Zukunft: Nach Zusammenbruch des „1000-Jährigen Deutschen Reiches" war der absurde mittelalterliche Traum der Nationalsozialisten ausgeträumt, aber gibt nicht (auch) die bedrückende Gegenwart des fortgesetzten völkermörderischen Alptraums der Palästinenser durch Israel Anlass zu fragen, ob der – nicht minder falsche, aber auch nicht minder gefährliche – Traum des „Judentums" möglicherweise keineswegs ausgeträumt ist?[134]

Wer erreichen möchte, völlig jenseits der Brandmauer erlaubter und als bedenkenswert zugelassener Diskurse zu landen, muss nun Alfred Rosenberg zitieren. Alfred

Rosenberg war einer der prominentesten Wortführer des Anti-Zionismus und des Nationalsozialismus in NS-Deutschland, und mit der Veröffentlichung der von ihm verfassten erläuternden Kommentare zu den sogenannten „Protokollen der Weisen von Zion", die Rosenberg ausdrücklich für authentisch erklärt hat, hat er zumindest mittelbar erheblich beigetragen zu der später erfolgten Katastrophe des Holocaust. Aber dennoch muss es erlaubt sein, daraus zu zitieren, im vorgestellten Rahmen, mit der zitierten Absicht und unter den vorgenannten Bedingungen und Vorbehalten.

Die Vorgeschichte dieser „Protokolle" darf an dieser Stelle als bekannt vorausgesetzt werden, um das aber kurz darzustellen: seit der Einberufung des ersten Zionistischen Weltkongresses vom 29. bis 31. August 1897 im Stadtcasino in Basel wurden zunächst jährliche, später zweijährige Zionistenkongresse abgehalten; seit der Staatsgründung Israels wird ein „World Jewish Congress" nach Bedarf veranstaltet, zuletzt im Oktober 2020. Bei den „Protokollen" handelt es sich also um Abschriften von auf diesem ersten Kongress gehaltenen Vorträgen, Besprechungen oder Protokollen dieser Ereignisse; an die Öffentlichkeit gelangt sein sollen die Abschriften damals durch russische Geheimpolizisten, die sie an den russischen Gutsbesitzer und Juristen Sergej Nilus übergaben, und der sie im Jahr 1905 unter dem Titel „Das Große im Kleinen" veröffentlichte. Diese „Protokolle" gelten seit ihrer Veröffentlichung als „umstritten"; nach heute weitestgeteilter Einschätzung sind sie nicht authentisch, sondern gehen auf Fälschung zurück. Einigkeit besteht in der Forschung zu diesen Protokollen aber darin, dass ein tatsächlicher Autor bis heute nicht ermittelt werden konnte.[135]

Zur Frage der Echtheit der Protokolle ist also nichts durchgreifend Neues beizutragen. Wer sich aber nun nicht abschrecken lässt, ein wenig durch diese Protokolle zu blättern, dem könnte es – eben genau wie Kim Dotkom – vielleicht passieren, dass dem Leser aus der jüngeren Vergangenheit und Gegenwart dann doch manches verblüffend bekannt vorkommt. Natürlich beweist dies noch nichts, wenn man aber Quellen aus dem Talmud zuzieht, die ja nun nicht als Fälschung entlarvt werden können, verdichtet sich doch ein Verdacht.

Ein Satz aus den (angeblichen) „Protokollen", den Rosenberg zitiert, ist dieser:

„Dieses Mittel (Hinterlist) ist das einzige, um zum Ziele zu gelangen das uns vorschwebt. Daher dürfen wir nicht zurückschrecken vor Betrug, Bestechung, Verrat, sobald sie zur Erreichung unserer Pläne dienen."

Rosenberg kann den Satz nicht belegen, aber ist es nicht eben auch der (moderne) Philosoph Leo Strauß, der sich in diesem Sinne äußert? Und auch im Talmud heißt es sehr explizit: *„Juden dürfen zu Lügen („Ausflüchten") greifen, um einen [Nichtjuden] hinters Licht zu führen." (Baba Kamma 113a)*

Der folgende Satz aus den „Protokollen" ist sicherlich der zentrale Schlüsselsatz:

„Gott hat uns, seinem auserwählten Volke, die Gnade verliehen, uns über die ganze Welt zu zerstreuen. In dieser scheinbaren Schwäche unseres Stammes liegt unsere ganze Kraft, die uns schon

an die Schwelle der Weltherrschaft geführt hat. Der Grundstein ist schon gelegt, es gilt nur noch, den Bau zu vollenden."

Er dürfte zu den am heftigsten bekämpften und abgestrittenen gehören, aber im 5. Buch Mose steht genau das geschrieben:

Denn du bist dem HERRN, deinem Gott, ein heiliges Volk. Dich hat der HERR, dein Gott, erwählt, dass du ihm zum Volk (seines) Eigentums wirst aus allen Völkern, die auf dem Erdboden sind. (5.Mose 7)

Auch das „göttliche" Recht auf Übertragung der Weltherrschaft findet sich hier:

Die Israeliten haben ein Recht, über alle anderen Völker zu herrschen, und ihnen ist verheißen, dass sie eines Tages die Welt besitzen und über sie regieren werden.

Die Macht der Presse wird in mehreren Protokollen beschrieben; die unbekannten Autoren haben der Presse offensichtlich einen hohen Stellenwert beigemessen:

„In der Presse frohlockt die freie Meinungsäußerung, aber die Regierungen verstanden es nicht, diese Macht zu benutzen, und so befand sie sich plötzlich in unseren Händen. Durch die Presse kommen wir zu Einfluß und bleiben doch selbst im Schatten. Dank ihr haben wir Berge von Gold in unsere Hände gebracht, ohne uns darum zu kümmern, daß wir es aus Strömen von Blut und Tränen schöpfen mußten."

„Die meisten Menschen wissen gar nicht, wem die Presse eigentlich dient. Wir werden ihr einen Zaum anlegen und die Zügel straff führen. Auf gleiche Weise werden wir mit anderen Druckerzeugnissen verfahren; denn was kann es helfen, wenn wir die Angriffe der Presse unterbinden, aber in Streitschriften und Lügen angepöbelt werden? Wir werden die Versorgung der öffentlichen Meinung, die schon viel Geld kostet, durch die Zensur zu einer Einnahmequelle für den Staat machen."

Nun: Wenn diese „Protokolle" gefälscht sind, ist die heute real erfahrbare Machtkonzentration der Medien vor allem in den USA es offensichtlich nicht; von den US-Medien sind verschiedenen Quellen zufolge bis zu 90% in jüdischer Hand. (s.o.)

Im folgenden Abschnitt geht es um die – behauptete – Macht, wirtschaftliche Krisen zu inszenieren und zu fabrizieren:

„Die geschilderten Gegensätze werden sich bei der kommenden wirtschaftlichen Spannung, die alle Börsengeschäfte und wirtschaftlichen Industrien lahmlegen wird, wesentlich verschärfen. Mit Hilfe des Goldes, das sich ganz in unseren Händen befindet, und sämtlicher zu unserer Verfügung stehenden Schleichwege werden wir eine allgemeine wirtschaftliche Spannung hervorrufen, und dann gleichzeitig in allen europäischen Ländern ganze Scharen von Arbeitern auf die Straße werfen."

„Um die Nichtjuden zu schädigen, haben wir umfangreiche Stockungen (Krisen) im Wirtschaftsleben hervorgerufen. Wir bedienten uns dabei des einfachen Mittels, alles erreichbare Geld aus dem

Verkehre zu ziehen. Riesige Summen wurden in unseren Händen aufgespeichert, während die nicht-jüdischen Staaten mittellos dasaßen und schließlich gezwungen waren, bitten. Mit diesen Anleihen übernahmen uns um Gewährung von Anleihen zu die nichtjüdischen Staaten bedeutende Zinsver-pflichtungen, die ihren Staatshaushalt wesentlich belasteten und sie schließlich in völlige Abhängig-keit von den großen Geldgebern brachten. "

Ist es nicht genau das, was die Weltwirtschaft nach der Pandemie erlebt hat? Abge-rissene Lieferketten und dadurch erzeugte „Inflation" durch künstliche Verknappung und die dadurch mögliche Durchsetzung überhöhter Monopolpreise? Mit plötzlich explosiv gesteigerten Gewinnen, auch für die Massenmärkte?
Folgender Satz wird den (vermuteten) Autoren der Protokolle in den Mund gelegt:

„Die Nationalitäten sollen verschwinden! Die Religionen sollen vergehen! Israel aber wird nicht aufhören, denn dieses kleine Völkchen ist das auserwählte Gottes. "

Dass die Nationalitäten verschwinden mögen, ist ein alter „linker" Glaubenssatz, wie ihn die kommunistische Internationale vertreten hat, oder, wer es so sehen will, auch der revolutionäre Ex-Beatle John Lennon mit seiner Textzeile: „Imagine there's no countries, it isn't hard to do, nothing to kill or die for, and no religion too .."
Aber hier wird behauptet: die Nationalitäten sollen vergehen – außer der Israels…!
In Genf werden zurzeit (im Geheimen!) die Internationalen Gesundheitsvorschrif-ten (IHR) und ein Pandemievertrag verhandelt, wobei es auch um die Definition von Gesundheit in der Präambel der Verfassung der WHO geht:

„Die Gesundheit ist ein Zustand des vollständigen körperlichen, geistigen und sozialen Wohlerge-hens und nicht nur das Fehlen von Krankheit oder Gebrechen. "

Weil Loyalitäten zu Nationen und Religionen etc. als Anzeichen von geistiger oder sozialer Gesundheitseinschränkung zu betrachten sind, werde es nach Ansicht von Brock Chisholm, dem ersten WHO-Generaldirektor „zunehmend akzeptiert, dass es notwendig ist, dass wir alle Weltbürger werden und viel von unserer nationalen Sou-veränität aufgeben," und darum könne auch niemand kann über die Zukunft der Menschheit nachdenken, „ohne anzuerkennen, dass eine Art Weltorganisation, eine Art Weltregierung oder Weltkonföderation, sowohl unvermeidlich als auch wün-schenswert ist."
John Lennon würde zustimmen – aber wer hat denn zu sagen, was diese Weltorga-nisation oder Weltregierung tut und bestimmt, und wie sie sich zusammensetzt? Oder ist das am Ende nur die Pharmaindustrie, die der Welt vorschreiben will, was die Weltbürger zu tun und zu lassen haben? Der Ökonom und Journalist Norbert Häring sieht diese Gefahr einer Pharma-Regierung jedenfalls: „Die Verhandlungen zur Ver-schärfung der Internationalen Gesundheitsvorschriften und zum Pandemievertrag sind ausgesprochen intransparent und zielen darauf ab, den Pharmakonzernen der USA und Europas dauerhafte riesige Gewinne zu ermöglichen und auf dem Weg zu einer Art Weltregierung für (weit definierte) Gesundheitsfragen voranzuschreiten."[136]

Zu der oben angedeuteten Idee einer Weltregierung unter der Regie des „kleinen auserwählten Völkchens Gottes" würde dies jedenfalls passen, zumal sich in der Pharmaindustrie erstaunlich viele Angehörige dieses auserwählten Völkchens befinden. Weiter geht es mit der Verführung und Verdummung der Jugend:

„Wir haben die nichtjüdische Jugend verdummt, verführt und verdorben. Dieses Ziel wurde von uns dadurch erreicht, daß wir ihre Erziehung auf falschen Grundsätzen und Lehren aufbauten, deren Lügenhaftigkeit uns sehr wohl bekannt war, die wir aber trotzdem oder gerade deswegen anwenden ließen. "

Ist hier vielleicht das vehemente Eintreten für die Freigabe von Marihuana zu erkennen, oder das Eindringen satanistischer Symbolik in die jugendliche Popmusik, oder das völliger Verschwimmen und Auflösen der Geschlechterrollen? Seit 2009 traten Transgender-Aktivisten erstmalig ein für die Proklamation eines „Transgender-Day" am 31. März jeden Jahres, als Reaktion auf einen „Mangel an Anerkennung" für LGBTQ- und transsexuell orientierte Menschen; dieser Tag war zufällig in 2024 auch der Erste Ostertag, was in Kreisen gläubiger Katholiken Proteste hervorrief:[137]

NOW, THEREFORE, I, JOSEPH R. BIDEN JR., President of the United States of America, by virtue of the authority vested in me by the Constitution and the laws of the United States, do hereby proclaim March 31, 2024, as Transgender Day of Visibility. I call upon all Americans to join us in lifting up the lives and voices of transgender people throughout our Nation and to work toward eliminating violence and discrimination based on gender identity.

Dieses Zusammentreffen eines hohen christlichen Feiertags mit solchen Bestrebungen war also dem Zufall geschuldet, aber ist die Tatsache einer solchen Gewichtung transsexueller Orientierungen nicht schon als Indiz zu werten für eine womöglich verfolgte Absicht der Zerstörung der biologisch formierten Geschlechterrollen? Wie erwähnt, war von der seltsamen Olympia-Eröffnungsfeier in Paris schon die Rede.

Auch der nächste Satz hinterlässt den Eindruck, als sei hier jemand mit der Errichtung einer „unsichtbaren Herrschaft" schon sehr weit fortgeschritten:

„Auf solche Weise werden wir allmählich, Schritt für Schritt, alles vernichten können, was wir ursprünglich, zu Beginn unserer unsichtbaren Herrschaft, in die Verfassungen der Volksstaaten aufnehmen mußten. Unmerklich werden die letzten Spuren eines jeden verfassungsmäßigen Rechtes verschwinden, bis schließlich die Zeit gekommen sein wird, in der wir offen jede Regierungsgewalt im Namen unserer Selbstherrschaft an uns reißen werden. "

Die „Knechtung des Denkvermögens" tut dabei wohl schon längst gute Dienste:

„Die Knechtung des Denkvermögens kommt bei dem sogenannten Anschauungsmaterial schon zur Anwendung. Seine Hauptaufgabe besteht darin, die Nichtjuden in eine Herde denkfauler, gehorsamer Tiere zu verwandeln, die eine Sache erst verstehen können, wenn man sie ihnen im Bilde vorführt.

In Frankreich hat einer unserer besten Vertrauensmänner, Bourgeois, sich schon nachdrücklichst für den Anschauungsunterricht verwandt, auf dem er einen ganz neuen Lehrplan aufbauen will."

In diesem Satz geht es dann um den Einsatz von Pädophilie zur Fabrikation von Kompromat, um Regierungen erpressbar zu machen – das Einsatzgebiet, wodurch der so mysteriös verstorbene Jeffrey Epstein traurige Berühmtheit erlangt hat, aber wohl keineswegs nur er:

„Um dieses von uns gewünschte Ergebnis zu erreichen, werden wir für die Wahl solcher Präsidenten sorgen, deren Vergangenheit irgendeinen dunklen Punkt, irgendein „Panama" aufweist. Dann haben wir sie ganz in unserer Hand, dann sind sie blinde Werkzeuge unseres Willens!"

Nun bleibt noch die Zerstörung von Christentum und Kirche:

„Sobald die Zeit gekommen sein wird, die Macht des Papstes endgültig zu zerstören, wird der Finger einer unsichtbaren Hand die Völker auf den päpstlichen Hof hinweisen. Wenn sie dahinstürzen werden, um Rache zu nehmen für jahrhundertelange Unterdrückung, dann wollen wir als angebliche Beschützer des Papstes auftreten und ein größeres Blutvergießen verhindern. Durch diesen Kunstgriff werden wir in die innersten Gemächer des päpstlichen Hofes gelangen und dieselben nicht eher verlassen, bis wir hinter die Geheimnisse gekommen sind, und bis die ganze Macht des Papsttums völlig zerbrochen ist."

Um es zu wiederholen: die von dem erklärten Nationalsozialisten Alfred Rosenberg mit seiner Interpretation dieser Schriften – deren Herkunft im Dunklen liegt – verfolgte Absicht ist offensichtlich, so wie die von den Nationalsozialisten verfolgte antisemitische und genozidale Absicht offensichtlich ist. Aber nicht klar ist, ob sich in dem in diesen „Protokollen" zum Ausdruck kommenden Denken nicht eine Weltsicht und ein zielstrebiges Handeln offenbart, das nun auch im Denken und Handeln des heutigen Israel wie auch der zionistischen US-Amerikaner erkennbar und sichtbar wird, und das sich – und das ist das eigentliche Thema dieses Buches – auch in den Kennedy-Morden, und in den Ereignissen des 11. September 2001 offenbart. Dieses Denken – der Glaube an die göttliche Auserwähltheit des jüdischen Volkes, und an dessen göttliche Bestimmtheit zur Weltherrschaft – ist später, lange nach dem frühest möglichen Auftreten solcher Ideen jüdischer Schriftgelehrter – sofern es sie denn jemals gab – zionistisches Denken genannt worden; das aber ist bekannt und belegt.

Die Frage der Echtheit der Protokolle spielt, wie gesagt, nur eine nachrangige Rolle, der Erwähnung wert mag es aber sein, dass in den 1920er Jahren, als um die Echtheit dieser Protokolle vor Gerichten gestritten wurde, es ein gewisser Allan Dulles war, der diese Protokolle während seiner Zeit an der Botschaft in Konstantinopel 1921 gemeinsam mit dem Journalisten Philip Graves als Fälschung entlarvt haben will. Ach was, möchte man sagen, der von Kennedy abgesetzte CIA-Mann Allan Dulles, dem Kennedy nicht vertraute, und der später als Mitglied der Warren-Commission die Wahrhaftigkeit und Ehrlichkeit in Person war? Man möchte dazu ironisch bemerken, dass allein schon diese „Entlarvung" einer Fälschung durch einen Ehrenmann wie Allan Dulles für deren Echtheit garantiere... dazu aber mehr an späterer Stelle.[138]

Noch zu den Protokollen: die tatsächliche Herkunft dieser Prokolle wurde, wie erwähnt, bisher nirgendwo erwiesen, Fälschung oder nicht steht also noch im Raum: „Das ‚missing link' der Entstehung der ‚Protokolle' wurde nie aufgefunden, eine Tatsache, die die Phantasie der Antisemiten immer noch beflügelt, wann immer die ‚Echtheit' der ‚Protokolle' zur Debatte steht", schreibt der Historiker Wolfgang Benz in seinem Buch mit gleichlautendem Titel. (a.a.O.)

Wolfgang Benz entwickelt in seinem im Jahr 2007 erschienenen Buch im Übrigen eine wahre Obsession, die Ereignisse des 11. September zu einem Gespinst von angeblich längst widerlegten Verschwörungstheorien zu erklären; er behauptet, dass diese Theorien „auf irrationalen Überzeugungen gründen, deshalb sektenartigen Charakter haben und hermetisch verschlossen gegen jedes aufklärerische Bemühen sind." (Pos. 81) Diese Furor rührt wohl auch daher, dass Benz Personen wie etwa dem Physik-Professor Stephen Jones oder dem Filmemacher Dylan Avery, der – in aufklärerischem Bemühen! – im Dezember 2006 seinen Dokumentarfilm „Loose Change"[139] in die Kinos brachte, irgendwie antisemitische Absichten unterstellt, obwohl Jones ausschließlich der objektiven Wissenschaft verpflichteter Physiker ist, so wie es auch Avery nur um Aufklärung all der Merkwürdigkeiten dieses Tages ging.

Jostein Gaarder: echter Humanismus und „lustige Steintafeln"

Benz meint auch bei dem Schriftsteller Jostein Gaarder („Sophies Welt") antisemitische Absichten und Gesinnung zu erkennen, als der am 5. 8. 2006 in der Tageszeitung „Aftenposten" einen Artikel mit dem Titel „Gottes auserwähltes Volk" veröffentlicht,[140] und erwähnt in seinem Buch den israelkritischen Text von Gaarder.

Es lohnt nun, diesen nun fast 20 Jahre alten Artikel noch einmal genauer zu betrachten, denn er scheint aus heutiger Sicht – gerade auch mit Blick auf den Inhalt der Protokolle – geradezu prophetisch. Gaarder schrieb damals zum Krieg Israels im Nahen Osten: „Wir erkennen den Staat Israel nicht länger an". Weiter schreibt er: „Wir fragen, ob die meisten Israelis glauben, dass ein israelisches Leben mehr wert ist als vierzig palästinensische oder libanesische Leben. Denn wir haben Bilder gesehen, auf denen kleine israelische Mädchen hasserfüllte Grüße auf jene Bomben schreiben, die auf die Zivilbevölkerung von Libanon und Palästina abgeworfen werden ..." Lieber Himmel, möchte man sagen, das war 2006, vor fast 20 Jahren; nun hat die Welt seit über einem Jahr den Horror des Gaza-Krieges gesehen, die hasserfüllten Pager-Attacken mit unzähligen unschuldigen Opfern, zerstörte uralte christliche Kirchen im Libanon und viele solcher hasserfüllten Attacken mehr – aber offenbar geht die Welt inzwischen achselzuckend darüber hinweg. Es ist tatsächlich unfassbar.

Weiter schreibt Gaarder: „Es gibt keine Umkehr. Es ist an der Zeit, eine neue Lektion zu lernen: Wir erkennen den Staat Israel nicht länger an ... Wir konnten das südafrikanische Apartheid-Regime nicht anerkennen, und ebenso wenig das afghanische Taliban-Regime ... Wir müssen uns nun an den Gedanken gewöhnen: Der Staat Israel in seiner jetzigen Form ist Geschichte. Wir glauben nicht an die Idee eines von Gott auserwählten Volkes. Wir lachen über die Hirngespinste dieses Volkes und weinen über seine Untaten. Als Gottes auserwähltes Volk zu handeln ist nicht nur dumm und arrogant, sondern ein Verbrechen gegen die Menschlichkeit. Wir nennen es Rassismus." Der alte Text scheint also von geradezu unglaublicher Aktualität: „Wir glauben nicht an himmlische Versprechen als Rechtfertigungen für Besatzung und Apartheid. Wir haben das Mittelalter hinter uns gelassen. Wir lachen unbehaglich über jene, die noch immer glauben, dass der Gott der Flora, Fauna und Galaxien ein einzelnes Volk vor den anderen als sein Liebstes auserwählt und ihm lustige Steintafeln, brennende Büsche und eine Lizenz zum Töten überreicht hat."

Mit Blick auf die – inzwischen erfolgreichen – Bemühungen des Internationalen Strafgerichtshofes, gegen den israelischen Ministerpräsidenten Netanjahu einen Haftbefehl ausstellen zu lassen, scheint auch dieser Abschnitt so aktuell, dass man kaum fassen mag dass die Weltöffentlichkeit so lange schon untätig geblieben ist: „Der Staat Israel hat jedoch, mit seiner skrupellosen Kriegführung und seinen abscheulichen Waffen, seine eigene Legitimität massakriert. Er hat internationales Recht, internationale Konventionen und unzählige UN-Resolutionen zum Gespött gemacht und kann nicht länger Schutz von diesen erwarten ... Der Staat Israel hat die Anerkennung der Welt vergewaltigt und wird keinen Frieden haben, solange er seine Waffen nicht niederlegt." Dass gegen den Chefankläger des Internationalen Strafgerichtshof, Karim Khan, eine Untersuchung wegen sexuellen Fehlverhaltens eingeleitet wurde, scheint der Gipfel des Gespötts zu sein, zu dem internationales Recht von Israel gemacht worden ist – wer wird in diesem Vorwurf unter diesen Umständen nicht einen widerwärtigen und schamlosen Versuch erkennen, mit Karim Khan eine Instanz des internationalen Rechts zum Schweigen zu bringen?[141] Und auch wer die „Protokolle" gelesen hat, wird kaum anders können, als sie (unter Vorbehalt) bestätigt zu finden.

Ein letzter Abschnitt noch aus diesem hell- und weitsichtigen Artikel: „Zweitausend Jahre lang haben wir die Lektion des Humanismus einstudiert, aber Israel hört nicht zu. Es war nicht der Pharisäer, der dem Mann half, der, den Räubern zum Opfer gefallen, am Wegesrand lag. Es war der Samariter; heute würden wir sagen, ein Palästinenser. Denn zuallererst sind wir Menschen – dann erst Christen, Moslems, oder Juden. Oder, wie der jüdische Rabbi sagte: ‚Und wenn du nur deine Brüder grüßt, was tust du mehr als andere?' Wir akzeptieren nicht die Entführung von Soldaten. Aber ebenso akzeptieren wir nicht die Deportation ganzer Bevölkerungen oder Entführung legal gewählter Parlamentarier und Minister. Wir anerkennen den Staat Israel von 1948, aber nicht den von 1967. Es ist der Staat Israel, der den Staat Israel von 1948, wie er dem internationalen Recht entspricht, nicht anerkennt, nicht respektiert und sich nicht auf ihn bezieht. Israel will mehr; mehr Wasser und mehr Dörfer. Um das zu erreichen, gibt es jene, die, mit Gottes Hilfe, eine Endlösung des palästinensischen Problems wollen ..." Nun, wie man weiß hat sich Netanjahu vor aller Welt, in seiner Rede vor den Vereinten Nationen dazu bekannt, das Projekt „Greater Israel" anzustreben, und dazu gehört wohl auch, die Palästinenser zumindest aus Gaza zu vertreiben, und auch aus den übrigen palästinensischen Gebieten.

So viel also zu Gaarders so aktuellem Artikel über den Staat Israel und sein Existenzrecht. Jostein Gaarder ist Philosoph, und als solcher weiß auch er, dass seit Kant und der Zweiten Aufklärung jede göttliche Offenbarung der Vergangenheit angehört, von welcher Religion auch immer; die Religionszugehörigkeit ist unverbindliche Privatsache, während der überpositiven Wertidee der Menschenwürde in den meisten Gesetzestexten und Verfassungen der westlichen Welt erstrangige Bindungskraft zugesprochen wird. Nur Israel möchte der Welt weiterhin zumuten, jüdische göttliche Offenbarungen und Glaubensinhalte internationalem Recht überordnen zu können, und sich über internationales Recht und UN-Resolutionen hinwegzusetzen. Das ist ein absolut unfassbarer Anachronismus, und durch nichts zu rechtfertigen.-

Nun abschließend noch einige Bemerkungen zu dem alten Hacker Kim Dotcom. Kim hat sich zum 11. September und zu den Kennedy-Morden bisher nicht geäußert, aber er kennt sich aus in der Welt, und er weiß auch was es bedeutet, wenn sich der Westen im Niedergang befindet. In einem geradezu dramatischen Interview mit einem anderen Analytiker, der sich auskennt in der Welt, nämlich dem Gründer und Betreiber des Portals „InfoWars", Alex Jones (der zwei Wochen vor dem 11. September 2001 die „Anschläge" vorausgesagt hat), erklärt er, warum sich die Welt im Niedergang befindet, und womöglich kurz vor dem Kollaps steht: er weiß, dass der Reichtum der USA auf der Tatsache beruht, dass der US-Dollar Reservewährung der Welt ist, und dass die USA darum das Recht haben, Dollars zu drucken. Die US-Schulden steigen in einem irrwitzigen Tempo und liegen nun bei 36 Billionen Dollar; 30% aller Steuereinnahmen gehen in Zinszahlungen. Die USA sind bankrott, und wenn sie keine Dollars mehr drucken können wegen ihres Status als Reservewährung, gehen sie unter; darum müssen sie Russland und China bekämpfen, darum müssen sie verhindern dass Währungen der BRICS-Staaten (Rubel, Chuan) den Status als Reserve-Währung übernehmen. Darum kämpfen sie einen finalen Überlebenskampf um ihren Weltmacht-Status, und riskieren dabei alles, auch einen Atomkrieg. Die USA gehen „all in", sagt Kim Dotcom, und „wenn wir untergehen, nehmen wir die Welt mit in den Untergang". Es seien die USA, die einen Proxy-Krieg für die Ukraine führen, und dabei die technische Zielplanung machen, wie der Anschlag auf die Krim-Brücke am 17. Juli 2023 gezeigt habe. Er meint, niemand werde daran etwas ändern, auch kein neuer US-Präsident; sie wollten Russland und China letztlich zwingen ihre Pläne für eine multipolare Weltordnung aufzugeben.[142]

Nun: was Emmanuel Todd zu seiner Diagnose des Niedergangs des Westens und seiner Ursachen sagt, scheint dem nicht direkt zu widersprechen. Und wenn man es sich erlauben will, dazu noch einmal durch die „Protokolle" zu blättern, könnte es einem auch passieren dass man erneut darüber ins Grübeln kommt.

Was den 11. September angeht: man wird einen „Analytiker" wie Alex Jones noch nicht unbedingt als den idealen Kronzeugen für die Wahrheit des 11. September ansehen wollen, aber immerhin, wie gesagt, hat er diese Ereignisse vorausgesagt. Aber es gibt auch viele andere, wie den schon genannten Physik-Professor Stephen Jones, den dänischen Chemie-Professor Niels Harrit oder den Architekten und Gründer der Vereinigung „Architects and Engineers for 9/11", Richard Gage, und viele andere, die sich seit inzwischen rund zwei Jahrzehnten bemühen, die Wahrheit dieser Ereignisse aufzudecken (dazu ausführlich im fünften Kapitel). Zur Wahrheit dieser Ereignisse gehört offenbar nicht nur, dass die USA in einen beispiellosen Niedergang bis zum möglichen Kollaps getrieben worden sind, sondern dass hinter den Antreibern des Niedergangs eine finstere Kabale von Verschwörern steckt, die sowohl die Kennedy-Morde wie auch die Ereignisse des 11. September zu verantworten haben. Und es spricht nach Meinung vieler Beobachter vieles dafür, dass der Welt nichts anderes übrig bleiben wird, als diese Wahrheit aufzudecken, wenn sie überleben will: „The truth will set you free".

In dem Sinne kann man sich nur dem „Comedian" Jimmy Dore anschließen, der einmal, in Anbetracht dieser unfassbaren Fülle von Ereignissen wie der inszenierten Corona-Pandemie oder dem vor aller Welt sich abspielenden Horror des Gaza-Kriegs in seiner beliebten Jimmy-Dore-Show sagte: „We need a real revolution".[143]

4. Die gekaperte Mission der Geschichte

Der Philosoph Karl Marx sah die Geschichte auf einer Mission, die Georg Wilhelm F. Hegel so beschrieben hatte: „Das Wahre ist das Ganze. Das Ganze aber ist nur das durch seine Entwicklung sich vollendende Wesen. Es ist von dem Absoluten zu sagen, daß es wesentlich Resultat, daß es erst am Ende das ist, was es in Wahrheit ist; und hierin eben besteht seine Natur, Wirkliches, Subjekt, oder Sich-selbst-werden, zu sein."[144] Marx verstand diese Mission weniger geistig-abstrakt als historisch-konkret, wie manche in marxistischer Diktion sagen würden, konkret also vor allem als sozioökonomische Entwicklung, als historische Mission hin zu einem wirtschaftlich-technisch-wissenschaftlich zu verwirklichenden Ziel. Er verstand diese Mission in gewisser Weise auch als einen Plan, der sich von selbst entfaltet und verwirklicht: Marx glaubte, die Menschheit habe im Laufe ihrer Geschichte historische Aufgaben zu lösen, um die „Vorgeschichte der menschlichen Gesellschaft" abzuschließen, und um schließlich in verheißenen Zuständen von Reichtum anzukommen – aber in *„wirklichem* Reichtum", wie Marx diesen immer wieder beschrieb. Dieser *wirkliche* Reichtum aber ist anderer Reichtum: nicht mehr privater Geldreichtum, Reichtum an tauschbaren Geld- und Warenwerten, sondern *öffentlicher*, unbegrenzter, der gesamten Menschheit zur Verfügung stehender Reichtum (s.u.). Diese „Mission", dieses – im Nachhinein wie bewusst geplant *erscheinende* – Fortschreiten zu immer höheren und am Ende vollendeten Zuständen im Zuge der endlich gelösten Aufgaben beschrieb Marx 1859 in seinem berühmten Vorwort zur Kritik der politischen Ökonomie:

„Eine Gesellschaftsformation geht nie unter, bevor alle Produktivkräfte entwickelt sind, für die sie weit genug ist, und neue höhere Produktionsverhältnisse treten nie an die Stelle, bevor die materiellen Existenzbedingungen derselben im Schoß der alten Gesellschaft selbst ausgebrütet worden sind. Daher stellt sich die Menschheit immer nur Aufgaben, die sie lösen kann, denn genauer betrachtet wird sich stets finden, dass die Aufgabe selbst nur entspringt, wo die materiellen Bedingungen ihrer Lösung schon vorhanden oder wenigstens im Prozess ihres Werdens begriffen sind. In großen Umrissen können asiatische, antike, feudale und modern bürgerliche Produktionsweisen als progressive Epochen der ökonomischen Gesellschaftsformation bezeichnet werden. Die bürgerlichen Produktionsverhältnisse sind die letzte antagonistische Form des gesellschaftlichen Produktionsprozesses, antagonistisch nicht im Sinn von individuellem Antagonismus, sondern eines aus den gesellschaftlichen Lebensbedingungen hervorwachsenden Antagonismus, aber die im Schoß der bürgerlichen Gesellschaft sich entwickelnden Produktivkräfte schaffen zugleich die materiellen Bedingungen zur Lösung dieses Antagonismus. Mit dieser Gesellschaftsformation schließt daher die Vorgeschichte der menschlichen Gesellschaft ab."[145]

Das war der Plan der sich entfaltenden Geschichte, ihrer Potentiale und ihrer Zukunft für die Menschheit. Dieser Plan ist aber das exakte logische Gegenteil der Mission und der Pläne, wie zionistische Denker und Planer sie entwerfen.

Palästina: Von der Zerstörung Jerusalems bis zur Staatsgründung Israels

An der Stelle vorab ein Überblick über die Geschichte Israels und Palästinas zur Zeit der Herrschaft des römischen Imperiums, angefangen mit der relativen Autonomie der Juden zur Zeit des Herodes, über die folgende Zerstörung Jerusalems im Jahr 70 n. Chr., und die nachfolgende fast zwei Jahrtausende während entbehrungsreiche Zeit der Juden in der Diaspora, bis zur Gründung des Staates Israel in Palästina im Jahr 1947. Die jüdische Geschichte vor dem Imperium Romanum, also die Epochen Babylon, Sumer und Assur wären zwar von Interesse, die werden aber ausgelassen.

Bis zur Expansion des römischen Imperiums haben die Juden in Galiläa und Judäa rund hundert Jahre Freiheit und Unabhängigkeit genossen, bis sie um 63 v. Chr. als „Römisches Palästina" von Rom unterworfen wurden. König Herodes I., auch Herodes der Große genannt, herrschte dann als römischer Vasallenkönig über Judäa, Galiläa und Samaria, und bescherte dem Land eine mehr als drei Jahrzehnte lange Friedensphase mit wirtschaftlichem Aufschwung, wie die Chronik vermerkt. Herodes habe zahlreiche Bauprogramme gestartet, sagt die Überlieferung, die aber auch das Bild eines blutrünstigen und rachsüchtigen Tyrannen zeichnet, der für die despotische Verfolgung Oppositioneller und unzählige Intrigen verantwortlich war (auch für den Kindermord zu Bethlehem?); selbst vor seinen eigenen Familienmitgliedern habe er nicht halt gemacht. Herodes I. starb nach schwerer Krankheit, und nach seinem Tode im Jahre 4 n. Chr. wurde das Reich unter seinen drei Söhnen aus vierter und fünfter Ehe, Herodes Achelaos, Herodes Antipater und Herodes Philippos, aufgeteilt.[146]

Was der „Israel-Spezialist", eigentlich ein Reiseveranstalter in Berlin für das „Gelobte Land", über diese Zeit berichtet, mag auch mit Blick auf gegenwärtig in Israel zu beobachtende Entwicklungen durchaus von Interesse sein: „Trotz seiner Tempelbauten galt Herodes, im Gegensatz zu Vertretern der Herrscher- und Priesterdynastie der Hasmonäer, nicht als religiöser Führer der Juden. Im Gegenteil. Unter Herodes dem Großen war das Ende der berühmten Dynastie zunächst als Herrscher, dann als Hohepriester gekommen. In ganz Palästina entwickelten sich unterschiedliche Sekten und religiöse Gruppen, die sich oftmals gegnerisch gegeneinander stellten: die Pharisäer, Sadduzäer und die Essener. Die Spannungen zwischen den Gruppen polarisierten die jüdische Gesellschaft. Das unter seinen Söhnen aufgeteilte Reich wurde schließlich im Jahre 6 n. Chr. unter direkte römische Verwaltung gestellt. Damit war die Semiautonomie des einstigen Vasallenstaates aufgehoben. Dies war die Geburtsstunde der kriegerischen Zeloten und des jüdischen Widerstandes gegen die Römer."

Nach dem Tod des Herodes hatte Rom Judäa also zur Provinz gemacht; der Historiker Berthold Seewald schreibt: „Als Nebenland der wichtigen Provinz Syrien fristete Judäa zusammen mit den benachbarten Herrschaften der Herodes-Nachfahren ein Schattendasein, in dem die sozialen Spannungen sich zunehmend verschärften. Daran wirkten auch die römischen Statthalter nach Kräften mit, indem sie ihre Amtszeiten zur Mehrung ihrer Finanzen nutzten." Das Leben in der Enge der römischen Provinz habe zu Unzufriedenheit, Bürgerkrieg und dann zu Aufständen geführt; die „Eingeschlossenen" haben mit großer Energie ihre eigene „Selbstzerfleischung" betrieben, bis es sie im Jahr 66 zum großen Aufstand trieb.[147]

Im Mai des Jahres 66 n. Chr. begannen die „kriegerischen Zeloten" in Judäa ihren Aufstand gegen die römische Besatzung, worauf der römische Kaiser Nero im Oktober ein Heer unter der Führung von Vespasian entsandte, um die Unruhen in Judäa zu beendigen. Titus, der 26-jährige Sohn Neros, sollte Vespasian begleiten; ihm wurden von Nero drei Legionen zur Verfügung gestellt, insgesamt 60.000 Mann. Nero beging nun im Sommer 68 n. Chr. Selbstmord, und es kam zu Wirren im Römischen Reich, an deren Ende Vespasian zum neuen Kaiser ausgerufen wurde. Der kehrte nach Rom zurück, um den Kaiserthron für sich zu sichern; Titus blieb in Judäa zurück und sollte den Feldzug zum Ende und zum Sieg führen.[148]

Nun flohen viele der Rebellen aus Galiläa nach Jerusalem, und schon bald eskalierten dort die Streitigkeiten zwischen den verschiedenen Widerstandsgruppen. Es standen sich schließlich zwei Lager gegenüber: die, die weiter kämpfen wollten, und die Gemäßigten um den Hohepriester, die auf Verhandlungen setzten. Schließlich drang *Johanan ben Levi*, ein Anführer während des jüdischen Aufstands, in den Tempelbezirk ein, forderte ein Ende der Verhandlungen und bezichtigte den Hohepriester und die Gemäßigten des Versagens und des Verrats. Der verhandlungsbereite Hohepriester konnte mit seinen Getreuen die Extremisten auf dem Tempelberg festsetzen, aber Johanan ben Levi und seine Genossen konnten sich befreien, und sie nahmen die Gemäßigten gefangen und brachten sie später um. (s. o.) In dem Wikipedia-Text heißt es zum abschließenden Fortgang der Geschichte: „Der Tempelbezirk glich einem blutigen Schlachtfeld. In dem Machtvakuum, das nach dem Tod der gemäßigten Führer und des Hohepriesters entstand, stritten sich rivalisierende Extremisten, unter ihnen Zeloten, Sikarier, Sadduzäer und Idumäer, um die Vormacht in Jerusalem."

Titus ließ schließlich einen Belagerungswall um den noch nicht eroberten Teil von Jerusalem errichten, worauf in Jerusalem eine Hungersnot ausbrach. Bei einem erneuten Angriff der Römer wurde die Burg Antonia nördlich des Tempelplatzes erobert und niedergebrannt. Dieser strategisch wichtige Punkt ermöglichte nun die Kontrolle über den Tempelbezirk, und während die innere Stadt und der Tempel bis Anfang August der Belagerung noch standhielten, brannten sie das Bauwerk nieder, nachdem die Soldaten den äußeren Hof des Tempels erreicht hatten, und töteten alle, die nicht schon vorher aus Nahrungsmangel oder durch Selbstmord gestorben waren. Der römische Geschichtsschreiber Lucius Cassius Dio beschreibt das so angerichtete Blutbad: „Da stürzten sich die einen freiwillig in die Schwerter der Römer, die andern erschlugen sich gegenseitig, andere brachten sich selbst um, wieder andere sprangen in die Flammen. Und es schien für alle nicht so sehr Verderben, sondern eher Sieg und Heil und Gnade zu bedeuten, mit dem Tempel zusammen unterzugehen."[149]

Ein Hang zu enormer Grausamkeit zeigt sich offenbar, wie kurz eingeflochten werden soll, auch heute in Israel. Der israelische Ministerpräsident Benjamin Netanjahu hat ein Vorgehen gegen die Bewohner von Gaza nach dem biblischen Vorbild der Amalekiter angekündigt: „Du sollst daran denken, was Amalek dir angetan hat", und: „Du sollst das Andenken an Amalek unter dem Himmel auslöschen." In der Bibel, in der es auch sonst an Grausamkeiten nicht mangelt, heißt es, Saul sei von Gott beauftragt, hart gegen die Amalekiter vorzugehen: „Darum sollst du nun gegen dieses Volk in den Kampf ziehen und mein Urteil an ihnen vollstrecken! Verschone nichts und niemanden, sondern töte Männer und Frauen, Kinder und Säuglinge, Rinder und Schafe, Kamele und Esel."[150] (siehe auch oben S. 7)

Auch Seewald berichtet von damaligen entsetzlichen Grausamkeiten während dieses Bürgerkriegs; er bezieht sich dabei auf den Geschichtsschreiber Josephus, der als Jude den Schwerpunkt nicht allein auf die Fortschritte der Römer gelegt habe, sondern eben auch die entsetzlichen Verhältnisse im Inneren der Stadt schilderte: „Man kannte keine Rücksicht mehr auf lebende Angehörige, und die Toten begrub man nicht mehr: ‚Die Freunde des Friedens mordeten sie als gemeinsame Feinde, sodass das Einzige, worin sie übereinstimmten, das Niedermetzeln derer war, die eine Rettung verdient hätten …keine Art von Grausamkeit ließen sie ungeschehen." (a. a. O.)

Was war nun die Folge des Fanatismus der aufständischen, kompromissunfähigen bzw. –unwilligen Extremisten: Die Römer eroberten die Ober- und Unterstadt mit dem Palast des Herodes, und am 7. September 70 war die Stadt vollkommen in römischer Hand. Nach Flavius Josephus kamen bei der Eroberung ca. 1,1 Millionen Menschen ums Leben, und der größte Teil von ihnen waren Juden. (s. o.) Für die jüdische Bevölkerung bedeutete dies nicht nur den Tod von Millionen Menschen, sondern eben auch den endgültigen Verlust der politischen Autonomie – und damit begann der große Exodus aus der Stadt und dem geliebten Heimatland. Heimat, Kultur, Bauwerke und viele sakrale Kultgegenstände waren unwiederbringlich zerstört; es kam zur Ausbildung des rabbinischen Judentums, und mit der Tempelzerstörung endete der Opferkult, und das Amt des Hohepriesters verlor seine Grundlage.

Kann man nun sagen, diese Extremisten haben sich bzw. ihren zeitgenössischen Mitmenschen und allen Nachgeborenen das Ende und den Verlust des „gelobten Landes", ihrer Zukunft und ihrer Identität selbst zuzuschreiben? Und ihre – schuldige – Vertreibung aus dem erhofften Paradies? Jedenfalls begann damit das entbehrungsreiche Dasein des vertriebenen, überall fremden, oft mißachteten, unterdrückten und in Gettos eingepferchten Volkes in der Diaspora.[151]

In der alten, nun verlassenen jüdischen Heimat dagegen begann sich eine neue Kultur auszubreiten; muslimische Araber errichteten schließlich im Jahr 691 auf dem Tempelberg in Jerusalem den Felsendom. Von diesem Zeitpunkt an gab es neben einer jüdischen und einer christlichen also auch eine muslimische Präsenz in Palästina. Die Juden in der Diaspora mussten ihr Vertriebenenschicksal auf sich nehmen; aber sie haben den alten Traum vom gelobten Land doch nie aufgegeben. Über die Jahrhunderte schafften es einige jüdische Familien mit großem Fleiß, Umsicht und Beharrlichkeit, zu sehr viel Geld, großem Reichtum, und zu Achtung und Einfluss zu kommen, und schließlich kam auf diesem Wege auch wieder die Möglichkeit der Wiedergewinnung der verlorenen Heimat in Sicht.

Zionismus und die Balfour-Deklaration

Damit geht es in der Geschichte mit einem großen Sprung nach vorn. Die Judenprogrome, die es im Laufe der Jahrhunderte immer wieder gegeben hat, zuletzt in der extremsten Form in NS-Deutschland und davor noch einmal sehr massiv in Russland und in der Ukraine, sind grausame, viele Hunderte Jahre alte und bekannte geschicht-liche Realität. Der Blick in eine andere Zukunft öffnet sich aber nun bald wieder. In den 1880er Jahren begann der französisch-jüdische Baron Edmond Rothschild sich für den aufkommenden Zionismus (s. u.) einzusetzen. Er erwarb systematisch Grundstücke in Palästina, und übergab 1889 25.000 Hektar palästinensischen Agrar-landes und die sich darauf befindenden Ansiedlungen an die *Jewish Colonisation Associ-ation*. Diese Organisation, gegründet 1891 von dem jüdischen Bankier, Unternehmer und Philanthropen Baron Maurice de Hirsch, plante nicht nur eine jüdische Neube-siedlung Palästinas, sondern verfolgte den größeren Plan, eine massenhafte Auswan-derung von Juden aus Russland und anderen osteuropäischen Ländern zu erleichtern und zu befördern, indem sie Ländereien in Nordamerika (Kanada und den Vereinig-ten Staaten), Südamerika (Argentinien und Brasilien) und eben auch im (damals noch) osmanischen Palästina aufkaufte, um diese Menschen dort in landwirtschaftlichen Kolonien anzusiedeln. Motiviert wurde diese Auswanderungsbewegung auch durch die in Russland und Osteuropa in dieser Zeit häufig vorkommenden Progrome und antisemitischen Ausschreitungen. (s. o.)

Zentraler treibender Faktor dieser Bewegungen zur An- und Umsiedlung jüdischer Menschen aus Osteuropa war also der Zionismus, eine von dem österreichisch-un-garischen Schriftsteller, Publizisten und Journalisten Theodor Herzl 1896 mitgegrün-dete Bewegung, die, wie es die Bundeszentrale für politische Bildung knapp formu-liert, das „Ziel der Rückführung der in aller Welt lebenden Juden in das Gebiet zwi-schen Mittelmeer und Jordan" verfolgte. Am 29. August 1897 wurde ein Kongress in Basel (s.o.) einberufen: 200 gewählte Delegierte kamen damals zum „Ersten Zionis-tenkongress" zusammen, um ihre Pläne und Ideen zu besprechen und zu koordinie-ren. Ein Teilnehmer des Kongresses war neben anderen der zionistische Aktivist Chaim Weizmann, der später im Zusammenhang mit dem verfolgten Plan zur Staats-gründung Israels eine wichtige Rolle spielte. Unterstützt wurden diese Pläne, wie ge-sehen, von reichen jüdischen Förderern und Philanthropen, unter ihnen auch Ange-hörige des britischen und französischen Zweigs der Familie Rothschild.[152]

Ein wesentlicher Anstoß zur Realisierung dieser Pläne kam also aus der Zionisten-bewegung, und Walter Rothschild, 2. Baron Rothschild und ebenso prominenter Zi-onist, hatte Kontakte zur britischen Krone aufgenommen und sich um Unterstützung für diese Pläne bemüht. Der damalige britische Außenminister Arthur James Balfour sandte nun mit dieser förmlichen „Balfour-Deklaration" dem Baron Rothschild die Antwort der britischen Regierung zu, die eine Zusage der britischen Krone für die Unterstützung der zionistischen Bewegung enthielt.[153]

Aber was würde das bedeuten für Palästina und das auf diesem Landstück lebende Völkergemisch? Die Balfour-Deklaration enthielt eine „Erklärung der Sympathie" des britischen Königs mit der zionistischen Bewegung und ihrem Plan der „Errich-tung einer nationalen Heimstätte für das jüdische Volk in Palästina". Dies geschah aber mit der einschränkenden „Maßgabe, dass nichts geschehen soll, was die bürger-lichen und religiösen Rechte der bestehenden nicht-jüdischen Gemeinschaften in Pa-lästina oder die Rechte und den politischen Status der Juden in anderen Ländern in Frage stellen könnte." So war die Absicht, aber war mit dieser Erklärung nicht schon der Keim gelegt für die späteren, bis heute andauernden Streitigkeiten in diesem Land? Die Zionisten, die vom biblischen gelobten Land träumten und von Jahrhundert zu Jahrhundert von Zionssehnsucht getrieben waren, hatten sicher – offen oder insgeheim – andere Pläne, als anderen bestehenden nicht-jüdischen Gemeinschaften in Palästina Wohnung und bürgerliche und religiösen Rechte zuzugestehen.

Es wäre aber nun trotz dieser Zionssehnsucht nur recht und billig gewesen, allen in Palästina lebenden und den später dazu kommenden Menschen diese gleichen bürgerlichen und religiösen Rechte einzuräumen und zu garantieren; die damals verantwortlichen Mächte, also die Briten, hätten es nur so wollen und durchsetzen müssen, und es hätte keinen Streit geben müssen. Aber genau das wollten sie eben nicht.

Das Sykes-Picot-Abkommen und seine Folgen

1916 wurde in einem geheimenen britisch-französischen Abkommen die Vereinbarung getroffen, das Osmanische Reich in Interessensphären aufzuteilen; publik gemacht wurde das Abkommen 1918 von den russischen Bolschewiki. Die Briten übernahmen damit die faktische Regierungsgewalt über Palästina, was den langfristigen britischen Interessen in dieser Region entgegenkam. Ein Palästina unter britischer Herrschaft wurde gesehen als ein ideales Verbindungsstück zu den britischen Einflusszonen im Mittleren Osten und der wichtigsten britischen Kolonie, Britisch-Indien, und der Suezkanal, die Hauptader britischen Handels mit Asien, würde dadurch ebenfalls besser gesichert werden können.

Damit begann sich abzuzeichnen, dass der Einfluss der nicht-jüdischen Bevölkerung im Laufe der Zeit unweigerlich unter die Räder kommen würde. Im Laufe des Zweiten Weltkriegs und im Zuge der Erfahrung des Holocaust in NS-Deutschland strömten jüdische Menschen umso massenhafter nach Palästina, und das Ergebnis war eben dies: dass die bürgerlichen und religiösen Rechte der nicht-jüdischen Gemeinschaften den Machtinteressen der Briten und der zuströmenden jüdischen Gemeinschaften mehr und mehr geopfert wurden. Mit der Staatsgründung Israels am 14. Mai 1948 wurde dieses Schicksal dann praktisch besiegelt. Ab dem Tag begann ein Kapitel der jüdisch-israelischen Geschichte, das zunehmend von Terror, Gewalt, Betrug, Hinterlist und Machtstreben geprägt war, und das nicht nur in Israel, sondern auch in den USA, und später dann in der ganzen Welt.

Zionistische Angriffe auf Palästina und den Westen[154]

David Ben Gurion, erster Premierminister Israels, erklärte im Mai 1948 dem Stabschef Jisrael Galili: „Wir müssen Terror, Attentate, Einschüchterung, Beschlagnahme von Land und das Abschneiden aller öffentlichen Dienste nutzen, um die Galiläer und die arabische Bevölkerung loszuwerden." Terrorismus war Teil eines israelischen „Strategems", einer Kriegslist, einer manipulativen Aktion in Politik und Militär, die sich auch des Terrors bediente. Zionisten und Israelis hatten den Terrorismus seit Langem als taktisches Werkzeug angewendet; hochrangige Beamte der israelischen

Regierung, des Mossad und des israelischen Militärgeheimdienstes, einer Organisation namens AMAN[155], haben eine lange Geschichte der Nutzung von Terror als Werkzeug. Zionistische Einwanderer aus Polen und Russland nutzten den Terrorismus, um die einheimische Bevölkerung Palästinas während des Krieges 1947-48 von ihrem Land, aus Häusern und Dörfern zu vertreiben. Etwa 400 palästinensische Dörfer und Städte wurden ausgelöscht und ihre Bevölkerung getötet oder als Flüchtlinge ins Exil geschickt;[156] viele der palästinensischen Häuser und Dörfer wurden von jüdischen Einwanderern übernommen, andere wurden dem Erdboden gleichgemacht.

In den 1940er Jahren begannen die Zionisten auch, den Terrorismus als Taktik gegen den Westen einzusetzen und Terroranschläge unter falscher Flagge gegen die Vereinigten Staaten und Großbritannien auszuführen, wie bereits bei dem Bombenanschlag auf das Jerusalemer King David Hotel am 22. Juli 1946. Die Bombardierung des Luxushotels wurde angeordnet von Menachem Begin, dem Chef der Irgun, einer zionistischen Terrororganisation in den 1930er und 1940er Jahren.[157]

In einem wissenschaftlichen Text für zwei US-Universitäten beschreiben die Autoren Arie Perliger und Leonard Weinberg die Geschichte der terroristischen Aktivitäten jüdischer Organisationen in den Jahren vor und während der Jahrzehnte des britischen Mandats in Palästina, das in der Gründung des Staates Israel im Jahr 1948 gipfelte.[158] Sie schreiben, für viele Menschen habe es gewöhnlich die Hauptrolle gespielt, dass die Juden bei modernen Terroraktivitäten im Nahen Osten die Rolle des Opfers spielen, und diese Rolle passe perfekt „in eine umfassendere Vorstellung jüdischer Identität im Laufe der Jahrhunderte: Juden als Opfer schlechthin." Aber Juden seien eben nicht nur Opfer, sondern auch Täter des Terrorismus gewesen: „Das bedeutet, dass Juden als Mitglieder relativ kleiner subnationaler Gruppen politisch motivierte Gewalttaten verüben, die darauf abzielen, das Verhalten einiger Zuschauer zu beeinflussen. Wenn Terrorismus eine Waffe der Schwachen und derjenigen ist, die am Rande der Gesellschaft agieren, sollte es bei näherer Betrachtung nicht allzu verwunderlich sein, dass Juden diese besondere Taktik angewendet haben." (a.a.O.)

Ziel dieses Bombenterrors war es, die Briten zum Aufgeben ihres Mandats über Palästina zu bewegen, was ihnen offenbar auch gelungen ist. Zur historischen Verbindung zwischen dem damaligen und dem heutigen Terror Israels: Benjamin Netanyahu ist der Sohn von Ben Zion Netanyahu (geb. Mileikowsky, aus Warschau, Polen). Ben Zion war der ehemalige leitende Berater von Vladimir „Ze'ev" Jabotinsky, dem militanten extremistischen Gründer des Revisionistischen Zionismus und der Irgun. Sein Sohn Benjamin „Bibi" Netanyahu ist Verfechter der Lehren Jabotinskys; am 8. Juli 2007 war Netanyahu der Hauptredner bei eine Veranstaltung im Jabotinsky-Institut anlässlich des 67. Todestages des Gründers der Irgun.[159]

Die Irgun, die zionistische Terrororganisation, die sich auch der Schaffung von Groß-Israel („Eretz-Israel") verschrieben hat, ist die politische Mutter der rechtsextremen israelischen Likud-Partei, die Benjamin Netanyahu derzeit leitet. Die Irgun war sozusagen das „bewaffnete Programm" des revisionistischen Zionismus, wie Jabotinsky es auf die Formel brachte, gemäß Howard M. Sachar, dem Autor von „A History of Israel from the Rise of Zionism to Our Time"[160]:

1. Jeder Jude hat das Recht, nach Palästina einzureisen;
2. Nur aktive Vergeltung wird die Araber und die Briten abschrecken;
3. Nur jüdische Streitkräfte werden den jüdischen Staat sichern.

Menachem Begin war getrieben von einer rassistisch-suprematistischen Weltanschauung, die er nutzte, um seine Verbrechen des Terrorismus und des Völkermords zu rechtfertigen: „Die Palästinenser sind Bestien, die auf zwei Beinen gehen", sagte der damalige Premierminister in einer Rede vor der Knesset, die der israelische Schriftsteller Amnon Kapeliouk in einem Artikel für den *New Statesman* zitiert; der Artikel „Begin und die Bestien" wurde am 25. Juni 1982 veröffentlicht.[161] Der britisch-amerikanische Journalist Russell Warren Howe fragte Begin 1974 in einem Interview, wie es sich im Lichte der geschehenen Terroranschläge anfühle, der Vater des Terrorismus im mittleren Osten zu sein, und er antwortete: „Im mittleren Osten?", habe Begin da in seinem breiten Akzent gebrüllt: „In der ganzen Welt!"

Shimon Peres, später der achte Ministerpräsident Israels, vertrat die gleiche Ideologie, wie die „Lawon-Affäre" zeigt, die sich 1954 in Ägypten ereignete: Eine Gruppe ägyptischer Juden war damals vom Geheimdienst rekrutiert worden, um Bombenanschläge vor allem auf amerikanische und britische Ziele in Ägypten durchzuführen; dazu gehörten Bibliotheken, Kinos und eine Erziehungseinrichtung. Für die Anschläge sollten durch gezieltes Verbreiten von gefälschten Informationen die völlig unbeteiligte Muslimbruderschaft und ägyptische Kommunisten verantwortlich gemacht und dadurch ein Klima der Gewalt und politischer Unruhe erzeugt werden.[162] Das Ziel war es also, auch den „Westen" durch Terror dazu bringen, israelische Ziele zu unterstützen, wie sich aus einer Studie der Autorin Livia Rokach über den Premierminister Moshe Sharett und Simon Peres ergibt.[163]

Yitzak Shamir, von 1955 bis 1965 Mitarbeiter des Auslandsgeheimdienstes Mossad, gehörte ab 1940 einer von der Irgun abgestalteten Splittergruppe namens Lechi an, die in den folgenden Jahren die Attentate auf den britischen Nahost-Minister Lord Moyne und den UN-Nahost-Vermittler Graf Folke Bernadotte verübte. Dazu muss man vor Augen haben, was für eine außerordentliche Persönlichkeit Folke Bernardotte war: er war u. a. ab 1943 Vizepräsident und dann Präsident des Schwedischen Roten Kreuzes, wo er 1945 die Zusammenführung und Freilassung von skandinavischen KZ-Häftlinge verhandelte; ebenfalls setzte er sich ein für die spätere Überführung und Freilassung von 10.000 bis 12.000 Häftlingen, darunter 5.000 aus den Lagern Ravensbrück und Theresienstadt, was im Zusammenhang mit der jüdischen Geschichte von Mord und Vertreibung in NS-Deutschland besonders beachtlich ist.[164]

Folke Bernadotte wurde am 20. Mai 1948 zum ersten Vermittler in der Geschichte der Vereinten Nationen (UNO) gewählt und in Palästina eingesetzt; im ersten Palästinakrieg von 1948 legte er den Grundstein für das Hilfswerk der Vereinten Nationen für Palästina-Flüchtlinge im Nahen Osten (UNRWA). Was den späteren Attentätern um Yitzak Shamir wohl besonders missfiel: Er setzte sich in den Verhandlungen mit Israel für eine Anerkennung des Rückkehrrechtes der palästinensischen Flüchtlinge ein, und bat Israel am 17. Juni 1948, die Rückkehr von 300.000 Flüchtlingen zu ermöglichen; die Flüchtlinge hätten einen Anspruch, in ihre Heimat zurückkehren.

Was war die Reaktion: die Terroristen-Gruppe Lechi („Stern-Gang") hat Folke Bernadotte zusammen mit dem UN-Beobachter André Serot am 17. September 1948 kaltblütig mit Maschinengewehren erschossen. Wie war wiederum die Reaktion des „Rechtsstaates" Israel: Die Drahtzieher des Anschlags erhielten wenige Monate später eine Generalamnestie von der israelischen Regierung unter David Ben-Gurion. Später rührte sich in der ganzen Welt der westlichen Verfechter des Rechtsstaates keine Hand, um gegen diese Verbrechen vorzugehen. Yitzak Shamir machte Karriere und wurde von 1986 bis 1992 Ministerpräsident seines Landes, und der Sohn eines der Täter aus der Terroristen-Gruppe, der Israeli Rahl Emanuel, wurde gar Berater bei Bill Clinton, und später Barack Obamas Stabschef.

Wie die gegenwärtige Geschichte Israels, der Westbank und des Gazastreifens zeigt, wird heute vor den Augen aller Welt sichtbar, welche Saat des Terrors damals bereits aufzugehen begann, und mit welcher zynischen, menschenverachtenden Brutalität, Kaltschnäuzigkeit und völligen Gefühllosigkeit die Truppe der IDF (Israeli Defence Forces) heute vorgeht. Sie legen es förmlich darauf an, palästinensische Menschen zu drangsalieren, zu foltern, zu kidnappen, nach Lust und Laune zu erschießen, zu berauben und sich über ihr Leid lustig zu machen und sie zu verspotten. Glaubhafte Dokumente dazu in Bild und Ton sind im Netz inwischen in Massen verfügbar.[165]

Christopher Bollyn und der Betrug, der die Welt veränderte

Damit sind wir, nach dem historischen Abriss der Geschichte der Juden und Palästinas bis zur Staatsgründung Israels und der sich schon damals zeigenden Affinität dieses Staates zu Methoden aus der Unterwelt, bei den drei (oder vier?) großen Staatsverbrechen in der Geschichte der USA, und bei der Generalthese Bollyns, die lautet: Hinter dem 11. September stecken Israel bzw. die „Zionisten". Der 11. September habe den Zweck gehabt, die Menschen in die Unterstützung einer dem Plan nach unendlichen kriminellen Kriegs-Agenda zu tricksen („9/11 was designed to trick us into supporting an open-ended and criminal war agenda"); dieser Krieg habe Millionen Menschen das Leben genommen, und die USA (und die westliche Welt) Billionen von – geliehenen! – Dollars gekostet.

Warum, fragt Bollyn, ist diese Aufklärung noch immer wichtig, nach so vielen Jahren – weil auch die Aufklärung der Kennedy-Morde noch immer wichtig ist, weil es ein *coup dé etat* war, ein Staatsverbrechen, bei dem die Mächte hinter dem Attentat die Kontrolle über die Regierung übernahmen und seine Verschleierung orchestrierten. Der am Todestag Kennedys in der Präsidentenmaschine vereidigte Nachfolger Lyndon B. Johnson sei einer der „Masterminds" der Vertuschung gewesen; die Mächte, die Kennedy ermordeten und die nachher die Lügen zu seiner Vertuschung unterstützen, seien folglich noch immer an der Macht.

Es folgt an dieser Stelle Bollyns Darstellung dieser zionistisch-israelischen Staatsverbrechen; dabei ist es einerseits hilfreich, chronologisch vorzugehen, andererseits sind Vor- und Rückblenden zur Vertiefung und zur Beleuchtung spezifischer Aspekte dieses ganzen Komplexes nicht zu vermeiden.

Christopher Bollyns Erzählung dieses Betrugs, der die Welt verändert, beginnt am 11. September 2001 mit Beobachtungen aus erster Hand, und mit eigenen Augen. „Als Journalist bei einer unabhängigen Wochenzeitung mit Sitz in Washington, D.C. war ich vom ersten Moment an über die Ereignisse des 11. Septembers informiert und konnte frei schreiben über die Terroranschläge, die genutzt wurden, um den vorgeplanten Krieg gegen den Terror zu starten," schreibt Bollyn.

Bollyn war am Morgen des 11. September mit seiner Familie in New-York City im Auto unterwegs, um nach einem Wochenend-Trip wieder zurück nach Washington DC zu fahren. Nach durchfahrener Nacht war er erst in den frühen Morgenstunden im Hotel angekommen, und versuchte dann noch einige Stunden Schlaf zu finden. Zum Frühstück war er am Morgen auf einen Kaffee in der Hotellobby, wo in einem Nebenraum der Fernseher lief, und von dem ersten Einschlag in das WTC berichtete. Er eilte gleich wieder hoch zu seiner Familie ins Hotelzimmer, wo der Fernseher eingeschaltet war, und nun wurde klar was passiert war.

Die fünf tanzenden Israeli

Später führte die Rückreise durch das ländliche Pennsylvania. Bollyn schreibt: „Während wir durch Pennsylvania fuhren, hörten wir Radio. Es war ein wunderschöner sonniger Tag mit einem strahlend blauen Himmel. Gegen Mittag hörte ich einen Nachrichtenbericht, dass fünf Männer aus dem ‚Nahen Osten' in New Jersey gesehen worden seien, die die Zerstörung des World Trade Centers auf Video aufgezeichnet hatten und ausgiebig feierten." Seine Frau habe gesagt, das seien wahrscheinlich Israelis. „Für Millionen Amerikaner, die automatisch ‚Naher Osten' mit Arabern assoziieren, habe dieser Radiobericht ihnen die Idee in den Kopf gepflanzt, dass wohl Araber aus dem Nahen Osten hinter den Terroranschlägen auf New York und Washington stecken." Aber tatsächlich handelte es sich bei diesen jungen Männern, die beim Anblick der brennenden und dann einstürzenden Türme auf einem Parkdeck standen und jubelten und tanzten, um Israelis. „Den ersten Hinweis darauf, dass es sich bei dem Angriff auf das World Trade Center um eine aufwändige Operation unter ‚falscher Flagge' handelte, gab es mit der Festnahme der fünf Männer auf der New Jersey-Seite des Hudson River. Diese Männer, die in den ersten Medienberichten als aus ‚Nahost' beschrieben wurden, wurden später als Israelis identifiziert."

Bollyn schreibt weiter: „Dass die fünf jubelnden Männer aus dem Nahen Osten, die sich lächelnd und feiernd mit dem brennenden World Trade Center im Hintergrund fotografiert hatten, tatsächlich Israelis waren (nämlich Sivan und Paul Kurzberg, Oded Ellner, Omer Marmari und Yaron Schmuel) und dass zwei von ihnen den Strafverfolgungs- und Geheimdiensten der USA als israelische Agenten bekannt waren, wurde von den Massenmedien ignoriert." Warum – das war eben schon das Werk der „Propaganda-Matrix", die sich dann als „Zionist-Connection" entpuppte.

Die fünf tanzenden Israelis, in Wahrheit also Agenten, gehörten zu einem israelischen Umzugsunternehmen, das in Wahrheit eine Tarnfirma war, und die, als die Agenten aufgeflogen waren, augenblicklich alles inklusive Möbelwagen, Rechner, Möbel und Büroausstattung liegen und stehen ließen, und nach Israel verschwanden.

Diese fünf Agenten wussten am 11.9.2001 also genau, was geschehen würde, und sie konnten es vor Vorfreude kaum erwarten. Bollyn schreibt: „Die bemerkenswerte Tatsache ist die, dass es sich bei diesen Männern, die eindeutig von den Angriffen wussten, tatsächlich um Israelis handelte und dass sie mit vorgehaltener Waffe, mit Teppichmessern, mehreren Pässen und Tausenden von Dollar Bargeld in einem positiv auf Sprengstoff getesteten Lieferwagen festgenommen wurden."

Am folgenden Tag wurde nur in einigen kleinen Lokalzeitungen von der New Jersey-Seite des Hudson River (von wo die fünf Israelis den optimalen Blick auf Manhattan und das WTC hatten) darüber berichtet, aber sonst herrschte absolutes Stillschweigen: „Diese wichtige und aktuelle Information wurde jedoch von der New York Times und anderen nationalen Massenmedien mit Sitz auf der anderen Seite des Flusses in New York City völlig ignoriert."

Die Geschichte entwickelte sich folgendermaßen weiter: „Monate später bestätigte Forward, eine bekannte jüdische Zeitung mit Sitz in New York, dass die Männer bei Urban Moving Systems arbeiteten, einem ein in Weehawken, New Jersey, ansässigen „Umzugsunternehmen". Bei dem handelte es sich tatsächlich aber um eine Frontoperation des israelischen Geheimdienstes, und mindestens zwei der Männer, die Brüder Kurzberg, waren bekannte Agenten des Mossad, des israelischen Militärgeheimdienstes. Dominic Suter, dem israelischen „Eigentümer" des Unternehmens und dem Hauptverdächtigen, wurde irgendwie erlaubt nach Israel zu fliehen, nachdem das FBI ihn anfangs verhören konnte, aber bevor sie ihn ein zweites Mal verhören konnten. Er wurde seitdem nicht mehr an die Vereinigten Staaten ausgeliefert.

Nach zehn Wochen Haft wurden die anderen fünf Israelis wegen Visaverstößen nach Israel zurückgeschickt. Ellner, Marmari und Schmuel traten im November 2001 in einer israelischen Fernsehsendung auf, ohne die Kurzberg Brüder. In dieser Sendung behaupteten die drei, sie kämen aus einem Land, in dem Terror alltäglich sei, und ihre Aufgabe sei es gewesen, das Ereignis zu dokumentieren. Dazu kann man nur sagen: die Dreistigkeit, in aller Unschuld zu behaupten, ein Ereignis von der Dimension des totalen Zusammenbruchs des World Trade Centers sei ein alltägliches Vorkommnis, ist unvergleichlich und macht sprachlos. Dazu kommt: wieso hatten sie die Aufgabe, dies zu „dokumentieren", wenn sie nicht wussten was sie an diesen Ort führen würde, und nicht wussten, von wem sie beauftragt worden waren?

Bollyn schreibt dazu: „Man würde meinen, ein so aufschlussreiches öffentliches Geständnis eines Verdächtigen, das Vorwissen über den Terroranschlag offenbart und der behauptet, er sei beauftragt ‚das Ereignis zu dokumentieren', wäre eine aktuelle Informationen mit extremem Nachrichtenwert in den Vereinigten Staaten." Aber das war eben – mysteriöser bzw. naheliegenderweise – nicht der Fall.

Die Odigo-Warnungen

Das nächste Ereignis, das Bollyns investigative Neugier weckte, nach dem Auftauchen der fünf tanzenden Israelis auf einem Parkdeck mit Panoramablick auf die einstürzenden WTC-Türme, waren Vorwarnungen für israelische Beschäftige des WTC, die an diesem Tag mysteriöserweise nicht zur Arbeit erschienen waren. Diese Abschnitte sollen nun zusammen wiedergegeben werden, weil sie verdeutlichen, mit welcher Boshaftigkeit die auf vielfältige Weise kooperierenden Täter vorgegangen sind.[166]

„In den ersten Tagen und Wochen nach dem 11. September habe ich sehr genau die große Zahl festgenommener israelischer Terrorverdächtiger beobachtet, die bis November 2001 auf mehr als zweihundert angestiegen waren. Ich habe auch Nachforschungen angestellt zu veröffentlichten Berichten, dass ein israelischer SMS-Dienst genutzt wurde, um Israelis vor den Anschlägen in New York warnen, Stunden bevor sie stattfanden. Viele Israelis waren offenbar über die Angriffe vorgewarnt, über einen israelischen Instant-Messaging-Dienst namens Odigo. Diese Geschichte, die den klarsten Beweis für israelisches Vorwissen über die Angriffe darstellt, wurde nur sehr knapp und kurzzeitig in den US-Medien berichtet – und dann vergessen.

Den veröffentlichten Berichten zufolge gaben in Israel ansässige Mitarbeiter von Odigo an, Warnungen vor einem bevorstehenden Angriff auf das World Trade Center erhalten zu haben, Stunden bevor das erste Flugzeug im Nordturm einschlug. Odigo, ein israelisches Unternehmen, hatte seinen US-Hauptsitz zwei Blocks entfernt vom World Trade Center, aber die vorgewarnten Odigo-Mitarbeiter gaben die Terrorwarnung nicht an die Behörden in New York weiter; eine Tat, die Tausende von Menschenleben gerettet hätte.

Zwei Wochen nach dem 11. September sagte Alex Diamandis, der Vizepräsident von Odigo: „In den Nachrichten stand: In einer bestimmten Zeit würde etwas Großes passieren, und das geschah auch – fast genau auf die Minute. ‚Es war möglich, dass die Angriffswarnung an andere Odigo-Mitglieder gesendet wurde, aber das Unternehmen hat keine Berichte von anderen Empfängern der Nachricht erhalten', sagte Diamandis. Es wurde erwartet, dass viertausend Israelis im World Trade Center gearbeitet hätten, am 11. September soll jedoch nur einer von ihnen in dem Komplex umgekommen sein. Basierend auf den Angaben der israelischen Regierung, dass sich zum Zeitpunkt der Anschläge voraussichtlich 4.000 Israelis im World Trade Center aufgehalten haben, scheint es offensichtlich, dass viele israelische Odigo Benutzer eine Warnmeldung erhielten.

Odigo, das Echtzeit-Messaging bietet, verfügt über eine Funktion namens ‚People Finder', die einem Benutzer ermöglicht, eine Sofortnachricht an eine große Gruppe zu senden, die auf einem gemeinsamen Merkmal basiert, beispielsweise der israelischen Nationalität. Mit ‚People Finder' können Odigo-Benutzer online nach ‚Kumpels' filtern, also auch nach der israelischen Staatsangehörigkeit, während die Privatsphäre der Benutzer jederzeit gewahrt bleibt; die Nachricht war wahrscheinlich auf Hebräisch gesendet. Die Internetadresse des Absenders der Warnung wurde angeblich dem FBI übergeben, zwei Monate später wurde berichtet, dass das FBI die

Angelegenheit noch immer untersuchte. Seitdem gab es keine weiteren Medienberichte über die Odigo-Warnung vor dem 11. September.

Diese beiden Nachrichten über die getarnten israelischen Möbelpacker und die Odigo-Nachrichten, die eindeutig darauf hindeuteten, dass einige Israelis sehr konkrete Vorkenntnisse über die Angriffe hatten, wurden in amerikanischen und israelischen Zeitungen kurz nach dem 11. September veröffentlicht. Hätten die Empfänger dieser Odigo-Nachrichten die New Yorker Polizei kontaktiert, hätten Tausende Leben gerettet werden können. Die Frage, die nicht gestellt wurde, ist: Warum haben sie es nicht getan?" Warum – die Erklärung wird aus dem Folgenden offensichtlich.

Bollyn Schlussfolgerung aus seinen Recherchen: „Es gab mehrere Frühindikatoren dafür, dass Israelis an den Anschlägen vom 11. September beteiligt waren, und dass es sich dabei um einen spektakulären Terroranschlag unter ‚falscher Flagge' handelte, der als Casus Belli dienen sollte, um die Vereinigten Staaten in den ‚Krieg gegen den Terror' zu ziehen." Das ist also der früh erkannte Kern der These Bollyns.

Mit dem nächsten Absatz liefert Bollyn eine Überleitung bzw. stellt den Zusammenhang her zu einem der Hauptverantwortlichen für diesen inszenierten „Krieg gegen den Terror" unter falscher Flagge: Benjamin Netanjahu. Netanjahus frühester Kommentar zu dem Einsturz der Türme und dem dadurch verursachten Tod von mindestens 3.000 Menschen (wobei Netanjahu zu dem Zeitpunkt noch damit rechnen musste, dass 20.000 bis 30.000 Menschen sich im WTC aufhalten würden) war: der 11. September sei „sehr gut" gewesen, worauf er präzisierte: nicht wirklich gut, aber es sei unmittelbare Sympathie für Israel erzeugt worden. Netanjahu sagte später in einer Rede an einer israelischen Universität: „Wir profitieren von einer Sache, und das sind die Attacken auf die Zwillingstürme und das Pentagon, und der amerikanische Krieg im Irak", wie die Zeitung Ha'aretz am 16. April 2008 Netanjahu zitierte. Ein prominentes Mitglied aus Netanjahus Likud-Partei war Ehud Olmert, zeitweilig Bürgermeister von Jerusalem, von dem noch viel die Rede sein wird. Ehud Olmert flog am 10. September 2001 insgeheim nach York, blieb da bis zum 11. September, um am Nachmittag wieder zurück nach Tel-Aviv zu fliegen, obwohl an dem Tag für alle Flugzeuge der USA und der übrigen Welt strengstes Startverbot herrschte – außer für Maschinen nach Tel-Aviv. Was machte Ehud Olmert, prominentes Mitglied der Regierung, ausgerechnet an dem Tag in New-York, und warum wurde seine Reise geheimgehalten, fragt Bollyn?

The War on Terror – Die Evolution eines israelischen Strategems

Wie gesehen, hat der zionistische Terror in Palästina eine lange Geschichte, die schon vor der Staatsgründung Israels begann, und die dann immer wieder von Terror begleitet worden ist. Dieser Terror hat aber immer größere Dimensionen angenommen; wie gesehen, sprach Menachem Begin schon lange vor 9/11 davon, dass er nicht nur den Mittleren Osten, sondern die ganze Welt auf diese Weise dominieren wolle.

Die Zionisten haben den Terror zu einem Strategem ausgebaut. Strategeme sind ursprünglich Überlebenslisten oder -techniken, die schon im Alten China anwendet und entwickelt wurden.[167] Die Zionisten Israels und der wechselnden US-Administrationen haben diese Techniken der Kriegslist in dem Sinne weiterentwickelt, dass sie einerseits mit unvergleichlicher Rücksichtslosigkeit und Brutalität gegenüber Unbeteiligten vorgegangen sind, also auch gegen Privatpersonen und Nicht-Kombattanten, und andererseits mit ungeheurer Skrupellosigkeit und Raffinesse. Eines der wichtigsten und wirkungsvollsten Mittel zur Durchsetzung der Ziele des Zionismus ist, wie immer wieder deutlich wird, nicht nur die Anwendung direkter Gewalt, sondern von Propaganda: der Einsatz der geballten und inzwischen so gut wie totalen Macht der (jüdisch-zionistischen) Medien, zur Beeinflussung, Beherrschung und Gestaltung der öffentlichen Meinung, also das gezielte „Fabrizieren" von Zustimmung und Einverständnis (Manufacturing Consent[168]), im Bereich der gesamten westlichen Welt. Der „War on Terror" war in dem Sinne der Gipfel der Evolution dieses Strategems.

Als weiteres Beispiel für die Brutalität und Rücksichtslosigkeit des israelischen Vorgehens sei der Angriff auf das US-amerikanische Spionageschiff USS-Liberty erwähnt, der sich am 6. Juni 1967 ereignete. Israelische Kampfflugzeuge beschossen und bombardierten das Schiff, wobei auch 1.000-Pfund-Bomben und Napalm zum Einsatz kamen. Die Angriffe aus der Luft liefen in mehreren Wellen über Stunden, wobei auch israelische Torpedoboote eingesetzt wurden; insgesamt wurden 34 Besatzungsmitglieder getötet und 172 verletzt. Als besonders perfide erwies sich das Vorgehen, als das Schiff schon in Brand geschossen war, und Rettungsboote aufs Wasser gesetzt wurden: da begannen die Israeli die Rettungsboote zu beschießen. Die Männer, die versucht hatten sich schwimmend zu retten, wurden mit Napalm beschossen und in Brand gesetzt. Offensichtlich sollte das Schiff versenkt werden, und niemand sollte überleben. Erst das zufällige Auftauchen eines sowjetischen Schiffs in der Nähe brachte die Aktion zum Abbruch.

Was war die Absicht? Es gab Vermutungen, dass arabische Staaten (insbesondere Ägypten, damals unter Gamal Abdel Nasser in freundschaftlicher Beziehung zur Sowjet-Union stehend) verantwortlich gemacht werden sollten, um so die USA in einen Kriegseintritt zu verwickeln. Es sollte behauptet werden, arabische Staaten, bzw. nach dieser Vermutung Ägypten, habe die USS Liberty in der Nähe israelischer Gewässer beschossen, und nun müsse zur Vergeltung ein amerikanischer Angriff auf Ägypten erfolgen. Der Einschätzung politischer Beobachter zufolge hätte dies zum Ausbruch des Dritten Weltkriegs führen können, da die beiden Weltmächte USA und Sowjet-Union involviert waren.

Wie reagierten die USA? Der damalige US-Präsident Lyndon B. Johnson und Verteidigungsminister Robert McNamara ordneten strikte Geheimhaltung des Vorfalls an; einem Bericht der Financial Times vom 12. Januar 2004 zufolge wurde dies von einem ehemaligen Mitglied des US-Marine-Untersuchungsgerichts unter Eid ausgesagt.[169] In einem später folgenden Abschnitt in diesem Buch wird die Rolle der zionistischen Mafia bei den Kennedy-Morden näher beleuchtet, und da wird deutlich, dass Lyndon B. Johnson, der nach der Einschätzung Christoffer Bollyns ja einer der „Masterminds" des Mordes an Kennedy war, von dieser Mafia auch genötigt wurde, den Anschlag auf die USS Liberty zu decken. So viel vorab also zu dem Strategem, das zu dem Zeitpunkt seine Evolution noch vor sich hatte.

Das Strategem „Krieg gegen den Terror" wurde von Benjamin Netanjahu seit 1979 vorangetrieben, um das US-Militär in die Region des Mittleren Ostens zu bringen, und um Kriege im Interesse des zionistischen Staates führen zu können. Das Muster der Argumentation Netanjahus ist sehr einfach: Gebiete Palästinas werden von Israel illegal besetzt, und die Palästinenser versuchen sich dagegen zu wehren. Den Widerstand gegen die Besetzung verkauft Netanjahu dann als „islamischen Terrorismus", gegen den „der Westen" Krieg führen müsse, wie Netanjahu dies in seinen Büchern „Terrorism. How The West Can Win" und „Fighting Terrorism" beschreibt.[170]

In einer Folie seines Vortrags auf der „Open Mind Conference" von 2016 in Kopenhagen zeigt Bollyn vier der wichtigsten und einflussreichsten Figuren der „Zionist Connection" auf einem am 18. Januar 2002 im Pentagon aufgenommenen Foto. Da sind am runden Tisch zu sehen: 1. Paul Wolfowitz, damals Vize-Verteidigungsminister der USA unter Verteidigungsminister Donald Rumsfeld; 2. der israelische Stabschef Shaul Mofaz; 3. Dov Zakheim, ab 2001 Unterstaatssekretär und Controller im Verteidigungsministerium; und 4. Douglas Feith, damals ebenfalls Unterstaatssekretär im Verteidigungsministerium. Zu erwähnen ist an der Stelle, dass Dov Zakheim bis zum 10. September mit der unangenehmen Aufgabe betraut war, das Verschwinden von in der Buchhaltung des Pentagon nicht auffindbaren 2,3 Billionen Dollar zu erklären. Bei der Attacke auf das Pentagon soll dann – welch ein Glück! – genau der Bürotrakt getroffen worden sein, in dem sich die gesuchten Bücher befanden, weshalb weitere Suche für unnötig bzw. unmöglich erklärt werden konnte. Ferner ist zu erwähnen, dass Zakheim enge Beziehungen zu Israel unterhielt und anerkannter Rabbi war. Diese Vier, die in den Jahren um 9/11 als „Neo-Cons" bekannt und berüchtigt geworden waren, sind alle Zionisten, alle jüdisch, einer Israeli, und alle aktive Unterstützer einer aggressiven israelischen Politik im mittleren Osten. Auf diesem Foto hat man vier wichtige Akteure, die Ziele, Mittel und Methodik dieser ehrenvollen israelischen Strategen und ihres Terror-Strategems also in einem Bild vor Augen.

Die Vereinigten Stabschefs Israels fassten die vordringlichsten Anforderungen für den Tagesordnungspunkt „Palästina" schon am 31. März 1948 in fünfzehn Papieren zusammen, darunter dieses: „Zionistische Strategie wird danach streben, die USA in eine sich kontinuierlich erweiternde und vertiefende Serie von Operationen zu verwickeln, mit dem Ziel, die Erreichung eines Maximums an jüdischen Zielsetzungen sicherzustellen." Zu diesen Zielsetzungen gehörten: die Expansion von „Eretz Israel" nach Jordanien, Syrien und in den Libanon und die Errichtung israelischer militärischer und ökonomischer Hegemonie über den gesamten Mittleren Osten.[171]

Später wurde der sogenannte Oded-Yinon-Plan vorgelegt, benannt nach einem früheren Berater von Ariel Sharon, der diesen 1982 als Master-Plan für das „Greater Israel" vorgelegt hatte, als Teil der Vision eines „Groß-Israel" zur Dominierung des ganzen mittleren Ostens. Oded Yinon war hochrangiges Mitglied im israelischen Außenministerium, später auch Journalist für die „Jerusalem Post".[172] Diesem Plan zufolge sollten die arabischen Staaten dieser Region in kleine, unselbstständige ethnische Rumpfstaaten zerschlagen werden („Balkanisierung", wie dies dann 1991 im damaligen, brutal in Stücke bombardierten Jugoslawien umgesetzt worden ist).

Fast unmittelbar nach den Ereignissen des 11. September wollte man offenbar schon beginnen, diese Strategie in die Tat umzusetzen. Der ehemalige US-General Wesley Clark, im Kosovo-Krieg Oberbefehlshaber der Nato-Streitkräfte, berichtete in einem weltbekannt gewordenen Interview, man habe schon am 20. September 2001 die Entscheidung getroffen, in den Irak einzumarschieren. Nachdem der Angriff auf Afghanistan einige Wochen später gestartet war, habe Clark sich erneut mit früheren Generals-Kollegen getroffen, und da sei ihm eröffnet worden, es sei geplant, in fünf Jahren nacheinander sieben Länder zu überfallen („take out"): Irak, Syrien, Libanon, Libyen, Somalia, Sudan und als letztes Iran. Clark fragte ungläubig, warum man so etwas tun wolle, und die Antwort war: Genau wisse man das auch nicht, mit Al-Kaida und Saddam Hussein habe das nichts zu tun, aber man wisse einfach nicht wie man sonst gegen Terroristen vorgehen solle, und da man ein gutes Militär habe, werde man nun eben all diese Länder überfallen. In einem Interview für die Organisation „Democracy Now" ist dieses Interview aufgezeichnet worden, es darf bzw. muss also als authentisch betrachtet werden.[173] Die unglaubliche, haarsträubende Brutalität, Arroganz, Gewissenlosigkeit und Dummheit dieser Zionist Connection, die daraus spricht, ist schier unfassbar.

Der Irak ist nach der US-Invasion faktisch seit Langem geteilt in shiitische und sunnitische Gebiete, und die Kurdengebiete im Norden sind von US-Truppen besetzt, von wo aus sie die kurdischen Ölfelder zu Geld machen können, die, wie Bollyn in diesem Vortrag bemerkt, Ölgesellschaften der Rothschild-Familie gehören.

Wie sich später zeigte, wurde die Vision des Yinon-Plans wiederholt auch von auch Benjamin Netanjahu vorgestellt, wie später auf der UN-Vollversammlung vom 22. September 2023, auf der er die Karte des „Greater Land of Israel" unter dem Protest der palästinensischen und der übrigen Weltbevölkerung stolz präsentierte.[174]

Wenn man sich diesen Zusammenhang und gewissermaßen den logischen Faden vor Augen führt, der seit der Proklamation dieses Strategems, aber eben auch schon seit der Staatsgründung Israels über mehrere Etappen genau zu diesem Ereignis hinführt, dem 11. September und der damit ausgelösten und bis heute andauernden Umgestaltung des Mittleren Ostens im Sinne Israels bzw. der israelischen Zionisten, sollten eigentlich keine Zweifel bestehen bleiben, wer von diesen Ereignissen profitierte, und wer für sie verantwortlich war.

Das zionistische Netzwerk, seine Ziele, Organisationen und Helfer

Alan Sabroski ist ein pensionierter Marineoffizier und ehemaliger Direktor des *United States Army War College (USAWC)*. Er veröffentlichte im September 2010 eine Studie auf der Webseite *Intifada Palestine*, in der er schreibt: „Die Anschläge vom 11. September 2001 waren ein entscheidender Moment für Amerika. Obwohl die Verluste im Vergleich zu den zivilen Massakern während des Zweiten Weltkriegs nicht groß waren, waren die politischen und psychologischen Auswirkungen eines konzertierten und sichtbaren Angriffs in Amerika auf die Amerikaner enorm – tatsächlich ist es ein interessanter ‚Zufall', dass die Angriffe genau an dem einem Tag im Jahr stattfanden, dessen Nennung das öffentliche Bewusstsein für Gefahr und Not stärkt: die (amerikanische) Notrufnummer 9-1-1."[175]

Zu Israel, Kennedy, Johnson und AIPAC bemerkt der ehemalige Militär: „Eisenhower konnte Israel zum Rückzug aus dem Sinai zwingen, aber der letzte US-Präsident, der sich den regionalen und nuklearen Ambitionen Israels energisch widersetzte, war John F. Kennedy. Seine Ermordung brachte Lyndon Johnson ins Weiße Haus, der so sehr ein Freund Israels war, dass er den absichtlichen israelischen Angriff auf die USS Liberty während des Krieges von 1967, bei dem über 200 US-Seeleute und Marinesoldaten getötet oder verwundet wurden, ignorierte. Kurz darauf wurden Pilgerfahrten nach Israel und lobende Auftritte vor der AIPAC (der mächtigen jüdischen Lobby in Washington) für Präsidenten und ernsthafte Anwärter auf das Weiße Haus gleichermaßen praktisch zur Pflicht, wobei der Kongress (beide Häuser, beide Parteien) noch unterstützender war – was in Washington allgemein verstanden wird, anderswo im Land jedoch fast unbekannt ist." (a.a.O.)

Dann kommt Sabroski auf das PNAC zu sprechen, das Project for a New American Century, das 1997 als Denkfabrik gegründet wurde, und es sich zur Aufgabe gemacht hatte, für eine weltweite Dominanz der Vereinigten Staaten von Amerika zu werben. Die Mitglieder des PNAC, schreibt Sabroski, verfassten Positionspapiere für die israelische Regierung und eine zukünftige US-Regierung. Die Kernaussagen des PNAC:

- US-amerikanische Führerschaft ist sowohl gut für die Vereinigten Staaten von Amerika als auch für die ganze Welt;
- eine solche Führerschaft erfordert militärische Stärke, diplomatische Energie und Hingabe an moralische Prinzipien;
- eine multipolare Welt hat den Frieden nicht gesichert, sondern stets zu Kriegen geführt;
- die Regierung der Vereinigten Staaten soll Kapital schlagen aus ihrer technologischen und wirtschaftlichen Überlegenheit, um durch Einsatz aller Mittel – einschließlich militärischer – unangefochtene Überlegenheit zu erreichen.[176]

Welche Absichten steckten hinter dem PNAC? Sabroski schreibt: „Die Anwesenheit so vieler Leute vom PNAC in Schlüsselpositionen war definitiv ein Signal dafür, dass die Nahostpolitik der USA künftig die Israels sein würde, was keinem anderen Land in der Region Freude bereitete, geschweige denn den leidgeprüften Palästinensern. Unter solchen Umständen war das Gemurmel über einen angeblichen ‚Fahrplan' für eine Art Friedensvereinbarung völlig bedeutungslos, und fast jeder außer der amerikanischen Öffentlichkeit verstand diese Tatsache." (a.a.O.)

Wer die Leute vom PNAC sind oder waren, ist der Weltöffentlichkeit bekannt:

- Dick Cheney, Vizepräsident
- Donald Rumsfeld, Verteidigungsminister (1975–1977, 2001–2006)
- Paul Wolfowitz, stellvertretender Verteidigungsminister und ehemaliger Weltbank-Direktor

- Richard Armitage, Vize-Außenminister
- Richard Perle, Präsidentenberater
- John R. Bolton, Botschafter bei den Vereinten Nationen
- Lewis Libby, Stabschef des Vizepräsidenten
- William J. Bennett, Direktor der Drogenaufsichtbehörde
- Zalmay Khalilzad, Botschafter in Afghanistan und im Irak den Vereinten
- Jeb Bush, ehemaliger Gouverneur von Florida und Bruder des Ex-Präsidenten George W. Bush,
- James Woolsey, ehemaliger CIA-Direktor
- Francis Fukuyama, Politologe
- Caspar Weinberger, ehemaliger US Verteidigungsminister
- John Lehman, Investmentbanker
- Gary Schmitt, Executive Director des PNAC
- Eliot A. Cohen, Autor
- Thomas Donnelly, später beim Rüstungskonzern Lockheed Martin
- William Kristol, politischer Kommentator,
- Irving Kristol, American Enterprise Institute
- Peter Rodman,
- Dov S. Zakheim, System Planning Corporation, entwickelt und produzierte unter anderem Flugleitsysteme.

Folgende Mitglieder des PNAC sind oder waren jüdisch: Paul Wolfowitz, Richard Perle, Lewis Libby, Francis Fukuyama, Caspar Weinberger, John Lehman, Eliot A. Cohen, William Kristol, Irving Kristol, Peter Rodman und Dov S. Zakheim.

Zum PNAC, zur AIPAC und zum „zufälligen" Eintreffen dieses Ereignisses, das, wie in einem vom PNAC verfassten Strategiepapier[177] beschrieben, als hilfreiches „katalytisches Ereignis" wie ein „neues Pearl Harbour" zur Beschleunigung der Ziele des PNAC wie bestellt eintraf, schreibt Sabroski: „Am 11. September 2001 erhielten die PNAC-Leute in und außerhalb der Regierung – und damit auch AIPAC und Israel – ‚zufällig' die Veranstaltung, die sie brauchten, kaum acht Monate nach ihrem Amtsantritt." Die bald folgende Verabschiedung des Notstandsgesetzes (fälschlicherweise als „Patriot Act" bezeichnet) und den Angriff auf Afghanistan bezeichnet Sabroski als überstürzt, und den späteren Angriff auf den Irak, mit dem angeblich ein Angriff mit „Massenvernichtungswaffen" verhindert werden sollte, als offensichtlich erlogen.

Als Ergebnis seiner analytischen „Reflexionen" zu diesem Ereignis schreibt Sabroski über die an dem Tag zerstörten drei Gebäude des WTC (WTC1, WTC2 und WTC7), die einschlagenden Flugzeuge allein hätten keines der Gebäude „in der Art und Weise zum Einsturz bringen können, wie sie einstürzten, geschweige denn ein drittes Gebäude, das nicht von einem Flugzeug getroffen wurde", und das „bedeutet, dass die Angreifer Hilfe vor Ort hatten und diese bereits vor den Angriffen aktiv gewesen sein musste: Die Vorbereitung von Gebäuden für den kontrollierten Abriss geschieht nicht willkürlich inmitten des Chaos." Wer war also, wie Sabroski schreibt, verantwortlich, und mit welchen Zielen: „Somit verläuft die Beweisspur für den 11. September und die Kriege in Afghanistan und im Irak von PNAC, AIPAC und ihren

Kohorten über die überwiegend jüdischen Neokonservativen in der Bush-Administration und zurück zur israelischen Regierung." Außerdem, schreibt Sabroski, „verfügten nur zwei Geheimdienste über das Fachwissen, die Mittel, den Zugang und den politischen Schutz, um den 11. September in der Luft und am Boden durchzuführen: unsere CIA und der israelische Mossad." (a. a. O.)

Wer ist nun das AIPAC, das American Israel Public Affairs Committee? Laut Wikipedia-Eintrag ist das AIPAC „eine proisraelische Lobby in den USA mit über 100.000 Mitgliedern. Es wurde 1953 durch Isaiah L. Kenen als American Zionist Committee for Public Affairs gegründet und später in American Israel Public Affairs Committee umbenannt. In den USA gilt es als die bedeutendste unter den proisraelischen Lobbys und als eine der bedeutendsten Lobbys der USA überhaupt."[178]

Derzeitige oder ehemalige Mitglieder und die von ihnen geführten Parteien:

* Ehud Olmert, Kadima, früher Likud
* Jitzchak Rabin, Awoda (Arbeiterpartei)
* Schimon Peres, parteilos, ehemaliges Mitglied der Awoda
* Benjamin Netanjahu, Likud (Parteichef seit 1993)
* Ehud Barak, ehemaliges Mitglied der Awoda

Von Ehud Olmert war schon kurz die Rede; er war außer Bürgermeister von Jerusalem auch stellvertretender Ministerpräsident von Israel, früher also in der Likud. Ehud Barak war von 1999 bis 2001 Ministerpräsident in Israel und von 2007 bis 2013 Verteidigungsminister unter Ehud Olmert und Benjamin Netanjahu. Barak wurde dadurch bekannt, dass er am 11. September in einem BBC-Studio in London zu einem Interview erschien, mit der Aussage: „Die Welt wird nie mehr dieselbe sein wie heute. Wir wissen wer dahinter steckt: Das ist das Werk von Osama bin Laden, und wir wissen wo er ist – er ist in Afghanistan. Es ist Zeit, einen konkreten Krieg gegen den Terror zu starten". Er sagte dies, als die Zwillingstürme des WTC noch standen, und sonst noch niemand in der Welt eine konkrete Idee hatte, was geschehen war, wer verantwortlich sein könnte, und wie darauf zu regieren sei. Diese Aussage und diese knappe Analyse von Ehud Barak, zum frühestmöglichen Zeitpunkt vor einem Weltpublikum vorgetragen, wurden dann zum offiziellen Mythos des 11. September.

Ehud Barak war Netanjahus Kommandeur in der „Sayeret Matkal Connection", einer unabängigen geheimen Kommandoeinheit des israelischen Geheimdienstes, die ihre Aufträge direkt vom Stabschef erhält. Ehud Barak tauchte übrigens später in der Öffentlichkeit auf im Zusammenhang mit dem Tod Jeffrey Epsteins, der offenbar den Auftrag hatte, Kompromat zur Erpressung prominenter Persönlichkeiten unter Verwendung von Pädophilie zu beschaffen; Ehud Barak soll zu Epstein in einer engen Beziehung gestanden haben, wie hier nur kurz erwähnt werden soll.[179]

Benjamin Netanjahu arbeitete in den USA von 1976 bis 1978 für die „Boston Consulting Group", eine Beratungs-Firma mit Verbindung zum Rothschild-Imperium. 1979 ging Netanjahu zurück nach Israel und gründete ein Institut mit dem Namen: „Netanjahu Institut on International Terrorism"; er veranstaltete dafür in Jerusalem eine Konferenz, um eine Propaganda-Kampagne zu starten, die zum „Krieg gegen den Terror" aufrief. George H. W. Bush war einer der Sprecher auf dieser Konferenz, und warb da für das israelische Konzept des „Krieg gegen des Terror". Wird der Krieg gegen den Terror auch in die USA kommen, und nicht in Israel bzw. Palästina bleiben, wie zu dieser Zeit ja noch über den Krieg gegen den Terror gedacht wurde? Isser Harel, der frühere Direktor des Mossad, machte diese Voraussage über den 11. September in einem Gespräch mit dem US-Journalisten Michael Evans schon 1980. Er sagte, er fürchte, der Terror werde auch in die USA kommen: „Amerika hat die Macht, aber nicht den Willen, den Terrorismus zu bekämpfen. Die Terroristen haben den Willen, aber nicht die Macht, gegen Amerika zu kämpfen; aber all das könnte sich mit der Zeit ändern. Arabisches Ölgeld könne mehr kaufen als Beduinenzelte." Als Isser Harel gefragt wurde, wo der Terrorismus denn seiner Meinung nach hinkommen werde, antwortete er: „New York City ist das Symbol der Freiheit und des Kapitalismus. Es ist wahrscheinlich dass sie das Empire State Building angreifen werden, das höchste Gebäude und das Symbol ihrer Macht."

1987 begannen zwei Mitarbeiter vom Mossad, die schon seit Jahrzehnten unter Isser Harel gearbeitet hatten, den Plan in die Tat umzusetzen: Sie bekamen von der New-Yorker Hafenbehörde nach langem Bemühen den Vertrag, da für die Sicherheit zu sorgen. Zvi Malkin, vorher zuständig für Plutonium-Schmuggel und das Kidnapping von Adolf Eichmann, wurde Repräsentant der israelischen Firma Atwell Security of Tel Aviv, einer Tochterfirma der Eisenberg-Gruppe; Malkin arbeitete mit D. A. Morgentau als Detetektiv, und Morgentau verhalf Malkin zur US-Staatsbürgerschaft.

Avraham Shalom Bendor, Partner beim Atwell Sicherheitsvertrag für das WTC und Kopf der Shin Bet von 1981 bis 1986, wurde aber als verantwortlich für einen Mord an zwei Palästinensern entlarvt, und der Vertrag mit der Hafenbehörde wurde aufgelöst. Bollyn sagt dazu: wenn dieser Vertrag mit diesen Kriminellen nicht aufgelöst worden wäre, wäre die Attacke auf das WTC vielleicht schon früher passiert, also noch vor den Zeiten des Internet – weshalb es wesentlich schwerer gewesen wäre, das alles aufzuklären. Insofern, sagt Bollyn, war die Entdeckung der kriminellen Vergangenheit der beiden ein Glücksfall.[180]

In 1990 ging das Bemühen um den Sicherheitsvertrag für die Hafenbehörde weiter, der aber wieder abgelehnt wurde, und die Firma von Shalom Bendor arbeitete nun für Jules Kroll, damals in einer Firma des Risikomanagements beschäftigt, in der der Israeli Shalom Bendor aber weiterhin arbeitete. 1993 endlich, nach dem damaligen Bombenanschlag auf das WTC, ging der Sicherheitsvertrag für die Hafenbehörde und das WTC an Jules Kroll. Die Hafenbehörde beauftragte Kroll mit einem Sicherheitskonzept für das WTC und mit der Überholung sämtlicher Brücken, Tunnel, und – Flughäfen. Der Israeli Shalom Bendor wurde so quasi als trojanisches Pferd in all diese Prozesse eingeführt, mit dem Ergebnis, dass sämtliche Sicherheitsprozeduren des WTC, der Brücken, Tunnel und vor allem der Flughäfen von Shalom Bendor überwacht und revidiert wurden – mit tragischen Konsequenzen.

Krolls Geschäftsspartner zu der Zeit war Maurice Greenberg von der AIG, durch die katastrophalen Folgen der Hypothekenkrise 2008 und die zur Abwendung einer Pleite der AIG notwendige Finanzspritze in Höhe von 80 Milliarden US-Dollar noch in unguter Erinnerung (näheres weiter unten). Greenbergs Sohn besaß später das

Computercenter MMC, eine Firma mit Sitz im WTC, und am 11. September wurden genau die vom MMC gemieteten Etagen eines der WTC-Türme von den Flugzeugeinschlägen getroffen, mit der Folge, dass darin gespeicherte giftige Daten aus vielen betrügerischen Finanztransaktionen glücklich „entsorgt" waren.[181]

Netanjahu hatte lange in einem engen Verhältnis zu Larry Silverstein gestanden, dem späteren Pächter bzw. Eigentümer des WTC. Larry Silverstein pflegte über Jahre hinweg an jedem Sonntagnachmittag Netanjahu anzurufen, und es spielte keine Rolle wo die beiden sich aufhielten, ihre Anrufe durften nie ausfallen.

Silverstein und Netanjahu gehörten beide zum WJC, dem World Jewish Congress. Der Jüdische Weltkongress ist eine internationale Vereinigung von jüdischen Gemeinschaften und Organisationen, mit dem Anspruch, die politischen Belange aller Juden in der Diaspora zu vertreten, also auch jener, die außerhalb des Staates Israel leben.[182] Präsident des WJC war seit 2007 Ronald S. Lauder, Erbe des Kosmetikkonzerns Estée Lauder Companies, Unternehmer, ehemaliger Botschafter in Wien und Präsident des New Yorker Museum of Modern Art.

Lauder war der Direktor eines Privatisierungsprogramms, das der Gouverneur von New York, George Pataki, zu der Zeit betrieb. Das WTC hatte bis dahin der „Port Authority" von New York gehört, und Pataki hatte zu entscheiden ob die Hafenbehörde privatisiert werden sollte. Larry Silverstein und Lew Eisenberg gehörten zur UAJ Federation, der United Jewish Appeal-Federation of Jewish Philanthropies of New York, mit Larry Silverstein im Vorstand, und Lew Eisenberg als Vorstandsmitglied. Eisenberg saß zu dem Zeitpunkt im Direktorium der Hafenbehörde, und er hatte dann die Aufgabe, im Rahmen dieses Privatisierungsprogramms den Leasing-Vertrag des WTC mit Silverstein zu verhandeln.

Partner Larry Silversteins in diesem Geschäft wurde der australische Milliardär Frank Lowy, Chef von Westfield America, der eine weltweit operierende Firma mit Shopping-Centern betrieb; nach dem 11. September wurde Lowy an der Auszahlung der Versicherungssumme beteiligt. Ein interessantes Detail an der Geschichte ist dies: Larry Silverstein sagte im Juli, als er gemeinsam mit Frank Lowy den Leasing-Vertrag abschloss, dass es für Silverstein ein berufliches Ziel gewesen sei, Eigentümer des World Trade Centers zu sein, und Lowy nannte es einen „Nervenkitzel, in diese großartige Stadt" zu investieren. Dazu muss man wissen: diese Gebäude waren praktisch wertlos; sie waren sogenannte weiße Elefanten, weil sie dramatisch mit Asbest verseucht waren, und ihre Entgiftung bzw. sachgemäße Renovierung hätte nach Schätzungen eine Milliarde Dollar gekostet; geschäftlich hätte sie das ruiniert. Die beiden wussten also genau was der Plan war und was in naher Zukunft passieren würde; insofern ist das ein weiteres Beispiel für die ungeheure Dreistigkeit und Chuzpe der beiden, wie sie ihre – erlogene – Geschichte zum Nachteil der betrogenen Öffentlichkeit verkauften.[183] Nach Ende der Verhandlungen fand am 25. Juli 2001 die feierliche Schlüsselübergabe der Gebäude statt mit der Familie und den Anwälten Silversteins, von Silverstein stolz als „New Yorks größte Diamanten" bezeichnet.

Es ist lohnend, die Geschichte von „Lucky Larry Silverstein" eingehender zu beschreiben, und zwar aus der Sicht des früheren Flugkapitäns Dan Hanley, der nach seiner Dienstzeit bei der US-Marine 25 Jahre lang als Pilot der United Airlines tätig war, und in seiner 35-jährigen Karriere die größten Flugzeugtypen dieser Airline geflogen hat.[184] Hanley hatte sich bei der US-Bundesbehörde zu Sicherheitsfragen im Zusammenhang mit dem 11. September geäußert und war darum entlassen worden; er gehört nun zur Organisation 911Pilots.Org, die sich um die Aufklärung der Vorgänge um den 11. September bemüht. Dan Hanley veröffentlicht auf X (Twitter) regelmäßig Beiträge, um die denkwürdigen Ereignisse dieses Tages und auch die Geschichte von „Lucky Larry Silverstein" der Öffentlichkeit ins Gedächtnis zu rufen.

Silverstein hatte also ein Angebot für einen Leasingvertrag des World Trade Center-Komplexes abgegeben, im Gesamtvolumen von 3,2-Milliarden-Dollar und über eine Laufzeit von 99 Jahren. (zur Vorgeschichte s. u.) Die Verhandlungen wurden am 24. Juli 2001 abgeschlossen, weniger als zwei Monate vor dem 11. September.

Der Mietvertrag galt für die World Trade Center-Gebäude 1, 2, 4 und 5. Das Gebäude WTC-7 hatte Silverstein schon vorher gekauft; Silverstein musste nun insgesamt nur 14 Millionen Dollar eigenes Geld investieren. Nach dem geschlossenen Vertrag hatte Silverstein als Pächter das Recht und die Verpflichtung, die Gebäude im Falle einer Zerstörung wieder aufzubauen. Die Versicherungspolicen für die Gebäude waren über den Gesamtbetrag von 3,55 Milliarden US-Dollar abgeschlossen, wobei die Versicherungspolice auch Schutz vor Terroranschlägen beinhaltete.

Nach den Anschlägen vom 11. September 2001 versuchte der clevere Larry Silverstein das Doppelte des Nennbetrags einzutreiben, 7,1 Milliarden US-Dollar, mit der Begründung, die separaten Anschläge auf zwei separate Gebäude stellten zwei separate Ereignisse dar. Am Ende der Verhandlungen betrug die Gesamtausschüttung stolze 4,57 Milliarden US-Dollar, bei einer Investition von 14 Millionen US-Dollar.

Wie verdiente Silverstein sich nun den Namen „Lucky Larry"? Silverstein pflegte seine Vormittage mit Frühstückstreffen im Restaurant „Windows of the World" oben im Nordturm des WTC zu verbringen, um neue Mieter im Gebäude zu treffen. Doch just am Morgen des 11. September habe seine Frau für ihn einen Termin beim Hautarzt vereinbart, und sie habe darauf bestanden dass er ihn wahrnahm. Sonst wäre er in seinen Türmen umgekommen – welch ein Glück für „Lucky Larry"! Silverstein hat diese Geschichte einmal in einem Interview zum Besten gegeben, was von den Zuschauern mit einem wissenden Blick quittiert wurde. Wohl auch das – Chuzpe.

Am Abend des 11. September um 17:20 Uhr habe Silverstein gemeinsam mit der New Yorker Feuerwehr die Entscheidung getroffen, das WTC-7 abreißen zu lassen, schildert er den Vorgang in einem Interview später. Es habe so einen schrecklichen Verlust von Leben gegeben, da habe er der Feuerwehr das Kommando gegeben: „Let's pull it", was ein gebräuchlicher Begriff ist für Sprengkommandos, ein Gebäude kontrolliert zum Einsturz zu bringen. Später behauptete er, er habe sich versprochen und nur gesagt „Let's pull"; er habe damit die Feuerwehr gemeint, die aus dem Gebäude abziehen solle. Aber die Gebäude sind tatsächlich gesprengt worden, und die Sprengung ist lange vorher von professionellen Sprengteams vorbereitet und durchgeführt worden, so dass das Gebäude senkrecht in seinen Grundriss stürzt, ohne Schäden für umstehende Gebäude oder für Menschen zu verursachen. Auch die Geschichte war also wieder gelogen. (zum tatsächlichen Ende des WTC-7 s. u.)

Die Geschichte dieses Tages verlief wie bekannt so, dass um 10:30 Uhr vier Gebäude des WTC in Stahlschutt verwandelt waren; aller Beton war pulverisiert zu mikrometerfeinem Staub, der in einer dicken Schicht ganz Manhattan bedeckte. Der giftige Asbeststaub, der überall in der Luft verteilt wurde und von Tausenden Menschen auf den Straßen und vor dem Zusammenbruch der Türme von den Feuerwehrleuten nichtsahnend eingeatmet wurde, hatte schwerste Folgen für die Menschen, von denen viele später an Krebs und anderen Gesundheitsschäden erkrankten. Um 17:23 fiel dann das WTC-7 – die BBC hatte dies schon 30 Minuten vorher gemeldet.[185]

All die Transaktionen, die zum Jahrhundertereignis 11. September führten, fanden wie oben beschrieben statt innerhalb eines engen Netzwerks von jüdischen Akteuren, mit dem sie alle verbindenden Ziel, das PNAC, das Project for a New American Century voranzutreiben – das in Wirklichkeit wohl ein New Jewish Century sein bzw. werden sollte.[186] Was außerdem kaum fassbar scheint: dieser mörderische Plan ist offenbar über mehr als vier Jahrzehnte hinweg mit einer schier unglaublichen kriminellen Energie, Rücksichtslosigkeit und eben auch Zielstrebigkeit verfolgt worden.[187]

Die israelische Ideation von 9/11 seit 1978

Was bedeutet Ideation? Ideation heißt „Ideenbildung" oder „Ideenfindung"; in neuerer Verwendung des Begriffs auch als „Designthinking" bezeichnet. Damit kann auch die Programmierung einer Voraussage gemeint ist, die Einplanung einer Idee oder Vorstellung davon, dass etwas Bestimmtes oder Unbestimmtes passieren wird, das zu erwarten ist, und gewissermaßen in der Luft liegt.

In der Zeitschrift „Foreign Affairs", die vom Council on Foreign Relations publiziert wird, erschien in der Ausgabe November/Dezember 1998 ein Artikel mit der Überschrift: „Katastrophaler Terrorismus: Der Gefahr begegnen"; Untertitel: „Sich das transformierende Ereignis vorstellen". (Imagining the transforming Event)

Der Text will auf einen zu erwartenden, neuartigen katastrophalen Terrorismus hinweisen bzw. darauf vorbereiten: „Terrorismus ist kein neues Phänomen. Aber die heutigen Terroristen, seien es internationale Kulte wie Aum Shinrikyo oder einzelne Nihilisten wie der Unabomber, handeln aus einer größeren Vielfalt an Motiven als jemals zuvor. Noch bedrohlicher ist, dass sich Terroristen Zugang zu Massenvernichtungswaffen verschaffen könnten, einschließlich Nuklearwaffen, Giftgaswaffen und sogar Computerviren. Neu ist auch die Abhängigkeit der Welt von einem nahezu unsichtbaren und fragilen Netzwerk zur Verteilung von Energie und Informationen. Seit langem Bestandteil des Hollywood- und Tom Clancy-Repertoires alptraumhafter Szenarien, hat sich der katastrophale Terrorismus von einem weit hergeholten Horror zu einem Eventualfall entwickelt, der nächsten Monat eintreten könnte. Obwohl die Vereinigten Staaten den konventionellen Terrorismus immer noch ernstnehmen, wie demonstriert bei der Reaktion auf die Angriffe auf ihre Botschaften in Kenia und Tansania im August, ist das Land auf die neue Bedrohung des katastrophalen Terrorismus noch nicht vorbereitet."[188] Sehr beschwörende Worte also für die „Gefahr"…

Wer sind die Autoren des Textes: Ashton Carter, John Deutsch und Philip Zelikow. John Deutsch war von 1994 bis 1995 stellvertretender Verteidigungsminister der

USA, und vom 10. Mai 1995 bis 14. Dezember 1996 CIA-Direktor; er war Professor emeritus am Massachusetts Institute of Technology (MIT) und Mitglied in den Aufsichtsräten von Citigroup, Cummins, Raytheon, Schlumberger und dem Verwaltungsrat der Renova-Gruppe.[189] Philip Zelikow war praktisch hauptamtlich damit beschäftigt, den 11. September zu vertuschen: Er war Direktor des Mitarbeiterstabes, der den 9/11 Commission Report erstellte, mit all seinen Vertuschungen, Fälschungen und Auslassungen. Besonders bemerkenswert: das am Nachmittag des 11. September bilderbuchmäßig wie eine kontrollierte Sprengung eingestürzte WTC-Gebäude 7 der Salomon-Brothers wurde in Zelikows Bericht komplett unterschlagen. Erst im November 2008 erschien dazu der – völlig fehlerhafte – Bericht des NIST.[190]

Was will der Artikel in der „Foreign Affairs" also sagen? Er will nicht warnen und durch Warnen mögliche alptraumhafte Szenarien verhindern, sondern er will dafür sorgen und dabei helfen und darauf vorbereiten, dass sie *eintreten* – wie all die geschilderten jahrzehntelangen Vorbereitungen für den 11. September belegen. Er will das Publikum darauf einstimmen, dass die Menschen denken: tatsächlich, die Katastrophe ist eingetreten, jetzt brauchen wir dringend den „War on Terror", um die nächste Terrorkatastrophe zu verhindern. Ashton Carter und John Deutsch sind übrigens Rothschild Agenten, wie Bollyn angibt; die beiden gehörten zu „Global Technology Partners", einer exklusiven Tochter der Firma Rothschild N.A.

Das ist also gemeint mit Ideation: Das Einstimmen auf ein zu erwartendes katastrophales Ereignis, in dem Fall durch einen Text. Ein naheliegendes Mittel, so eine Idee oder Erwartung zu erzeugen und „in die Luft zu legen", ist aber auch der Film. Der israelische Agent und spätere Filmproduzent Arnon Milchan produzierte 1978 seinen ersten Film mit dem Titel „Der Schrecken der Medusa" (The Medusa Touch), gedreht von dem Regisseur Jack Gold, nach einem Thriller des Schriftstellers Peter van Greenaway. Der Plot dieses Films transportierte die Idee, dass ein Unglück, eine Katastrophe in der Luft liegt, die auf fatale Weise der Katastrophe des 11. September ähnelt, mit Flugzeugen, die Wolkenkratzer zum Einsturz bringen.

In dem Film geht es um einen Mann namens Morlar, der „wie der Blick der Medusa" einen Menschen zu Stein erstarren lassen kann, oder das Schicksal telepathisch beeinflussen, oder auch Katastrophen auslösen, aus großer Entfernung. Eine der von Morlar ausgelösten Katastrophen ist eben der Absturz eines Jumbo-Jets, der in ein Bürohochhaus der Pan-Am fliegt. Bei den Dreharbeiten zum Film interviewte der Produzent Arnon Milchan 1978 interessanterweise auch den israelischen Verteidigungsminister Ezer Weizmann – möglicherweise gab es hier eine noch unbekannte Verbindung zwischen der Ideation einer in der Luft liegenden Katastrophe, und dem israelischen Verteidigungsministerium. Der Film wurde in Deutschland am 8. November 1980 im Fernsehprogramm der ARD uraufgeführt.[191]

Im Jahr 2000 entstand die Film-Serie „The Lone Gunmen", produziert von Milchans Partner Rubert Murdoch, und in dem Film geht es nun tatsächlich um ein ferngesteuertes und entführtes Flugzeug, das in die Zwillingstürme des WTC fliegt – sechs Monate vor dem 11. September. Im Mittelpunkt der Serie stehen drei Zeitungsredakteure, die versuchen, durch ihre Recherchen „diverse Verschwörungen oder Verbrechen aufzudecken". Ein Kuriosum ist nun tatsächlich die Beschreibung der deutschen Wikipedia zum Pilotfilm der Serie, in der es heißt: „Ein Kuriosum der Serie ist der Pilotfilm. Er handelt vom Plan eines US-amerikanischen Geheimdienstes, ein Passagierflugzeug per Funkfernsteuerung in das World Trade Center (WTC) in New York zu lenken, um einen Vorwand für die Erhöhung der Verteidigungsausgaben zu erhalten und den Anschlag ausländischen Diktatoren anzuhängen. Diese Folge wurde in den Vereinigten Staaten Anfang März 2001 ausgestrahlt, ein halbes Jahr vor dem tatsächlichen Anschlag." Weiter heißt es bei der Wikipedia, in aller Offenheit: „In der deutschen Version dieses Pilotfilms, *Die Verschwörung*, wurden alle auf das World Trade Center bezogenen Kommentare anders übersetzt. Dort heißt es dann, die Verschwörer hätten vor, eine Boeing 727 über der Stadt abstürzen zu lassen, während in der Originalfassung ausdrücklich von dem Plan die Rede ist, sie in einen Turm des WTC zu lenken. Alle Szenen, in denen dieses Vorhaben angesprochen wird, wurden entweder geschnitten oder so übersetzt, dass nicht ersichtlich ist, worum es im Original geht. Zudem wurden in der deutschen Version fast alle Bilder herausgeschnitten, in denen das World Trade Center zu sehen ist. Insgesamt wurden zirka fünf Szenen manipuliert, in denen es um den Anschlag geht oder in denen man sieht, wie das Flugzeug auf einen der Türme zufliegt." Man sieht: Hin und wieder kann man der Wikipedia noch vertrauen, was sonst bei in dem Sinne kritischen Themen nicht der Fall ist. Auch das folgende interessante Detail wird nicht verschwiegen. „Eine in Deutschland angekündigte DVD-Edition ist mehrere Male wegen des Rechtsstreits Chris Carters mit FOX verschoben worden. Bis jetzt sind *Die einsamen Schützen* nur in der englischen Originalfassung erhältlich."[192]

In einer Folie seines Vortrages zeigt Bollyn ein Foto des Produzenten Arnon Milchan zusammen mit Benjamin Netanjahu und Shimon Perres; Bollyn gibt da an, Milchan habe eine lange Geschichte als israelischer Geldwäscher, und besitze ein Vermögen von 5,2 Milliarden Dollar. Zu lesen ist an anderer Stelle über Milchan, er sei Geschäftsmann und Filmproduzent und habe über 100 Filme produziert, darunter so bekannte und berühmte wie „Pretty Woman", „L.A. Confidential" und „Fight Club". Noch bekannter dürften die Oliver-Stone-Filme „JFK – Tatort Dallas" und „Natural Born Killers" sein, auch die im Kino sehr erfolgreichen Filme „Free Willy – Ruf der Freiheit" und „Free Willy 2 – Freiheit in Gefahr". Milchans Agententätigkeit scheint da eher eine Nebenbeschäftigung, aber er war tatsächlich auch für den israelischen Geheimdienst tätig und unterstützte das Atomwaffenprogramm Israels, wo er nukleare Komponenten für das Atomwaffenprogramm Israels aus den USA nach Israel schmuggelte. Milchan fungierte dabei als verantwortlicher Agent für diesen Schmuggel; er wurde sogar auch gefasst und verhaftet, aber von US-Stellen wieder freigelassen. Die Höhe von Milchans Vermögens scheint nach alledem jedenfalls nicht unplausibel.[193] Ein interessantes Detail noch zu Milchan: Milchan war also auch Produzent von Oliver Stones Film „JFK"; Stone ist bekanntlich auch jüdisch. Milchan soll nun dafür gesorgt haben, dass alle Verbindungen des berühmten Films über den Staatsanwalt Jim Garrison zur jüdischen Mafia aus dem Film ausgeblendet wurden; näheres dazu weiter unten im Buch.

Ein Netzwerk zur Täuschung und Entwürdigung von Mensch und Natur

In der Grundlegung zur Metaphysik der Sitten bei Immanual Kant heißt es:

„Im Reich der Zwecke hat alles entweder einen Preis, oder eine Würde. Was einen Preis hat, an dessen Stelle kann auch etwas anderes, als Äquivalent, gesetzt werden; was dagegen über allen Preis erhaben ist, mithin kein Äquivalent verstattet, das hat eine Würde."

Es scheint eines der bezeichnendsten Merkmale des hier beschriebenen und hier gesponnenen Netzwerks, dass es sich offenbar berechtigt fühlt, so gut wie die ganze Welt und die in ihr lebenden Menschen als Mittel zum Zweck zu behandeln, als Wesen ohne Würde, ohne Rechte, ohne zwischenmenschliche Bindungen, ohne Moral. Menschen, die nicht dazu gehören, dürfen benutzt, betrogen, hinterhältig überlistet und hintergangen werden, von schwereren Vergehen ganz zu schweigen.[194] Darin zeigt sich gewissermaßen eine Apartheit-Philosophie nicht nur für die Palästinenser, die in Palästina als Menschen ohne Würde und Rechte, als Menschen zweiter Klasse leben müssen und behandelt werden, sondern mehr oder weniger die ganze Welt – außer eben den Menschen, die sich für erstklassig halten, den Zionisten.

Die Zionist-Connection hatte in den 1980er Jahren begonnen, einen Feind zu schaffen, gegen den der „War on Terror" geführt werden musste, und den fand man nach der sowjetischen Invasion in Afghanistan. Diese Gruppen wurden trainiert und finanziert, um sie nach Belieben als Werkzeug verwenden, sich zunutze machen und nach erfülltem Zweck in den Schutt werfen zu können, wie es in Afghanistan nach zwanzig Jahren Krieg und Terror mit dem bedingungslosen und überstürzten Abzug der US-Truppen und NATO-Verbände am 31. August 2021 geschehen ist.

Osama bin Laden, der angebliche Top-Terrorist, der der ganzen Welt eigenhändig den Krieg gegen den Terror aufzwingen konnte, wurde trainiert von einem arabischen Doppelagenten des Mossad. Durch Training und Finanzierung des Mossad und der USA entstand das Netzwerk Al Kaida, und so entstand auch der Islamische Staat, das berüchtigte Terror-Netzwerk ISIS, das nach Bedarf in Syrien, im Irak oder zu einzelnen Operationen in Europa eingesetzt werden konnte. Im Mai 2013 stattete der frühere Senator von Arizona John McCain der Gruppe ISIS einen Besuch ab, wo er sich in Syrien mit Al Bagdadi traf, dem damaligen Chef der ISIS. Das Gleiche geschah dann in der Ukraine[195], als man das militante, rechtsradikale ASOW-Batallion entdeckt hatte, um es für eigene Zwecke benutzen zu können. Dass das ukrainische ASOW-Batallion, das von dem Nationalsozialisten Stephan Bandera gegründet worden war, explizit antisemitische, judenfeindliche Ziele und Ideale verfolgte, empfanden die ukrainischen Horden überhaupt nicht als Widerspruch, sofern sie sich in den Kampf gegen Russland schicken ließen, das aber unter dem Kommando jüdischer Auftraggeber, nun unter dem jüdischen ukrainischen Präsidenten Wladimier Selenski. Diese Gruppen, ihre Kraft, ihr Blut und ihre Leben wurden und werden hinterhältig und betrügerisch ausgesaugt und vernutzt, und dann entsorgt und weggeworfen.

Tatsächlich werden so auch die USA selber benutzt – der Staat, seine Menschen, seine Demokratie, seine Ressourcen, und seine Reichtümer. Es scheint einleuchtend und naheliegend, die USA für ein „Imperium" zu halten, das von einem Imperator (natürlich, unterstellterweise, von einem demokratisch gewählten) beherrscht und gesteuert wird. Aber die Präsidenten der USA sind seit der Ermordung John F. Kennedys mehr oder weniger willen- und machtlose Frühstücksdirektoren; Marionetten von Gruppierungen, die niemand kennt, die sich nicht rechtfertigen müssen, die von niemand gewählt und von niemand legitimiert sind, wie nun immer mehr die traurige Erscheinung des zunehmend dementen Präsidenten Joseph Biden demonstriert.[196] Die Weltöffentlichkeit soll denken, die USA handeln im Interesse ihrer gewählten Vertreter, und deren Interessen sind die Interessen der von ihnen gewählten Menschen. Aber offenbar ist es nicht so, und in Wahrheit wird die große Mehrheit der Menschen in den USA von einer kleinen Minderheit, einer selbstherrlichen „Elite" geführt bzw. verführt, benutzt und ihrer Möglichkeiten, ihrer Lebensinhalte, ihrer Pläne, Hoffnungen und Ziele beraubt. All diese Menschen werden betrogen und entwürdigt, und das ist eigentlich im Kantischen Sinne das schwerste Verbrechen, das man Menschen mit Würde antun kann. Für diese zionistische Matrix ist alles käuflich, und nichts hat einen eigenen Wert, nicht einmal das menschliche Leben; nicht einmal die menschliche Gesundheit, um die die Menschen etwa im Interesse von Pharmakonzernen betrogen werden, um deren Gesundheit zu Geld zu machen, oder der Rüstungsindustrie, denen die Menschenleben weniger wert sind als die Patronen oder Granaten, mit denen sie beschossen werden.

Typischerweise ist es in den USA so, dass an der Spitze des Staates ganz oben Amerikaner stehen; jüdische US-Präsidenten hat es bisher noch nicht gegeben, so dass nicht der Eindruck entstehen kann, die Spitze des Staates sei etwa nicht ur-amerikanisch. Aber auf der nächsten Ebene sind jüdische Angehörige der Administration weit verbreitet, wie bereits gesehen. Oft ist auch eine spezielle Arbeitsteilung anzutreffen, in der Weise, dass das tatsächliche Management der Regierungsgeschäfte im Verborgenen geschieht und von zionistisch-jüdischem Personal ausgeführt wird, während nach außen Amerikaner das Sagen haben.

In Bollyns Vortrag wird immer wieder diese spezielle Arbeitsteilung deutlich; so zum Beispiel, als der Generalstaatsanwalt John Ashcroft nach 9/11 Michael Chertoff, einen Israeli mit doppelter Staatsbürgerschaft, mit der Untersuchung der 9/11-Ereignisse beauftragte. „Für das Tagesgeschäft hat Chertoff das letzte Wort", sagte Ashcroft. Chertoff ist Sohn einer Mossad-Agentin, die in Israel als eine der ersten zum Mossad gehört hatte; ihr Mann war ein Rabbi. Chertoff hatte nun die vornehme Aufgabe, eine Untersuchung zu verhindern: am 11. September sind rund 3.000 Menschen umgekommen, aber es gab kein Ermittlungsverfahren, und alle Beweise wurden vernichtet. Die Argumentation, die Nicht-Untersuchung zu begründen war die: die Anschläge auf das WTC und das Pentagon seien ein Kriegsakt gewesen, und darum sei ein gerichtliches Ermittlungsverfahren nicht angebracht. Das FBI ging so weit, alles Beweismaterial beschlagnahmen und vernichten zu lassen.

Ein Mensch, der wie in dem Fall (auch) Michael Chertoff fähig ist, so etwas zu tun, steht innerlich vollkommen außerhalb der Gemeinschaft der menschlichen Wesen, die mit dem ausgestattet sind, was Menschen erst zu Menschen macht: Würde, Anstand und Moral. Noch einmal sei Immanuel Kant zitiert, mit einem Satz aus der Kritik der praktischen Vernunft:

„Zwei Dinge erfüllen das Gemüt mit immer neuer und zunehmenden Bewunderung und Ehrfurcht, je öfter und anhaltender sich das Nachdenken damit beschäftigt: Der bestirnte Himmel über mir, und das moralische Gesetz in mir. "

Wie mag es aussehen hinter der Stirn eines Menschen, der zu so etwas fähig ist? Und all der Menschen, die sich aktiv oder geistig einem solchen Netzwerk zugehörig oder verbunden fühlen? Was Kant ebenfalls höher als alles andere in und sogar außerhalb der Welt schätzt, ist ein guter Wille, wie ebenfalls zitiert werden soll:

„Es ist überall nichts in der Welt, ja überhaupt auch außer derselben zu denken möglich, was ohne Einschränkung für gut könnte gehalten werden, als allein ein guter Wille. "

Auch ein Mensch ohne guten Willen, der also aus freiem Ermessen und Antrieb das missachtet, verleugnet oder geringschätzt, was das einzige ist, was ohne Einschränkung für gut gehalten werden könnte, stellt sich außerhalb der Gemeinschaft der Menschen, die kraft ihrer sie eben zum guten Willen befähigenden Gaben wirkliche Menschen sein könnten, und sein sollten. Der Gedanke, der Kant mit Bewunderung und Ehrfucht erfüllt wie der bestirnte Himmel und das moralische Gesetz, muss einen Menschen mit Schaudern, Abscheu und Bestürzung erfüllen, der seine ihn erst zum Menschen machenden Gaben missbraucht und verrät. Wie ist es möglich, dass Menschen sich gegen das moralische Gesetz entscheiden? Und das bewusst, im Austausch untereinander, wissentlich, willentlich und gemeinschaftlich?

Das Netzwerk, das die Welt täuscht und benutzt – es täuscht, kontrolliert und benutzt auch die amerikanischen Medien, und über deren Medienmacht die Medien der westlichen Welt. Der 11. September 2001 war Auftakt und Meisterstück dieser Täuschungsoperation, und auch bei der Vertuschung zeigte das Netzwerk Meisterschaft. Bollyn zeigt eine Folie seines Vortrags, der zufolge es drei wesentliche Kontrollelemente der Vertuschung einer False-Flag-Operation gibt:

1. Kontrolle der Untersuchung und Zugang zu den Beweismitteln;
2. Kontrolle der Interpretation, wie das Ereignis oder die Operation der Öffentlichkeit erklärt wird;
3. Kontrolle des Justiz- oder Gerichtsverfahrens, um eine rechtmäßige Untersuchung oder Aufdeckung zu verhindern

Der erste Punkt (1) betrifft die Kontrolle der Untersuchung – die eine Nicht-Untersuchung sein soll; der Agenten- und Rabbi-Sohn Chertoff war schon genannt worden. Er sollte angeblich jede kriminelle Aktivität untersuchen, suchte aber deren mögliche Entdeckung eben zu verhindern. Später, im Jahr 2005, wurde Chertoff von

George Bush befördert, wo er als Chef des Heimatschutzministerums die Kontrolle über sämtliche Beweismittel zu 9/11 in der Hand hatte.

Mit der Erstellung des Berichts zur 9/11-Untersuchung wurde Phillip Zelikow beauftragt (s. o.); er schrieb als Direktor der Untersuchungskommission den 9/11-Report, und erschuf so den offiziellen 9/11-Mythos. Zelikow hatte die Grundzüge des Berichts im März 2003 schon fertig, ehe die Kommission mit dem Report überhaupt begonnen hatte. Im Oktober 1998 hatte Zelikow zu jener „Carastrophic Terrorism Study Group" gehört, deren Ergebnisse in dem oben genannten Artikel in der Zeitung „Foreign Affairs" aus November 1998 veröffentlicht worden waren.[197] Zelikow hat eine PhD-Dissertation geschrieben, mit dem Titel: „On the Creation and Maintenance of a Public Myth" – offensichtlich hat Zelikow sich auf seine Aufgabe der Schaffung eines Mythos mit sehr viel Bedacht und Planung vorbereitet.[198]

Von der FEMA, der Federal Emergency Management Agency wurde eine „World Trade Center Performance Study" erstellt, eine Studie des verwendeten (und zu großen Teilen eiligst nach China verschifften) Materials bzw. Stahlschrotts, die das Material untersuchen, Beobachtungen sammeln und auf der Grundlage Empfehlungen aussprechen sollte. Naheliegenderweise hätte auch untersucht werden müssen, ob sich Spuren von Sprengstoff nachweisen lassen – als der Studienleiter nach Tests zu Explosivstoffen gefragt wurde, sagte er, davon wisse er nichts, er sein kein Metallurg.

William Jeffrey war der Direktor des NIST, der den „Final Report of the Collaps World Trade Center Towers" erstellen, und seine Spuren verschwinden lassen sollte. Jeffrey vermied es, Untersuchungen des Stahls auf Spuren von Sprengstoff oder geschmolzenes Metall durchzuführen. Später ging Jeffrey als Chef zu SRI International, einer Forschungs- und Entwicklungsfirma, die sich mit neuartigem energetischem Material beschäftigt, ähnlich dem, das später im Staub des WTC gefunden wurde und das sich als Nano-Thermite oder Super-Thermite herausgestellt hatte, als ein hochwirksamer militärischer Sprengstoff, der zentimeterdicken Stahl blitzschnell durchtrennen kann. Das Labor, in dem dieses hochenergetische Nano-Thermite entwickelt und hergestellt wird, wird geleitet von einem Israeli namens Yigal Dov Blum; das Labor arbeitet im Auftrag des US-Militärs. Ein sehr bemerkenswerter Zufall.[199]

Eine der wichtigsten an der großen Vertuschung beteiligten Personen war der damalige Bürgermeister von New York, Michael Blumberg, der in der Zeit ja mitten im Epizentrum der ganzen Aktion gestanden hatte. Blumberg wurde später in der Öffentlichkeit von New-York eine Verantwortung zugesprochen für all die schweren gesundheitlichen Nebenfolgen des WTC-Einsturzes, wie das Einatmen des gesundheitsschädlichen Asbeststaubs, der in ganz Manhattan zu finden war. Auch Blumberg hatte vor allem die Aufgabe, alle Spuren und jeden Hinweis auf die geschehenen Verbrechen zu vertuschen und zu verhindern, dass etwas an die Öffentlichkeit kam. Zu Weihnachten 2008 ließ Bloomberg sich übrigens fotografieren anlässlich eines Treffens mit Ehud Barak, als Barak den Gazastreifen angreifen ließ in einer Operation namens Chast Led (gegossenes Blei, in zynischer Anlehnung an die Bedeutung eines Chanukka-Kinderliedes), in der die israelischen Streitkräfte zwei Wochen lang die Bevölkerung des Gaza-Streifens mit weißem Phosphor bombardierten.[200] Mit Datum der 21. September 2011 gibt es ein Foto Bloombergs zusammen mit Netanjahu vor dem 9/11-Memorial, wo die beiden zusammen mit anderen Umstehenden der im Memorial eingravierten Namen der israelischen Opfer des WTC-Einsturzes gedenken – es waren am Ende tatsächlich genau vier, also erstaunlich wenige im Vergleich zu den über 4.000 Opfern, die an dem Tag im WTC tatsächlich umgekommen sind.

In Punkt (2) geht es um die Kontrolle der Interpretation des Ereignisses. Mit dieser Aufgabe betraut waren Medienmogule wie zum Beispiel Rupert Murdoch (Fox-News), die den Mythos 9/11 und den des „War on Terror" befeuerten, und die Komplizen waren im kriminellen Betrug, zusammen mit den tatsächlichen „Terroristen", die die Zwillingstürme bombardiert bzw. gesprengt haben. Bankster (Banken-Gängster) wie die Rothschilds erschufen mit ihrem Geld die Medienmogule, um die öffentliche Meinung zu kontrollieren: Rupert Murdoch kam so gut wie mittellos aus Australien nach Amerika und wurde dann von den Rothschilds aufgebaut; nach nicht sehr langer Zeit gehörten Murdoch 160 Zeitungen und Magazine in Amerika. Den Rothschilds gehört auch diese Ölgesellschaft im irakischen Kurdistan, tatsächlich schon seit 2002, sowie eine Ölgesellschaft auf den von Israel besetzten Golan-Höhen, zusammen mit Rupert Murdoch, Dick Cheney, James Woolsey, Larry Summers und Bill Richardson.[201] Man sieht – eine wirklich ehrenwerte Gesellschaft, deren Lebensinhalt darin besteht, palästinensisches Land zu besetzen, die Menschen schwerstens zu berauben und ihnen das Überleben so schwer wie möglich zu machen.

In einem Artikel der New York Times erschien am 11. September 2004 ein interessanter Artikel mit dem Titel „The Public Knowledge of 9/11". Die Zeitung schreibt: „In den drei Jahren seit 9/11 haben wir begonnen zu verstehen, dass es möglich ist, zu wissen, was passiert ist, ohne zu wissen, was passiert ist. Es ist der Unterschied zwischen Wissen, das sowohl privat als auch gemeinschaftlich ist - unsere Erinnerungen daran, wo wir waren, was wir sahen, was wir verloren haben - und Wissen, das wirklich öffentlich ist." Das erinnert wirklich drastisch an „Die öffentliche Meinung" von Walter Lippmann, in der dieser den Unterschied zwischen einer „Pseudo-Umwelt" beschreibt, in der die Menschen wie in einem Käfig unwissend gehalten werden müssen, und der wirklichen Welt, die nur den eingeweihten Eliten vorbehalten ist.

Die Zeitung schreibt weiter: „Ein Teil dessen was wir wissen müssen ist der Öffentlichkeit durch den 9/11-Commission-Report zur Verfügung gestellt worden. Andere Antworten fehlen."[202] Da wird also in aller Offenheit und Unschuld zugegeben, dass der Öffentlichkeit nur die halbe Wahrheit mitgeteilt wird, um den anderen Teil wird sie betrogen. Wem gehört diese Zeitung, die zu entscheiden hat, welcher Teil der Wahrheit der Öffentlichkeit zugänglich gemacht wird: die New York Times gehört der Familie Salzburger, mit deutsch-jüdischer Abstammung.[203]

Christopher Bollyn zeigt an dieser Stelle seines Vortrages ein Beispiel für eine Wahrheit, die noch fehlt: den Einsturz des Gebäudes WTC7, des Salomon-Brothers Building am 11. September 2001 um 17:23. Wie schon erwähnt, wurde der Einsturz dieses Gebäudes im offiziellen 9/11-Report fast sieben Jahre lang verschwiegen, und erst am 20. August 2008 vom NIST vorgestellt. Offenbar sah man bis dahin keine Möglichkeit, der Öffentlichkeit plausibel zu machen, wieso dieses – riesige – Gebäude spät am Nachmittag, als die angeblichen Bürofeuer längst erloschen waren, plötzlich einstürzte, und zwar kerzengerade in seinen eigenen Grundriss, und damit so wie dies nur mit den Mitteln einer fachmännisch durchgeführten kontrollierten Sprengung möglich ist. Wie bereits erwähnt, wurde von dem Hochbauspezialisten und Bauingenieur Leroy Hulsey von der Universität Alaska eine Studie erstellt, die im September 2020 präsentiert wurde und deren Schlussfolgerung war: „Entgegen den Ergebnissen von Untersuchungen des NIST und Privatfirmen haben nicht Feuer, sondern das fast gleichzeitige Versagen aller Trägersäulen den Einsturz des WTC7 verursacht."[204] Wie ebenfalls bereits erwähnt, hat der „Comedian" Jimmy Dore in seiner Jimmy-Dore-Show am 19. Februar 2024 ein Interview mit Leroy Hulsey veröffentlicht, das nun bereits fast 300.000 mal gesehen wurde, und das offenbar auf großes Interesse stößt und damit Grund zur Hoffnung gibt, dass nun doch noch der wichtige Teil der Wahrheit zu 9/11 der Öffentlichkeit zugänglich gemacht wird, der noch fehlte.[205]

Ein letzter Aspekt der Kontrolle der Deutung und Interpretation dessen, „was passiert ist", wird erhellt durch jemanden, der wie kein anderer für die Kontrolle und Interpretation dessen verantwortlich sein könnte, was geschehen ist: durch den Israeli Michael Arad, den Architekten eben des Bauwerkes, das die Erinnerung an das Geschehene in die gewünschte Richtung steuern und so bewahren soll; den Architekten des World Trade Center Memorials, das von Arad entworfen und gebaut worden ist. Er ist Sohn von Moshe Arad, dem früheren israelischen Botschafter der USA. Die ganze Geschichte des WTC hat sich also vom Anfang bis zu diesem Ende innerhalb eines Zirkels enger zionistischer Freunde abgespielt, wie Bollyn hervorhebt.[206]

Punkt (3) betrifft nun die Kontrolle der Rechtsprechung zu 9/11, und wer hatte die Überwachung der Rechtsprechung in der Hand – das war der Bundesrichter Alvin K. Hellerstein; Hellerstein ist ein orthodoxer jüdischer Jurist und war Richter am US Distrikt Gericht von Manhattan. Hellerstein und Michael Mukasey, damals am Bezirksgericht der Vereinigten Staaten für den südlichen Bezirk von New York, bildeten zusammen ein Team von New Yorker Bundesrichtern, die die mit 9/11 verbundenen Rechtsstreitigkeiten kontrolliert und gesteuert haben.

Es waren am Ende 96 Opferfamilien, die ihre Familienmitglieder, also Väter, Söhne, Mütter oder Geschwister verloren hatten, und die versuchten ihre Ansprüche durchzusetzen. Ihnen ging es dabei nicht um Geld, sondern sie wollten herausfinden, wer verantwortlich war für den Tod eines geliebten Menschen. Hellerstein aber hat einen nach dem anderen aus dem Gerichtsverfahren gedrängt, bis keiner mehr übrig war. Sie haben zusammen effektiv verhindert, dass auch nur ein Fall von den Familien der Opfer vor Gericht gehört wurde, und konnten so die maximale Auszahlung der Versicherungssummen für Larry Silverstein und Frank Lowy von den Versicherungsgesellschaften sicherstellen. Hellersteins Sohn Joseph arbeitete für die Anwaltskanzlei, die die israelische Mossad-Firma ICTS vertrat, eine israelische Passagier-Screening- und Sicherheitsfirma, die für die Durchleuchtung der Passagiere der 9/11-Flüge an den vier Flughäfen verantwortlich war; sie hat also dafür gesorgt, dass von den Passagier-Screening-Leuten am 11. September niemand am Bildschirm erkannt wurde, der nicht erkannt werden sollte. Die Mutterfirma der ICTS war die Firma Cukierman & Co; Cucierman war Geschäftsführer der Rothschild Gruppe und Vorsitzender der

Israel General Bank. Boaz Harel, Partner bei Cucierman, war Chef der ICTS, der von Rothschild finanzierten Mossad-Firma, die für die Terror-Attacken verantwortlich war.[207] Das bedeutet außer alledem auch: Richter Hellerstein ist eines kriminellen Interessenkonflikts bei der Verhinderung eines Prozesses in einer 9/11-Klage schuldig.

Generalstaatsanwalt John Ashcroft beauftragte den Rechtsanwalt Kenneth Feinberg mit der Wahrnehmung der Aufgabe als „Special Master" der US-Regierung für für den Kompensationsfonds für die Opfer des 11. September, und er sollte die Interessen der ersten 2.900 Opferfamilien vertreten, die eine Kompensation forderten. Er teilte zunächst den Opferfamilien Kompensationsgelder zu, verlangte aber dann in einer speziellen Vereinbarung mit den Familien Stillschweigen über die Höhe und die Auszahlungsbedingungen, und wenn die Bedingungen nicht eingehalten werden, gehen die Ansprüche verloren; außerdem drohte Feinberg gerichtliche Maßnahmen an für den Fall, dass das Stillschweigen gebrochen wird. Seine Frau Sheila Birnbaum, ebenfalls Rechtsanwältin und Mitglied in der Jewish Federation of Washington, arbeitete ihm zusammen und war beauftragt als Sondervermittlerin für die Regierung, um die Ansprüche der verbliebenen 96 Familien zu vermitteln, die die Kompensation unter den gestellten Bedingungen nicht akzeptierten. Die beiden zusammen haben es am Ende geschafft, die gesamten anhängigen Rechtsverfahren ad Acta legen zu lassen, so dass keinerlei juristische Strafverfolgung mehr stattfand.

Der Richter Michael Mukasey und Richter Hellerstein gehörten beide zu der gleichen Zionisten-Gemeinde, der Hehilath Jeshurun; sie vertraten Larry Silverstein und Lowy in der Auseinandersetzung mit den Versicherungsgesellschaften, im Kampf um die Auszahlung der Milliarden-Versicherungssummen am 11. September. (s. o.)

Worum geht es also bei der ganzen Vertuschungsaktion – die Regierung und die kontrollierten Medien unterdrückten alle Beweise, die den offiziellen Mythos als ein Paket von Lügen offenlegen würden, um die wirklich Schuldigen vor Entdeckung und Identifizierung zu schützen.

Bollyn lebte in Chicago, und hatte bald erkannt, dass die ganze Sache ein riesiger Schwindel war. Er stellte seine Nachforschungen und Recherchen an und versuchte darüber in seiner Zeitung in Washington zu publizieren, aber niemand aus der ganzen Medienbranche stieg darauf ein; es wurde konsequent verschwiegen und vertuscht, und anstatt sich um die Betrügereien zu kümmern und denen nachzugehen, wurden die Menschen von den Medien zu Krieg aufgehetzt, in Afghanistan, dann bald im Irak, und, wie sich dann ja zeigte, im Mittleren Osten, und am Ende wohl auch in der ganzen Welt. Er dachte da ist etwas verdächtig und grundfaul in der ganzen Sache, und einige Zeit nach den Ereignissen des 11. September hat er darum mit seiner Familie nach Deutschland zurückgezogen, weil ihm die Verhältnisse in den USA zunehmend undurchsichtig und unberechenbar erschienen. Er lebte nun ab Dezember 2001 einige Zeit in Berlin, um seine Recherchen von da aus fortzusetzen.

Als amerikanischer Journalist hatte er nun das Glück, dass ihm Kontakte zu deutschen Geheimdienstleuten vermittelt wurden, und der erste mit dem er sprach, sagte, er halte diesen ganzen Schwindel für eine „Hollywood Produktion". Dann sprach er mit Eckehard Wertebach, von 1991 bis 1995 Präsident des Bundesamts für Verfassungsschutz. Wertebach sagte in dem Gespräch: „Die tödliche Präzision und die Dimension der Planungen hinter den 9/11-Attacken hätten Jahre der Planung benötigt. So eine ausgefuchste und anspruchsvolle Operation würde den festen Rahmen der Organisation eines staatlichen Geheimdienstes erfordern, etwas, das man in einer zusammengewürfelten Truppe von Terroristen nicht finden würde; einer Truppe wie dieser, die angeblich von Mohammed Atta geführt wurde, während er in Hamburg an der Universität studierte. Sehr viele Menschen müssten an der Planung einer solchen Operation beteiligt sein, und das Fehlen von undichten Stellen ist ein weiteres Indiz dafür, dass die Attacken eine Staatsoperation waren." (Bollyn, a.a.O.)

Kurz darauf traf er Andreas von Bülow, mit dem er zehn Jahre später noch einmal zusammentraf. Andreas von Bülow war von 1976 bis 1980 Parlamentarischer Staatssekretär im Verteidigungsministerium, und ab 1980 Bundesminister für Forschung und Technologie; später war er Mitglied der parlamentarischen Kontrollkommission der Nachrichtendienste. Von Bülow lieferte Bollyn einen interessanten Einblick hinter die Kulissen solcher Geheimdienstoperationen: „Die höheren Ränge erreicht man nicht", sagte von Bülow mit Blick auf die architektonische Struktur, die hinter solchen Terroranschlägen steckt. „Auf dieser Ebene ist die Organisation hinter der Planung, in dem Fall der Mossad, in erster Linie daran interessiert, die öffentliche Meinung zu beeinflussen". Die Terroristen, die die tatsächlichen Verbrechen begehen, sind das, was von Bülow „die Arbeitsebene" nennt, in dem Fall die neunzehn Araber, die angeblich die Flugzeuge am 11. September entführt haben „Die Arbeitsebene ist Teil der Täuschung; 95 Prozent der Arbeit der Geheimdienste auf der ganzen Welt ist Täuschung und Desinformation". Die Desinformation wird dann in den Mainstream-Medien als akzeptierte Version der Ereignisse verbreitet; aber: „Journalisten stellen nicht einmal die einfachsten Fragen", sagte er. „Wer anderer Meinung ist, wird als verrückt abgestempelt." Bollyn schrieb dann seinen Artikel über das Zusammentreffen mit von Bülow und schickte ihn an seine Redaktion in Washington; der Artikel wurde gedruckt und veröffentlicht, und seine Zeitung schickte den Artikel an jede Zeitung in Deutschland, aber er sagte er sei geschockt gewesen, weil niemand gewagt habe darüber zu sprechen, das sei in Deutschland verboten.

Ein zentraler Aspekt dieser gigantischen Betrugsaktion sind natürlich die im engeren technischen Sinne erzeugten Zerstörungen an diesem Tag, vor allem des WTC, und die des Pentagon. Die Zwillingstürme des WTC wurden augenscheinlich gesprengt, durch hochenergetische Sprengungen von oben nach unten und unter Verwendung von Super-Thermite,[208] während das WTC7 sozusagen „konventionell" zum Einsturz gebracht worden ist, durch Sprengungen am Sockel des Gebäudes, so dass dem ganzen Gebäude durch die sekundengenau gezündeten Sprengungen sozusagen die Füße weggezogen worden sind, und es so kerzengerade in sieben Sekunden im freien Fall in seinen Grundriss stürzte. Diese Sprengungen sind aber inzwischen so minutiös erforscht und dokumentiert worden, dass es wenig ertragreich erscheint, dazu noch etwas beizutragen. Allenfalls ein Foto der Überreste der Stahlkonstruktion der Zwillingstürme könnte noch erwähnenswert sein, das Bollyn in einer seiner Slides zeigt, nämlich die überall abgeschrägten und durch Schneid-Ladungen mit Nanothermite zerschnittenen Stahlträger, die alsbald als Stahlschrott auf LKW verladen und in

Windeseile nach Asien verschifft werden sollten. Diese Träger sind überall in einem genau vermessenen schrägen Winkel sauber durchtrennt worden, so dass die tonnenschweren Stahlträger, die ja das ganze Gewicht der riesigen Wolkenkratzer zu tragen hatten, in dem ultrakurzen Moment des Zerschneidens der Träger im berechneten Winkel jeweils zur Seite wegsprangen, und das ganze Gebäude dann ebenfalls in nahezu Fallgeschwindigkeit einstürzte. Interessanterweise sind von diesen abgeschrägten und durchschittenen Stahlträgern in den Medien kaum noch Überreste zu sehen; möglicherweise hat sich da jemand die Mühe gemacht, die Fotos verschwinden zu lassen, weil sie sonst vielleicht zu verräterisch aussahen. Offensichtlich widersprechen diese sonst überall in den WTC-Trümmern zu sehenden, in bestimmten gleichen Abständen durchtrennten und abgeschrägten Trägerstücke der offiziellen Erklärung, wonach das WTC durch Hitzeeinwirkung, infolge des Verlusts der Tragfähigkeit der tragenden Teile nach der Pfannekuchentheorie zu Fall gebracht worden ist. Diese abgeschrägten Stahlteile wären mit der Pfannkuchentheorie unmöglich zu erklären.

Ein anderer wichtiger Aspekt sind die nicht weniger als 17 militärischen Übungen und Simulationen, die am 11. September stattfanden. Eine Behörde des Verteidigungsministeriums und der CIA führte ein Terrorszenario durch, in dem ein imaginäres Flugzeug vom Washingtoner Dulles International Airport in einen der vier Türme des Vorstadtcampus des National Reconnaissance Office (NRO) in Chantilly, Virginia, krachen sollte, nur wenige Meilen vom Pentagon entfernt. Vom Dulles International Airport war auch der American-Airlines-Flug 77, also das Flugzeug, das angeblich dann ins Pentagon stürzte, um 8:20 Uhr gestartet. Als das Terrorszenario in New York und im Pentagon Wirklichkeit wurde, wurde die NRO-Übung abgesagt, und fast alle dreitausend Mitarbeiter, die Menschen, die eigentlich das „Auge am Himmel der Nation" hätten sein sollen, wurden nach Hause geschickt. Die Regierung sagte später, es sei ein „bizarrer Zufall" gewesen, dass die NRO, ein militärischer Geheimdienst, der im Auftrag des Verteidigungsministeriums und der CIA arbeitete, am Morgen des 11. September eine simulierte Übung mit einem simulierten „Flugzeug-in-Gebäude"-Absturz plante. „Es war einfach ein unglaublicher Zufall, dass bei dieser Simulation ein Flugzeug in unsere Anlage stürzte", sagte der Sprecher Art Haubold der „Associated Press" im August 2002. Kann man dreister lügen?

Die Fragen zu den Gründen, warum das militärische Luftverteidigungssystem der USA es nicht geschafft hat, die vier entführten Flugzeuge am 11. September abzufangen, sind offensichtlich von zentraler Bedeutung; was an diesem Tag geschah, war das größte Verteidigungsversagen in der amerikanischen Geschichte. Wie könnte die modernste und teuerste Luftwaffe der Welt dabei versagen, vier Flugzeuge abzufangen, wobei drei davon Hunderte von Kilometern planlos umherirrten, bevor sie diese Gebäude, die Wahrzeichen von New York und Washington, trafen? Warum war das US-Luftverteidigungssystem nicht in der Lage, mehrere große, sich langsam bewegende Flugzeuge abzufangen, bevor sie die größte Stadt der Nation und deren Hauptstadt treffen? Wenn die US Air Force schwer bewegliche Zivilflugzeuge nicht abfangen konnte, wie sollten sie dann eine feindliche Invasion von Kampfjets oder Raketen stoppen? Diese wichtigen Fragen wurden von der von der Regierung eingesetzten

Kommission oder den Medien nie gestellt; sie alle haben es vermieden, über die Militärübungen vom 11. September zu sprechen. Über diese Übungen wurde zwar berichtet, aber ihr Zusammenhang mit den realen Katastrophen wurde nicht offen diskutiert und untersucht – auch das völlig unfassbar und unerklärlich.[209]

Man muss sich das auf der Zunge zergehen lassen: ein halbes Jahr vor dem 11. September wurde 11 Millionen Fernsehzuschauern der Film („The Lone Gunmen", s. o.) gezeigt, mit dem Szenario gekaperter Flugzeuge, die die Zwillingstürme treffen, so dass die Fernsehzuschauer gewissermaßen darauf vorbereitet waren und dieses Ereignis erwarteten und es ihnen plausibel erschien, als sie dann eintrafen; und am Tag des 11. September wurden dann diese Simulationen angesetzt – zur Perfektionierung und zur Vervollkommnung des Betrugs, der Täuschung und der Verwirrung. Auch das also ein Beleg für die „Magnitude", die riesenhaften Dimensionen dieses Jahrhundertverbrechens, und die ausgekochte teuflische Bosheit der Planer und Ausführer. Diese Orgien von Mord, Betrug und Täuschung haben die Welt seitdem verändert, und, wie die Ereignisse der Gegenwart zeigen, sie in eine immer bedrohlicher werdende Nähe zu einem Krieg gebracht, der entweder nie mehr enden soll,[210] oder mit einem alles vernichtenden Atomkrieg enden wird. Diese Zionist-Connection fühlt sich auserwählt und berufen, mit den schäbigsten Mitteln, die ein menschlicher Geist hervorbringen kann, andere, an sich gutwillige und gutmeinende Menschen in böswilliger, niederträchtiger Absicht, aus niederen Motiven der Habgier zu hintergehen und zu Tode oder zu Schaden zu bringen, sie in ausgefuchsten juristischen Manövern um Hab und Gut zu bringen, und schließlich, so scheint der Plan zu sein, der ganzen Welt ihren abscheulichen Willen aufzuzwingen.

Wer sich in Anbetracht dieser sprachlos machenden Ungeheuerlichkeiten nun von diesen schweren Gedanken überrollen und niederdrücken lässt, muss immer im Blick halten, dass es nicht etwa „die Juden" sind, denen die Verantwortung für all das zuzusprechen ist (vermutlich – gerichtliche Untersuchung, Beweisaufnahme und Urteil stehen ja noch aus, nachdem sie kunstvoll verhindert worden sind..), sondern es ist – vermutlich – nur diese kleine Kabale, diese verschworene zionistische Gemeinschaft von fanatischen Anhängern des Glaubens an das Auserwähltsein, an die Zugehörigkeit zu einer sehr besonderen Elite, der sich die ganze restliche Welt unterordnen soll, und die, um Gegensatz zu rein religiösen jüdischen Gemeinschaften wie dem Thorah-Judaismus, eben auch nach politischer und wohl vor allem auch nach wirtschaftlicher Macht strebt. Das ist der Unterschied zum primitiven Antisemitismus während der dunklen Periode des Nationalsozialismus, dessen Gedankenwelt sich übrigens in weiten Teilen mit der des Zionismus überschneidet, wie später noch ausführlicher beleuchtet werden soll. Worum es heute gehen muss, ist nichts anderes als dies: um die Wiederherstellung und weltweite Durchsetzung von Recht und Gerechtigkeit.

Unbekannte Twitterer mit Verbindung zur Volksrepublick China haben anlässlich einer Äußerung des derzeitigen US-Außenminister Antony Blinken auf der Münchner Sicherheitskonferenz im Februar 2024 einen interessanten Vergleich angestellt, und die Gedankenwelt des Imperiums USA (das sich eben zur Führung der westlichen Welt berufen fühlt) mit der der Volksrepublik China verglichen:

- *China:* Lose-Loose is not a rational Choice, and win-win is the future of mankind.
- *Blinken:* If youre not at the table of the international system, youre going to be at the menue.

Das bedeutet: China sucht keine Dominanz, sondern das Herstellen von Win-Win-Situationen, in denen alle Beteiligten gewinnen und sich entwickeln können (die multipolare Welt). Blinken bzw. USA behaupten, ungenannte Mächte (gemeint sind natürlich China und Russland) möchten andere Länder auf die Menu-Karte setzen und verspeisen, während sie selbst nur das demokratische „internationale System" verkörpern. Tatsächlich aber suchen sie selbst nach nichts anderem als Dominanz über alle Welt, und benutzen die Drohung mit der Menükarte als Druckmittel, um sie sich gefügig zu machen. Das Imperium USA ist dabei wohl nur der große Hund, der mit dem Schwanz Israel wedelt, wobei es tatsächlich weder um Israel noch die USA geht, sondern um die kleine zionistische Kabale, die sich beide Mächte unterworfen hat. Der Jude Blinken gehört bekanntlich zu denen, die die Speisekarte bestücken.

Der israelische Historiker Avi Shlaim schrieb schon 2005 in einem Kommentar für den „International Herald Tribune", der Zionismus sei heute der wahre Feind der Juden, weil der Zionismus das Image Israels in der Welt als Schurkenstaat prägt, aber eben auch das Image zionistischer Juden in den USA und der von den USA dominierten westlichen Welt: „Israels Image ist heute nicht deshalb negativ, weil es ein jüdischer Staat ist, sondern weil es gewohnheitsmäßig gegen die akzeptablen Normen internationalen Verhaltens verstößt. Tatsächlich ist es Israel, das zunehmend als Schurkenstaat wahrgenommen wird, als internationaler Paria und als Bedrohung für den Weltfrieden", schrieb Shlaim, in Bagdad geborener irakische Jude. „Diese Wahrnehmung Israels ist ein wesentlicher Faktor für das jüngste Wiederaufleben des Antisemitismus in Europa und im Ausland und im Rest der Welt. In diesem Sinne ist der Zionismus heute der wahre Feind der Juden."[211]

Die Tatsache, dass die USA in der jüngsten Befassung des Weltsicherheitsrats mit den verbrecherischen Aktionen Israels gegen Gaza aktuell schon drei mal als Einzige gegen alle anderen Mitglieder des Weltsicherheitsrats ihr Veto eingelegt haben, belegt einmal mehr die Wahrnehmung Israels und der USA als Paria und Schurkenstaat.[212]

Die Bankenkrise 2008 und die Spuren der Zionisten bis in die Gegenwart

An der Stelle nun ein Blick auf die Verursacher der sogenannten Banken- oder Hypothekenkrise, von der inzwischen die ganze Welt – und nicht nur Fachleute aus den Wirtschaftswissenschaften – begriffen haben sollten dass es damals nicht darum ging, die Ökonomie, Unternehmen oder Privatpersonen vor der Pleite zu retten, sondern: die Banken. Und es spricht sehr vieles dafür, dass diese Banken- oder Hypothekenkrise von den gleichen zionistischen Bankster-Kreisen angerichtet worden ist wie der Terror des 11. September, mit allem was vorher und nachher geschehen und angerichtet worden ist. Diese Spur zieht sich durch all die erlogenen Kriege – Serbien bzw. Kosovo, Afghanistan, Irak, Libyen, Syrien, dann der Bürgerkrieg in der Ukraine gegen die Ost-Ukraine, und nun (möglichst) gegen Russland –, die im Interesse vor allem auch der Rüstungsindustrie geführt wurden, durch die Kreise der profitierenden Finanzindustrie und Investmentbanker zu den späteren Profiteuren der „Pandemien" ab 2019, mit den dadurch so seltsam zerrissenen Lieferketten, und dann zu dem mysteriösen Auftauchen einer „Inflation" – all das wurde angeschoben von den immer gleichen Kreisen, und führte zu den sagenhaften „Sterntalergewinnen", über die diese Kreise nun nicht aufhören können zu jubeln. Die Pandemie, von der die eigentlichen Verursacher der angeblich so hochinfektiösen Corona-Viren[213] in den Laboren allmählich bekannt werden[214], hat vor allem die Pharmaindustrie reich gemacht, und die übrige Welt ärmer; die zerrissenen Lieferketten haben die „Gier-Flation" ausgelöst, hinter der sich nichts anderes verbirgt als versteckte Preiserhöhungen, die sich im Schutze der von den Medien verbreiteten Propaganda leichter durchsetzen lassen. Die Menschen sind bereit höhere Preise zu zahlen, obwohl die Kosten gar nicht gestiegen sind, was natürlich in den Konzernen die Kassen hat klingeln lassen.[215] Die Automobilindustrie, die eigentlich dazu da ist, kostengünstige, sichere und möglichst noch ökologisch nachhaltige Mobilität zu produzieren, hat die im Zuge von Pandemie und Ukrainekrieg ärmer und sparsamer werdenden Menschen links liegen lassen und sich auf die Produktion hochpreisiger Automobile beschränkt, was die Gewinne der Konzerne im Interesse der Dividendenbezieher abermals hat sprudeln lassen.[216]

Der Retter: Larry Fink und sein schwarzer Fels

Christoffer Bollyn schrieb damals, 2008, als es um die riesenhaften Rettungspakete zu Lasten der amerikanischen Steuerzahler zugunsten der Finanzbetrüger ging: „In die aktuelle Finanzkrise in den Vereinigten Staaten sind einige derselben zionistischen Kriminellen und Organe verwickelt, die in der im diesem Buch vorgestellten Analyse der Architektur des Terrors und des Netzwerks hinter dem 11. September besprochen wurden. Der Zusammenbruch ihrer kriminellen Betrügereien an der Wall Street könnte durchaus noch mehr von den heimlichen Intrigen der zionistischen Gangster hinter dem 11. September ans Licht bringen, wenn dies denn erlaubt wäre."[217]

Bollyn schrieb über die Verbindung der Familie Bush zu diesen Kreisen, und die dramatischen Folgen ihres betrügerischen Wirkens für den schwer getroffenen Staat: „Wenn George W. Bush auch nicht direkt mit Isadore Bush verwandt ist, dem jüdischen Weinhändler, der im späten 19. Jahrhundert die B'nai B'rith-Loge in St. Louis leitete, dann könnte er es aber gut sein. Als Präsident hat George W. Bush mehr getan, um die Agenda der geheimen jüdischen Bruderschaft der Freimaurer und der Weisen von Zion voranzubringen, als jeder andere politische Führer seit Menschengedenken. Der vorgeschlagene Plan, der vorsieht, 700 Milliarden US-Dollar der Steuerzahler zur Rettung der zionistischen Gangster an der Wall Street zu verwenden, sind Bush's Gnadenstoß, der letzte Stoß mit dem Dolch eines verräterischen Präsidenten in den blutenden Körper des Staates. Der zionistische Plan zur Rettung von A.I.G. und seines Verbrecherbosses, Maurice R. Greenberg, mit einem Staatskredit in Höhe von 85 Milliarden Dollar sollte alle amerikanischen Steuerzahler in Aufruhr versetzen, denn dabei handelt es sich schließlich um Steuergelder, die sie stehlen. Das Rettungspaket in Höhe von 700 Milliarden US-Dollar wird von der New York Times beschrieben als ‚ein ehrgeiziger Versuch, die uneinbringlichen Schulden der Wall Street in die Pflichten der amerikanischen Steuerzahler hinein zu übertragen.' Täuschen Sie sich nicht, das ist ein gewaltiger Transfer amerikanischen Reichtums an zionistische Kriminelle – eine riesige ‚Abzocke' im Klartext." (a.a.O.)

Der Betrug setzte sich auch nach Europa fort; dass das gleiche Schicksal auch europäischen Regierungen und deren Steuerzahlern nicht erspart blieb, ist bekannt. Der damalige Chef der europäischen Zentralbank (EZB) Mario Draghi wurde (zweifelhaft) berühmt für seinen damaligen Ausspruch: „Whatever it takes", was bedeutete: öffentliche Schulden der Steuerzahler werden *garantiert* an private Gläubiger zurückgezahlt – was immer dazu notwendig ist. Wenn Banken also mit ihrem Geld schlecht wirtschaften, etwa riskant mit fremden Geld spekulieren und sich dann Schulden aufhäufen, müssen die Banken nicht fürchten, das verspekulierte Geld zu verlieren – der Staat springt ein und rettet die Banken, indem er private Schulden der Banken zu öffentlichen Schulden des Staates macht. Dessen Schulden, die Schulden des Staates, wandern dann natürlich wiederum weiter – an andere private Banken, die als deren Gewinne in den Büchern stehen. So zeigt sich dieses seit mindestens 50 Jahren bekannte Bild: öffentliche Schulden und private Gewinne der Banken entwickeln sich immer weiter auseinander, wobei die Schulden schon längst eine solche Höhe erreicht haben, dass sie nie mehr, in Ewigkeit nicht, zurückgezahlt werden können.[218]

Die vor dem Untergang geschützten Banken sind, wie die Erfahrung gezeigt hat, „too big to fail"; ihr Untergang, so ist die kuriose Logik, würde ein so verheerend großes Loch reißen, und zu viele andere mitgerissen wurden. Wie das Beispiel der nun letzten und einzigen Schweizer Großbank UBS belegt, nachdem diese die *Credit Suisse* geschluckt hat, ist sie nun nicht mehr nur „too big to fail", zu groß um unterzugehen, sie ist nun „too big to bail" – zu groß um vom Staat gerettet zu werden. Bei ihrem Untergang würde die ganze Schweiz untergehen; die Bilanzsumme der UBS war mit 1.584 Milliarden Schweizer Franken nach ihrer Übernahme mehr als doppelt so groß wie das gesamte Bruttoinlandsprodukt der Schweiz[219]. Ginge sie unter, wäre die ganze Schweiz zahlungsunfähig und würde mit untergehen.

Wo liegen nun die Vermögen? Nach dem Global Wealth Report der UBS sind die Weltvermögen im Jahr 2022 leicht zurückgegangen und betrugen mit Stand Ende 2023 454,4 Billionen US-Dollar. Für die kommenden fünf Jahre wird wieder mit einem Wachstum gerechnet, und zwar in Höhe von 38 Prozent.[220] Dieses hochkonzentrierte Weltvermögen ist aber eben, wie gesehen, schon jetzt so hoch, dass es vollkommen unmöglich ist, dieses Vermögen – das ja auf der anderen Seite der Bilanz als Schulden dargestellt werden muss – jemals zurückzuzahlen. Der Reichtum der Staaten und vor Allem der USA besteht darin, dass man blind auf die Zahlungsfähigkeit vertraut – und auf die militärische Stärke der USA, für Zahlungsfähigkeit zu sorgen.

In wessen Händen liegen aber die Vermögen? In den Folgejahren der Finanzkrise hat ein historisch einmaliger Konzentrationsprozess stattgefunden, als dessen Ergebnis zwei Vermögensverwalter, die Firmen BlackRock und Vanguard, übriggeblieben sind, die sich als Hauptaktionäre gegenseitig finanzieren, und die wiederum Hauptaktionäre von sechs der acht nächstgrößten Vermögensverwalter sind. Wer ist der Besitzer dieses Vermögenverwalters: Larry Fink, dessen jüdischer Vater einmal ein Schuhgeschäft besaß. Das Finanzdatenanalysesystem Aladdin (Akronym für Asset, Liability, and Debt and Derivative Investment Network), das ab 1988 für BlackRock entwickelt worden ist und nun die Entwicklung von etwa 30.000 Investmentportfolios im Wert von etwa 15 Billionen Euro überwacht, wird von zahlreichen Großkonzernen und den wichtigsten Zentralbanken der Welt genutzt, darunter die Federal Reserve Bank (FED) und die Europäische Zentralbank, was BlackRocks einmalige Machtposition in der Welt unterstreicht.[221]

Wie entstand die Finanzkrise? Dazu gibt es eine richtige und eine falsche, sozusagen ideologische, von Finanzinteresse getriebene Theorie. Nachdem die Finanzkrise von 2007/2008 überwunden war, bahnte sich schon die nächste Finanzkrise an. Jetzt behauptete ein führender Ökonomen, es werde gar nicht zu vermeiden sein, dass sich die nächste Finanzkrise anbahnt, das sei einfach der unvermeidbare Lauf der Dinge: Lawrence Summers, Harvard-Ökonom und ehemaliger US-Finanzminister, behauptete im Herbst 2013 auf einer Konferenz des Internationalen Währungsfonds, die Welt stecke in einer nie mehr endenden Wachstumsschwäche, in einer „säkularen Stagnation",[222] und das bedeute, dass der gleichgewichtige Realzins, der die Ersparnis und die Investition bei Vollbeschäftigung ausgleicht (der sogenannte „natürlicher Zins"), unter die Nullgrenze fallen werde. Um dennoch Wachstum erzeugen zu können, könne dies nicht mehr realwirtschaftlich erzeugt werden, durch die Produktion realer Wirtschaftsgüter, sondern nur noch finanzwirtschaftlich, durch spekulativ aufgeblähte Vermögenspreise, und diese Spekulationsblasen müssten halt von Zeit zu Zeit platzen. Damit war Summers gewissermaßen der theoretische „Mastermind" der Spekulationsblasenbildung, der wissenschaftlichen Rechtfertigung periodisch zu veranstaltender Raubzüge durch die Volkswirtschaften, zugunsten der Banken.[223]

Das ist offensichtlich betrügerischer und interessegetriebener Unsinn. Die wirkliche Ursache der Finanzkrise lag in einem eigentlich sehr natürlichen Geschehen: der ehedem produktive Kapitalismus hatte seine natürlichen Wachstumsgrenzen erreicht, und es wäre nötig geworden, einen stabilen, resilienten und tragfähigen volkswirtschaftlichen Zustand ohne Wachstum zu erreichen. Aber davon wollte man einfach nichts wissen, und hat in den politischen Medien und in der ökonomischen Theorie die wirtschaftswissenschaftlich saubere und stichhaltige Erklärung dafür, wieso es zu einem tatsächlich natürlichen Wachstumsende kommen muss, einfach ausgeblendet. Darum hatte man natürlich auch keine Idee, wie darauf zu reagieren ist, und die wollte man ja auch nicht. Man erklärte das Wachstumsende kurzerhand zu einem Fehler im System, verursacht etwa durch einen „Investitionsstreik". Man wollte unbedingt weiteres Gewinnwachstum erzeugen, und dazu könne es kein anderes Mittel geben als Spekulation, als das Erzeugen eines aufgeblasenen Pseudowachstums, das nur in den Börsennotierungen existiert, das aber nicht anders wird enden können als dadurch, dass diese Luftblasen aus spekulativem Wachstum eines Tages platzen – wie es dann ja auch geschah. Aber Larry Fink war jemand, der aus dieser – angeblichen – Wachstumsschwäche sogar noch besonderen und dauerhaften Profit schlagen konnte.

Der Autor, Philosoph und Anthropologe Werner Rügemer schreibt: „Seit der ‚Finanzkrise' stagnieren die Volkswirtschaften der westlichen Welt. Das durchschnittliche Wachstum in der Europäischen Union beträgt laut offiziellen Statistiken jährlich nur noch 0,9 Prozent – und selbst dieser Wert ist bereits geschönt, um wenigstens nichts Negatives vermelden zu müssen. Es herrscht ‚Investitionsstreik' (...)." Aber für einige Finanzinvestoren, schreibt Rügemer, „hat es keine Finanzkrise gegeben, im Gegenteil, sie wurden schwerreich."[224]

Laurence „Larry" Fink nannte seine Firma Blackrock, „schwarzer Fels". Seine Idee bestand darin, Wertpapiere (die eigentlich Wert*los*papiere waren), zu verbriefen, also aus Immobilienkrediten Bündel zu bilden, und die an Banken weiterzuverkaufen. Als die Finanzspekulationensblasen der traditionellen westlichen Banken platzten und sie im Bankrott landeten, sammelte sich das verwaltete Vermögen der Vermögenden bei Blackrock, und „schnellte in dieser Zeit rapide in die Höhe – von etwa 300 Mrd. US-Dollar im Jahre 2004 auf 1,3 Billionen im Jahre 2008." (Rügemer, a.a.O.)

Richtig in Fahrt kam die Sache aber erst, als BlackRock von Timothy Geithner, damals Chef der New Yorker Notenbank, mit einer Inventur der Hypothekenengagements beauftragt worden war. Als nach einigen Monaten der Finanzkrise der Versicherungsgigant AIG taumelte und von der Regierung gerettet werden musste, wurde Fink beauftragt, die Kreditpapiere der AIG für die US-Regierung zu verwalten, wobei es damals nicht nur um die AIG ging, sondern auch um von der AIG (zu gering) versicherte Banken wie Goldmann-Sachs und die Deutsche Bank. Der Regierungsauftrag zur Rettung, erteilt unter Präsident Barack Obama, brachte für Blackrock nicht nur ein dreistelliges Millionen-Honorar, sondern verschaffte der Firma durch die so entstandene staatlich-private Insiderposition eine noch bessere Markt- und Machtstellung. In den zwei Jahren bis 2009 schnellte das von Blackrock verwaltete Vermögen auf 3,3 Billionen hoch. (Rügemer, a. a. O.)

Das Geschäftsmodell Blackrocks beruht im Wesentlichen auf Spekulation auf Werteverfall, dessen Funktionsweise sich nicht auf Anhieb erschließt, wie Rügemer erläutert: „Wieso aber, könnte man fragen, spekuliert ein Miteigentümer auf den Wertverfall der Aktie des eigenen Unternehmens? Ist das nicht unlogisch? Offensichtlich keineswegs, denn Unternehmen sind für Blackrock & Co. nur die Basis für Spekulationen. Und wenn Spekulationen mit Aktien mehr einbringen als das Halten der Aktien und das jährliche Warten auf die Dividendenausschüttung, dann gehen die Investitionen eben lieber in die Spekulation. Sekündlich kaufen und verkaufen heute Finanzinvestoren kleine oder größere Aktienpakete von Lufthansa, Daimler oder Coca-Cola an den Börsen der Welt. Dabei nutzen sie Kurswert-Unterschiede im Nanosekundenbereich zwischen den Börsen aus. Dasselbe passiert mit Wertpapieren aller Art, die auf den Aktien aufbauen: Futures, Derivate, ETFs, iShares." (a. a. O.)

Blackrock hat eine solche Machtposition erreicht, dass es mit seinen weltweiten Beteiligungen Großunternehmen zwingen kann, gegen seine eigenen Interessen zu verstoßen, und den Interessen Blackrocks zu entsprechen, so z. B. bei der erzwungenen Fusion von Monsanto mit Bayer; auch etwa Bankenfusionen werden von Blackrock erzwungen. Der Arm von Blackrock reicht auch weit genug, um Unternehmen zu einer „strategischen Personalpolitik" zu zwingen, wie Rügemer schreibt: „Um seine

Interessen durchzusetzen, nimmt Blackrock auch ganz direkt massiven Einfluss auf die Politik. Firmengründer Fink setzt dabei in den USA auf die Demokraten. Denn obwohl die alte Wall-Street-Garde politisch eher mit den Republikanern verbunden ist, ist die Deregulierung der Finanzwelt seit der Präsidentschaft Bill Clintons vor allem Angelegenheit der Demokraten. Unter Clinton wurde die als Folge der Weltwirtschaftskrise 1929 vorgenommene Trennung von Investment- und Kundenbanken wieder aufgehoben, und die Bedingungen für die Vergabe von Krediten – auch an Häuslebauer – wurden wesentlich gelockert.[225] All dies waren entscheidende Voraussetzungen für die Finanzkrise, die 2008 ausbrach. Die Einflussnahme von Blackrock & Co. erfolgt nicht zuletzt über eine strategische Personalpolitik und die Vergabe von Posten: So wurde 2013 die Stabschefin der damaligen Außenministerin Hillary Clinton, Cheryl Mills, Mitglied im Blackrock-Aufsichtsrat. Und auch einige Mitglieder der Administration von Präsident Barack Obama wechselten zu Black-Rock. Geschadet hat es dem Unternehmen sicherlich nicht. Dafür spricht nicht zuletzt die US-amerikanische Rentenpolitik." (a. a. O.)

Der Journalist und frühere Chefredakteur des „Handelsblatt" Hans-Jürgen Jakobs hat in seinem sehr informativen und üppig fundierten Buch die Frage, wem „das Geld wirklich gehört", umfassend beantwortet, und mit einer Fülle von Detailinformationen und Infografiken aufgezeigt, wie sich die alte „Deutschland-AG" der – damals noch real wertschöpfungsfähigen – Großindustrie in die dubiose Schein- und Betrugswelt der Investmentbanker und Derivatehändler mit ihren immer cleveren Finanzingenieurprodukten verwandelte, die dann schießlich immer mehr von Larry Fink mit seinem konkurrenzlosen Wahrsager-Produkt „Aladin" mit der Wunderlampe an die Wand gedrängt worden ist.[226] Es zeigt wunderbar auf, dass die Not all der Finanzjongleure und Heißluftpumpen daher rührt, dass sie aus ihrem vielen, real aber längst nicht mehr vorhandenen Geld immer neues Luftgeld kreieren müssen – und sei es durch Krieg und Zerstörung (s. o.). Es ist an dieser Stelle aber auch, eher nebenbei, anzumerken, wie illusionär die vom Autor Jakobs in seinem Buch am Ende vorgetragenen Lösungsvorschläge sind; er glaubt, das „viele Geld der anderen" müsse einfach wieder getauscht werden in „real assets": „Denn am Ende gehört auch das zum Neokapitalismus: dass nicht nur die regieren, die das viele Geld der anderen bewegen und einsetzen, sondern dass es auch darauf ankommt, Geld rechtzeitig zu tauschen in wirkliche Besitztümer, in ‚real assets' wie Häuser, Hotels, Gewerbeparks, Häfen, Flughäfen, Einkaufszentren, Gold, Kunstwerke oder Anteile an gestandenen Firmen." (S. 678) Er glaubt, die „Macher des Neokapitalismus haben es in ihrer Gier hoffnungslos übertrieben", und nun müssen eben wieder, wie in den goldenen Zeiten des Produktivkapitalismus der Nachkriegszeit, „real assets" erzeugt werden. Dass das Problem darin besteht, dass diese „real assets" in den damals produktiven Jahren des Kapitalismus gebaut und hergestellt worden *sind* und nun fertig verfügbar in der „riesigen Warensammlung" liegen, scheint wirklich schwer zu verstehen.

Aber noch viel schwerer zu verstehen ist es eben, dass die „real assets" der wirklich Vermögenden aus vollendetem Betrug entstanden sind; dadurch, dass spekulativ entstandene Bankschulden in öffentliche Schulden der Steuerzahler verwandelt worden sind, die den Banken zur Rettung ausbezahlt worden sind, und die nun als „real assets" in den Büchern der Vermögenden stehen. Damit noch einmal ein Blick zurück in diese Zeit, mit den damals vorgekommenen himmelschreienden und empörenden Betrügereien, die die Leidtragenden längst hätten auf die Barrikaden treiben müssen. Davor hatten die Regierenden in den Jahren der Finanzkrise tatsächlich Angst, wie Bollyn über eine Rede von George W. Bush vom 24. 9. 2008 schreibt:

„Wie alle Diktatoren setzte Präsident Bush Angst und Täuschung ein, um das Ziel seiner kriminellen Agenda zu erreichen. Seine Rede zur Hauptsendezeit vor der Nation am Mittwoch, dem 24. September, ist ein klassisches Beispiel dafür, wie ein nicht gewählter Präsident Angst einsetzte, um den öffentlichen Widerstand gegen den 700-Milliarden-Dollar-Bailout für kriminelle Unterehmen wie die A.I.G. zu schwächen. Seine Rede enthielt wenig Fakten und viel Angst. Es ist bemerkenswert, dass Bush derselbe Mann ist, der die Welt über irakische Massenvernichtungswaffen belog, und der rücksichtslos nach dem 11. September zwei illegale Aggressionskriege ins Leben rief, die zu untersuchen er und sein Vizepräsident Dick Cheney sich weigerten."

Über einen anderen Hauptverantwortlichen der damaligen Betrugsaktion schreibt Bollyn: „Es sollte nicht überraschen, dass die Schlüsselperson hinter diesem beispiellosen Regierungs-Bailout der A.I.G. und dieser kriminellen zionistischen Operation selbst ein überzeugter Zionist ist. Ben Shalom Bernanke, der Vorsitzende des Federal Reserve Systems, ist ein weiterer hebräisch sprechender Spross des Jüdischen Theologischen Seminars von New York City, wie auch Michael Chertoff und Alvin K. Hellerstein." Wie kann es sein, fragt Bollyn, „dass die Söhne einer sehr kleinen Gruppe ungebildeter Juden aus Ost-Europa, die in den 1900er Jahren in die Bronx einwanderten, jetzt kontrolliert werden von einer Nation mit 250 Millionen Nichtjuden? Wenn sie einen zionistischen Juden vom Jüdischen Theologischen Seminar fragen würden warum sie versuchen, Amerika zu kontrollieren, würden sie wahrscheinlich sagen: ‚Weil wir es können.' Als Heranwachsender besuchte Bernanke das extremistische zionistische Sommerlager (Ramah) des Jüdischen Theologischen Seminar, wo er sich monatelang in die Ideologie des Zionismus vertiefte – auf hebräisch." (a. a.O.)

Ursprung der Pandemie, Spur in die Nordsee und „Gier-Flation"

Die erstaunliche Dominanz der jüdischen Minderheit in den USA zieht auch neuerdings größere Aufmerksamkeit auf sich. In den Weiten des Internet hat sich jemand die Mühe gemacht und einmal tabellarisch gesammelt, welche bedeutenden US-Unternehmen oder Organisationen verschiedener Branchen jüdisch geführt werden:

BlackRock	Larry Fink – CEO von BlackRock
	Robert Capito – Präsident von BlackRock
	Susan Wagner – Mitgründer von BlackRock
Meta, Facebook, Instagram, Threads	Mark Zuckerberg – CEO von Meta
	Adam Mossari – Leitung von Instagram
Google, Youtube	Larry Page – Mitgründer Google
	Sergey Grin – Mitgründer Google

	Susan Wojcicki – frühere Geschäftsleitung Youtube
ChatGPT	Sam Altman – CEO von ChatGPT
NBC	Brian L. Roberts – CEO von Comcast (NBC)
Disney	Robert Iger – CEO von Disney (ABC/ESPN)
CBS	Shari Redstone – Chairwoman von Paramount (CBS/Viacom)
Warner Brothers, CNN, HBO	David Zaslaw – CEO von Warner Brothers Discovery (CNN/HBO)
Bloomberg	Michael Bloomberg – Mehrheitseigner von Bloomberg News
ADL	Jonathan Greenblatt – CEO der ADL
SPLC – Southern Poverty Law Center	Joe Levin – Mitgründer des Southern Poverty Law Canter

Das Wirken von Larry Fink's Blackrock war schon angesprochen worden, und ansonsten zeigt sich auch hier, dass die Themen Medien, Digitalwirtschaft und diese beiden spezifisch die öffentliche Meinungsbildung aus jüdischer Perspektive betreffenden Organisationen jüdisch dominiert sind. Bei Zuckerberg's Facebook und Meta und bei Larry Page's und Sergey Grin's Google und Youtube sind die Absicht der Kontrolle und Manipulation sozusagen in die DNA der Firmen eingeschrieben.[227]

Die Pfizer-Verträge

Nicht aufgeführt ist hier (s. o.) das Pharma-Unternehmen Pfizer, mit seinem jüdischen Firmenchef (CEO) Albert Burla.[228] Bekannt geworden ist von Albert Burla sein Umgang mit den Verträgen über die Lieferung von „Impfstoffen" an die EU in Milliardenhöhe, die von der Präsidentin der EU-Kommission Ursula von der Leyen per geheimem SMS- und Whatsapp-Nachrichtenaustausch geschlossen worden sind. Frau von der Leyen fühlte sich berechtigt, die Verträge entgegen der ausdrücklichen Aufforderung der Haushaltskontrolleure des EU-Parlaments geheim zu halten.

Der Vertrag der EU mit Biontech hat gewaltige Ausmaße: 1,8 Milliarden Dosen des Corona-Impfstoffs, bei einem Volumen des Geschäfts von 35 Milliarden Euro. Es muss fassungslos machen, dass die Kommissionschefin einen solchen Riesenvertrag mit Biontech-Pfizer einfädelte, und Informationen dazu verweigert;[229] hier riecht es förmlich nach den gleichen Betrügereien, wie sie in der Finanzkrise und auch in der ganzen Geschichte der Verbrechen um den 11. September vorgekommen sind.

Inzwischen ermittelt die EU-Staatsanwaltschaft gegen Ursula von der Leyen, die mit dem milliardenschweren Impfstoffdeal und dem Pharmakonzern so nebenbei auch ein Quasi-Monopol gesichert hat. Bemerkenswert ist, dass von der Leyen drei Verträge mit Pfizer abschloss: beim Abschluss des dritten Pfizer-Vertrags schaffte sie es, nicht nur die Abnahmemenge um 25 Prozent steigen zu lassen, sondern auch den Preis, von 15,50 auf 19,50 Euro pro Dosis. Tatsächlich verströmt auch dies den üblen Geruch von Betrug, just wie bei all den aufgeflogenen Betrügereien der Zionist-Mafia auf Kosten der Steuerzahler, denn wie kann bei einem solchen Mega-Deal, wo nach jeder betriebswirtschaftlichen Logik mit der abgenommenen Riesenmenge der Preis sinkt, der Preis sogar noch steigen, und gleichzeitig auch noch die Abnahmemenge?

Dies sieht aus wie Betrug in Verbindung mit Erpressung, oder mit unvergleichlich rücksichtsloser Korruption und mit Amtsmissbrauch, und das ist es auch.

Martin Sonneborn, Gründer der „Die Partei" und Mitglied des EU-Parlaments, schrieb dazu: „Ein historisch einmaliger Megadeal, bei dem mit zunehmender Abnahmemenge auch die Stückpreise steigen? Wir taufen diesen pfiffigen Mechanismus hiermit der Einfachheit halber auf den Namen ‚Leyen-Effekt'. Und legen ihn bei Gelegenheit mal einem blutigen BWL-Anfänger zur genaueren Begutachtung vor – und zwar zusammen mit dem Skalen-, Nikolaus- und Mengenrabatt-Effekt."[230] Was außerdem in diesem Zusammenhang wichtig ist: Pfizer und die anderen Pharmakonzerne lehnen in geheimen „Knebelverträgen" jede Haftung für Impfschäden ab.[231]

Dies ist nun die eine Seite des offensichtlichen Betrugs durch die Pharma-Industrie, in dem Fall durch die Firma Pfizer. Die unterstellte Wahrheit ist immerhin, jenseits des Betrugs mit Verträgen und Preisen, dass die kostentreibenden und in vielfältiger Weise unangenehmen Begleiterscheinungen dadurch verursacht worden sind, dass ein unschuldiges, unbekanntes, ansteckendes Virus die Menschen infiziert und krank gemacht hat, und dieses Virus soll auf natürliche Weise, durch Zoonose[232], entstanden und sich so erstaunlich schnell verbreitet haben. Möglicherweise steckt aber auch in dem Ursprung dieses Virus ein – noch viel massiverer – Betrug.

Corona-Varianten aus dem Labor

Auf dem „Blog für Science & Politik (TKP)"[233] erschien am 23.12.2023 ein Beitrag über eine Studie zweier Forscher der Universitäten Osaka und Kyoto, der zufolge alle Corona-Varianten im Labor erzeugt worden sind: „Studie aus Japan: Alle Corona Varianten wurden im Labor erzeugt."[234] Der promovierte Physiker Peter F. Meyer schreibt dazu auf dem Blog: „Mittlerweile geben selbst US-Behörden wie das FBI zu, dass SARS-CoV-2 mit US-Finanzierung im Labor erzeugt wurde. Eine begutachtete Studie von Universitäten in Kyoto und Osaka stellte nun fest, dass die bekannten Varianten nicht durch natürliche Mutation entstanden sein konnten, sondern ebenfalls im Labor erzeugt und anschließend freigesetzt wurden. Das wissen wir mindestens seit dem 2. August 2020 aus einer Studie von Nobelpreisträger Luc Montagnier mit Jean Claude Perez (…), die darin auch einen HIV-Anteil in der Gen-Sequenz von SARS-CoV-2 nachweisen konnten. Und Montagnier erhielt den Nobelpreis für die Aufklärung von HIV, ist also der Top-Experte dafür und wohl auch der führende Virologe überhaupt." (a.a.O.)

Donnerwetter – das muss man sacken lassen: *Alle bekannten Varianten* können nicht durch natürliche Mutation entstanden sein, sondern müssen *im Labor erzeugt* und *anschließend freigesetzt* worden sein? Kann das sein? Klar scheint jedenfalls, dass die von den Professoren Atsushil Tanaka, Universität Osaka, und Takayuki Miyazawa, Universität Kyoto, veröffentlichte und unabhängig begutachtete Studie hochbrisant ist.

Über die Konsequenzen, die aus der Kenntnis diese Studie gezogen werden sollten, schreibt Meyer: „Die Auswirkungen dieser Studie sind tiefgreifend und erfordern sofortige Aufmerksamkeit." Meyer bezieht sich in seinem Blog-Artikel auf einen Substack-Beitrag des erfahrenen Pharmakologen Phillip Altman[235], der schreibt, es habe

„wohl noch nie ein so perfekt geplantes und ausgeführtes Geschäftsmodell wie SARS-CoV-2 gegeben." Also – noch ein Donnerwetter: All diese Varianten sind in betrügerischer Absicht erzeugt worden, um damit ein „perfekt geplantes und ausgeführtes Geschäftsmodell" zu kreieren, was bedeutet: das „Geschäftsmodell" war offenbar ein Betrugsmodell. Das Betrugsmodell war mit der Veröffentlichung natürlich ersteinmal aufgeflogen, hätte man gedacht, und es hätten nun irgendwelche „Konsequenzen" folgen müssen. Aber was geschah, wie Phillip Altman schreibt, nach Veröffentlichung des Artikels: „Nach der Veröffentlichung gab es eine gigantische Vertuschung." Ergo: Das dritte Donnerwetter.

Meyer schreibt weiter über das kriminelle Vorgehen des Pfizer-Konzerns, mit Bezug auf Altmann: „In der Tat ‚erlaubten Arzneimittelzulassungsbehörden auf der ganzen Welt die Freigabe von schlecht erforschten, gefährlichen, auf Genen basierenden mRNA-Lipid-Nanopartikelspritzen, die sie fälschlicherweise als ‚Impfstoffe' bezeichneten (….) – ein wichtiger Bestandteil der Fehlinformationskampagne.' Dann wurden Babys und schwangere Mütter gezwungen, sich impfen zu lassen, und Altman teilte mit, dass das, was folgte, ein skandalöser, koordinierter Griff war ‚nach Goldströmen und Macht, wie sie die Welt noch nie gesehen hat'. Zweifellos war (und ist) das Ausmaß der gemeldeten ‚Impfstoff'-Verletzungen und Todesfälle in den verschiedenen Meldesystemen für unerwünschte Arzneimittelereignisse auf der ganzen Welt noch nie dagewesen. Und das Sahnehäubchen auf dem Kuchen für die Meister des Plans – ein kontinuierlicher Strom von Varianten würde die Taschen des tiefen Staates bis in die absehbare Zukunft füllen." (Die Hintergründe der genbasierten Nanopartikelspritzen auf mRNA-Basis bedürfen der Erläuterung; sie folgen weiter unten.)

Wenn man nun die Richtigkeit dieser Aussagen einmal unterstellt, ist das sehr harter Tobak. Man muss sich klarmachen: man hat es zu tun mit Wissenschaftlern aus dem Gesundheitswesen, mit hochgebildeten Akademikern, denen die Gesundheit von Menschen ans Herz gelegt und anvertraut ist. Aber was tun sie – sie erfinden ein „perfekt geplantes und ausgeführtes Geschäftsmodell", und betrügen und hintergehen Menschen auf hinterhältigste Art und Weise, aus Habgier. Diese perfide und ausgekochte Betrugsmasche erinnert fatal an das Vorgehen und an die Gier dieser Mafia, wie sie in den obigen Beschreibungen der Zionist-Connection zu erkennen war.

Wie wird sich der „tiefe Staat" verhalten, wenn er auffliegt, nach allem was über ihn bekannt geworden ist: der „Verräter" wird gefeuert. So kam es: „Für Prof. Miyazawa hatte die Studie sofortige Konsequenzen, wie einer seiner Freunde auf X/Twitter auf einem Posting (…) mitteilt. Für das Eintreten für die Wahrheit sei er am 21. Dezember 2023 aus der japanischen Akademia entfernt worden", schreibt Meier.

Über die beiden Professoren schreibt Meier: „Der Immunologe Atsushi Tanaka ist Professor am Immunology Frontier Research Center der Universität Osaka. Er hat über 30 wissenschaftliche Arbeiten mit fast 6.000 Zitaten veröffentlicht. Auch der Virologe Takayuki Miyazawa, Professor an der Universität Kyoto, hat fast 300 wissenschaftliche Artikel veröffentlicht, und seine Arbeit wurde über 7.000 Mal zitiert. Beide Forscher sind Top auf ihrem Gebiet. Sie schließen an an die Arbeiten von Luc Montagnier und Jean Claude Perez."

Über die Schlussfolgerung dieser Studie schreibt Meier, sie sei wahrscheinlich der „brisanteste Teil", und zitiert sie wörtlich:

„Nichtsdestotrotz kommt die Analyse, die wir hier gezeigt haben, zu dem Schluss, dass die Omicron-Varianten durch einen völlig neuen Mechanismus entstanden sind, der durch die bisherige Biologie nicht erklärt werden kann. Der Prozess, wie die SARS-CoV-2-Mutationen entstanden sind, sollte Anlass sein, die SARS-CoV-2-Pandemie zu überdenken. Wenn es sich bei dem SARS-CoV-2-Epidemiestamm um ein künstlich mutiertes Virus handelt und wenn die Corona-Katastrophe (Corona-Hoopla) ein gut geplantes globales Experiment zur Impfung von Menschen und ein soziales Experiment war, dann lassen die Gestaltung dieses Experiments und die Art des verwendeten Virus vermuten, dass es sich bei diesem Experiment (Corona-Hoopla) um ein vorläufiges Experiment handelt." (a.a.O.)

Gen-Therapien

Ein „vorläufiges Experiment" – um welches Experiment handelte es sich? Nun, das Erstaunen und die Empörung über die Kreativität dieser Experimenteplaner und deren kriminelle Energie gehen noch weiter. Das globale Experiment zur Impfung von Menschen bestand zum einen aus der Erzeugung des künstlich mutierten Virus, wie gesehen, und zum anderen darin, den altbekannten Vorgang der Impfung zu verändern, und zwar so, dass aus der Impfung eine Gen-Therapie werden konnte. Genbasierte Arzneimittel gibt es, aber sie erfordern die Einhaltung hoher Prüfstandards, was für die Hersteller von Gen-Therapien natürlich auch hohe Kosten verursacht – denen die Pharmakonzerne aber offenbar aus dem Weg gehen wollten.[236]

Bei herkömmlichen Impfungen wird ein spezifischer Abwehr- oder Schutzstoff hergestellt, der den Körper dazu anregt, Antikörper zu entwickeln. Entsprechend der der Richtlinie 2001/83/EG des Europäischen Parlaments und des Rates von 2001 enthalten Impfstoffe den Bauplan für Teile des Virus, also Fremdstoffe, die der Körper selbst herstellen soll. Injektionen mit Gentherapeutika sind aber keine Impfung im herkömmlichen Sinn. Die Europäische Arzneimittelagentur (EMA) und die EU-Kommission haben zusammen mit nationalen Behörden Gentherapeutika für eine – fälschlicherweise so genannte – „Impfung" gegen Infektionskrankheiten zugelassen; genbasierte Arzneimittel sind aber nur für Patienten mit sehr speziellen Krankheitsbildern bestimmt, und sie unterliegen hohen Prüfstandards. Es sollten aber nun genbasierte Arzneimittel, die juristisch als „Impfstoffe für Infektionskrankheiten" deklariert sind, nicht kranken, sondern gesunden Menschen injiziert werden.

Wer wollte nun gesunden Menschen Gentherapeutika injiziieren? Nun, das ist das Werk und Spezialgebiet einiger sehr mächtiger Lobbys. Unter deren Einfluss hat die EU-Kommission mit der Richtlinie Nr. 2009/120/EG schon im Jahr 2009 ohne Mitwirkung des Europäischen Parlaments „Impfstoffe gegen Infektionskrankheiten" durch rechtliche Umdefinition aus der Gruppe der besonders regulierten Gentherapeutika ausgenommen. Die Pharmaunternehmen machten unter anderem geltend, dass die im Richtlinienentwurf vorgesehenen scharfen Sicherheitsauflagen die Produktion von mRNA-Gentherapeutika wesentlich verteuern. Der Ausschluss genbasierter Impfstoffe gegen Infektionskrankheiten aus der Gruppe der Gentherapeutika erspart den Herstellern zahlreiche aufwändige präklinische Studien, die aber für die Beurteilung der Sicherheit des Arzneimittels und der an klinischen Studien teilnehmenden Personen absolut unverzichtbar sind. Von diesen „Impfstoffen", die juristisch als „Impfstoffe für Infektionskrankheiten" deklariert sind und gesunden Menschen injiziert werden sollen, wurden seit 2021 Stand 2. Dezember 2022 aber nun nahezu eine Milliarde Dosen an Menschen in der EU verabreicht – bis Oktober 2022 auf Basis lediglich bedingter Zulassungen. Darüber hat sich die EU-Kommission offenbar wissentlich zum Schaden der betroffenen Menschen hinweggesetzt.

Klinische Studien dürfen eigentlich grundsätzlich nicht ohne die Ergebnisse präklinischer Studien begonnen werden. Untersucht werden zum Beispiel die Verteilung der Impfstoffe im Körper, im Fall von Gentherapeutika im Hinblick auf die Gefahr eines Gentransfers in die Keimbahn; mögliche Änderungen im genetischen Material von Zellen (Genotoxizität), Krebsrisiken, den Einfluss der Impfstoffe auf wichtige Parameter für Grundfunktionen des menschlichen Körpers (Sicherheitspharmakologie) und Wechselwirkungen mit anderen Arzneimitteln. Aber bis heute ist als Folge der Umdefinition von Gentherapeutika nicht wissenschaftlich belegt, ob die massenhaft verabreichten Präparate nicht doch genotoxisch oder krebserregend sind. Trotzdem wurden im Oktober 2022 die bedingten Zulassungen für Pfizer/Biontech und Moderna von der EU-Kommission in reguläre Zulassungen umgewandelt. Damit hat die Kommission gegen rechtliche Vorschriften verstoßen, welche besagen: Eine bedingte Zulassung darf erst dann in eine reguläre Zulassung umgewandelt werden, wenn der Hersteller alle mit der bedingten Zulassung erteilten Auflagen erfüllt hat. Statt aber nun umgehend, Mitte 2021, die Hersteller zu sanktionieren und die bedingte Zulassung zu ändern, auszusetzen oder zu widerrufen, geschah nichts. Die Kommission gewährte sogar die reguläre Zulassung; die Auflagenverletzung wurde damit faktisch noch belohnt. (Quelle siehe oben, Fußnote 158)

Der Lobbyeinfluss bei den Zulassungen führte also dazu, dass grundlegende Regeln im Medizinrecht ausgehebelt wurden. Wenn Gesunde geimpft werden, braucht man höhere Sicherheitsstandards, als wenn man schwer kranke Menschen mit Gentherapeutika einem Heilversuch unterzieht, aber es ging der Pharmaindustrie nicht nur darum, entgegen grundlegenden medizinrechtlichen Regeln gesunde Menschen zu „impfen", sondern man wollte erreichen, dass möglichst (fast) der ganzen Welt (70%) dieser dubiose Stoff geimpft wird, und zwar möglichst bis Mitte 2022. (siehe S. 74)

Der oben in der Berliner Zeitung genannte Text wurde nach mehrmaligem Hin- und Her (Publikation, Depublikation, Republikaton) wegen der Brisanz dieses Textes und widersprüchlicher Meinungen dazu mit dem Angebot der Veröffentlichung einer konträren Position veröffentlicht; diese Position vertrat an der Stelle der Molekularbiologe Emanuel Wyhler, beschäftigt in der Arbeitsgruppe RNA-Biologie des Max-Delbrück-Centers. Nicht überraschend hat Wyhler der Einschätzung der vielen oben genannten Autoren aus Januar 2023 widersprochen. Wyhler ist später in den öffentlichen Medien aufgetaucht, nachdem im MDR ein Beitrag über DNA-Verunreinigungen im Pfizer-Impfstoff gesendet worden war, in dem es also um genau das

Thema möglicher DNA-Verunreinigungen in Gentherapeutika ging. Dieser Beitrag wurde kurz darauf aus der Mediathek wieder gelöscht, und Wyhler war derjenige, der für die Löschung des Beitrages zu sorgen hatte. Durchaus erwähnenswert ist zur Geschichte des MDR-Beitrages noch Folgendes, bevor es wieder um Emanuel Wyhler geht: der Beitrag des MDR ging zurück auf Forschungen der Mikrobiologin Brigitte König, die auf diese DNA-Verunreinigungen im Pfizer-Impfstoff aufmerksam gemacht hatte. Was geschah aber: Brigitte König, Professorin an der Uni Leipzig, wurde alsbald als „unseriöse Querdenkerin" in Verruf gebracht, wozu mittels anonym vorgebrachter Anschwärzung sogar die Webseite der dubiosen „Skeptikerbewegung" „Psiram" in Stellung gebracht wurde. Das „Wiki der irrationalen Überzeugungssysteme", sich selbst im Kampf gegen „Pseudowissenschaft, Esoterik und Verschwörungstheorien" sehend, darf ganz im Gegenteil aber wohl eher als Kampforgan genau gegen seriöse Wissenschaft verstanden werden – soweit diese Wissenschaften den Interessen bestimmter Kreise, in dem Fall der Pharmaindustrie, zuwiderlaufen.[237]

Nun wieder zu Emanuel Wyhler, und dem folgenden interessanten Zusammenhang zwischen wissenschaftlicher Position und sozusagen wirtschaftlicher Position dieses „Wissenschaftlers": zwischen Emanuel Wyhler, dem Molekularbiologe des Max-Delbrück-Centers, und Peter Albiez, dem Vorsitzenden der Geschäftsführung von Pfizer Deutschland, gibt es eine Verbindung. Auf der 30-Jahres-Feier des „Max-Delbrück-Centrums für Molekulare Medizin in der Helmholtz-Gemeinschaft", also Wylers Arbeitgeber, wird Albiez verabschiedet aus dem Aufsichtsrat des Max-Delbrück-Centrums (MDC), wobei er Vorsitzender des Vereins „Freunde und Förderer des Max-Delbrück-Centrums" bleibt. Wyhler selbst ist in zahlreichen Veröffentlichungen und Veranstaltungen als Verteidiger und Werber für mRNA-„Impfstoffe" aufgetreten.[238] Das heißt: Noch im Jahr 2022, als Wyhler vielerorts die „Impfstoffe" bewarb, war Peter Albiez gleichzeitig Mitglied des Aufsichtsrats des MDC, und Vorstandsvorsitzender von Pfizer. Albiez selber bewirbt natürlich auch Pfizer, und sieht hier „Potenzial für neue innovative Medikamente und Impfstoffe": „In den Daten liegt das Potenzial für neue innovative Medikamente und Impfstoffe. Wir müssen diesen Zugang auch gerade für Unternehmen aus der Industrie öffnen", fordert Albiez.[239] Wer nun der Versuchung nicht widerstehen kann, den Namen Emanuel (Wyhler) mit anderen oben genannten jüdischen Namen in Zusammenhang zu bringen, und dies wiederum mit bestimmten (auch) in der Pharmaindustrie anzutreffenden Geisteshaltungen, kann sich des Vorwurfs des Antisemitismus praktisch sicher sein – dennoch muss auch hier letzten Endes entscheidend sein, was ein vernünftiges, sachliches, wahrheitsgemäßes Urteil über den relevanten Sachverhalt ans Licht bringen kann.

Nordstream, Biolabore, Plandemie und inszenierte Inflation

Nun wieder zurück zum oben genannten „perfekt geplanten Geschäftsmodell" und den im Labor erzeugten Corona-Varianten. Noch einmal zusammengefasst: was ist nach Veröffentlichung der o. g. Studien der beiden Universität damals passiert, von der Öffentlichkeit weitgehend unbemerkt? Zwei anerkannte Wissenschaftler veröffentlichen eine hochbrisante Studie, die die Welt hätte aufschrecken müssen, aber was passiert – die Ergebnisse der Studie werden „in einer gigantischen Aktion" vertuscht, und einer der Autoren wird kaltgestellt. Die genannte Studie aus Japan erschien im Dezember 2023, schlug kurz Wellen, einer der Autoren wurde zum Schweigen gebracht (entlassen), und nun fragt niemand mehr nach den künstlichen Varianten. Das bedeutet nicht weniger als dies: der „tiefe Staat", die Zionisten-Mafia hat die Welt der Medien wie auch der Politik fest im Griff, und in dem Krimi seit dem gigantischen Hoax des 11. September, der Finanzkrise, der inszenierten Ukraine-Krise und der inszenierten Pandemie steckt die Welt noch immer mittendrin.

Viele der Täter und Gesichter des 11. September sind mittlerweile indentifiziert; jedenfalls könnten sie es sein, wenn sich die Öffentlichkeit der Kantschen aufgeklärten mündigen Bürger trauen würde. Auch einige Täter der Finanzkrise sind identifiziert, aber die Täter der „Plandemie" halten sich vor der Öffentlichkeit verborgen. Albert Burla, sein ehrliches Gesicht und den Pfizer-Konzern kennt die Öffentlichkeit inzwischen, aber von dem wahren Ausmaß der Betrügereien im Zusammenhang mit dem Pharmabetrug hat noch niemand eine klare oder hinreichend klare Vorstellung.

Dass in der Ukraine bis zum Beginn des Ukrainekriegs munter an Biowaffen geforscht worden ist, ist der Welt spätestens durch die öffentliche Erklärung der Europa-Verehrerin Fuck-You-Victoria Nuland bekannt geworden, die zugab, dass unter ihrer Regie alle laufenden und beendeten Biowaffenprogramme und deren Spuren in den Laboren der Ukraine beendet und vernichtet worden sind;[240] Erklärung war, das US-Verteidigungsministerium habe Aufträge an ukrainischen Labors finanziert, um ‚bioterroristische Angriffe' abzuwehren. Warum geht man aber in ukrainische Labore, um im Auftrag des US-Verteidigungsministeriums bioterroristische Angriffe abzuwehren? Und das unter der Regie dieser notorischen Zionistin, mit osteuropäischen Vorfahren, deren Vater bis zur Amerikanisierung seines Namens Nudelmann hieß?

Über die sehr lange Vorgeschichte der Corona-Pandemie und ihre komplexen Verästelungen und Querverbindungen ist sehr vieles bekannt geworden,[241] und tatsächlich entsteht hier das Bild eines „Hoax" mit ähnlich gigantischen Dimensionen. Oft ist bei der Frage nach den Hintergründen auch von einem „tiefen Staat" die Rede, wie gesehen, aber es scheint doch nicht im Mindesten abwegig, in diesem tiefen Staat nach den oben genannten zionistischen Wurzeln und Verbindungen zu suchen, zumal die sich auch in der Gegenwart nahezu ständig zeigen und offenbaren.

Wer hat die Nordstream-Pipelines gesprengt? Dänemark und Norwegen haben ihre Ermittlungen zu den Sabotage-Akten eingestellt,[242] aber es handelte sich bei diesen Anschlägen um Staatsverbrechen gegen die Bundesrepublik Deutschland, die bisher größten Anschläge auf Anlagen öffentlicher Infrastruktur. Wer war verantwortlich – nun, es ist bekannt, dass Victoria Nuland sowohl diese Anschläge ankündigte, als Drohung, dass sie im Falle eines russischen Angriffs geschehen würden, wie auch als Bekundung der Genugtuung darüber, als sie nun geschehen waren.[243] Außenminister Antony Blinken feierte die Sprengungen als „tremendous opportunity", als „enorme Chance"; Amerika sei dadurch führender Gas-Lieferant für Europa geworden.[244] US-Präsident Joe Biden hat in Anwesenheit des Bundeskanzlers Olaf Scholz angekündigt, den Pipelines „ein Ende zu machen", wenn Russland die Ukraine angreift. Verdächtig gemacht hat sich auch der ehemalige polnische Außenminister Radek Sikorsky, der per Twitter den USA einen Dankesgruß schickte („Thank you, USA", und ein Foto des sprudelnden Gaslecks in der Nordsee); Sikorsky ist der Ehemann der Historikerin Anne Applebaum, mit jüdischer Abstammung.[245] Das alles ist bekannt – doch niemand weiß etwas. Die Landschaft der vereinigten Medien der Welt und vor allem Deutschlands wird genötigt zu glauben, wer hinter diesem Verbrechen steckt, kann und soll halt niemand wissen, und das ist dann eigentlich auch gut so.[246]

Weiter soll an dieser Stelle aber nicht auf die Frage nach den Verantwortlichen für die NS2-Sprengungen eingegangen werden. Es liegen die Recherchen des vielfach prämierten Pulitzer-Preisträgers Seymour Hersh vor, der auf der Basis der Darstellung eines eingeweihten Informanten an der Quelle seine Version der Sprengung der Nordstream-Pipelines der Öffentlichkeit präsentierte, und die, vor allem nach der völligen Auflösung der Nebelkerze „Andromeda-Yacht"[247] in heiße Luft, für die wahrscheinlichste gehalten werden muss,[248] und wie gesehen, hat auch Emmanuel Todd sich Hersh's Erklärung angeschlossen. (S. 167) Der Schwerpunkt soll hier aber auf der Darstellung des Gesamtzusammenhangs liegen, von der zionistischen Urheberschaft durch fortgesetzte kriminelle Täuschung bis zur Lösung – Aufklärung folgt.

Statt Crash kam die Plandemie

Was nun noch näher herausgearbeitet werden soll, ist die innere Verbindung all der Erscheinungen, die gegen Ende des Jahres 2019 plötzlich wie bestellt und koordiniert aufgetreten sind. Die Welt wartete damals förmlich auf den nun ganz großen Crash,[249] nachdem die Furcht vor dem Chrash nach der 2008er Finanzkrise ja schon nicht unbegründet gewesen war. Vorher waren in den Jahren ab etwa 2016 mancherlei utopiegläubige und hoffnungsvolle Themen heiß diskutiert worden, als etwa die „Akzelerationisten" (s. o.) glaubten, das Eintreten der nächsten Krise beschleunigen zu müssen, um nun endlich in ganz anderen und neuen Verhältnissen zu landen; der Philosoph Richard David Precht vertrat sein an Marxsche Gedanken angelehntes Plädoyer für das bedingungslose Grundeinkommen,[250] und es gab viele andere utopische Entwürfe mehr; man hoffte dass der Crash nun vielleicht die Lösung sein könnte.[251]

Vor dem Crash wurde also ständig gewarnt – aber es geschah nichts dergleichen. Was die sehr weit denkenden „Meister des Plans" aber just zur rechten Zeit in der Schublade liegen hatten, war ein Aktionsplan für das Ausrollen der Corona-Pandemie. Tatsächlich hatten die Meister des Plans auch schon ein Plan-Spiel in der Schublade liegen, und zwar den „Event 201". Der „Event 201" fand statt im Oktober 2019 an der Johns-Hopkins-Universität, mit dem Zweck, den Ausbruch einer globalen Corona-Pandemie zu simulieren; an dem Spiel nahmen hochrangige Vertreter aus Wirtschaft, Politik, Medien sowie dem PR- und Geheimdienst-Bereich teil. Natürlich ging es, wie auch schon bei den Warnungen vor einem Anschlag durch Terroristen vor dem 11. September, darum, die Öffentlichkeit zu „warnen", nun vor dem Ausbruch einer Pandemie – der dann auch prompt Wirklichkeit wurde.

Gesponsert, also finanziell unterstützt, wurde die „Event-201"-Übung unter anderem vom Weltwirtschaftsforum und der Bill & Melinda Gates Foundation. Und siehe da: auch hier gab es, wie bei den 17 Terror-Übungen vor dem 11. September, „bizarre

Zufälle". Am 11. September wurde genau das Szenario Wirklichkeit, das im Laufe dieses Tages geübt worden war, und nun gab es „auffällige Ähnlichkeiten zwischen der simulierten Krise im Planspiel und der echten Pandemie" – nach einem „Faktencheck" von USA Today natürlich ein „reiner Zufall"[252]. Natürlich musste auch wieder vor „Verschwörungstheorien" gewarnt werden; WHO-Generalsekretär Tedros Adhanom, der an der Simulation beteiligt war, gab wenige Monate nach der Simulation am 8. Februar 2020 ein Statement ab, in dem er zum Kampf gegen eine „Infodemie", eine „digitale Epidemie von Falschinformationen und Verschwörungstheorien" aufrief: „Bei der WHO bekämpfen wir nicht nur das Virus: Wir bekämpfen auch die Trolle und Verschwörungstheoretiker, die Falschinformationen verbreiten und die Reaktionen auf den Ausbruch unterminieren." George W. Bush hatte damals in der UN-Vollversammlung dazu aufgerufen, die „Wahrheit über den Terror" auszusprechen: „Lasst uns niemals frevelhafte Verschwörungstheorien im Zusammenhang mit den Anschlägen des 11. September tolerieren, boshafte Lügen, die bezwecken, die Schuld von den Terroristen selbst abzulenken, weg von den Schuldigen."[253]

Bevor man sich in die – verwirrende – Vielfalt der zusammenhängenden Einzelheiten zur Pandemie vertieft, ist es wichtig, die verbindende Klammer des Ganzen im Blick zu behalten. Beim 11. September war die verbindende Klammer und der unterliegende Zweck des gigantischen Terror-Hoax, die USA in einen unendlichen Krieg zu trixen, dies aber an erster Stelle mit dem Ziel der Umgestaltung des Mittleren Ostens. Nun, bei der Pandemie, bei der Vorbereitung des von den USA beauftragten und finanzierten Ukraine-Feldzuges gegen Russland und bei der Entmachtung Europas geht es um etwas weit Größeres: möglichst um einen gewonnenen Krieg gegen die Atommacht Russland, und möglichst um einen gewonnen Krieg gegen die Atommacht China. Danach wäre die Welt von dieser Matrix endgültig, auf ewig und unbesiegbar, beherrscht, und die Welt hätte eine andere Ordnung. Dass mit der dieser „Neuen Weltordnung"[254] noch etwas anderes gemeint ist, nämlich deren wirtschaftlicher Aspekt als „Stakeholder Economy", ist da tatsächlich vergleichsweise unbedeutend; die finanziellen Interessen eines Bill Gates bei der Pandemie, deren wesentlicher Treiber und Profiteur er war und ist, spielen da ebenfalls eher eine Nebenrolle.

Die Pandemie nun lag darum schon in der Schublade, weil an der künstlichen Schaffung hochinfektiöser Viren, die sozusagen feindosierte Krankheitsbilder erzeugen können, zuvor viele jahrelang geforscht worden ist. Es sollten Viren erzeugt werden, die hochansteckend sind und sich darum sehr schnell verbreiten, ohne aber die Menschen zu sehr krank zu machen oder gar gleich zu töten. Vor allem sollte ständig nachwachsender Bedarf an Impfstoffen erzeugt werden, also, wie oben beschrieben, ein kontinuierlicher Strom von neuen Virus-Varianten, der bis in absehbare Zukunft dem „tiefen Staat" die Taschen füllt. An diesem Projekt beteiligt war Bill Gates als „Mastermind", natürlich in der Maske der Bill-and-Melinda-Gates-Stiftung, und viele durch Gates finanzierte Organisationen, wie etwa der Welcome-Trust, die Rockefeller-Foundation, das Weltwirtschaftsforum (WEF) von Klaus Schwab, die Impfallianz GAVI, und nicht zu vergessen die Open Philanthropy von George Soros.

Im Buch „Corona Inside" des Journalisten Thomas Röper (a. a. O.) werden die vielfältigen Verflechtungen der Pandemie, des Netzwerkes und seiner Hintermänner unter die Lupe genommen, und es zeigt sich da, schreibt Röper, dass es etwa zwanzig Personen gewesen sein müssen, „die seit Jahren von den Organisatoren der Pandemie bezahlt werden und nun an Schlüsselstellen gesetzt wurden, um den Regierungen als Berater einzuflüstern, wie sie mit der Pandemie umgehen sollen." Die Fische in diesem Netz wurden gut bezahlt, und wie in jedem Netz gibt es größere und kleinere Fische, aber wer war „einer der dicksten dieser Fische" im Netz, der da „buchstäblich überall sitzt": Frau Margaret Hamburg. Margaret Hamburg ist eine in den USA geborene Ärztin, deren Großvater Samuel Hamburg um die vorige Jahrhundertwende aus Lettland in die USA ausgewandert war; Hamburgs Vater David Alan Hamburg war Psychiater.[255] Margaret Hamburg saß an zentraler Stelle der Pandemie-Vorbereitung; zwei Monate vor der Pandemie hatte sie gefordert, eine „Hyperproduktion" von mRNA-Impfstoffen zu erreichen. Thomas Röper schreibt in seinem Buch:

„Margaret Hamburg hat Ende Oktober 2019 zusammen mit Dr. Fauci, dem wichtigsten Berater der US-Regierung in der Pandemie, an einer Veranstaltung des Milken Institute namens ‚Universal flu vaccine' (also „universeller Grippeimpfstoff") teilgenommen. Dabei sprachen US-Regierungsvertreter, darunter Anthony Fauci, über die Notwendigkeit, ‚das System zu sprengen („to blow the system"), um die behördliche Kontrolle von mRNA-Impfstoffen zu umgehen. Bei dem Treffen wurde auch die Notwendigkeit erörtert, eine ‚Aura der Aufregung' („aura of excitement") zu schaffen und die Grippe ‚sexy' zu machen, um die Finanzierung durch die Regierung wiederzuerlangen und eine ‚Hyperproduktion' von mRNA-Impfstoffen zu erreichen, von denen sie und andere Teilnehmer des Treffens glaubten, dass sie den ‚traditionellen Impfstoffen auf Eibasis' („traditional egg-based vaccines") überlegen seien. Das war am 29. Oktober 2019, nur zwei Monate vor der Entdeckung der ersten Covid-19-Patienten in China. Und man muss es sich auf der Zunge zergehen lassen: Regierungsvertreter, die für die behördliche Kontrolle von Medikamenten und Impfstoffen zuständig sind, reden davon, diese behördliche Kontrolle zu umgehen. Wenn man solche Kontrolleure hat, dann freut sich die Pharmaindustrie. Und die bezahlt die Leute schließlich über ihre NGOs."[256]

Das heißt: Margaret Hamburg hat sehr viel Phantasie und Bosheit entwickelt, um diese ehrenvollen Ziele zu erreichen, und um in so einer „Aura der Aufregung" die künstliche Grippe „sexy" zu machen; über die oben beschriebene teuflische Bosheit der „Meister des Plans" muss man sich also nicht weiter wundern. Diese Frau Hamburg war offenbar geradezu besessen von ihrem Plan, wie Röper weiter schreibt:

„Margaret Hamburg hat an vielen Veranstaltungen der Pandemie-Vorbereitung teilgenommen, sie hat schon vor der Pandemie dafür plädiert, die mRNA-Impfstoffe unter Umgehung der normalen Zulassungskriterien einzuführen und massenhaft zu verimpfen, sie hat an der Durchführung der Gene-Drive-Versuche in freier Wildbahn mitgearbeitet und sie sitzt nun in der WHO-Kommission, die die Regeln für die Veränderung des menschlichen Genoms erarbeitet. Und bezahlt wird Frau Hamburg von eben den Oligarchen, die an der Pandemie und den mRNA-Impfstoffen hunderte Milliarden verdienen." (a.a.O.) So viel also zu dem dicken Fisch Margaret Hamburg.

Wer wer es nun noch, der gerne hunderte Milliarden mit Betrug verdienen wollte?

Die US-Administration unter Joe Biden ließ am 3. August 2021 einen offenen Brief veröffentlichen, in dem zu einem „Globalen Impfgipfel" vor der UN-Generalversammlung eingeladen wurde, und wo man alle Führungskräfte des öffentlichen und privaten Sektors aus der ganzen Welt zusammenbringen wollte, um „Lücken in der Impfstoffversorgung" und bei der „Schaffung von Nachfrage zu schließen". Erreicht werden sollte, dass die Staats- und Regierungschefs der Welt sich verpflichten, möglichst bis Mitte 2022 70 Prozent der Weltbevölkerung zu impfen; Unterzeichner des offenen Briefs waren diese Führungskräfte des öffentlichen und privaten Sektors im Gesundheitswesen. Einer der Unterzeichner war ein gewisser Scott Gottlieb, Fellow des American Enterprise Institute und ehemaliger leitender Mitarbeiter der FDA, also der Lebensmittelüberwachungs- und Arzneimittelbehörde der USA; auch er also aufopferungsvoll tätig im Dienst an der Gesundheit – denkt man, aber was macht Scott Gottlieb für das Überleben sonst noch: er ist Vorstandsmitglied bei Pfizer.[257] Aus der FDA in den Vorstand von Pfizer: ein typischer Fall von korrupter Drehtür-Karriere. So viel zur Pandemie, den Meistern der Planung, und zum großen Strom des Geldes.

Gewinnexplosion durch künstliche Verknappung

Wie konnte nun die Pandemie, außer durch den Effekt der Erzeugung des kontinuierlichen Stroms von Geld durch die kontinuierliche Erzeugung neuer Virus-Varianten, darüberhinaus noch zu Geld gemacht werden? Das Problem mit dem Crash und der Crash-Gefahr besteht ja darin, dass in der gewöhnlichen Allerwelts-Ökonomie, in der es also nicht nur um Geschäfte mit der Gesundheit geht, möglichst auch sonst ein kontinuierlicher Strom von Einnahmen erzeugt werden soll, aber da ist die Nachfrage schon seit Jahrzehnten gesättigt, und der Strom der Einnahmen kann nur noch durch Spekulation auf Wertzuwachs an der Börse oder mit Immobilien erzeugt werden. Die Realwirtschaft stagniert, natürliche Zinsen, Investitionen und Gewinne sinken, steigen können darum nur noch spekulative Werte – wie oben gesehen.

Was war die Lösung? Man erzeugte eine künstliche Verknappung, indem man die Lieferketten abreißen ließ. Die Pandemie schickte die Menschen nach Hause und weg von den Arbeitplätzen; es wurde eine Begleitmusik von Panik und Ausnahmezustand erzeugt; überall kam es zur Verlangsamung der gewöhnlichen Abläufe oder gar zum Abbruch oder Abriss, und das war eben der gewünsche Effekt: die Beschäftigten im Segment des Massenmarktes konnte man entlassen und so Kosten sparen, und dann beschränkte man sich auf das Luxussegment, wo dann zwar geringere Umsätze, aber viel höhere Gewinne erzielt werden konnten. Gewinner waren am Ende BlackRock & Co, was die Vermutung nahelegt, dass aus diesen Kreisen der ganze Hoax mit Plandemie und Gier-Flation eingefädelt worden ist.

Die so erzeugte künstliche Verknappung konnte nun auch verwendet werden, um im Massenmarkt und im unteren Preissegment höhere Preise durchzusetzen, einfach weil man den Verbrauchern suggerieren konnte, es sei nun alles knapp, sogar das Klopapier; man schaute nicht mehr auf die Preise und kaufte und hortete alles was verfügbar war, in der Annahme, morgen sind die Läden leergekauft. So konnten eben auch die Zinsen wieder erhöht werden, mit dem – völlig absurden – Argument, man müsse nun die Inflation bekämpfen. Der Vorteil der höheren Zinsen für die Großbanken war natürlich der, dass nun endlich, nach der langen Flaute mit Niedrig- oder gar Negativzinsen, auch für die Banken wieder Zinsgewinne abfielen. Und als dann der Ukraine-Krieg begann, konnten bei den Energiepreisen die Daumenschraube angesetzt werden, sodass auch die Energieerzeuger höhere Preise durchsetzen konnten. Als dann endlich die Pipelines in der Nordsee gesprengt waren, brachen alle Dämme, und die Lieferanten des LNG aus Übersee ließen die Sektkorken knallen. All das zusammen strömte zusammen in diese sagenhaften, märchenhaften Sterntaler-Gewinne, wo die Profiteure am Ende nur die Goldstücke, die auf sie herabfielen, vom Boden aufsammeln mussten. Der Dumme und der Betrogene war – und ist noch immer – der Steuerzahler, und inzwischen eben auch sehr viele sehr durchschnittliche Berufstätige und klein- und mittelständische Unternehmer, die auf diese Weise über den Tisch gezogen worden sind.

Was man sich klarmachen muss: dieser „Deep State", der in der Zeit bis zum 11. September und einige Monate vorher in der Firmierung als „Neo-Cons", damals aber tatsächlich schon als auf längere Dauer und weiter reichende Ziele angelegte zionistische kriminelle Vereinigung sein wahres Gesicht zeigen konnte, hat eine ungeheure und auch unheimliche Machtposition erreicht. Die Neo-Cons, die damals noch ihre Bindungen zum Staat Israel und zur „Religion" des Zionismus, teilweise auch als aktive Rabbiner, offen zeigen konnten, halten sich heute eher zurück. Aber ihre Machtentfaltung ist totaler, zugleich undurchsichtiger und verschwiegener als je zuvor.

Während der Pandemie wurden Universitäten kontrolliert und manipuliert, ihr wissenschaftliches Personal, wissenschaftliche Institute, ehrwürdige wissenschaftliche Vereinigungen wie die Leopoldina und hochangesehene Professoren und Würdenträher wurden missbraucht und zu heimtückischen Betrügereien gedungen. Die Stiko, eigentlich „ein unabhängiges, ehrenamtliches Expertengremium, das Impfempfehlungen für die Bevölkerung in Deutschland entwickelt", wurde faktisch entmachtet, entehrt und zu dem schäbigsten Profitdenken herabgewürdigt, zu dem ein solches Gremium herabsinken kann. Es gibt Vermutungen, dass sowohl die private Johns-Hopkins-Universität aus Baltimore/Maryland, als auch die aus dieser Universität hervorgegangene *Johns Hopkins Bloomberg School of Public Health* in Diensten der „Zionist Mafia" steht; die Bloomberg School of Public Health erhielt von dem Milliardär Michael Bloomberg im November 2018 eine Spende von 1,8 Milliarden Euro.[258] Wenn man sieht, wie Michael Bloomberg in die Machenschaften des 11. September verstrickt war, und dann die Rolle dieses Institutes im Dienste der „Gesundheit" in der kritischen Zeit um 2019, wird man eins und eins zusammenzählen können.

Meisterhafte Lügenpolitik in und aus Deutschland

In Deutschland kann man der ganzen Bundesregierung nicht mehr vertrauen, nachdem bis zur Amtsübernahme der früheren Bundeskanzlerin Angela Merkel noch Reste von Vertrauenswürdigkeit auf der politischen Weltbühne und Grundzüge von menschlichem Anstand und Moralität vorhanden waren. Angela Merkel mit ihrer ostdeutschen und christlich-protestantischen Biografie, die sich auf Russisch verständigen konnte und in der Lage war, jedenfalls in gewissen Grenzen Brücken zu schlagen zwischen Ost und West, hatte sich nach der Machtübernahme der zionistischen US-Banditen in der Ukraine 2014 lange bemüht, eine Kontinuität des politischen und ökonomischen Geschehens in Richtung Osten zu erhalten; sie hat versucht das Verhältnis zu Wladimier Putin intakt und funktionsfähig zu belassen und immer wieder Akzente zu setzen, die die Möglichkeit einer Reparatur des Verhältnisses zu Russland in Reichweite hielten. Sie hat gegen große Widerstände aus USA und Europa versucht, Nordstream zu retten, als Präsident Biden schon bereit war, den Widerstand aufzugeben und Nordstream zu akzeptieren. Sie hat die Minsk-Abkommen verhandelt und zusammen mit Putin bis zur Unterschriftsreife gebracht, gegen den (passiven) Widerstand der USA, und sie hat sich nach dem Abhörskandal der Bespitzelung durch die NSA jedenfalls in Grenzen aufrecht und charakterstark gezeigt, und dagegen in ehrlich empfundenen Worten protestiert: „Abhören unter Freunden, das geht gar nicht." Nach ihrer Ablösung wurde sie in wohlkalkulierten Schritten durch die Meister des Betrugs demontiert und in ihrer Gaubwürdigkeit beschädigt, indem man ihre verständigungsorientierte Politik immer mehr als verfehlt, illusionär und zu russlandfreundlich framte. Nachhaltig zerstört wurde ihr Ansehen, als offenbar in einer kalkulierten PR-Aktion die Verhandler der Minsk-Abkommen Merkel und François Holland dazu gebracht wurden, diese Abkommen zu gezielten Täuschungs- und Hinhaltemanövern gegenüber Putin zu erklären, um der Ukraine Zeit und Mittel für weitere Aufrüstung und Kriegsvorbereitungen gegen Russland zu gewähren. Merkel, Holland und später Macron standen nun vor der Welt als hinterhältige Lügner da, während Wladimir Selensky der Welt vorgeführt werden konnte als das listige Pokerface, das Präsident Putin an der Nase herumführen konnte, und sein demonstriertes Mitwissen um den inszenierten Betrug gegen Putin mit kaum verhohlener Belustigung in der Mimik während der Unterschriftsprozedur zur Schau stellen.[259]

Der damals amtierende Bundeskanzler Olaf Scholz war spätestens nach seinem Auftritt zur Amtseinführung bei Präsident Joe Biden am 27. Januar 2022 als hilf- und charakterloser Laufbursche vorgeführt, der untertänig seinem Meister an den Lippen hängt und sich bemüht, jeden Schritt als mit seinem Chef abgesprochen und in dessen Sinn darzustellen. Bidens Ankündigung in Anwesenheit des Bundeskanzlers, die Nordseepipelines „zu einem Ende zu bringen", wenn Russland in die Ukraine einmarschiert, hat Scholz unkommentiert und unwidersprochen stehen lassen. Im Übrigen steht die gesamte Amtsführung des Bundeskanzlers Scholz unter dem Verdacht des Amtsmissbrauchs und/oder der Bestechlichkeit zugunsten eines kriminellen Bankiers, des vormaligen Eigentümers der Privatbank M. & M. Warburg, Christian Olearius. Die Warburg-Bank war aktiv beteiligt an den Betrügereien der Cum-Ex-Geschäfte, bei denen der Steuerzahler um mindestens 10 Milliarden Euro betrogen worden ist: „CumEx-Geschäfte stehen für den größten Steuerraub der deutschen Geschichte. Der Schaden beläuft sich nach aktuellen Schätzungen auf mindestens 10 Milliarden Euro. So viel hat eine kleine aber mächtige Finanzelite insbesondere im Zeitraum zwischen 2001 und 2011 direkt aus der Kasse des deutschen Staates geraubt."[260] Schäbiger kann ein Betrug aus Habgier zulasten des Steuerzahlers kaum ausfallen, dennoch wird in der monopolisieren Presse meist das Bild gezeichnet, dass große Aufregung um diesen Betrug doch kaum lohnt oder der Rede wert ist; was genau passiert ist versteht niemand so recht, und wer eigentlich Schuld hat weiß man auch nicht.

Da hier viel von der „Zionist-Connection" die Rede war und noch sein wird, darf es erlaubt sein, den vollen Namen der Bank zu nennen: M. & M. steht für Moses Moritz Warburg; Moritz Moses war Besitzer der Warburg-Bank in vierter Generation. Ein Großteil der Warburg-Familie emigrierte bis 1938 in die USA; die Brüder des Moritz M. Warburg, Paul M. und Felix M. Warburg, waren Teilhaber des Wall Street-Bankhauses Kuhn, Loeb & Co. in New York, und Paul M. Warburg war maßgeblich an der Entwicklung der US-Notenbank Federal Reserve System (FED) sowie an der Gründung des Council on Foreign Relations beteiligt – da schließt sich ein Kreis, der quer über den Atlantik seine unheimliche Spur gezogen hat, und wieder zurück.[261]

Betrug ist heute allgegenwärtig, nicht nur im deutschen Bundeskanzleramt, sondern, wie es den Anschein hat, auf allen Ebenen der deutschen Politik, und, wie gesehen, keineswegs nur oder besonders der deutschen. Die Russland- und Ukraine-Politik hat nach Merkels Abgang restlos jede Bodenhaftung und jeden Realitätsbezug verloren; es scheint nur noch in Dimensionen von Pathologie und mentalem Irresein beschreib- und verstehbar, was hier in der Öffentlichkeit von Verantwortungsträgern gegenüber dem Volk, den Medien und deren willig kooperierenden Lohnschreibern und Megafonen zum Besten gegeben wird. Ein schönes Beispiel ist der jüngste Skandal um die un-heimlich gewordenen Kriegspläne ranghoher Bundeswehrsoldaten, die sich fröhlich und entspannt ausgetauscht haben über geeignete Wege, die Krimbrücke möglichst vollständig unter Einsatz von Taurus-Raketen zu zerstören, aber so, dass kein Verdacht auf Deutschland fällt, dadurch zur Kriegspartei zu werden. Durch einen „Abhörfehler" (Verteidigungsminister Pistorius) sei dieses Gespräch öffentlich geworden, nachdem es von russischen Medien publiziert worden ist.[262] Nachdem zuerst in heller Empörung behauptet worden ist, die Russen seien für diesen böswilligen Geheimnisverrat verantwortlich, ist der Spin geschickt in die Richtung gedreht worden, dass zwar ein Abhörfehler unterlaufen ist, aber der schuldige Bösewicht ist trotzdem ganz klar Putin bzw. Russland, das „seine hybride Kriegsführung gegen den Westen intensiviert", weshalb man nun umso heftiger die Kriegstrommel schlagen muss, um nicht von „russischen Schlafviren" befallen zu werden.[263] Wir werden auch hier zum wiederholten Male Zeugen eines Medien-Coups, der zu einer völligen Umdeutung der Ereignisse den Atem, den Überblick und die Mittel besitzt, und der nach einigen Stunden Bearbeitungszeit in der Lage ist, der gesamten Medienöffentlichkeit wie auch der Politik ein konsistentes Bild zu präsentieren, das nun der staunenden Öffentlichkeit die Sprachregelung zum bekömmlichen Verdauen der beunruhigenden Ereignisse an die Hand gibt. Wichtigstes Ziel ist in allen solchen Fällen, nicht den Glauben an die Bosheit und Gefährlichkeit Putins bzw. Russlands und die Notwendigkeit des weiteren Aufrüstens und des Erhalts der „Kriegstüchtigkeit" zu verlieren.

Seit dem Beginn der Maidan-Unruhen, der mit teuflischer Präzision ausgetüftelten und ausgeführten Erzeugung von Verwirrung und Handlungsunfähigkeit der Berkut-Truppen durch tödlichen Beschuss beider kämpfender Seiten aus einem Hotel im

Februar 2014[264], dem Massaker an 48 jungen Menschen im Gewerkschaftshaus in Odessa im Mai 2014,[265] dem Beginn der von Petro Poroschenko so getauften „Anti-Terror-Operation", also dem brutalen Bürgerkrieg gegen die Menschen der Ostukraine[266], und dem Beschuss des Passagierflugzeugs der malaysischen Linie MH17[267] ist die Welt in Lügen geradezu ertränkt worden – und bis heute herrscht mehr oder weniger totales Stillschweigen, in allen diesen Fällen. Auch hier sind die Ereignisse seit 2014 nun fast zur Gänze umgedeutet worden, so dass aus den Maidan-Unruhen die Widerstandskämpfer für Demokratie und die europäische Öffnung geworden sind; die aus dem Hotel Ukraine beschossenen Berkuteinheiten und Maidankämpfer wurden zu dem „Himmlischen Hundert"; die Toten des Fluges MH17 hat man mehr oder weniger vergessen, und der von Petro Poroschenko begonnene Bürgerkrieg mit Panzern gegen das eigene Volk wurde kurzerhand zum Krieg Russlands gegen die Ukraine umgedichtet. Und es funktioniert: die hypnotisierten Massen machen mit. Dass heute in Zeiten des Internet all diese Informationen doch noch jedem interessierte Leser und Zeitgenossen zur Verfügung stehen, ist eigentlich nur noch mit einer Art von psychischer Blockade, einer „kognitiven Impfung" zu erklären – die Menschen wollen nur noch das sehen und wahrnehmen, was von ihnen gewünscht wird.

Wer ist hier der „Mastermind"? Wer sich hier von der Frage nach dem „Cui Bono" leiten lässt, der muss nicht lange suchen: Profiteur sind Kräfte, die ersteinmal nichts anderes zu erreichen suchen als Russland zu schaden, und womöglich auch zu Fall zu bringen und „unschädlich" zu machen, also als freie Großmacht zu zerstören. Aber Personen und Gesichter, wie sie in der Geschichte seit dem 11. September, teilweise vorher, auch jetzt in der Gegenwart auszumachen sind, wie oben gesehen, sind im Falle des Massenmordes an den fast 300 Menschen des Passagierfluges mit der Nummer MH17 noch unbekannt. Dem Eindruck eines kontinental beherrschenden Medien-Organs oder Organismus, der in der Lage ist so eine völlige Umdeutung der laufenden Ereignisse zu organisieren, fast in Echtzeit und mit nur geringem Vorlauf, begegnet man tatsächlich auf Schritt und Tritt.

Reiner Schwindel: das „Generationenkapital"

Unterhalb der Schwelle zu massiver Schwerkriminalität wie in den Fällen der Kennedy-Morde, des 11. September und der damit verbundenen schwersten Kriegsverbrechen bei den erlogenen Feldzügen gegen Afghanistan und den Irak; bei den Finanzbetrügereien zugunsten der Banken 2001 und 2007/2008; bei den Betrügereien zugunsten der Pharmabranche und schließlich bei den Betrügereien zum Schaden Russlands und Europas und zugunsten des (meist amerikanischen) Energie- und Rüstungssektors, gibt es die vergleichsweise harmlosen Betrügereien auf Kosten des Steuerzahlers und zugunsten einiger Finanzjongleure, die versuchen, sich durch Ausnutzung der fachlichen volkswirtschaftlichen Dummheit (oder eben auch Gewissenlosigkeit) des politischen und wissenschaftlichen Personals zu bereichern, wie nun am Beispiel des aktuellen Werbefeldzugs für die „Renten-Revolution"[268], die Aktienrente oder die „Generationenrente" zum Abschluss kurz erläutert werden soll.

Der damalige Finanzminister Christian Lindner propagierte mit Vehemenz die Idee des „Generationenkapital"; gemeint ist damit, dass ein Kapital genutzt werden soll, um die daraus zu ziehenden Renditen gleich an ganze „Generationen" von Renditebeziehern weiterzugeben. Das klingt ja zunächst einmal bestechend einfach: Es muss nur eine Generation (alle Rentner) einen ordentlich großen Aktienstock besitzen, dann wird mit diesen Aktien fleißig spekuliert, wie das bei den letzten großen Finanzkrisen doch auch schon so zuverlässig funktioniert hat, und dann kann die eine Generation dieses ergiebige Kapital an die nächste Generation weitergeben. Das Kapital selbst tut dabei fast nichts, sondern vermehrt sich einfach quasi von selbst, wie es der Kapitalismus glücklicherweise selber ja auch schon immer tut und getan hat.

Das war natürlich nicht ganz ernst zu nehmen, aber der Versuchung, die Dummheit dieser Idee auf die Schüppe zu nehmen, kann man kaum widerstehen, und es ist auch gar nicht so schwer, das auch ganz ernsthaft zu erklären.

Seit es Kapitalismus gibt, gibt es das den Kapitalismus bestimmende Verhältnis zwischen Kapital und Arbeit. Es gibt den Kapitalbesitzer, der mit Hilfe seines Kapitaleinsatzes Gewinne erwirtschaften und erzielen kann, und den Arbeitsbesitzer, der mit seiner Arbeit seinen Lohn erwirtschaften kann. Die Löhne sind für den Kapitalbesitzer Kosten, sie schmälern also seinen Gewinn; das ist der für den Kapitalismus kennzeichnende „antagonistische Gegensatz" zwischen Kapital und Arbeit, wie Marx dieses Verhältnis genannt hat. Ohne eine bestimmte Proportion zwischen Kapital und Arbeit, also ohne die Proportion zwischen Anzahl abhängig beschäftigter und vom Arbeitslohn lebender Menschen, und Anzahl Kapital besitzender und Kapitalerträge erwirtschaftender Menschen kann der Kapitalismus nicht funktionieren. Weder können in einer Gesellschaft oder einer Ökonomie *alle* Kapitalbesitzer sein, noch können *alle* nur Arbeitsbesitzer sein, jedenfalls dann, wenn es sich um eine Marktwirtschaft handelt. Ökonomien, in denen alle zugleich Kapital- und Arbeitsbesitzer waren, hat es bekanntlich gegeben, aber da gab es bestimmte Probleme, von denen oben teils schon die Rede war, und die teils noch wieder zur Sprache kommen werden.

Aber in einer Marktwirtschaft mit ihren typischen antagonistischen Gegensätzen von Kapital und Arbeit können nicht *alle* Kapitalbesitzer sein. Können denn alle Aktienbesitzer sein? Nominell natürlich schon, Aktienbesitzer zu sein oder zu werden ist niemand verwehrt. Aber die Frage ist, ob es eben *alle* sein können, oder jedenfalls so viele, dass darunter „Generationen" zusammenzufassen wären, also ganze Generationen von (nur) Arbeitsbesitzern, und damit Lohnempfängern, und damit Rentenempfängern. Und das ist genauso wenig möglich, wie wenn *alle* zugleich Kapital- oder Arbeitsbesitzer wären.

Für Kapitalbesitzer stellt sich das Rentenproblem nur bedingt, oder teilweise, oder ausnahmsweise. Die Rente des Kapitalbesitzers ist ja gewöhnlich sein Kapitalertrag, also sein Gewinn, der ihm, falls er Teilhaber einer Aktiengesellschaft ist, regelmäßig aus seiner Dividendenausschüttung zuteil wird. Er kann natürlich auch privat eine Alterssicherung angelegt, und entsprechend aus privaten Mitteln Vorsorge in einer Höhe betrieben haben, dass die so investierten Mittel als Altersruhegeld ausreichen. Aber das gilt alles nicht für den „Normalfall" in dem Sinne, dass die Masse der Lohnempfänger darin enthalten ist. Lohnempfänger besitzen in aller Regel eben kein Kapital, oder nur sehr wenig, und sie besitzen in aller Regel auch keine Aktien, oder nur sehr wenig, im Vergleich zu denen, die tatsächlich „Kapitalisten" und/oder in großem Umfang Aktionäre sind. Renten *können* keine Kapitalerträge sein, jedenfalls nicht in der Regel, so dass dies für ganze Generationen von Lohnempfängern gelten würde. Renten müssen aus Arbeit, also Lohnbezügen erwirtschaftet werden, und aus den gesetzlich festgelegten Anteilen der Kapitalerträge, sie können aber nie (fast nie) nennenswert oder substantiell aus Kapitalerträgen bestehen. Darum war die altbewährte Lösung des Problems der Generationenvertrag: die junge Generation erwirtschaftet und finanziert die Renten der alten Generation.

Kapitalerträge mussten aber im Laufe des langen Kapitalismuslebens eine gewisse Schwindsucht ihrer Erträge erleben, so dass – wie oben gesehen – in aller Regel die Gewinne zurückgehen, und zwar so sehr, dass Gewinne eben nur noch spekulativ, durch das spekulative Wachstum der Vermögenspreise erzielt werden konnten. Diese spekulativen Gewinne gibt es – in der langen Sicht – immer nur unter Vorbehalt; sie können jemandem nur dann als Gewinn zur Verfügung stehen, wenn er früh genug, möglichst vor dem Platzen der nächsten Blase, aussteigt und sein Portfolio verkauft. Wer aber zu spät kommt – und es *muss* immer diejenigen geben, die zu spät kommen und verlieren –, der verliert, und dann kommt es darauf an, ob ein weiteres Mal ein Staat oder eine EG überzeugt werden kann, dass ein Aktionär oder eine Bank „too big to fail" ist. Für dieses Spiel gibt es keine andere Variante als die nun seit über 20 Jahren immer wieder durchgespielte, und es *kann* auch keine andere geben. Trotzdem ist es immer wieder möglich, Menschen, Gesellschaften oder politische Akteure aufs Glatteis zu führen, so dass sie windigen Betrügern sauer erwirtschaftetes Geld, Privates oder veruntreutes aus Steuergeldern, in den Rachen werfen. Dem noch jungen und unerfahreren Finanzminister Christian Lindner scheint das Kunststück wieder einmal zu gelingen, obwohl eigentlich kein vernünftiger Mensch es fassen kann.[269] Dass es auf Dauer aber nicht „gute Löhne" sind, die die Renten sichern, und seien sie noch so hoch, das wird erst im übernächsten Kapitel deutlich werden können.

Jeffrey Sachs und die teuflische Saat der Zeloten

Professor Jeffrey Sachs, von dem wiederholt die Rede war, sagte in einem Interview mit dem ebenfalls schon erwähnten Richter und Moderator Andrew Napolitano:

„Israel lässt die Menschen in Gaza absichtlich verhungern. Verhungern! Das ist eine Übertreibung. Der Staat Israel ist kriminell. Israel befindet sich in einem fortgesetzten Status als Kriegsverbrecher, in einem genozidalen Status, ohne Scham, ohne Reue, ohne Wahrheit, ohne Einsicht in das, was es tut. Da ist eine mörderische Bande in der Regierung. Das sind Zeloten. Sie werden nicht aufhören. Sie haben so eine messianische Vision, alle heutigen palästinensischen Gebiete zu kontrollieren; sie glauben an ethnische Säuberungen oder Schlimmeres."[270]

Die Zeloten waren, wie eingangs im geschichtlichen Überblick gesehen, die kriegerischen Extremisten, denen das Volk Israel die Zerstörung Jerusalems, die endgültige

Zerstörung des Tempels und den Verlust der Heimat in Palästina zu verdanken hat. Sie haben den Aufstand gegen Rom angezettelt, und sind am Ende in blinde Zerstörungswut verfallen. Diese Saat scheint heute, nach zweitausend Jahren, aufzugehen. Wer zu diesem vernichtenden Urteil über den Staat Israel kommt, ist also jemand, dem ein Urteil zugetraut werden darf. Sachs war in den 1980er- und 1990er-Jahren beratend für mehrere Staaten tätig, ab 1989 in Polen, und ab 1991 auch in Russland. Nach seinen eigenen Schilderungen verliefen die aufgrund seiner Beratung getroffenen Maßnahmen in Polen erfolgreich, in Russland seien seine Bemühungen aber blockiert worden; finanzielle Mittel wurden gestrichen, und er vermutet, dass man verhindern wollte, dass seine Bemühungen in Russland ähnlich erfolgreich verlaufen. Seit Beginn der Ukraine-Krise hat Sachs sich immer wieder für Deeskalation ausgesprochen und auf die Hintergründe der Entstehung der Entzweiung zwischen Ost und West hingewiesen; den Krieg in der Ukraine hat Sachs wiederholt als „Proxy-Krieg" der USA gegen Russland bezeichnet.

In einem in Eriwan, Armenien am 16. November 2024 gehaltenen Vortrag hat Jeffrey Sachs seine Erfahrungen mit den Bemühungen der Amerikaner geschildert, dem damaligen russischen Präsidenten Jeltzin dabei zu „helfen", ihn auf dem Weg zu westlicher Freiheit und Demokratie zu bringen, und wie schändlich sie ihn dabei hintergangen haben; es ist lohnend, seine Erinnerungen hier in Gänze einzuschieben:

Im Dezember 1991 leitete ich eine Delegation von Wirtschaftswissenschaftlern zu einem Treffen mit dem russischen Präsidenten Boris Jelzin. Der Raum im Kreml war riesig, fast so groß wie ein Fußballfeld. Wir warteten und warteten, und dann öffnete sich ganz hinten in der Ecke die Tür, und Präsident Jelzin stürmte an den Tisch. Er setzte sich direkt vor mich. Ich war der Leiter unserer Delegation und er sagte: „Meine Herren, ich möchte eine Ankündigung machen: Die Sowjetunion ist vorbei." Es war erstaunlich, besonders als Amerikaner, das im Kreml von Angesicht zu Angesicht mit dem Präsidenten Russlands zu hören – es war etwas ungewöhnlich.

Dann zeigte er auf den Raum im Hintergrund und sagte: „Wissen Sie, mit wem ich mich dort getroffen habe?" Ich habe mich mit den Militärchefs getroffen, und sie haben dem Ende der Sowjetunion zugestimmt. Ich kann also sagen, dass die Sowjetunion vorbei ist." Nun, solche Momente erlebt man im Leben nicht oft – das war wirklich außergewöhnlich. Präsident Jelzin sagte dann weiter: „Was will Russland?" Russland möchte ein demokratisches Land sein. Russland möchte ein friedliches Land sein. „Russland will kooperieren." Und das Wort, das ihm am besten gefiel: „Russland will normal sein." „Wir wollen normal sein – kein Bolschewismus mehr – wir wollen normal sein." Dann war es für mich an der Zeit, das Wort zu ergreifen, und ich sagte: „Präsident Jelzin, das ist für uns sehr bewegend und wir fühlen uns geehrt, hier bei Ihnen zu sein. Ich möchte Ihnen versichern, dass das, was Sie gesagt haben, der größte Traum der Vereinigten Staaten ist. Wir haben seit 45 Jahren einen Kalten Krieg. Wir standen am Rande eines Atomkrieges. Was Sie sagen, Herr Präsident, ist wirklich eine Symphonie für die Vereinigten Staaten. Das sind die bestmöglichen Neuigkeiten. Ich bin auch sicher, dass die Vereinigten Staaten Ihnen finanziell helfen, Ihnen bei der Stabilisierung helfen und Ihnen bei der Reform der Wirtschaft helfen werden, denn was könnte wichtiger sein?"

Ich habe mich geirrt.

Die Vereinigten Staaten haben überhaupt nicht geholfen.

Und ich habe mich auch aus einem interessanten persönlichen Grund geirrt: Zwei Jahre zuvor war ich Polens Berater. Durch eine seltsame Wendung des Schicksals wurde ich als nicht-polnischer Berater zum leitenden Berater der polnischen Regierung für Wirtschaftsreformen. Damals empfahl ich den Vereinigten Staaten und Europa viele Dinge, die sie tun sollten, um Polen zu helfen, zum Beispiel, Polen seine Schulden nicht bezahlen zu lassen, weil sie erdrückend waren. Ich empfahl, die Hälfte der Schulden zu streichen, Polen Milliarden von Dollar zu geben, damit es wieder loslegen kann, ein soziales Polster bereitzustellen und so weiter.

So ziemlich alles, was ich empfohlen habe, wurde übernommen. Nun, ich war damals 35 und dachte: „Ganz gut, wissen Sie – der Präsident hört mir zu, der Nationale Sicherheitsberater hört mir zu, der Kongress hört mir zu." Und sie haben es getan, und für Polen hat es funktioniert. Wenn wir Polen also eine Milliarde Dollar für einen Stabilisierungsfonds geben würden, bekäme Russland vier Milliarden. Hätten wir einen Kredit in dieser Höhe, bekäme Russland das Vierfache und so weiter, als Faustregel. Als ich dasselbe empfahl (für Russland), war die Antwort: „Nein, Herr Sachs, das werden wir nicht tun."

Ich konnte es nicht verstehen.

Ich war natürlich naiv – ich machte Ökonomie, aber sie machten Geopolitik. Sie konnten nicht auf die Idee kommen, dass wir Russland helfen würden. „Machst du Witze? Russland ist unser Feind. Warum sollten wir Russland jemals helfen? Natürlich wollen wir nicht, dass sie zusammenbrechen und Atomwaffen abwerfen, aber wenn sie nur langsam zusammenbrechen, ist das in Ordnung." Ich glaube nicht, dass es einen guten Willen gab. Bush Sr. lehnte alle meine Vorschläge ab, und dann tat Clinton dasselbe. Ende 1993 trat ich schließlich zurück. Seitdem werde ich für alles verantwortlich gemacht, was dort passiert ist. Tatsächlich hatte ich nichts mit Privatisierung, Oligarchen, Aktienverleih, Diebstahl zu tun – nichts! Ich war nicht einmal dort, aber ich wurde für alles verantwortlich gemacht.

Dies war auch eine Lektion darüber, wie die Medien funktionieren.

Die Medien sehen Sie auf eine bestimmte Art und Weise, etikettieren Sie, und es spielt keine Rolle – wahr, falsch, was auch immer Sie sagen. Sie können 30 Jahre lang sprechen – nichts ist wichtig. Jedenfalls war das meine Erfahrung. Ich beschwere mich nicht einmal – es war eine interessante Lebenserfahrung, ein wenig bizarr. Was ich jedoch sah, war, dass die USA keinen Finger rühren würden, um Russland wirklich zu helfen.

Ich habe es die nächsten 15 Jahre lang nicht verstanden, weil unter meinen Wirtschaftskollegen alles eine Debatte war: „Ist Schocktherapie klug oder dumm?", „Ist Sachs ein Idiot?", „War das ein guter Rat oder ein schlechter Rat?", „Hätte es nicht schrittweise erfolgen sollen?" – alle möglichen Argumente, die nichts mit den tatsächlichen Problemen zu tun hatten, über die wir sprachen. Hat nichts mit den wirklichen Problemen zu tun! Okay, das ist die Wissenschaft – völlig losgelöst von dem, was sie tun sollte, wenn es nicht um echte Problemlösungen geht. Sie können nicht herausfinden, was in der Welt vor sich geht, wenn Sie nicht tatsächlich versuchen, ein Problem zu lösen. Und wenn man niedergeschlagen wird, lernt man etwas. Man lernt, warum Dinge nicht funktionieren oder warum sie funktionieren."

Das waren also die Erfahrungen, die Sachs damals aus erster Hand machte, im persönlichen Gespräch mit Boris Jeltzin: Russland wollte ein demokratisches Land sein und ein friedliches Land sein und kooperieren, und es wollte „normal" sein – kein Bolschewismus mehr, nur normal. Aber das wollte man Boris Jeltzin ebenso wenig zugestehen wie nach Jeltzin Wladimir Putin: Russland sollte der Feind sein und zusammenbrechen, nicht gleich, aber langsam, und die Atomwaffen abgeben. So viel also zu Russland und dem Friedenswillen und der Ehrenhaftigkeit der Amerikaner. Die monatelangen Erfahrungen mit der Kriegsführung Israels im Gaza-Streifen haben Sachs zu einem ähnlichen Urteil gebracht. In dem Zusammenhang ist es natürlich der Erwähnung wert, dass er aus einer jüdischen Familie stammt; sein Urteil scheint in keiner Weise mit familiären oder ethnischen Vorprägungen zusammenzuhängen oder davon beeinflusst zu sein, wie man es umgekehrt annehmen könnte, wenn man Israel-Kritikern Antisemitismus unterstellt. Dass die Menschen im heutigen Israel sich nun auf erschreckende Weise ähnlich den aus der Historie bekannten „extremistischen Zeloten" verhalten, und dass deren Verhalten wiederum fatale Ähnlichkeit zu den oben nachgezeichneten Verhaltensmustern der „Zionist-Connection" aufweist, muss offenbar andere Gründe haben.

Was Sachs im obigen Interview mit Andrew Napolitano beschreibt, ist keine Petitesse. Sachs wirft dem Staat Israel absichtliches Aushungern vor, bis zum Tode, für potentiell hunderttausende, ja Millionen Menschen. Das wäre Genozid; tatsächlich hat der Staat Südafrika Israel vor dem Internationalen Gerichtshof (IGH) Genozid vorgeworfen, und inzwischen hat Südafrika den Internationalen Gerichtshof per Eil-Antrag aufgefordert, Israel anzuweisen, humanitäre Hilfe in den umkämpften Gazastreifen zu lassen.[271] Der IGH scheint aber gehemmt in seinem Interesse, internationales Recht durchzusetzen.[272]

Es ist inzwischen eine bedrückende Zahl von Fällen bekannt geworden die belegen, dass im Gaza-Streifen, aber auch im Westjordanland die Vandalen hausen, wie man sagen kann, und sich, wie Sachs schreibt, ohne Scham, ohne Reue, ohne Wahrheit und ohne Einsicht in das Unrecht ihres Tuns über jedes Recht hinwegsetzen. Offenbar lässt die Welt sie gewähren; die Medien stellen eine absolut undurchdringliche Mauer des Schweigens vor den täglichen Horror, und Journalisten, die diese Mauer zu durchbrechen versuchen um der Welt von dem Horror zu berichten, sind in so großer Zahl von der IDF erschossen worden, dass die Berichte verstummt sind.[273]

Ein jüngstes Beispiel für das unmenschliche und zynische Vorgehen der IDF ist der Vorfall, der sich ereignete, als ein Hilfskonvoi für die ausgehungerte Bevölkerung ins Land gelassen werden sollte. Die Menschen drängten sich, wie zu erwarten in dieser Situation, um den Konvoi, wo die Hilfsgüter verteilt werden sollten, aber die IDF hat offenbar das Feuer auf die hilflosen und unbewaffneten Menschen eröffnet, und dann behauptet, die IDF-Soldaten hätten sich bedroht gefühlt. Über 100 Menschen kamen ums Leben, und die Schussverletzungen der getöteten Menschen belegen, dass offenbar gezielt und in Tötungsabsicht auf die Menschen geschossen worden ist, die in Brusthöhe und im Kopf getroffen wurden.[274] In New York musste sich einmal mehr der UN-Sicherheitsrat mit dem Vorfall beschäftigen, nun in einer Dringlichkeitssitzung hinter verschlossenen Türen. Algerien legte einen Entwurf vor, in dem „tiefe Besorgnis" zum Ausdruck gebracht wird und „Schüsse der israelischen Armee" für die Eskalation der Lage verantwortlich gemacht werden; 14 der 15 Mitglieder des UN-Sicherheitsrates haben in der Sitzung den Text unterstützt, nur die Veto-Macht USA war dagegen.[275]

Das Folgende möge verdeutlichen, wie Israel-Lobby und „Zeloten" kooperieren: In der deutschen Illustrierten „Der Stern" erschien am 22.11.2023 auf der Plattform „X" ein mit Handy gefilmtes Gespräch mit einem New-Yorker Fastfood-Verkäufer. Der „Stern" schreibt: „Aufnahmen mehrerer rassistischer Vorfälle an einem Food-Stand sorgen derzeit auf der Plattform ‚X' für Empörung. Nun stellt sich heraus: Bei dem abgebildeten Mann handelt es sich um den ehemaligen US-Diplomaten Stuart Seldowitz, der unter anderem während der Regierungszeit von Barack Obama für den Nationalen Sicherheitsrat tätig war." Seldowitz bedenkt den offenbar moslemischen Verkäufer mit wüsten Beschimpfungen und Beleidigungen, gegen dessen Person und den Koran. Seine die Welt empörende Behauptung gegenüber diesem Mann: „4000 tote palästinensische Kinder sind nicht genug." Seldowitz ist jüdisch und amerikanischer Israeli; seine Äußerungen sind gefallen etwa einen Monat nach Beginn des Gaza-Kriegs am 7. Oktober.[276] Durchaus bemerkenswert ist, welch sadistisches Vergnügen Seldowith seine Schilderungen offenbar bereiten; dem Fastfood-Verkäufer berichtet er von Folterungen unter Husni Mubarak in Ägypten, bei denen den Opfern die Fingernägel von den Fingern gerissen werden, einer nach dem anderen.

Seldowitz war schon für die frühere Außenministerin Madelaine Albright tätig; er ist etwa zu sehen in der Aufzeichnung einer Sitzung des UN-Sicherheitsrates in New York, wo er in der Gruppe der US-Vertreter hinter Madelaine Albright sitzt. Über die Jahre hatte er wichtige Positionen in den Außenministerien inne; während der Buschjahre war er tätig als stellvertretender Direktor in der Abteilung des Büros für Israel- und Palästina-Angelegenheiten. Seine wichtigste Aufgabe über die Jahre: die Illusion der Zwei-Staaten-Lösung aufrechterhalten. Von Benjamin Netanjahu weiß man, dass der es als seinen größten Erfolg bezeichnet hat, die Zwei-Staaten-Lösung verhindert zu haben; die Zwei-Staaten-Lösung war für diese Kreise also immer nur die Finte, um für die Palästinenser den leidvollen Status als israelische Besatzungsmacht aufrecht zu erhalten. Mit dieser ehrenvollen Aufgabe betraut war auch Stuart Seldowitz.

Seldowitz war beschäftigt bei der New-Yorker Lobby-Firma Gotham Government Relations, deren (jüdischer) Gründer und Präsident David Schwartz unter anderem als Fund-Raiser und als Strafverteidiger tätig ist.[277] Zu der Firma Gotham Government Relations gehört unter anderen der Miet-Lobbyist Shai Franklin, gleichzeitig Mitarbeiter der israelischen Handelskammer im Kosovo. Die beiden haben zusammen um Unterstützung für Israel während dieses Krieges gegen Gaza geworben, und sogar dabei geholfen, pro-israelische Demonstrationen zu organisieren, an denen Seldowitz selbst teilgenommen hat. Ein anderer Mitarbeiter der Firma Gotham Government Relations ist Gary Ackerman; er ist US-Kongressabgeordneter mit sehr engen Beziehungen zur AIPAC, und er schaffte es sogar bei der Freilassung eines israelischen Kriegsgefangenen zu helfen. Zusammen mit Danny Danon, dem israelischen Botschafter bei den Vereinten Nationen, haben sie an einer Feier zum 70. Jahrestag Israels bei den Vereinten Nationen teilgenommen.

Stuart Seldowitz ist kein Einzelfall; er war beteiligt an den Feldzügen der letzten Jahrzehnte, in denen es zu Kriegen und Völkermorden in Afghanistan und im Nahen Osten kam; er hat gesehen, wie Menschen im Irak mit abgereichertem Uran bombardiert worden sind, mit der Folge, dass künftige Generationen zunehmend von Krebs bedroht sind oder deren Kinder schon mit durch Krebs verursachten Deformationen geboren werden; mit Deformationen, die noch schlimmer sind als die von Hiroshima. Die Kriege und Kriegsfolgen, die Seldowith und seine Regierung dem Rest der Welt auferlegten, verursachten unsagbares menschliches Leid, und so waren die Beschimpfungen und die sadistischen Ideen, als er diesem Straßenverkäufer in New York vortrug, nicht nur durchgedrehte sadistische Phantasie, sondern tatsächliche Politik.

Immerhin hat der Bericht über Seldowitz die Aufmerksamkeit der Öffentlichkeit auf sich gezogen, zumindest für kurze Zeit. Am 8. März erschien nun in der Times of Israel ein Bericht, der ebenfalls Aufmerksamkeit erregen sollte, es aber nicht tat: das UNWRA sagt aus, einige seiner Mitarbeiter seien von israelischen Behörden unter Folter zu der Aussage gezwungen worden, dass sie an den Ausschreitungen der Hamas am 7. Oktober teilgenommen hätten. Die Times of Israel schreibt, die Behauptungen seien in einem von Reuters geprüften Bericht des UNRWA vom Februar 2024 enthalten, in dem die Vorwürfe von Misshandlungen in israelischer Haft durch nicht identifizierte Palästinenser, darunter mehrere, die für das UNRWA arbeiten, detailliert beschrieben werden: „Mitarbeiter der Agentur waren während ihrer Haft Drohungen und Nötigung durch die israelischen Behörden ausgesetzt und wurden unter Druck gesetzt, falsche Aussagen gegen die Agentur zu machen, einschließlich der Aussage, dass die Agentur Verbindungen zur Hamas habe und dass UNRWA-Mitarbeiter an den Gräueltaten vom 7. Oktober 2023 beteiligt gewesen seien, heißt es in dem Bericht. Zusätzlich zu den mutmaßlichen Misshandlungen, denen UNRWA-Mitarbeiter ausgesetzt waren, schilderten palästinensische Häftlinge die Misshandlungsvorwürfe umfassender, darunter Schläge, Demütigungen, Drohungen, Hundeangriffe, sexuelle Gewalt und Todesfälle bei Häftlingen, denen medizinische Behandlung verweigert wurde, heißt es in dem UNRWA-Bericht.“[278] Der Sender TRT-Deutsch berichtet über systematische Folterungen und Misshandlungen durch israelische Behörden und bezieht sich dabei auf ein Papier des UNRWA-Chefs Philippe Lazzarini: „Hunderte Freigelassene hätten UNRWA von ‚systematischen Demütigungen‘ berichtet, sagte UNRWA-Chef Philippe Lazzarini am Montagabend (Ortszeit) in New York und bestätigte die Existenz des Papiers.“[279] Beides sollte die Öffentlichkeit doch nun hellauf in Empörung versetzen und alarmieren und wachrütteln, aber von Seiten der großen Medien blieben Reaktionen dazu aus.

Um dem Horror aus dem demokratischen Musterstaat Israel die Krone aufzusetzen: Der Rabbi Eliyahu Mali ruft dazu auf, alle Palästinenser in Gaza „auszurotten“; im „heiligen Krieg“ gelte die Regel: „Verschone keine Seele.“ Die Torah sei sehr klar in dieser Regel: „Wenn du sie nicht tötest, werden sie versuchen dich zu töten;“ es gelte „entweder du oder sie“. Auch da sind es nur kleinere regionale Medien oder, mit größerer Reichweite, der türkische Sender TRT-World, die darüber berichten; TRT-World schreibt: „Israels militanter Mönch und Terrorprediger Eliyahu Mali hat zum Völkermord an den belagerten Palästinensern in Gaza aufgerufen und behauptet, dies stehe im Einklang mit der Halakha, dem jüdischen Gesetz. Mali, der in Israel eine extremistische Schirat-Mosche-Religionsschule leitet, deren Schüler Militärdienst leisten, sagte, ‚es gibt keine unschuldigen Menschen‘ in Gaza und alle Babys in der Enklave müssten abgeschlachtet werden."[280] Offenbar gibt es in dem vorbildlich demokratischen Musterstaat Israel keine Gesetzgebung, die offen kriegshetzende und zu Mord aufstachelnde Äußerungen in der Öffentlichkeit verbieten und ahnden würde, im Gegenteil: solche Äußerungen bekommen in Israel den Segen eines Rabbis, einer religiösen Autorität und eines Lehrers, der künftige Militärs ausbildet. USA und Israel sind tatsächlich der Welt-Terrorist – aber die Welt schaut zu und schweigt.-

Soweit also die zusammenfassende Schilderung der von der „Zionist-Connection" angerichteten Spur der Verwüstung. Die Welt sollte also augenblicklich auf die Barrikaden stürmen und sich erheben und eine „Real Revolution" (Jimmy Dore) ausrufen, aber diese teuflische Bande Krimineller spinnt ihre Netze ungehindert weiter und wirkt bis hinein in die jüngste Gegenwart, bis heute, Tag für Tag.-

Dass es im Alltag der Menschen und in der Welt der Wirtschaft immer mehr Spuren hinterlässt, wenn die Alltagswelt von Kriminellen beherrscht ist, sollte nicht verwundern. So wurde etwa eine Reihe von Zwischenfällen mit Flugzeugen des US-Herstellers Boeing bekannt, die auf dramatische Qualitätsmängel und eine zerrüttete „Corporate Identity" in diesem Unternehmen schließen lassen; es kam zu mehreren Fast-Unfällen mit im Flug herausgebrochenen Türen oder einer brennenden Boeing-747 über Miami.[281] Der bisher schwerste Zwischenfall dürfte der mysteriöse Tod eines ehemaligen Boeing-Mitarbeiters sein, der zu einer Anhörung wegen eines laufenden Prozesses gegen Boeing geladen war, und im Auto auf dem Parkplatz seines Hotels durch eine angeblich selbst beigebrachte Schusswunde zu Tode gekommen ist.[282] Hinzu kommen allgegenwärtige Anzeichen von Verfall und Degeneration mit Drogensucht, Obdachlosigkeit, verwahrlosten Innenstädten, etwa dem Aufmarsch der Nationalgarde an einer New-Yorker U-Bahn, um kriminellen Schusswaffengebrauch einzudämmen, und immer dramatischer um sich greifender Beschaffungskriminalität in den Läden, nachdem die Polizei kapituliert hat und Ladendiebstähle nicht mehr verfolgt.[283] Der „Comedian" Jimmy Dore sagte auf „X" dazu: „Dies sind die Folgen der Legalisierung von Drogen, Massenmarketing und Alkohol sowie einer Grenze, die es erlaubt, dass verschreibungspflichtige Medikamente Amerika überschwemmen." Seine Erkenntnis daraus, einmal mehr: „America needs a real revolution!"[284]

Die große Frage die sich stellt angesichts all dessen: wie ist es möglich dass die ganze Welt wie gelähmt und hypnotisiert zuschaut und nicht versteht, was sich da vor unseren Augen entfaltet – während diese Mafia immer mehr an Macht gewinnt, und dabei die Zukunft nicht nur der heutigen Generation massiv bedroht, bis hin zur Gefahr des finalen atomar-infernalen Kollaps? Die damit zusammenhängende, mindestens genauso große Frage: Was kann man tun, und möglichst noch früh genug?

Es scheint immens wichtig die Natur dessen zu verstehen, was sich da entfaltet, und aus welcher uralten Saat diese Bestrebungen stammen. Es ist wichtig zu verstehen: es ist nicht „der Kapitalismus" oder „der Neoliberalismus" oder „das Imperium USA", das die Welt terrorisiert, und schon garnicht ist es der Überbösewicht Putin oder der Diktator Xi Yinping. Es ist diese „Connection", diese dunkle geheime vernetzte unehrenwerte Gesellschaft, die dahintersteckt; und diese unehrenwerte Gesellschaft, dieses Netzwerk verfolgt eine gewusste, bewusste, untereinander geteilte Absicht. Die zionistischen „Neo-Cons" haben ihre Absichten damals öffentlich gemacht oder jedenfalls das, was sie davon haben erkennen lassen, hinter dem tatsächlich von ihnen veranstalteten gigantischen Hoax; ihre Verbindung zum Staat Israel und zum Judentum haben sie nicht versteckt. Aber heute geschieht sehr Vieles im Verborgenen; zum Beispiel werden in der Öffentlichkeit viele Menschen wissen, dass der Gründer und Eigentümer der US-Firma Oracle der siebtreichste Mann der Welt ist, aber kaum jemand weiß, dass Ellison geboren wurde von einer 19-jährigen jüdischen Mutter, die ihren Sohn zu Pflegeeltern gegeben hat. Ellison pflegt eine enge Beziehung zu Benjamin Netanjahu, und der weiß die Hilfe Larry Ellisons in vieler Hinsicht zu nutzen.

Dass die USA dominiert werden von der mächtigen Israel-Lobby, wie Jeffrey Sachs sagt, ist weithin bekannt und an dieser Stelle nun vielfach beschrieben worden, aber man muss sich kurz vergegenwärtigen wie diese Lobby wirkt. Die Schlacht des 11. September ist lange erfolgreich geschlagen, aber nun ist die Macht der Medien inzwischen dermaßen komplett und überwältigend, dass sie in der Lage sind, Zweifel und Widerspruch einfach auszuhungern und absterben zu lassen; sie müssen Widerspruch nicht bekämpfen und können die Wahrheit von innen aushöhlen und zersetzen wie nach Befall durch einen gefräßigen Holzkäfer. Zur Verdeutlichung eine weitere Zusammenstellung des Ausmaßes der erdrückenden, fast unüberwindlichen Dominanz der jüdischen Medien, der Mediengesellschaften und ihres Managements:

CBS	Sumner Rothstein – Besitzer Les Moonves – Präsident David Rhodes – Nachrichtenchef
ABC	Bob Iger - Besitzer Ben Sherwood – Präsident
NBC	Brian Roberts – Besitzer Bob Greenblatt – Ex-Präsident Noah Oppenheim – Präsident
CNN	David Levy – Präsident Jeff Zucker – Präsident Wulf Blitzer – Anchor
The New York Times	Ochs/Sulzberger – Familie der Besitzer Arthur Sulzberger – Verleger Mark Thompson – Chef vom Dienst
The Washington Post	Eugene Meyer – Käufer 1933 Familie Meyer-Graham – Manager Marty Barron – Chef vom Dienst
Huffpost	Ken Lerer – Mitgründer Jonah Peretti – Mitgründer Lydia Polgreen – Chef vom Dienst
The Guardian	Antony Salz – Rothschild David Pemsel – CEO Katherine Viner – Chef vom Dienst
The Economist	Im Besitz der Rothschild Familie Eli Goldstein - Direktorium
BBC	Marcus Agius – Direktorium Rothschild Danny Cohen – Direktor Ian Katz – BBS Newsnight

Vox	Ezra Klein – Mitgründer, Herausgeber
	Matthew Iglesias - Mitgründer
Buzzfeed	Jonah Peretti – CEO
	Ken Lerrer – Mitgründer
	Ben Smith – Chef vom Dienst

Dies sind die meinungsbildenden Medien, die den Menschen der Welt sagen, was sie denken und meinen sollen; Larry Ellison hat aber mit seinem Unternehmen Oracle auf ganz andere Weise eine Machtposition erreicht, und das nicht nur in den USA, sondern auch in Israel, und mit der Hilfe Israels offenbar auch in der übrigen Welt.

Pro-israelische Kräfte haben sich auch in England ausgebreitet; israelische Geheimdienste haben die Kontrolle über Schlüsselfunktionen britischer Geheim- und Polizeidienste übernommen, und die Daten des National Health Service (NHS), des Außenministeriums, des Innenministeriums und des Verteidigungsministeriums werden von ihnen kontrolliert. Ein israelisches Geheimdienstunternehmen wird von der britischen Polizei unter anderem benutzt zum Hacken von Telefonen; dieses Unternehmen „Celebrite" wird geführt von Absolventen der israelischen Militärgeheimdiensteinheit 8200.[285] Derzeitiger CEO des Unternehmens ist Yossi Carmil[286], der gleichzeitig auch Präsident der Deutsch-Israelischen Außenhandelskammer (AHK) ist.

Die Daten des britischen Innenministeriums, der britischen Verteidigungsministeriums und des NHS werden von dem Datenbank- und Cloudsystem Oracle verwaltet, das jenem Larry Ellison gehört, der enger Freund Benjamin Netanjahus ist. Larry Ellison ist der größte Geldgeber der Wohltätigkeitsorganisation „Freunde der IDF"; Interessen und Mittel des israelischen Militärs sind bei ihm also in guten Händen.-

An dieser Stelle sollte beschrieben werden, auf welche Weise sich das, was man sich zuweilen auch als Manifestation des „tiefen Staats" vorstellt, entwickelt und wie es in die öffentlichen Gemeinwesen hineinwirkt. Dabei muss man vor Augen haben, dass diese Kräfte mit einer extrem hohen kriminellen Energie und gleichzeitig extrem hoher Raffinesse vorgehen, während die Obsession der israelischen religiösen Extremisten gegen die Palästinenser fanatisch und völlig irrational ist. Sie werden einerseits getrieben von der größenwahnsinnigen Eretz-Israel-Idee, um die alteingesessenen Palestinenser aus dem Land zu vertreiben und den Staat Israel in den Irak und den Libanon hinein zu vergrößern, andererseits aber auch wieder von kühlem Profitinteresse, da im Meer vor der Küste des Gaza-Streifens Gasvorkommen zur Ausbeutung vorgesehen oder zumindest in der Evaluierung sind.[287] Israel, Israel-Lobby der USA und die Zionist-Connection haben aber eben, mit Hilfe der Meinungsmedien, der Digitalservices und zahlreicher israelischer Geheimdienste die ganze westliche Welt inzwischen in den Fängen[288], und offenbar werden die Kriegsvorbereitungen gegen Russland mit Hilfe verschärfter Medienpropaganda derzeit enorm intensiviert.[289]

Seit der Wahl Donald Trumps könnte sich diese Sachlage, was das Verhältnis der USA zu Russland angeht allerdings geändert haben. Trump hat mehrfach seine Absicht geäußert, mit Russland eine Phase der Entspannungs- und Friedenspolitik einzuläuten. Trumps Gesandter Steve Wittkoff hat sich nach den ersten mehrstündigen Verhandlungen in Russland geradzu euphorisch über Putin und seine Absichten gegenüber Europa geäußert, und den angeblichen imperialen Absichten Putins vehement widersprochen.[290] Umso heftiger bemüht sich nun Europa, durch massive Ausweitung seiner Rüstungsanstrengungen die angebliche Kriegsgefahr durch Putins imperiale Absichten an die Wand zu malen. Ist hier unter den Zionisten Zwietracht ausgebrochen? Es wird jedenfalls abzuwarten sein, wie diese Angelegenheit am Ende entschieden wird, ob zugunsten einer Friedenslösung für alle Beteiligten, also Europa, die USA, die Ukraine und Russland; ob es eine Separatlösung geben wird und die USA sich raushalten, während Europa weiter aufrüstet, oder ob in diesem Krieg am Ende über alles die Waffen entscheiden – was die Welt nicht überleben würde. Wieso Trump mit Russland nach Entspannung strebt, während er in Gaza weiterhin völlig ungebremst den Genozid und die militärische Eskalation Israels unterstützt, erscheint nicht wenigen Beobachtern einigermaßen rätselhaft. So oder so gibt es wenig Anlass, ganz unbekümmert und zuversichtlich in die Zukunft zu schauen.

Wie ist es aber möglich oder wie kann es möglich gemacht werden, den Blick trotz allem weiter nach vorne zu richten – das ist die große Frage. Im nächsten Kapitel soll es nun zuerst noch einmal wieder um die Kennedy-Morde gehen und die zionistische Spur, die damals in dunkler Absicht gelegt worden ist. Es soll vor allem aber auch gehen um das Erbe, das die Brüder Kennedy der Welt hinterlassen haben, ihre Ideen und ihr Glaube an eine bessere und mögliche Zukunft, um die die Welt betrogen worden ist. Wenn man sich bewusst macht, wie sehr John F. Kennedy die Pläne und Machenschaften dieser mafiösen Gesellschaft durchschaute und wie sehr sie ihm verhasst waren, wie sehr Kennedy aber auch durchdrungen war von einem tiefen und klaren moralischen Empfinden und klaren Ideen, Plänen und Vorstellungen, wie eine bessere Zukunft zu gestalten und zu verwirklichen sein würde, kann man aus der Vergegenwärtigung dieser Ideen und des Geistes, aus dem sie sprechen, Kraft und Zuversicht und Mut zur Überwindung dieser zerstörerischen Kräfte gewinnen, und zur Gestaltung einer helleren, klareren, fruchtbaren und friedlichen Zukunft.

Kennedy war katholischer Christ, christliche Werte und ein christliches Weltbild sollen im Folgenden also ganz bewusst dem gegenüber gestellt werden, was sich sozusagen als der Gegenpol verhält zum christlichen Weltbild, dies aber nicht nur im moralisch-ethischen Sinn, sondern auch im ökonomischen, denn das Fabrizieren von Schulden kann man durchaus auch auffassen als Herrschaftsinstrument, das von diesen Kräften geschaffen, entwickelt und eingesetzt wurde und wird, um den Menschen möglichst auf ewig an unmenschliche, den Menschen von Sachen, Tier und Maschine unterscheidende, ihn aber degradierende und missbrauchende Verhältnisse zu ketten.

5. Christ, Antichrist und fabrizierte Schulden

Vielleicht ist es einer der bezeichnendsten Unterschiede zwischen jüdischem Glauben und jüdischer, alttestamentarischer Gewissenhaftigkeit einerseits, und moderner, aufgeklärter, sprachrationaler Gewissenhaftigkeit andererseits, dass das moderne, aufgeklärte Gewissen, der aufgeklärte „gute Wille" aus der Kraft der je eigenen Vernunft stammt, aus der jedem denkenden Menschen zugänglichen Einsicht in allgemeingültige, verallgemeinerbare, von Zeit, Ort und heiligen Symbolen und auch von aus x-beliebigen heiligen Mündern ausgesprochener Wahrheit unabhängigen Prinzipien; das ist soweit gut kantianische und altbekannte Weisheit.[291] Das alttestamentarische Gewissen dagegen ist darum anders, weil es selber nichts „weiß"; die Stimme des Gewissens lebt nicht in dem Sinne als „Geist" im Gewissen eines Menschen, sondern immer nur als Text-Stück der Schrift, aus der der Mensch sein Wissen über die Gebote zu beziehen hat.[292] Dieses Schrift-Wissen müssen gläubige, orthodoxe Juden verinnerlichen durch mechanisches Wiederholen, durch Aufsagen oder Abschreiben von Texten, oder Benutzen von Gebetsmaschinen. Diese Heilige Schrift kann man transportieren und Schriftrollen oder Abschriften in alle Welt tragen, aber die Worte selber „gibt" es für gläubige Juden nur als Texte, als Bibelzitate aus der Schrift, und nur in dem Sinne haben sie Gültigkeit. Aus diesem Grund können sich die religiösen Glaubenshinhalte der jüdischen Religion auch nicht entwickeln oder modernisieren; sie bleiben seit Urzeiten so, wie sie einmal geschrieben oder überliefert worden sind.

Die Abwesenheit moderner, aufgeklärter Gewissenhaftigkeit erlaubt orthodoxen Juden natürlich, sich davon frei zu machen oder davon für frei zu halten, und nur das für erlaubt oder geboten zu halten, was in der Schrift geschrieben steht; mit dem Ergebnis, dass sie, wie am Beispiel des zur Tötung von Kindern aufrufenden Rabbis gesehen, am Buchstaben der biblischen Texte kleben, einzelne Textfragmente aussuchen und die Menschen Palästinas im ausgehungerten Gazastreifen ohne Skrupel und ohne eine Spur von Mitgefühl für vogelfrei erklären und der Willkür preisgeben.

Daraus erklärt sich natürlich auch die Abgeschlossenheit ihres Weltbildes, und die radikale Trennung zwischen „Wir", „unser Volk", und „sie"; alle andern, denen man sich dann nicht durch moderne, universalisierbare Ehiken verbunden fühlen muss. Dies ist wohl ein Unterscheidungsmerkmal, das für alle anderen Weltreligionen gilt.

Der Jude Jesus Christus hat aber eine völlig andere, neue Glaubenswelt geschaffen. Sofern man überhaupt geneigt ist, eine historische belegbare Figur Jesus Christus für denkbar zu halten und insofern auch geneigt ist, Aussagen dieses Relegionsstifters für denk- oder interpretationswürdig zu halten, dann ist diese Aussage Jesu aus dem Verhör des Statthalters Pontius Pilatus im Prätorium sicher diejenige, die die zentralste und charakteristischste ist, und deren Geschichte in christlichen Kirchen alljährlich zu Ostern vorgetragen wird: „Als Pontius Pilatus Jesus im Prätorium verhört, will er nur eines von ihm wissen: ,Bist du der König der Juden?' (18,33) Jesus erklärt ihm, er sei kein König mit weltlicher Macht: „Mein Reich ist nicht von dieser Welt" (18,36). Doch damit gibt Pilatus sich nicht zufrieden. ,So bist du dennoch ein König' (18,37), hakt er nach. Jesu Antwort: ,Du sagst es, ich bin ein König. Ich bin dazu geboren und in die Welt gekommen, dass ich die Wahrheit bezeugen soll. Wer aus der Wahrheit ist, der hört meine Stimme' (18,37)." So erzählt ein promovierter Theologe und Pastor die Geschichte, die eben diesen zentralen Satz enthält: „Ich bin dazu geboren und in die Welt gekommen, dass ich die Wahrheit bezeugen soll."[293] Die Wahrheit bezeugen – das ist etwas völlig und fundamental anderes als das, was sich in den Köpfen frommer Juden abspielt, die zum Morgengebet ihre Kopf-Tefillin anlegen: Um den Arm gewickelte schwarze Gebetsriemen mit aufgeschriebenen Weisheiten, und kleine schwarze würfelförmige Kästchen, die sie am Kopf festbinden, um dabei hebräische Segenssprüche aufzusagen. In diesen Kästchen soll sich also die Wahrheit befinden.

Die Leidenschaft, mit der dieser Jesus sich zu seiner Mission bekennt, für die Wahrheit Zeugnis abzulegen, offenbart etwas völlig anderes als alttestamentarische Bibelfestigkeit; in der absoluten Verpflichtung, Zeugnis für die Wahrheit abzulegen zeigt sich schon die viel später diskursethisch begründete universale Wahrheitspflicht, die wiederum einmündet in eine universale Friedenspflicht, die von dieser inspiriert ist.

Dieser Ur-Gehalt monotheistischen Glaubens ist wiederum auszumachen in einem Text aus dem Johannes-Evangelium: „Im Anfang war das Wort, und das Wort war bei Gott, und das Wort war Gott."[294] Dies lässt sich so verstehen, dass das Wort als Geist, als Logos, als erkenntnisvermittelndes Sprachmedium, als vermittelnde, Einheit und Frieden stiftende Instanz schon „im Anfang" da war, und dass dies auch als letzte, höchste, göttliche Instanz des immateriellen Geistes verstanden werden kann. Dies mag auch die Wurzel und der tiefere Gehalt der Faszination sein, die „die KI", die künstlich Intelligenz für die – meist fachfremde – Öffentlichkeit ausmacht: mit dem „Wort", hier also das 8-Bit-Wort als „Befehl" aus Computersprachen, wurde es möglich, Maschinensprachen zu schaffen, die Menschen von Sklavenarbeit befreien, und die den Bereich dessen, was menschenmöglich ist, nun in vollkommen ungeahnte Dimensionen der Befreiung von entfremdeter Arbeit, von der „Heteronomie der wirkenden Ursachen" (Kant, s.u.) hinein erweitern *könnten* – wenn die Meister des endlosen Geldwachstums es denn so wollten. Noch wollen sie das aber nicht.

Ein letztes Christus-Wort aus dem Johannes-Evangelium: „Seht, welch eine Liebe hat uns der Vater erwiesen, dass wir Gottes Kinder heißen sollen – und wir sind es auch!" (1.Johannes 3,1) Das ist das Gottesbild des christlichen Neuen Testaments: ein liebender Vater, dem alle Menschen geliebte Kinder Gottes sind. Wie konnte es da aber zu dem Bedeutungsgehalt kommen, der sich in diesem vom israelischen Geheimdienst Mossad vertretenen Motto offenbart:

By Way of Deception Thou Shalt Do War

Das heißt: nicht nur keine Wahrheitspflicht, keine Friedenspflicht, kein Liebesgebot, sondern: Du sollst Krieg führen, mit dem Mittel der Täuschung. Wenn gesagt wird, dies sei die Vorgehensweise der weltweit rücksichtslosesten und gefürchtetsten Organisation professioneller Attentäter und Spionageagenten, die die Welt je gekannt hat, dann wird das oft als weit überzogene Behauptung gesehen; aber die oben wiedergegebenen Schilderungen dieser Organisation scheinen das ja nun zu bestätigen.

Wie kann es sein, dass ein Volk sich ewig mit dem Rest der Welt im Krieg befindet? Es gibt ja die alttestamentarischen Anweisungen des jüdischen Stammesgottes an die Hebräer, jede nichtjüdische Nation zu vernichten, über die sie Macht gewinnen:

„Du wirst alle Völker vernichten, die der Herr, dein Gott, für dich bestimmt. Du sollst in dir kein Mitleid mit ihnen aufsteigen lassen. Und du sollst ihren Göttern nicht dienen; denn dann liefest du in eine Falle." (Deuteronomium 7:16, 20:16)

Oben war bereits vom Blutdurst des Feldzuges gegen die Amalekiter die Rede, und diese blutrünstigen Gebote werden in den heiligen Büchern der Juden so oft wiederholt, dass die Welt inzwischen allen Anlass haben sollte, diese Gebote zu fürchten. Sachs erwähnte die Zeloten, die zur Zeit des römischen Imperiums lebten, aber auch heute erlebt die Welt nun Juden aus Israel als unerbittliche Menschenhasser, die sich gegenüber den Palästinensern genau so verhalten: „Du wirst die Völker vernichten, und Du sollst in dir kein Mitleid mit ihnen aufsteigen lassen." Und, was eben auch den spezifischen Unterschied zu anderen Völkern ausmacht: Du sollst Krieg führen mit dem *Mittel der Täuschung*, also nicht den „ritterlichen", fairen Kampf, der das bedingte Lebensrecht des Gegners trotz allem im Blick behält. Der Kampf mit dem Mittel der Täuschung, ohne Rücksicht und Gewissen, ist aber ein Vernichtungskrieg.

Natürlich, ist dem nun entgegenzuhalten, hat die Welt vor 80 Jahren den Holocaust erlebt, und vor dem Hinterund wird man – zu Recht – sagen, die Juden seinen die letzten, denen man Mitleidlosigkeit vorzuwerfen hätte. Ein Gedanke, der angesichts der Erfahrungen mit dem Gaza-Krieg, aber auch schon nach früheren Erfahrungen seit Staatsgründung Israels immer wieder verstört: Wie kommt es, dass ein Volk, das so viel Leid erfahren musste, kein Mitleid mit dem Leid anderer empfinden kann? Diesem Rätsel auf die Spur zu kommen ist wohl ähnlich schwierig wie die Erklärung für den oben genannten Vernichtungswillen gegen jede nichtjüdische Nation, und für dieses sonst wohl nirgendwo in der Welt vorkommende „Gebot", Krieg zu führen mit dem Mittel der Täuschung. Dazu muss man sich klarmachen: beim Krieg gegen Gaza ist Israel bzw. die IDF die Krieg führende Nation, aber tatsächlich sind es wohl viel mehr die USA, die am Gängelband der jüdischen Lobby Krieg gegen „jede nichtjüdische Nation" führen – ein Gedanke, der leider wenig Tröstliches zu bieten hat.-

Kant sagte nun in der Einleitung zur Grundlegung der Metaphysik der Sitten, in der Welt kann nichts so unbedingt für gut gehalten werden als nur ein guter Wille. (s. u.) Das heißt aber: der gute Wille muss schon *in der Welt sein*; für gut gehalten werden kann eben *darum* nur ein guter Wille – also ein denknotwendigs Urteil *a posteriori*. Was aber, wenn der Wille gar nicht *gut ist*? Ist der Wille eben gut – oder aber auch böse?[295]

Das ist ein Dilemma, dem man schwer entfliehen kann, wenn es um die Frage der Freiheit des Willens geht. Der christliche Glaube, das christliche Weltbild „sieht", kennt oder glaubt an einen gütigen, liebenden Vater; und die aufgeklärte Philosophie glaubt, die Vernunft selbst, der Logos, das Wort sei *a priori* gut. Aber der Wille ist frei; damit ein Wille gut sein kann, muss er auf einer freien Entscheidung beruhen. Eine Entscheidung zum Gutsein muss also gefallen sein, bevor etwas in der Welt für gut gehalten werden kann – auch das also ein denknotwendigs Urteil *a posteriori*.

Wer entscheidet? Kann es sein, dass es zwei Götter gibt: den gütigen, verzeihenden Vater, der eine Welt liebender Kinder erschuf, und den rach- und herrschsüchtigen Vater, der aller übrigen Welt mit Vernichtung droht, und der vor Fallenstellern warnt, die man mit den Mitteln der Täuschung hintergehen oder ihnen zuvorkommen muss? Gibt es zwei Götter, oder nur einen, der sich aber nun so oder so zu entscheiden hat? Jüdische Schriftgelehrte müssen sich so oder so mit dieser Frage nicht plagen, ganz unabhängig davon, welcher Glaubenslehre sie anhängen; gültig ist so oder so das geschriebene und von den Propheten gesprochene oder geschriebene Wort Gottes.

Aber plagen muss sich letzten Endes dann doch wieder die Vernunft selber. Und die Vernunft sagt: wir *haben nicht* die Wahl, wir können uns nicht *gegen* die Vernunft entscheiden; diese Entscheidung und diese Pflicht ist unhintergehbar, sagt zum Beispiel der „Letztbegründer" Karl-Otto Apel.[296] Apel ist geleitet von der Frage, wie die Beschaffenheit des „Guten" mit Vernunft begründet werden, und er glaubt, es gibt eine letzte, nicht bestreitbare Begründung für das, was für vernünftig gelten muss. Diese letzte Begründung sieht Apel in der Unmöglichkeit, einem „performativen Selbstwiderspruch" zu entgehen: Was nicht bestritten werden kann, ohne in einen performativen Selbstwiderspruch zu geraten, muss als Letztbegründung gelten.

Jeder ernsthaft Argumentierende, sagt Apel, setzt implizit voraus, dass Diskurse zu wahren Ergebnissen führen können; Wahrheit also grundsätzlich möglich ist. Dies bedeutet nach Apel, dass die Argumentationssituation für jeden Argumentierenden „unhintergehbar" ist, denn jeder Versuch ihr zu entfliehen, etwa durch Lügen oder durch Diskursverweigerung, offenbart, dass er sich inkonsistent verhält; Apel nennt dies das „Apriori der Argumentation". Wer sich also so verhält wie etwa oben von Jeffrey Sachs beschrieben, und „ohne Scham, ohne Reue, ohne Wahrheit, ohne Einsicht in das, was er tut" gegen Gebote der Vernunft verstößt, gerät in einen performativen Selbstwiderspruch, weil er „sich zugleich selbst die argumentative Kompetenz streitig macht" (Apel); weil er früher oder später zugeben muss, dass er doch gegen allgemeine Wahrheitspflichten verstoßen hat. Kein Mensch kann sich vor aller Welt zu bedingungsloser Lügenhaftigkeit bekennen, ohne aus jeder Kommunikationsgemeinschaft oder Gesellschaftsformation ausgeschlossen zu werden; darum ist es für dieses gezeigte Verhalten Israels gegenüber den Palestinensern typisch, dass sie ständig mit dem – eigentlich ja doch gültigen – Wahrheitsgebot in Konflikt geraten, und ständig versuchen müssen ihm auszuweichen, und sich neue Lügen ausdenken.

Nun sagt aber der Mossad, du *sollst* betrügen und alle Völker vernichten, die „der Herr, dein Gott, für dich bestimmt." Diese fremden Völker, die die Gegner sind, dürfen betrogen und vernichtet werden, aber – dürfen sie sich denn auch gegenseitig betrügen? Gibt es eine Wahrheits- und Rechtspflicht auch untereinander? Ist ohne Rechts- und Wahrheitspflicht eine gesellschaftliche Ordnung überhaupt möglich? Nun, das vielleicht schon, aber sie haben gegenüber der „Außenwelt" einen parasitären Vorbehalt gewissermaßen in ihr Rechtsverständnis eingebaut. Der Wohlstand, den sie schaffen, stammt gewöhnlich nicht oder nicht primär aus eigenem Schaffen und Arbeitsvermögen, sondern aus Betrug und Übervorteilung Dritter, woraus in gewissen Grenzen auch folgen würde: Gesellschaften oder Staaten, die amoralisch sind, sind nur begrenzt aus eigener Kraft, aus eigenem Vermögen existenzfähig.

Dies wäre ein Schluss der zu ziehen wäre aus der o. g. Mossad-Regel, den man auch für bezweifelbar halten könnte, aber wenn es erlaubt ist, aus der Existenz dieses „Gebots", auf das der Mossad sich beruft, Schlüsse zu ziehen, dann ist es vielleicht auch erlaubt, aus einem Wort des Propheten Jesaja Schlüsse zu ziehen: „Du wirst dich vom Reichtum der (anderen) Nationen ernähren und dich ihres Reichtums rühmen." (Jesaja 61:6). Da wäre also der parasitäre Vorbehalt, und er findet sich auch anderswo: Aristoteles unterscheidet in der Ökonomik zwischen natürlicher Hausverwaltungskunst und der Chrematistik, dem „unnatürlichen" und unsittlichen Gelderwerb, bei dem das Ziel die Anhäufung unendlichen Geldreichtums ist, und auch das Deuteronomium verbot Geldgeschäfte, allerdings nur zwischen Juden: „Von einem Ausländer darfst du Zinsen verlangen, aber von deinem Bruder darfst du keine Zinsen verlangen". (Dtn 23:21) Die jahwistischen Priester dachten wohl auch schon daran, ganze Nationen durch Schulden zu versklaven: „Wenn der Herr, dein Gott, dich segnet, wie er es dir zugesagt hat, dann kannst du vielen Völkern gegen Pfand leihen, du selbst aber brauchst nichts zu verpfänden; du wirst über viele Völker Gewalt haben, über dich aber werden sie keine Gewalt haben." (Dtn 15:6)[297]

Dieses Rechtsverständnis mag nun vorsintflutlich erscheinen, und man möchte denken heutige israelische Rechtsstandards haben sich modernisiert, aber dazu sei an einen vielfach in sozialen Medien geteilten kurzen Videoclip erinnert, in dem ein jüdischen Siedler auftritt und eine Palästinenserin aus ihrem Haus vertreibt, mit dem Argument: „Wenn ich das Haus jetzt nicht stehle, wird jemand anderes es stehlen."[298]

Beliebt gemacht haben sich die Juden bei anderen Völkern jedenfalls nicht, wie aus folgenden kurzen Zitaten aus der deutschen Ideengeschichte hervorgeht:

- Für Voltaire (François-Marie Arouet) ist das Judentum eine unmoralische und materialistische Religion, die zu überwinden sei (was auch Kant glaubte: das Judentum müsse auf den Weg zu einer Höherentwicklung gebracht werden und absterben („Euthanasie des Judentums")); Voltaires deftige Worte: „Die Juden sind die allergrössten Lumpen, die jemals die Oberfläche der Erde besudelt haben."

- Georg Christoph Lichtenberg: „Der Jude ist ein unersättlicher, habgieriger Betrüger."

- Georg Wilhelm Friedrich Hegel: „Der Löwe hat nicht Raum in einer Nuss, der unendliche Geist nicht Raum in dem Kerker einer Judenseele."

- Johann Gottlieb Fichte: „Fast durch alle Länder Europas verbreitet sich ein mächtiger, feindselig gesinnter Staat, der mit allen übrigen im beständigen Kriege steht, und der in manchen fürchterlich schwer auf die Bürger drückt; es ist das Judenthum."

- Johann Gottfried Herder: „Die Juden sind eine parasitische Pflanze auf den Stämmen anderer Nationen."

- Johann Heinrich Pestalozzi: „Hat je ein Jude aufgehört, alle Menschen, die nicht Juden sind, zu verachten und sie gelegentlich zu bestehlen?"[299]

Offensichtlich äußern diese klassischen Denker sich hier weder besonders freundlich, noch bemühen sie sich um juristische oder zumindest sachlich begründete Absicherung oder Einordnung, keine Frage, aber haben sie vor dem Hintergrund der oben genannten Prophetenworte vielleicht auch eine gewisse Berechtigung? Über allem steht ja gewissermaßen der Prototyp des Gotteswortes, mit dem dieses „auserwählte Volk" sich bei allen anderen Völkern nicht sehr beliebt gemacht haben dürfte:

„Denn du bist ein Volk, das dem Herrn, deinem Gott, heilig ist. Dich hat der Herr, dein Gott, ausgewählt, damit du unter allen Völkern, die auf der Erde leben, das Volk wirst, das ihm persönlich gehört." (Deuteronium 7,6)

Die Reaktion, die solche Äußerungen heute hervorrufen, besteht in aller Regel im Vorwurf des Antisemitismus, nach dem Muster: Was du über Juden (oder Israeli oder das Judentum) sagst, beweist, dass du Antisemit bist, darum kann es nicht wahr sein. Das ist aber ein logischer Fehlschluss: die Conclusio folgt hier nicht aus Beobachtungen (Jude ist Betrüger; Jude ist parasitische Pflanze; Jude stiehlt gelegentlich; Jude steht in Europa mit allen übrigen im beständigen Krieg), sondern die Conclusio (A ist Antisemit) ist schon Beweis, dass die Beobachtung falsch ist. Wer so argumentiert, muss einen Beobachter rechtswidriger oder moralwidriger Verhaltensweisen nur einen Antisemiten nennen, und kann sich eine Begründung für ein Urteil ersparen. Die relevante Frage muss aber sein, ob Vorwürfe zu Recht erhoben werden, oder nicht.

Klar ist aber ohne Frage, wie nun ja auch mehrfach betont und ausgeführt, dass in NS-Deutschland die Vorwürfe gegen Juden sich gegen ethnische Merkmale richteten, und dass objektive sachliche und rechtliche Prüfung in der Regel nicht stattfand; es wurde in der Regel also wohl vorverurteilt. Was außerdem völlig außer Frage stehen muss: die gezogenen Konsequenzen waren dramatisch falsch.-

Zurück zu Kant: Kant hat sich in dem oben beschriebenen Sinne kritisch gegenüber der jüdischen Religions- und Glaubensauffassung geäußert, das aber völlig sachlich und gut begründet. Kant hatte darüber hinaus sogar enorme Hochachtung für die jüdische Religion, wie aus einer Anmerkung Kants aus der 1790 erschienenen „Kritik der Urteilskraft" zu entnehmen ist: „Vielleicht gibt es keine erhabenere Stelle im Gesetzbuche der Juden als das Gebot: Du sollst Dir kein Bildnis machen, noch irgend ein Gleichnis."[300] Die Juden sind also (auch) für Kant das Nomadenvolk, das sich dadurch aus anderen heraushebt, dass sie einen Gott anbeten, den man nicht sehen kann; was sich bei diesem Volk im Kopf abspielt, hat offenbar von Anfang an eine sehr zentrale Rolle gespielt. Was sie mit dem „jüdischen Gehirn" machen, ob sie sich damit im Rahmen geltender moderner Rechtsordnungen und insbesondere im Rahmen des Völkerrechts bewegen, ist so aber noch nicht abschließend beantwortet.[301]

Damit zurück zu Karl-Otto Apel, und der Frage, ob Menschen oder Gesellschaften oder Staaten sich aus einer universal gültigen Moral und einer universal gültigen Wahrheitspflicht vollkommen zurückziehen und sich isolieren könnten. Wären auf die Dauer eine völlige Isolation gegenüber der Außenwelt möglich, und der völlige Verzicht auf eine argumentative Rechtfertigung des Handelns?

Apel sagt dazu, wer so handelt, zerstört sich letztlich selbst: „In theologischen Begriffen gesprochen könnte man daher sagen, dass selbst ‚der Teufel nur durch den Akt der Selbstzerstörung von Gott unabhängig gemacht werden kann."[302] Ist es aber am Ende vielleicht genau das, was diese dunklen, lichtscheuen Kräfte versuchen und anstreben – sich mit Hilfe des Teufels[303] von Gott unabhängig zu machen? Die Welt durch Täuschung zu beherrschen, und sich dabei am Ende selbst zerstören? Nicht selten waren ja in letzter Zeit Spuren von Satanismus aufgetaucht; der am 24. Februar 2024 gestorbene Lord Jakob Rothschild posierte mit der bekennenden Satanistin Marina Abramovic vor einem Gemälde mit dem Titel „Satan summoning his Legions",[304] und die Erbin des französischen Weinguts „Chateau Mouton Rothschild", Phillipine de Rothschild, pflegte sich mit einem massiv goldenen Baphomet um den Hals zu schmücken, das auch die o. g. Marina Abramovic in Szene zu setzen weiß.[305]

Phillipine de Rothschild, die am 22. November 1933 geboren wurde und am 23. August 2014 starb, beging ihren 30. Geburtstag am 22. November 1963 – also dem Todestag John F. Kennedys. Just an diesem Tag soll sie in Dallas gesehen worden sein, wie sie die Wagenkolonne Kennedys fotografierte, genau in dem Moment, als von der ihr gegenüberliegenden Straßenseite aus – also von dem berühmten „Grassy knoll" aus – die tödlichen Schüsse auf Kennedy abgegeben wurden.[306] Wer an diesem Tag an diesem Ort genau zu dieser Zeit noch unterwegs war, war der (jüdische) Textilunternehmer Abraham Zapruder, dem es gelang, mit seiner Schmalfilmkamera genau die Bildsequenz auf seinen Schmalfilm zu bannen, die den Moment der tödlichen Schüsse auf Kennedy festhalten, als er sich zuerst an den Hals fasst, und dann den Moment, als er im Kopf getroffen wird, und die Kugel seinen Kopf nach hinten schmettert, gegen die Fahrtrichtung, und der Kopf förmlich in einer Blutfontäne zerplatzt. Wusste Zapruder, was passieren würde, so wie auch Phillipine de Rothschild wusste, was passieren würde? Zapruder gehörte das Dallas-Tex-Building, in dem er in oberen Stockwerken einige Etagen gemietet hatte, und genau von diesen Etagen aus hatten die Sniper, die auf Kennedy mehrer Schüsse abgaben, die optimale Schussposition. Zapruder gehörte wiederum zu einer mafiösen jüdischen Vereinigung in Dallas, der auch dieser Jakob Rubinstein („Jack Ruby") angehörte, der den (angeblichen) Kennedy-Attentäter Lee Oswald erschoss. Gibt es also möglicherweise über Zapruder eine Verbindung von der Rothschild-Familie zur privaten, auch zum Rothschild-Imperium gehörenden FED, zu Kennedy? Der sowohl zur FED als auch zu Israel und der Zionist-Connection in einer höchst problematischen Beziehung stand?

Das war nun eine sehr weite Verbindung von Gott, dem Teufel und der Selbstzerstörung des Bösen zu Kennedy; dieser Faden soll weiter unten noch wieder aufgenommen werden. Mit Kant wäre jedenfalls eine theoretische Verbindung vom Bösen zum Guten und dessen Sieg möglich, aber wird das auch in der Geschichte so sein? Um noch einmal auf die theologische Ebene zu gehen: Das Urteil, welcher Gott der Wahre ist, ob also der wahre Gott der liebende oder der gnadenlose ist und wer von beiden siegt, ist so noch nicht entscheidbar, denn: ob der Teufel vielleicht doch siegt, gegen den liebenden, aber erfolgreich überlisteten Gott, ist ja so nicht zu beweisen. Vielleicht gelingt es dem Teufel ja doch, sich von Gott unabhängig zu machen, ohne

Akt der Selbstzerstörung. Menschen, wie sie auf dieser Welt gelebt haben und die die Erde zu einer willkommenen Heimat gemacht haben, gäbe es dann aber nicht mehr. Streng kantisch kann man die Frage nach dem wahren Gott aber wiederum deshalb nicht mit dem hypothetischen Sieg des Teufels als beantwortet ansehen, weil der Mensch *verpflichtet* ist, Lösungen und Antworten zu finden; so weit würde man Kant zustimmen. Aber was sind die Lösungen? Und was ist zu tun? Was ist zu tun ist, wenn eine „Macht" böswillig ist, sich guten Argumenten also nicht beugt, aber gleichzeitig so superior, dass ihr mit Gewaltmitteln nicht widerstanden werden kann? Was dann? Die westliche Welt geht davon aus, dass „das Gute" auf seiten des Westens steht und umgekehrt; die Mächte sind als Atommächte praktisch unbesiegbar, die Situation steckt also in einem Patt. Hoffen kann man für den Moment also nur darauf, dass die Welt sozusagen die Sprache und die argumentative Handlungsfähigkeit wiederfindet, und das, wie gesagt, möglichst noch schnell genug. Argumente liefert dann zum Beispiel auch die Poesie, in dem Fall die des Juden Robert Zimmerman, alias Bob Dylan.

Murder Most Foul

Es passt wunderbar zum Thema, dass der als Robert Allen Zimmerman geborene Bob Dylan Nachfahre ukrainischer Immigranten war, die um die letzte Jahrhundertwende – wohl zur Zeit der damals häufig vorgekommenen russisch-ukrainischen Judenprogrome – aus Odessa in die USA eingewandert waren. Dylan hat sich während langer Phasen seines Schaffens mit dem inneren religiösen Zwiespalt auseinandergesetzt, der aus der Zerrissenheit seiner Glaubenswelt stammt; er fühlte sich phasenweise stark zum Christentum hingezogen, dann aber auch wieder zum Judentum. Auch von Bob Dylan soll es Spuren und Phasen in seinem Denken geben, in dem er der Frage nach der Wurzel von Gut und Böse nachgeht, und ob das „Satanische" nicht vielleicht auf eine unbekannte Weise Einfluss hat auf das Weltgeschehen.

Sein großartiger 18-minütiger Sprechgesang „Murder Most Foul" erschien am 27. März 2020, als Single-Auskopplung aus dem Album „Rough and Rowdy Ways". Der Titel verweist auf das Shakespeare-Drama „Hamlet" vom feigen, hinterhältigen Mord an dem königlichen Heerführer Macbeth; der „Murder Most Foul" an Kennedy ist also ein Königsmord. Auch den Zapruder-Film besingt Dylan, den er 30-mal oder mehr gesehen habe; und dann geht es in diesem Textabschnitt um den „Anti-Christ":

Zapruder's film, I've seen that before
Seen it thirty three times, maybe more
It's vile and deceitful - it's cruel and it's mean
Ugliest thing that you ever have seen
They killed him once, they killed him twice
Killed him like a human sacrifice
The day that they killed him, someone said to me,
"Son, The age of the anti-Christ has just only begun."

Zu Deutsch also: „Es ist abscheulich und betrügerisch – es ist grausam und es ist gemein, das Hässlichste, was du je gesehen hast; sie töteten ihn einmal, sie töteten ihn zweimal, sie töteten ihn wie ein menschliches Opferlamm; am Tag als sie ihn töteten sagte jemand zu mir: „Sohn, das Zeitalter des Anti-Christen hat soeben begonnen."" In welcher Bedeutung Dylan nun von dem Anti-Christen gesprochen haben mag, ist natürlich schwer zu sagen; Dylan hat dazu selbst wenige bis gar keine Hinweise gegeben. Aber dass Dylan den Königsmord als Inszenierung und als kriminelle Verschwörung aus den Reihen von Profiteuren und Akteuren aus höchsten Staatskreisen gesehen hat, lässt Dylan schon durchblicken, und auch dies, dass diese Kreise offenbar alles andere als christlich gesinnt waren, im Gegensatz zu dem religiösen Katholiken Kennedy. Woran Dylan ebenfalls keinen Zweifel lässt: dass er nicht an die Täterschaft des „Patsy-Clowns" Lee Harvey Oswald glaubt.

In Dylans Gedicht heißt es, in deutscher Übersetzung:

Er wurde wie ein Opferlamm zur Schlachtbank geführt,
Sag mal, warte mal, Jungs, wisst ihr, wer ich bin?
Natürlich wissen wir das, wir wissen, wer Sie sind
Dann haben sie ihm den Kopf weggeblasen, als er noch im Auto saß
Abgeschossen wie ein Hund am helllichten Tag

Dylan entwirft also das Drama des heimtückischen Mordes, ausgeführt von Mördern, von denen Dylan poetisch „weiß", wer sie sind, und die Kennedy wie ein Opferlamm zur Schlachtbank führen; am hellichten Tag haben „sie" ihm „den Kopf weggeblasen", während er ahnungslos im offenen Wagen in seiner Präsidentenlimousine saß; „sie" haben ihn abgeschossen „wie einen Hund am hellichten Tag"; Dylan lässt also den Schluss des Drama-Betrachters zu, dass „sie" ihre Entdeckung nicht fürchten mussten.

„Es war eine Frage des Timings und das Timing war richtig."
Sie haben unbezahlte Schulden und wir sind zum Eintreiben gekommen
Wir werden dich mit Hass und ohne jeglichen Respekt töten
Wir werden dich verspotten und schockieren, wir werden dir ins Gesicht grinsen

„Sie", seine Mörder, sind berechnend, mit Plan und Stoppuhr vorgegangen, mit einem präzisen Timing. „Sie" sind gekommen, um „Schulden" bei Kennedy einzureiben – hatten sie mit ihm eine Rechnung offen? Hat er nicht getan, was „sie" von ihm gewünscht und von ihm erwartet hatten?, ist die Frage die Dylan dem Betrachter nahe legt. „Wir", lässt Dylan seine Mörder sagen, „werden dich mit Hass und ohne jeden Respekt töten, wir werden dich verspotten und dir ins Gesicht grinsen."

Wir haben bereits jemanden hier, der Ihren Platz einnimmt
Der Tag, an dem sie dem König das Gehirn herausjagten
Tausende schauten zu, niemand sah etwas
Es ging so schnell – so schnell überraschend

Direkt vor den Augen aller
Der größte Zaubertrick aller Zeiten
Perfekt ausgeführt, gekonnt gemacht

Dylan lässt die Mörder also zu Kennedy sprechen: „Wir haben schon jemanden, der darauf wartet, dass dein Platz frei wird!" Und dann geht alles sehr schnell, präzise und gekonnt, es geschah vor den Augen Tausender, aber niemand hat etwas gesehen, so schnell, dass alle überrumpelt und verwirrt waren. Es ein Zaubertrick, ein „Big-Hoax" (aber noch nicht der größe aller Zeiten, von dem da noch nicht die Rede ist).

In den nächsten Zeilen spielen offenbar Vermutungen Dylans zu den Mittätern eine Rolle; bei Attentats-Forschern ist oft die Rede von drei Landstreichern, hinter denen Geheimdienst- oder CIA-Mitarbeiter vermutet werden:

Da kommen drei Penner, alle in Lumpen gekleidet

.. und in dieser Zeile geht es um den „Grass Knoll", aus dessen Richtung Polizisten in Dallas Schüsse gehört haben und die direkt auf diesen Hügel zu gerannt sind; sie hielten sich möglicherweise hinter einem Bretterzaun auf diesem Hügel versteckt, von wo sie genau aus diesem Schusswinkel auf Kennedy geschossen haben, so dass der Kopfschuss von vorne links den hinten rechts sitzenden Kennedy traf.

Hinter dem grasbewachsenen Hügel findet eine Party statt

Weitere Hinweise darauf, wo Dylan möglicherweise Täter vermutet:

Ich bin im Rotlichtviertel wie ein Polizist auf der Durchreise

Das Rotlicht-Viertel könnte eine Rolle spielen als Schauplatz der beteiligten Klein-kriminellen Lee Oswald und Jack Ruby (alias Jakob Rubinstein), die im Rotlichtviertel zuhause waren und die später im Drama auftauchen; der Polizist, der von Oswald erschossen wurde, und dann die Elm Street, wo die Route Kennedys diese merkwür-dig scharfe Linkskurve machen musste, und dann in die Dealy Plaza einbog:

Leben in einem Albtraum in der Elm Street

Dealey Plaza, biegen Sie links ab

Was ist die Wahrheit und wo ist sie geblieben?
Fragen Sie Oswald und Ruby – sie sollten es wissen

… und dann taucht noch „die alte weise Eule" auf, die als winzig kleine Figur sehr versteckt in der 1-Dollar-Note entdeckt werden kann, und die von vielen als Symol für die Macht der FED gesehen wird; also ein Symbol die geheime Macht der Hüter des Geldes, wie auch die Pyramide mit dem „allsehenden Auge" in der Spitze als Machtsymbol verstanden wird:

Halt den Mund, sagt die weise alte Eule

… und dann der Refrain, in dem Dylan die Verse „Geschäft ist Geschäft" reimt, und das Geschäft – ist ein höchst gemeiner Mord:

Geschäft ist Geschäft und es ist ein höchst gemeiner Mord

Dann kommt Lyndon B. Johnson zu seinem Auftritt im Drama, der noch in der Präsidentenmaschine vereidigt wird, mit dem Sarg des toten Kennedy:

Air Force One kommt durch das Tor herein
Johnson vereidigt um zwei Uhr achtunddreißig
Sagen Sie mir Bescheid, wenn Sie sich entscheiden, das Handtuch zu werfen
Es ist, was es ist, und es ist der gemeinste Mord

Man kann dieses großartige, tiefsinnige und zutiefst von der Kennedy-Geschichte getroffen und betroffen machende Poem kaum anders verstehen, als dass Dylan so viele Hinweise gibt und auch geben will, dass jeder tiefere Kenner der Hintergründe, der ernsthaft an der Wahrheit interessiert ist, diese Spur aufnehmen und die Gelegenheit der enormen Popularität Dylans nutzen müsste, diese Geschichte nun auch von Neuem aufzurollen; dies auch, nachdem mit dem Oliver-Stone-Film „JFK" ja schon einmal sehr tief in der Geschichte gegraben worden ist. Aber die Reaktion der Medien ist immer die Gleiche: das Thema wird aufgenommen, es wird nichts unterdrückt, es gibt positive Besprechungen, aber ernsthaftes Interesse gibt es nirgendwo; es werden viele Frage gestellt und aneinander gereiht, aber die Taktik ist immer die, dass wie bei den Nordstream-Sprengungen nur im klaren Wasser die Sicht vernebelt werden soll; dann wird dieses Poem millionenfach gehört, bis das Thema wieder erstickt ist. Darin zeigt sich einmal mehr, wie gesehen, die absolut gewordene Macht der Medien.
Dylans poetisch überhöhte, aber bleibende Wahrheit zum Kennedy-Mord ist die: Dieser Mord war ein Wendepunkt in der Geschichte, nicht nur der Vereinigten Staaten von Amerika, sondern der ganzen westlichen Welt. Die USA haben sich damit, mit den Schüssen von Dallas am 22. November 1963, von der Wahrheit und Recht und Gesetz abgewandt, und damit also hat, wie Dylan es ausdrückte, das Zeitalter des Antichristen begonnen: „The Age of the Antichrist has just only begun".[307]
Und damit musste die Geschichte ihren Lauf nehmen. Keine Macht der Welt hat es gewagt, aufzustehen und vor aller Welt den Mord an Kennedy offen anzuzweifeln; es wäre für jeden Staat, groß oder klein, Freund oder Feind, ein hoffnungsloses und sinnloses Unterfangen gewesen; niemand hätte die Macht, den Atem, den Willen und die Mittel, Beweise vorzulegen und diese so unbeweifelbar, dass die Isolation der Medien auf breiter Front und sofort durchbrochen werden könnte; niemand würde aber auch einen so radikalen Ordnungsverlust riskieren wollen, der dadurch einträte, dass

die herrschende Ordnungsmacht zerfällt, es entstünde unberechenbares Chaos. Auch jeder diplomatische Verkehr wäre in dem Moment auf Eis gelegt, oder es würde gar zu gefährlichen Spannungen kommen, bis hin zu einem kalten oder gar heißen Krieg. Aus dem gleichen Grund ist am 11. September nichts passiert; es bleibt dann nichts anderes übrig, als das Spiel unter der Maske der Ahnungslosigkeit mitzuspielen.

Möglich würde eine Veränderung nur dadurch, dass sich eine kritische Masse bildet, die so groß ist, dass die gigantischen Lügengebäude, auf denen die Macht der Propagansa-Matrix beruht, ebenso kollabieren wie die Türme des World Trade Centers, dies aber nun dadurch, dass die Masse erkennt, auf welch wackeligen Beinen diese Lügengebäude stehen, die von einem ständig wachsenden Teil dieser Masse ja längst durchschaut worden sind. In so einem Untergrund, bestehend und gebildet aus Menschen, die von dem Willen beseelt und angetrieben sind, für die Wahrheit Zeugnis abzulegen, könnte so eine kritische Masse heranwachsen, die aber dann auch das Wissen mitbringen bzw. mitgebracht haben müsste, wie die öffentliche Ordnung erhalten werden kann, wenn die Lügengebäude plötzlich implodieren und zusammenbrechen.

Zeugnis für die Wahrheit ablegen – offensichtlich ist dies in diesen Zeiten absolut entscheidend und überlebenswichtig. Bob Dylan hat sich auf seine Weise bemüht, Zeugnis für die Wahrheit abzulegen, und, wie gesehen, hat er einige Hinweise gegeben, wo die Wahrheit des feigen Mordes an dem „König" Kennedy und seiner Mörder zu finden ist. Und es lassen sich weitere Hinweise finden und aufspüren – s. u.

Laurent Guyénot: Kennedy und die verwundete Seele Amerikas

In den Liturgien der beiden christlichen Kirchen spielt das sogenannte Demutswort des Hauptmanns von Kafarnaum eine zentrale Rolle: die Erzählung nach dem Matthäus-Evangelium handelt von diesem heidnischen Hauptmann und seinem starken Glauben an eine wundersame Heilkraft Jesu, der nur ein Wort sprechen müsse, um seinen kranken Diener gesund werden zu lassen. Während es im Matthäus-Evangelium noch um die Gesundheit des kranken Dieners ging, wurde daraus in der katholischen Liturgie der heiligen Messe das Gebet der Gläubigen vor der Kommunion: „Herr, sprich nur ein Wort, so wird meine Seele gesund."

Die gesunde Seele und umgekehrt die kranke, leidende, vielleicht auch psychopathische Seele spielt in den religionsgeschichtlichen und anthropologischen Untersuchungen des französischen Autors und Filmemachers Laurent Guyénot und seinem Buch „From Yahweh to Zion" die zentrale Rolle, in dem es um den „psychopathischen Gott Jahweh" geht, die „selektive Empathie des Judentums" und den „soziopathischen Staat", und damit ist nicht nur der Staat Israel gemeint, sondern auch der Staat USA, und, in der unseligen Abhängigkeit von diesen beiden Staaten, offenbar auch mehr oder weniger ganz Europa und die „Five Eyes". (S. 486)[308]

Verwundet ist nun, spätestens sei dem Geschehen dieses „Murder Most Foul", auch die Seele Amerikas. Guyénot schreibt, die Vereinigten Staaten stürzten sich mit diesem Mord „in einen schweren, verdeckten Krieg, der der amerikanischen Öffentlichkeit größtenteils völlig verborgen bleibt (…) Die Lüge über Kennedys Ermordung infizierte die nationale Psyche, als ein unterdrücktes Geheimnis, das im Unterbewusstsein Amerikas schwelte und es für andere Lügen anfällig machte. Jede Lüge schafft eine Veranlagung zur Unwahrheit und sogar die Notwendigkeit anderer Lügen, um sie zu vertuschen. Umgekehrt kann die Enthüllung einer Lüge andere Lügen aufdecken, vielleicht sogar das gesamte Gefüge der Unwahrheit, aus dem die amerikanische Geschichte des 20. Jahrhunderts gewoben ist. Aus diesem Grund beobachten wir auch heute noch den leidenschaftlichen Wunsch der Regierung, die Lüge über Kennedys Tod aufrechtzuerhalten." (S. 343) Umso leidenschaftlicher könnte und sollte natürlich auch der Wunsch sein, diese gesamte Gefüge der Unwahrheit, diesen gigantischen „Hoax" auch des 11. September aufzudecken und zum Einsturz zu bringen, und all der Lügen, die zu dessen Vertuschung seitdem notwendig geworden sind.

Guyénot erzählt im achten Kapitel seines Buches „From Yahweh to Zion" von der Planung und Ausführung dieses „unsichtbaren Coup", und eröffnet die Geschichte Kennedys mit der Schilderung der Lobby, die den Coup vor und nach Kennedys Wahl begann auszuhecken, und der einsetzenden Planung der Nuklearbombe Israels, deren Entwicklung Kennedy unter allen Umständen verhindern wollte. (S. 291 ff.)

Kennedy wurde bis zum Gewinn der Präsidentschaftswahl von den Zionisten eher reserviert beurteilt; sie hatten Lyndon B. Johnson als ihren Favoriten gesehen. Johnson hatte im Jahr 1957 als Mehrheitsführer im Senat mit einem Brief an Außenminister John Foster Dulles heftig gegen die UN-Sanktionen protestiert, deren Ziel es war, Israel zum Rückzug vom Sinai zu zwingen, was den Zionisten besser gefiel – „aber John Kennedy gewann die Vorwahlen", schreibt Guyénot. (S. 291) Was ebenfalls gegen Kennedy sprach, aus Sicht der Zionisten: Kennedy kam aus einer irisch-katholischen Familie, und es wurde geargwöhnt, ob nicht schon Kennedys Vater Joe möglicherweise Anlass zu Zweifeln an einer in dem Sinne unverdächtigen Haltung gegeben hatte. Guyénot schreibt: „Im September 1960 äußerte die Herut, die politische Partei von Menachem Begin, Bedenken darüber, ob Joe Kennedy seinen Kindern, darunter auch dem seines Sohnes John, nicht einige giftige Tropfen Antisemitismus in den Kopf gespritzt hat'. Unter Bezugnahme auf die traditionell demokratische ‚jüdische Stimme' fragt der Autor: ‚Wie kann die Zukunft Israels (sic) diesen Männern anvertraut werden, die dank jüdischer Stimmen an die Macht kommen könnten, so seltsam und paradox das auch erscheinen mag.'" Die Zukunft Amerikas war aus dieser Sicht also schon damals weniger wichtig als die Zukunft Israels.

Kennedy hat wenig Mitgefühl empfunden für Israels „anachronistisches koloniales Abenteuer", dafür aber „große Bewunderung für Gamal Abdel Nasser, den Helden des arabischen Nationalismus." Folgerichtig sahen die zionistischen Führer Nasser „als größtes Hindernis für ihre geheime expansionistische Agenda", „insbesondere wegen seiner Bereitschaft, Israel innerhalb der Teilungsgrenzen von 1948 anzuerkennen;" auch das sprach also gegen Kennedy. Dann beeinflussten sie die Wahl des Vizepräsidenten: „Sobald klar wurde, dass Kennedy Johnson in den Vorwahlen der Demokraten schlagen würde, bedrängten die Zionisten ihn, Johnson als seinen Vizekandidaten zu ernennen, und nicht Adlai Stevenson, einen weiteren unglücklichen Anwärter auf das Präsidentenamt, der die bevorzugte Wahl des Kennedy-Teams war. (Kennedy würde stattdessen Stevenson zum UN-Botschafter ernennen)." (S. 292)

Guyénot berichtet von einer weiteren Begebenheit, als Kennedys Wahlkampagne noch lief, und die viel aussagt über das Verhältnis Kennedys zu den Zionisten: „John Kennedy erhielt bald Besuch vom zionistischen Finanzier Abraham Feinberg (der bereits Truman als Gegenleistung für die Anerkennung Israels finanziert hatte), der ihm sagte, wie Kennedy seinem Freund Charles Bartlett berichtete: ‚Wir wissen, Ihre Kampagne ist in Schwierigkeiten. Wir sind bereit, Ihre Rechnungen zu bezahlen, wenn Sie uns die Kontrolle über Ihre Nahost-Politik überlassen.' Bartlett erinnert sich, dass Kennedy zutiefst verärgert war und schwor: ‚Wenn er jemals Präsident werden sollte, würde er etwas dagegen unternehmen.'" (S. 293)

Der nächste Konfliktpunkt wurde geschaffen durch die Lobby des AIPAC und dessen Vorgängerorganisation, den American Zionist Council. Kennedy wusste genau, warum es ihm so wichtig war, dessen Einfluss zu beschränken; Guyénot schreibt: „Von 1962 bis 1963 legte JFK sieben Gesetzentwürfe vor, um das Wahlkampffinanzierungssystem des Kongresses zu reformieren. Sie alle wurden von den einflussreichen Lobby-Gruppen abgelehnt, die sie einzuschränken versuchten. In der Zwischenzeit führte Senator William Fulbright, Vorsitzender des Ausschusses für auswärtige Beziehungen, mit Unterstützung des Generalstaatsanwalts Robert Kennedy eine Prüfung des American Zionist Council (Vorläufer von AIPAC) durch, in dessen Abschlussbericht empfohlen wurde, diesen als ‚ausländischer Agent' zu registrieren und der daher den Verpflichtungen des Foreign Agents Registration Act von 1938 unterliegt, was seinen Einfluss erheblich einschränken würde. Die schlimmsten Befürchtungen der Zionisten erwiesen sich als berechtigt. Der Historiker Philip Muehlenbeck schreibt: ‚Während die Eisenhower-Regierung versucht hatte, Nasser zu isolieren und seinen Einfluss zu reduzieren, indem sie Saudi-Arabiens König Saud als konservativen Rivalen des ägyptischen Präsidenten aufbaute, verfolgte die Kennedy-Regierung genau die entgegengesetzte Strategie.'" (S. 294)[309]

In den Augen der Zionisten beging Kennedy in den ersten Monaten seiner Amtszeit eine Sünde nach der anderen. In Briefen an Nasser und andere arabische Staatsoberhäupter hatte Kennedy sich dazu bekannt, die UN-Resolution 194 zu unterstützen, mit dem darin enthaltenen Rückkehrrecht für palästinensische Flüchtlinge. Ben-Gurion reagierte darauf mit einem Brief an den israelischen Botschafter in Washington, der unter jüdisch-amerikanischen Führern verteilt werden sollte und in dem er erklärte: „Israel wird diesen Plan als eine ernstere Gefahr für seine Existenz betrachten als alle Drohungen der arabischen Diktatoren und Könige, als alle arabischen Armeen, als alle Raketen Nassers und seine sowjetischen MIGs. [...] Israel wird bis zum letzten Mann gegen diese Umsetzung kämpfen." (S. 294)[310]

Dann das für Kennedy heikelste Thema, die Bombe: „Aber die größte Gefahr, die Kennedy für Israel darstellte, war seine Entschlossenheit, sein Atomwaffenprogramm zu stoppen." (S. 295) Einen umfassenden Einblick in die Entstehungsgeschichte des israelischen Nukleararsenals und die darauf bezogene amerikanische Außenpolitik liefert des Buch „Die Samson Option" des Pulitzer-Preisträgers Seymour M. Hersh[311]; in der Autorennotiz schreibt Hersh: „Dieses Buch beschreibt, wie Israel im Geheimen zu einer Nuklearmacht wurde. Es erzählt auch, wie das Geheimnis geteilt, sanktioniert, und zuweilen auch willfährig von den obersten politischen und militärischen Offiziellen der USA seit den Eisenhauer-Jahren ignoriert wurde." (a. a. O.) Diesen Gefallen wollte Kennedy den Kreisen der Offiziellen also nicht tun – so lange es ihm möglich war. Guyénot schreibt dazu: „Kennedy hatte die nukleare Abrüstung zu einer seiner großen Missionen auf internationaler Ebene gemacht. Er hatte dies auf der Generalversammlung der Vereinten Nationen am 25. September 1961 mit einer eindringlichen Rede angekündigt, in der er seine ‚Absicht bekundete, die Sowjetunion nicht zu einem Wettrüsten, sondern zu einem Friedenswettlauf herauszufordern – um gemeinsam Schritt für Schritt voranzukommen – Schritt für Schritt, bis eine allgemeine und vollständige Abrüstung erreicht ist.'" (S. 295) Kennedy, der von der Furcht gequält war, dass es bis 1970 im schlimmsten Fall zehn statt vier Atommächten geben wird, wenn es nicht verhindert wird, oder sogar noch mehr, hatte es aber mit einem Gegner zu tun, der das genaue Gegenteil dessen zu tun beabsichtigte: „Israel war genauso entschlossen in seinem geheimen Wettlauf, das erste und einzige Land im Nahen Osten mit der Bombe zu sein." (S. 295)

Als Kennedy 1960 von der CIA über das militärische Ziel des Dimona-Komplexes in der Negev-Wüste informiert wurde, tat er sein Möglichstes, um Israel zum Verzicht darauf zu zwingen: „Er ersetzte CIA-Direktor Allen Dulles durch John McCone, der als Eisenhowers Vorsitzender der Atomic Energy Commission (AEC) der New York Times die Wahrheit über Israels Dimona-Projekt zugespielt hatte; die Geschichte wurde am 19. Dezember 1960 gedruckt, Wochen bevor Kennedy sein Amt antreten sollte. (…) Dann drängte Kennedy Ben-Gurion, regelmäßige Inspektionen in Dimona zuzulassen, zunächst mündlich in New York im Jahr 1961, und später durch immer eindringlichere Briefe. Im letzten Schreiben, das am 15. Juni 1963 per Kabel an den israelischen Botschafter mit der Anweisung geschickt wurde, es Ben-Gurion persönlich zu übergeben, forderte Kennedy Ben-Gurions Zustimmung zu einem sofortigen Besuch, gefolgt von regelmäßigen Besuchen alle sechs Monate, ansonsten könnten ‚das Engagement dieser Regierung und die Unterstützung Israels ernsthaft gefährdet sein.'" (S. 295) Dieser Austausch endete abrupt damit, dass Ben-Gurion zurücktrat, ohne auf Kennedys Forderung bzw. Androhung reagiert zu haben; Kennedy wandte sich nun an seinen Nachfolger, aber auch der vermied eine Reaktion.

Guyénot schreibt weiter: „Der heimliche Showdown zwischen Kennedy und Ben-Gurion in der Atomfrage wurde durch zwei Bücher enthüllt: Seymour Hershs ‚The Samson Option' im Jahr 1991, dann Avner Cohens ‚Israel and the Bomb' im Jahr 1998. Die israelische Zeitung Haaretz veröffentlichte am 5. Februar 1999 eine Rezension von Cohens Buch, in dem es heißt: ‚Die Ermordung des amerikanischen Präsidenten John F. Kennedy beendete abrupt den massiven Druck, den die US-Regierung auf die Regierung Israels ausübte, das Atomprogramm einzustellen.' Cohen demonstriert ausführlich den Druck, den Kennedy auf Ben-Gurion ausübte. Er bringt den faszinierenden Briefwechsel zwischen den beiden mit, in dem Kennedy [Ben-Gurion] deutlich macht, dass er [JFK] unter keinen Umständen damit einverstanden sein wird, dass Israel ein Atomstaat wird. Das Buch implizierte, dass es zweifelhaft sei, ob Israel heute eine nukleare Option hätte, wenn Kennedy am Leben geblieben wäre." (S. 296)[312] Wenn Kennedy am Leben geblieben wäre – stärkeren Druck, eben genau das am Leben bleiben Kennedys zu verhindern, als den, der von dieser sehr besonderen Lobby ausgegangen war, kann man sich demnach wohl kaum vorstellen.

Aber dennoch war die Bombe keineswegs das einzige Motiv, Kennedy loszuwerden: Kennedy wollte den Vietnam-Krieg beenden; er wollte die ganze absurde Idee des endlosen Wettrüstens beenden, um zu einem wirklichen Friedensschluss zwischen den Supermächten zu kommen, also nicht bloß zu einer „pax americana", und es gab viele weitere Motive, die weiter unten diskutiert werden sollen. Zunächst aber zu der Frage nach dem oder den Tätern.

Laurent Guyénots Täter-Theorie: Wer erschoss Kennedy?

Wer sich an die Lektüre eines Buches über den „Jahrhundertmord" an John F. Kennedy begibt, dem ist zu empfehlen sich kurz zu vergegenwärtigen, dass bis dato über 2.000 Bücher zu diesem Thema geschrieben worden sind, was das Verschaffen eines Überblicks nicht gerade leicht macht. Es sei aber die Behauptung gewagt, dass Laurent Guyénot sich mit der von ihm ausgearbeiteten Sicht und seinem Focus auf die „Jewish Mafia" mit Gewinn für den Leser aus der Masse dieser Bücher heraushebt. Leider ist Guyénot trotzdem noch immer ein Einzelkämpfer, dessen Sicht sich die Masse der Leser nicht anschließen mag; in den öffentlichen Medien, die zum Todestag Kennedys Jahr für Jahr ein paar Artikel veröffentlichen, ist dann auch noch immer die offizielle Einzeltätertheorie vorherrschend, wie ein kurzer Blick zeigt, und sogar die „Magic Bullet Theorie" wird immer noch wieder von neuem aufgewärmt.[313]

Vorweg seien einige der wichtigsten Bücher genannt, auf die Guyénot sich stützt. Der frühere republikanische Parteigenosse Donald Trumps, Roger Stone, hat das Buch „The Man Who Killed Kennedy: The Case Against LBJ"[314] herausgebracht; es erschien im Jahr 2013. Roger Stone war erfahrener politischer Berater; bekannt geworden ist er in der Öffentlichkeit in der Amtszeit Trumps durch das Verfahren des Sonderermittlers Robert Mueller, der Stone 2018 Wahlkampfhilfe für Trump mit Hilfe Russlands und zulasten Hillary Clintons vorwarf. Im Zusammenhang mit dem Kennedy-Mord ist Stones' dezidierte Position zu Lyndon B. Johnsons von Interesse, der Johnson auf dem Cover seines Buches mit einem Fahndungsplakat abbilden lässt. Stone beschreibt Johnson als einen nihilistischen Sadisten und als amoralischen Psychopathen, der sowohl in die Verbrechen der CIA wie in das organisierte Verbrechen bis über beide Ohren verwickelt ist; er habe ständig enormen Hunger auf Zigaretten, Alkokol und Frauen gehabt; er sei mit dem texanischen Ölbusiness engstens verbunden gewesen, und über Kennedy soll Johnson vorausgesagt haben, dass er eines gewaltsamen Todes sterben wird. Vielleicht wusste er mehr.

Das Buch des Theologen James Douglass mit dem Titel „JFK and the Unspeakable: Why He Died and Why It Matters" erschien 2008 und war eines der erfolgreichsten Bücher über Kennedy; Robert F. Kennedy jr. empfahl dieses Buch persönlich während seiner laufenden Präsidentschaftskampagne als „the best take on JFK".[315]

Mehrfach zitiert Guyénot aus dem Buch des Journalisten David Talbot, Titel: „Brothers: The Hidden History of the Kennedy Years", erschienen im Jahr 2007.[316]

In dem Buch des 2015 verstorbenen Vietnam-Veteranen Michael Collins Piper mit dem Titel „Final Judgment: The Missing Link in the JFK Assassination Conspiracy" aus dem Jahr 2005, vom Verlag beworben als „Underground Bestseller", werden neben anderem auch einige Hintergründe zur „Jewish Mafia" beschrieben.[317]

Im folgenden Buch „JFK-An American Coup d'État: The Truth Behind the Kennedy Assassination" des britischen Geheimdienstoffiziers John Hughes-Wilson geht es laut Werbetext des Verlags um die folgenden Themen und Fragen: warum Marilyn Monroe zum Schweigen gebracht werden musste; um die korrupten Geheimnisse von LBJ (Johnson); um die geheimen kubanischen Putschpläne der Kennedys; wie die Mafia Politiker und die CIA manipulierte und wie das Attentat vertuscht wurde.[318] Soweit also sozusagen das Futter, aus dem Guyénot seine Theorie entstehen lässt.

Guyénot schildert zunächst die falsche Spur, die gelegt worden ist, um den Verdacht auf den „Patsy" Lee Harvey Oswald zu lenken. Oswald wurde der Öffentlichkeit schon am Tage des Attentats präsentiert als der verwirrte Einzeltäter, der sich entschlossen hatte, mit seinem billigen italienischen Karabiner aus dem Versandhaus den Führer der westlichen Welt zu erschießen, nachdem dieser ein Jahr zuvor erfolgreich die dramatischste und gefährlichste Weltkrise gemeistert hatte, in der die Welt sich bis dahin befunden hatte.

Oswald war Kind eines früh gestorbenen Vaters und einer alleinerziehenden Mutter und ging nach einer abgebrochenen Schulbildung zur US-Marine. Er wurde zu einem überzeugten Kommunisten; während seiner Militärzeit wurden offenbar auch Verbindungen zum FBI geknüpft.[319] Oswald zog es dann in die Sowjetunion; er reiste über Finnland nach Moskau ein, wo vonseiten des KGB seine Kenntnisse als US-Marine nutzbar gemacht werden sollten. Er kam nach Minsk, heiratete da eine Apothekerin, mit der zusammen sie ein Kind bekamen, und blieb dann drei Jahre, um danach von Heimweh getrieben wieder zurück in die USA einreisen zu wollen, nun zusammen mit seiner jungen Familie. Nach seiner Rückkehr lebte Oswald in Dallas und wurde da zu einem Sympathisanten der kubanischen Revolution und ihres Premierministers Fidel Castro; irgendjemandem in den USA war der heimgekehrte Ex-Marine so wichtig, dass ein Filmteam beauftragt wurde, Oswald in Dallas beim Verteilen von Flugblättern für die kubanischen Revolutionäre zu filmen.[320]

Das Attentat auf Kennedy geschah am 22. November 1963 um 12:30 Uhr in Dallas, Texas. Lee Harvey Oswald wurde schon eine Stunde später festgenommen; der Verlauf der Ereignisse vor und nach Festnahme Oswalds wird weiter unten geschildert. In den Abendnachrichten des Fernsehens wurde Oswalds Spur Richtung Kuba schon gelegt, wie Guyénot schreibt: „Am selben Tag hörten die Amerikaner im Fernsehen: ‚Der Attentäter von Präsident Kennedy ist ein bekennender Marxist, der drei Jahre in Russland verbrachte und versuchte, auf seine US-Staatsbürgerschaft zu verzichten.' ‚Nachdem er letztes Jahr seine Meinung geändert und in die Vereinigten Staaten zurückgekehrt war, wurde Oswald ein Sympathisant des kubanischen Premierministers Fidel Castro.'" (S. 297) Die Theorie von Oswalds Alleintäterschaft hielten damals wie heute viele für eine Lüge (75 Prozent der Amerikaner halten Oswald heute für einen „Patsy", wie er es nach seinem Verhör in Dallas selbst behauptet hatte); „die Suche nach den wahren Schuldigen muss logischerweise beginnen mit der Ermittlung des

Mannes, der Oswald zwei Tage später mit einem Schuss aus nächster Nähe erschossen hat, als Oswald von der Polizeistation in Dallas (wo er zwei Tage lang verhört worden war, ohne dass jemand das Verhör protololierte) in das Gefängnis von Dallas County verlegt wurde." (S. 297)

Guyénot schreibt über Oswalds Attentäter: „Oswalds Attentäter ist als Jack Ruby bekannt, aber nur wenige Menschen wissen, dass sein richtiger Name Jacob Leon Rubenstein war, dass er der Sohn jüdisch-polnischer Einwanderer war und dass er, als er von der Warren-Kommission gefragt wurde, wie er in die Polizeistation gelassen worden sei, behauptete, er habe für israelische Reporter übersetzt. (Ruby sprach Jiddisch, aber welcher israelische Reporter in den USA könnte möglicherweise einen Jiddisch-Übersetzer brauchen?)" (S. 297)

Es folgen Guyénots Schilderungen aus der jüdischen Unterwelt: „Ruby war ein Mitglied der jüdischen Unterwelt und ein Freund des Gangsters Mickey Cohen aus Los Angeles, den er seit 1946 kannte und vergötterte. Cohen war der Nachfolger des berühmten Benjamin Siegelbaum alias Bugsy Siegel, einem der Chefs von ‚Murder Incorporated'. Cohen war von der zionistischen Sache fasziniert, in die er durch den Hollywood-Drehbuchautor Ben Hecht eingeführt worden war, wie er in seinen Memoiren erklärte: ‚Jetzt war ich so in Israel vertieft, dass ich tatsächlich viele meiner Aktivitäten beiseite geschoben und nichts anderes getan habe als das, was mit diesem Krieg der Irgun zu tun hatte.'" (S. 298) Mickey Cohen gehörte zur „Kosher Nostra", einer jüdisch dominierten Verbrecherorganisation in den USA;[321] das bewegte Leben Mickey Cohens ist später auch verfilmt worden, in einem Film mit Sean Penn in der Hauptrolle.[322] Es folgt ein längerer Absatz, der die Verbindung zwischen dieser „Kosher Nostra", also der Jewish Mafia, der zionistischen Terrororganisation um Menachem Begin, der (behaupteten) Verbindung Marilyn Monroes zu Kennedy und zur ADL (Anti Defamation League) beschreibt:

„Was ihn so beschäftigt hielt, erklärt er weiter, sei, überschüssige Waffen zu stehlen, die nach dem Zweiten Weltkrieg aus Europa zurückkamen, und sie an die Irgun zu schicken. Wie Ben Hecht stand Mickey Cohen in Kontakt mit Menachem Begin, dem ehemaligen Irgun-Chef, mit dem er zusammenarbeitete. Er habe sogar ‚viel Zeit damit verbracht', so Gary Wean, ehemaliger Detective Sergeant der Los Angeles Police Department. (Übrigens behauptet Wean, dass Cohen, der sich auf die sexuelle Kompromittierung von Hollywood-Stars zum Zweck der Erpressung spezialisiert hatte, dafür verantwortlich war, Marilyn Monroe in Kennedys Bett zu stoßen.) Der Chef-Pate, dem Cohen Rechenschaft ablegen musste, war Meyer Suchowljansky, bekannt als Lansky, selbst ein engagierter Zionist und großzügiger Spender der Anti-Defamation League (seine Enkelin Mira Lansky Boland würde ADL-Mitarbeiterin werden). Es gibt also eine direkte Verbindung zwischen Jack Ruby und Mickey Cohen zum israelischen Terrorring und insbesondere zu Menachem Begin, einem Spezialisten für Terror unter falscher Flagge." (S. 298) Die Verbindung zwischen Elementen der (speziell jüdischen) Unterwelt und Marylin Monroe ist später öffentlich bekannt geworden, etwa durch das Buch von Bradley Lewis: „Conspiracy Theories – Marilyn, JFK, RFK – What Was The Role of Gangster Mickey Cohen?" (2010, a. a. O.).

Die ADL und ihr Vorsitzender Jonathan Greenblatt wiederum erhielten zu der Zeit weltweite Aufmerksamkeit durch deren Kampagne gegen den Netzbetreiber TikTok, um TikTok zur Aufgabe und zum Verkauf seines (chinesischen) Unternehmens zu zwingen; der vorgeschobene Grund ist „Antisemitismus" und angeblicher Datenmissbrauch durch China; der tatsächliche Hintergrund aber war, dass TikTok-User sich massenhaft gegen Israel positionieren und dessen genozidale Aktivitäten gegen die Bewohner des Gazastreifens.[323] (Das Problem ist inzwischen offenbar gelöst…)

Um zu verdeutlichen, wie tief die Verbindung Rubinsteins und seiner Kosher Mafia zu Israel war, schreibt Guyénot: „Um das Ganze noch zu krönen, schrieb Rubys Verteidiger William Kunstler in seinen Memoiren, Ruby habe ihm gesagt, er habe Oswald ‚für die Juden' getötet, und Rubys Rabbiner Hillel Silverman erhielt das gleiche Geständnis, als er Ruby im Gefängnis besuchte. Laut einem freigegebenen Dokument des US-Außenministeriums reagierte die israelische Außenministerin Golda Meir auf die Nachricht, dass Ruby gerade Oswald getötet hatte, mit dem Satz: ‚Ruby lebt, o jeh o weh, wenn wir erwischt werden!'"[324] Aus dem Weh-Ruf Golda Meirs wäre also zu folgern, dass auch sie in die Mord-Konspiration verwickelt war – wen würde es wundern.

Es folgt ein Absatz, in dem es um die Frage einer Verbindung zwischen Johnson und Jack Ruby geht, und ob Ruby Johnson dazu bewegen könnte, ihn aus der Haft zu entlassen, indem er Geheimnisse aus Johnsons dunkler Vergangenheit verrät. Ruby soll in einer Pressekonferenz implizit Johnson des Mordes an Kennedy beschuldigt haben, wie Guyénot schreibt: „Rubys Gespür für Verrat würde erklären, warum Ruby 1965, als er zu lebenslanger Haft verurteilt wurde, Johnson in einer Pressekonferenz implizit des Mordes an Kennedy beschuldigte: ‚Wenn [Adlai Stevenson] Vizepräsident wäre, hätte es nie eine Ermordung unseres geliebten Präsidenten Kennedy gegeben.'" (S. 300) Adlai Stevenson war, wie oben gesehen, der ursprünglich von Kennedy vorgesehene Vize-Präsident, der dann zum UN-Botschafter ernannt worden war, aber statt Stevenson wurde es Johnson, der dieser kolportierten Aussage Rubys zufolge zum Mastermind des Mordes an Kennedy wurde.

Wie sehr die nationale Psyche vergiftet ist durch die allgegenwärtigen Lügen und Verbrechen und wie sehr die Geschichte Kennedys geradezu vom Blut dieser Mafia trieft, die immer wieder Verbrechen zur Vertuschung anderer Verbrechen begehen musste, zeigt die Fortsetzung der Lebensgeschichte Jack Rubys, die Guyénot erzählt: „Rubys Aussage vor der Warren-Kommission wurde der Journalistin Dorothy Kilgallen zugespielt und vom 18. bis 20. August 1964 im *New York Journal-American* veröffentlicht. Kilgallen interviewte auch Jack Ruby und prahlte hinterher damit, dass sie im Begriff sei, ‚die wirkliche Geschichte' zu enthüllen und den ‚größten Scoop des Jahrhunderts' zu veröffentlichen, in einem Buch mit dem Titel ‚Murder One'. Das Buch wurde nie veröffentlicht: Kilgallen wurde am 8. November 1965 an einer Überdosis Barbituraten und Alkohol tot aufgefunden. Ruby starb 1967 an einem sich schnell ausbreitenden Krebs." (S. 300) Auch das was die deutsche Wikipedia über die Geschichte Dorothy Mae Kilgallens zu berichten weiß, bestätigt offenbar die Erzählung Guyénots und damit die Kilgallens: „Sie hinterfragte insbesondere die Ermordung von Lee Harvey Oswald durch Jack Ruby und schrieb mehrere Zeitungsartikel zu diesem Thema. Im Februar 1964 erhielt sie als einzige Journalistin die Erlaubnis, im Gefängnis von Dallas ein vertrauliches Gespräch mit Jack Ruby zu führen, dessen Wortlaut sie am 23. Februar 1964 im New York Journal-American veröffentlichte. Sie erhielt von unbekannter Seite auch eine Kopie von Rubys Zeugenaussage vom 7. Juni 1964 vor der Warren-Kommission, dessen Original 100 Schreibmaschinenseiten umfasst. Sie veröffentlichte dieses Dokument ebenfalls im New York Journal-American, in den Ausgaben 18. bis 20. August 1964, jeweils auf der ersten Seite. Nachdrucke erschienen im Philadelphia Inquirer und anderen Zeitungen." Dann schreibt die Wikipedia, ohne Raum für Zweifel an dem plötzlichen Tod Kilgallens zu lassen: „Am 8. November 1965 wurde Dorothy Kilgallen tot in ihrem Haus in Manhattan aufgefunden. Noch am Abend zuvor war sie in einer weiteren Folge von What's My Line? zu sehen gewesen. Als Todesursache wurde ein Herzinfarkt festgestellt, welcher durch eine Überdosis an Schlaftabletten und Alkohol verursacht wurde."[325] Wie weit der Arm des „Deep State" auch in die Wikipedia reicht, hinter dem sich, wie sich hier immer mehr der Eindruck verdichtet, die „Kosha Nostra" oder die „Jewish Mafia" oder die „Zionist Connection" verbirgt, wenn es nicht um Themen wie Kernphysik oder einen Überblick über betriebswirtschaftliche Produktionsfaktoren geht, zeigt sich auch hier wieder: Heikles wie der Kennedy-Mord oder gar der 11. September und alles, was seit dem hinter der immer höher und dichter sich verschließenden Mauer des Schweigens verborgen werden muss, sind hermetisch abgeriegelt und tabu.

Zu Johnson schreibt Guyénot, dass viele Amerikaner Johnsons Beteiligung an dem Attentat sofort vermuteten, dies „insbesondere nach der Veröffentlichung eines Buches von James Evetts Haley mit dem Titel ‚A Texan Looks at Lyndon' im Jahr 1964, in dem Johnson als zutiefst korrupt dargestellt wurde. Laut seinem Biographen Robert Caro war Johnson ein Mann, der ‚nach Macht in ihrer nacktesten Form dürstete, nach Macht, nicht um das Leben anderer zu verbessern, sondern um sie zu manipulieren und zu dominieren, um sie seinem Willen zu unterwerfen […], ein Hunger so heftig und verzehrend, dass keine Rücksicht auf Moral oder Ethik, keine Schäden für ihn selbst – oder für irgendjemanden anderen – dem standhalten könnten.' Im Laufe der Jahre haben sich zahlreiche Beweise angesammelt, die darauf hindeuten, dass Johnson, zusammen mit texanischen Behörden als Komplizen, der Drahtzieher der Ermordung Kennedys war. Diese These ist äußerst überzeugend." (S. 301). Guyénot bezieht sich hier neben anderen auf das Buch von Roger Stone, „The Man who killed Kennedy", von dem oben die Rede war.

Nächstes Kapitel des „Murder Most Foul" ist die Vertuschung des Mordes, in deren Verlauf sich unfassbare Szenen und Vorkommnisse ereignet und abgespielt haben müssen. Guyénot schreibt: „Eine Komplizenschaft unter hochrangigen Marineoffizieren ist sicher. Präsident Kennedy wurde im Parkland Hospital in Dallas für tot erklärt, aber seine Leiche wurde dem ernannten Gerichtsmediziner Earl Rose buchstäblich mit vorgehaltener Waffe entzogen, und die Autopsie wurde im Bethesda Naval Hospital in Washington von einem unerfahrenen Militärarzt (James Humes) durchgeführt, flankiert von leitende Beamten und Bundesagenten. Im Autopsiebericht hieß es, die tödliche Kugel sei in den Hinterkopf eingedrungen, was im Widerspruch stand zu den Aussagen von 21 Mitarbeitern des Dallas-Krankenhauses, die zwei Einschusswunden an der Vorderseite von Kennedys Körper gesehen hatten." (S. 301) Der amerikanische Chirurg Dr. Charles Crenshaw gehörte zu dem Team, das die Autopsie an Kennedys Leiche hätte vornehmen sollen; nach seiner Pensionierung schrieb er ein Buch über das was er am dem Tag gesehen und erlebt hatte, und gab 1992 bekannt: „Aufgrund der Schäden, die ich gesehen habe, gab es für mich keinen Zweifel daran, dass die Kugel von vorne in seinen Kopf eingedrungen war."[326]

Die Wikipedia bleibt auch hier ihrer Linie treu, dass die offizielle Version die wahre ist; im Text der Wikipedia zu Crenshaw heißt es: „Im Ruhestand veröffentlichte er *JFK: Conspiracy of Silence*, einer breiten Öffentlichkeit wurde er [durch das Buch] bekannt. Darin behauptete er, dass die Schüsse auf den Präsidenten von vorn gekommen sein müssten, ergo es mindestens einen zweiten Schützen gegeben haben müsse. Die Wunden seien beim Transport vom Parkland Hospital zur Obduktion im Bethseba Hospital manipuliert worden. Weiter vertrat er die Ansicht, dass Kennedys Leiche vier Schusswunden gehabt habe. An der Obduktion beteiligte Ärzte widersprachen Crenshaws Behauptungen in dessen Buch. (…). Kurz darauf gab das Journal of the American Medical Association eine Pressekonferenz, in der seine Thesen widerlegt wurden. Das Werk fiel darauf aus den Bestsellerlisten heraus. Als das Journal keine Gegendarstellung veröffentlichen wollte, verklagte Crenshaw die Fachzeitschrift und gewann einen Vergleich."[327] Also: wenn das Journal of the American Medical Association eine Pressekonferenz gegeben hat, in der seine Thesen widerlegt wurden, dann sind diese Thesen widerlegt, basta, und ob Crenshaw in einem Prozess eine Gegendarstellung verlangt und in dem Prozess gewinnt oder nicht, kann dann wohl keine Rolle mehr spielen.

Wahre Meisterschaft in der journalistischen Kunst der Vertuschung legte aber auch damals der *Spiegel* an den Tag, als der sich zu der Buchveröffentlichung Crenshaws zu äußern hatte. Am 7.6.1992 erschien im Spiegel der Artikel „Der mit den Fakten tanzt", Begleittext: „Wer erschoß John F. Kennedy? Jeden Monat bieten neue Verschwörungstheorien Stoff für abenteuerliche Spekulationen. Nun wehren sich Zeitzeugen des Mordes, die als Helfer einer riesigen Kabale verdächtigt wurden. Sie weisen nach: Kennedy starb nicht im Kreuzfeuer; die Todesschüsse kamen aus einem Gewehr."[328] Schon mit der Wahl des Titels stellt der Spiegel klar, wer der wahre Herr der Fakten ist, und wer von Sachkenntis unbeleckt um diese Fakten nur ahnungslos herumtanzen kann. Aber es hat den Anschein, als habe der Spiegel sich hier mit seinem Faktentanz wohl selbst ins Knie geschossen, wie sich aus Folgendem ergibt.

Das Faktum, von dem auch Guyénot berichtet, kann der Spiegel nicht so leicht umtanzen; der Spiegel schreibt: „Wenig später griffen Beamte des Geheimdienstes den Tisch mit der Leiche des Präsidenten und rollten ihn aus dem Raum – von Dr. Crenshaw war keine Spur zu sehen." Na sowas – Dr. Crenshaw hat also, will der Spiegel wohl insinuieren, feige den Raum verlassen, und sich nicht mehr sehen lassen. Aber die „Beamten des Geheimdienstes" haben den Tisch mit der Leiche des Präsidenten *mit Waffengewalt* ergriffen und aus dem Raum gerollt: das verschweigt der Spiegel. Das ist Spiegel-Stil, der wohl schon lange vor Claas Relotius im Hause Usus war.

Aber die Story geht weiter. Der Spiegel schreibt, ganz ohne Arg: „Nach den Gesetzen des Bundesstaates Texas hätte die Leiche für die vorgeschriebene Obduktion in

Dallas bleiben müssen; die Überführung des Präsidenten ins Marinekrankenhaus von Bethesda war technisch ein Gesetzesverstoß, der in den Folgejahren allen möglichen Verschwörungstheorien Vorschub leistete." Wer wird da also gleich an Verschwörungsteorien denken – es war doch nur *technisch* ein Gesetzesverstoß; es ist alles ganz normal und keineswegs geheimnisvoll: „Der Pathologe Humes hat trotzdem Verständnis für den unrechtmäßigen Transport und kann in der Überführung nichts Geheimnisvolles entdecken." Wer aber entpuppt sich da als der Auftraggeber für den unrechtmäßigen Transport, den jemand offenbar unbedingt (mit Waffengewalt!) erzwingen wollte: Lyndon B. Johnson. Warum wollte er das: „Er glaubt, daß Vizepräsident Lyndon Johnson so schnell wie möglich nach Washington zurückwollte."

Der Spiegel schreibt zur Erklärung von Johnsons Verhalten: „Johnson wußte nicht, was an diesem Tag in Dallas eigentlich geschehen war – es hätte schließlich Teil eines Komplotts sein können. Er wollte zurück an den Regierungssitz, und der war in Washington, DC. Ohne Jackie Kennedy konnte er jedoch Dallas nicht verlassen, und sie wiederum wollte nicht aus Dallas fort ohne den Leichnam ihres Gatten. Johnson mußte zurück, und ergo mußte er die Leiche mitnehmen." Das klingt nicht überzeugend; der Spiegel will seinen Lesern plausibel machen, warum Johnson eine gesetzmäßige Autopsie umgehen wollte, aber – unter Anwendung von Waffengewalt?

Die Autopsie wurde also im Marinekrankenhaus von Bethesda durchgeführt, ausführender Pathologe war James Humes. Der Spiegel schreibt: „Humes versichert, daß sich während der Operation kein hochrangiger Militär im Autopsie-Saal befand, nachdem der Leibarzt des Präsidenten, Admiral George Burkley, zu Beginn der Obduktion den Raum verlassen hatte, um mit Jackie und Robert Kennedy auf das Ergebnis zu warten. Der Pathologe heute: ,Ich hatte die Verantwortung für die Autopsie, und niemand hat versucht, mir hereinzureden. Punktum.'" Ja – wie sollen da noch Zweifel bleiben, nachdem der mächtigste Mann der Welt erschossen wurde und nun in einem Marinekrankenhaus obduziert werden muss, von einem einsamen Pathologen, der dann behauptet, niemand habe ihm in seine Obduktion hereingeredet?

Dann gibt es noch das tanzende Faktum mit Kennedys verschwundenem Gehirn. Der Spiegel gibt sich ahnungslos: „Es sind seither auch keine Beweise verschwunden, wie immer wieder behauptet wurde. Bis auf das Gehirn des toten Präsidenten, das Admiral Burkley tags darauf der Familie Kennedy übergeben hat und das vermutlich mit der Leiche beerdigt wurde, befinden sich alle Autopsieunterlagen vollständig im Washingtoner Nationalarchiv." Der Leser lernt: Kennedys Gehirn, das von einer Gewehrkugel getroffen und zerfetzt wurde, und von dem wohl niemand mehr Grund und Berechtigung hätte zu erfahren was genau mit diesem Gehirn geschah ist als die Mannschaften der Pathologen beider beteiligter Krankenhäuser, ist „vermutlich" mit der Leiche beerdigt worden? Und blieb seither verschwunden?

Von Oliver Stone, über den bzw. seinen Film „JFK" der Spiegel-Artikel ebenfalls versucht sich lustig zu machen, sind Berge von Beweismaterial im Lauf der Zeit zusammengetragen und vorgelegt worden; Fotos, Dokumente oder Zeugenaussagen von auf die eine oder andere Weise beteiligten Personen, aber dem Spiegel reicht es, wenn er die Fakten wieder einmal zum Tanzen bringen kann. Das letzte „verschwundene" und dann wieder aufgetauchte Beweismittel war ja, um das kurz einzuflechten, die wiedergefundene Gewehrkugel, die der frühere Personenschützer Paul Landis nach 60 Jahren gefunden haben will: Landis bereichert die Geschichte von einer Kugel, die sowohl Kennedy als auch den Gouverneur Conolly traf, um die Variante einer zweiten Kugel, die nicht wie die andere Kugel aus Conollys Körper „herausgefallen" ist, sondern die er selbst im Wagen des Präsidenten gefunden haben will. Und auch diese Kugel war völlig frei von Verformungen, wie auch andere als „Beweisstück" in diversen Verfahren präsentierte Kugeln, was die Glaubwürdigkeit auch dieser Variante kaum weniger beeinträchtigt als das verschwundene Gehirn Kennedys. Immerhin wurde nun von der Einzeltäter-Theorie abgerückt, und es wurde von mehr als drei Schüssen sowie mehr als einem Schützen gesprochen; dabei hatte schon der Gouverneur John Conally von weiteren Schüssen gesprochen, weil Conallys zahlreiche Wunden von mehreren Treffern hervorgerufen sein mussten.[329]

Der Teil der Geschichte um Kennedy und die „Magic Bullet-Theorie", der an dieser Stelle auf keinen Fall fehlen darf, ist der Anteil des Juristen und damaligen Assistenten eines Mitglieds der Warren-Kommission Arlen Specter an der Story: Specter ist nämlich der Erfinder dieser Theorie. Guyénot schreibt: „Der Mann, der die Schlüsselrolle bei der Erfindung der von der Warren-Kommission verbreiteten offiziellen Lüge spielte, war Arlen Specter, der Erfinder der sogenannten ‚Magic-Bullet'-Theorie: Eine einzige Kugel soll Kennedy und John Connally sieben Wunden zugefügt haben, der vor ihm in der Limousine saß, und die später in makellosem Zustand auf einer Trage im Parkland Memorial Hospital in Dallas gefunden wurde. Specter verteidigte seine Theorie in seiner Autobiografie aus dem Jahr 2000 noch immer, der er den Titel gab ‚Passion for Truth' – mit einem ironischen Hauch von Chuzpe. Bei seinem Tod im Jahr 2012 wurde Specter, der Sohn russisch-jüdischer Einwanderer, von der israelischen Regierung offiziell als ‚unerschütterlicher Verteidiger des jüdischen Staates' und vom AIPAC als ‚führender Architekt der Kongressbindung zwischen unserem Land und Israel' betrauert Israel."[330] (S. 304) Ein besseres Argument gegen diese phantastische bzw. phantasierte, übertölpelnd dreiste, von Chuzpe geradezu triefende „Magic Bullet-Theorie" läst sich kaum denken.

Specter war wie viele andere in der Kennedy-Geschichte ein *Sayanim*, einer von passiven oder besser schlafenden Agenten, die in der Diaspora von Agenten des Mossad zu Hilfsdiensten etwa durch logistische Unterstützung angeworben werden können, und die sich aus patriotischen Gefühlen für Israel entschließen, mit dem Mossad zusammenzuarbeiten. Einer von diesen *Sayanim* war Julius Schepps, Leiter der jüdischen Gemeinde und Mitglied des „Dallas Citizens Council"; Guyénot schreibt dazu: „JFKs Reise nach Dallas, die offiziell unpolitisch war, wurde von einer mächtigen Gruppe von Geschäftsleuten gesponsert, die als Dallas Citizens Council bekannt ist und von Julius Schepps dominiert wird, ‚einem Spirituosengroßhändler, Mitglied jeder Synagoge in der Stadt und de facto Anführer der jüdischen Gemeinde', wie er von Bryan Edward Stone in ‚The Chosen Folks: Jews on the Frontiers of Texas' beschrieben wurde. Wie Stone deutlich macht (…), waren wohlhabende Juden in Texas im Gegensatz zum populären Bild in der Bevölkerung sehr einflussreich. Unter anderen einflussreichen Persönlichkeiten war der Werbefachmann und PR-Mann Sam Bloom, der den Vorsitz in diesem ‚Host Commitee' führte, das Kennedy einlud. Laut dem ehemaligen britischen Geheimdienstoffizier Colonel John Hughes-Wilson war es Bloom, der ‚der Polizei vorschlug, Oswald der Presse zugänglich zu machen.' Er schlug auch vor – gegen den ausdrücklichen Rat des örtlichen FBI –, den mutmaßlichen Attentäter von der Dallas-Polizeistation in das Dallas County-Gefängnis zu verlegen, um den Journalisten eine gute Geschichte und Bilder zu liefern." (S. 304; Colonel John Hughes-Wilson war oben genannt worden.)[331]

Die Dienste des *Sayanim* Abraham Zapruder, die in dem Zusammenhang alles andere als unwesentlich sind, erwähnt Guyénot im Buch nicht, aber in seinem Film.[332] Auch Zapruder kam gebürtig aus der Ukraine; er gründete später in Dallas ein Textilunternehmen, das seinen Sitz im vierten Stock des siebenstöckigen Dallas Tex-Building hatte, direkt gegenüber der Schulbücherei, von der aus Oswald auf Kennedy geschossen haben soll. Zapruder war jüdischer Freimaurer, und gehörte wie Rubinstein und Cohen zur Jewish Mafia, wie auch zum Dallas Citizens Council. (s. o.)

Der Staatsanwalt Jim Garrison[333] hat im Zusammenhang mit seinen Ermittlungen zum Kennedy-Mord die Vermutung geäußert, dass das Dal-Tex-Gebäude einer von vier Schauplätzen war, von denen aus Scharfschützen auf Kennedy feuerten. Garrison sagte später, es habe vier Attentatsteams gegeben, die jeweils aus einem Schützen und einem Ausguck bestanden, darunter eines im siebten Stock des Gebäudes. Das Dal-Tex-Gebäude befand sich in einem Bezirk, zu dem auch das Dallas County Records Building und Teile des Dallas Criminal Courts Building gehörten.[334]

Die vom Dallas Citizens Council geplante Route der Wagenkolonne Kennedys machte diesen charakteristischen „Lefthand-Turn" (Dylan) in die Elmstreet, die sehr kurz vor dem Besuchstermin geändert bzw. so festgelegt worden war, dass dieser Turn notwendig wurde. Wer hat diese Route festgelegt? Nun – wer weiß, dass die Planung für die Route aus diesen Kreisen der Jewish Mafia stammte, der muss dann auch nicht lange nach Motiven suchen für diese Routenplanung, und auch nicht mehr für die ganze Attentatsplanung: die Route musste genau dieser scharfen Biegung folgen, um zunächst die ganze Kolonne abzubremsen, um dann zuerst der Mannschaft der Sniper die optimale Schussposition aus der oberen Etage des Dallas Tex-Building zu bieten, und, falls die abgefeuerten Schüsse Kennedy nicht tödlich treffen, ihn spätestens beim Erreichen der Höhe des Grassy Knoll mit einem finalen Kopfschuss in die Schläfe rechts zu erledigen.[335] Dass sich Zapruder mit seiner Schmalfilmkamera die ihn erwartenden Bilder nicht entgehen lassen würde, wie auch die zur Geburtstagsfeier an diesem feierlichen Ort erschienene fotografierende Phillippine de Rothschild, kann perfekter und teuflischer kaum geplant und ausgetüftelt worden sein.

Die entführte Konspiration

Im nächsten Abschnitt seines Buches geht Guyénot den Methoden und eingesetzten Mitteln nach, zu denen diese kriminelle Kabale griff, um die Spuren des Kennedy-Attentats zu verwischen. Er stellt dazu zunächst die Hypothese auf, „dass die Ermordung Kennedys als Angriff unter falscher Flagge geplant war, um einen falschen Vorwand für die Invasion Kubas und den Sturz Castro zu liefern" (S. 305); dies hätte beinhaltet, dass von den beteiligten Mitverschwörern in einem bestimmten Umfang

Aufwand getrieben wurde, um das Ziel der Einbindung Kennedys in Pläne zur Invasion Kubas zu erreichen, also etwa durch Akteure aus der CIA oder der kriminellen Unterwelt der Exil-Kubaner. Dieser Teil sei zunächst weiterentwickelt worden, dann aber unter der Regie Johnsons und seiner Kumpane aus der Kosher-Nostra vereitelt und in Richtung-Kennedy-Attentat gedreht worden; mit anderen Worten, es wurde ein Bluff inszeniert, der dann den Beteiligten des ersten Teils keine Wahl mehr ließ, als den zweiten Teil mitzuspielen. Oswald wäre demnach gezielt und planvoll benutzt worden, um ihn in die Rolle des „Patsy-Clowns" zu zwingen.

Guyénot schreibt: „Viele Aussagen von engen Freunden und Verwandten deuten darauf hin, dass Oswald aufrichtige Sympathien für den Marxismus und für Castros Regime in Kuba hegte, aber es gibt auch Hinweise darauf, dass er nach seiner Rückkehr aus der UdSSR im Juni 1962 vom FBI für verdeckte Arbeit im Kommunismus angeheuert wurde Kreise. Letztendlich macht es kaum einen Unterschied; klar ist, dass Oswalds kommunistische Verbindungen sorgfältig überwacht und aufgezeichnet wurden – zum Beispiel wurde er zweimal beim Verteilen von Flugblättern für das Pro-Castro-Fairplay-für-Kuba-Komitee in New Orleans gefilmt – um sie am 22. November 1963 zu verwenden als sein Motiv, den Präsidenten zu erschießen." (S. 305) Diese These sei von der Mehrheit der Kennedy-Verschwörungstheoretiker vertreten worden, darunter auch die „sichtbarste", also erfolgreichste und meistverbreitete Theorie von James Douglass in „JFK and the Unspeakable" (2008).

Guyénot: „Kennedy, so heißt es, sei Opfer eines Plots der anti-kommunistischen Rechtsextremen im Militär-Geheimdienst-Komplex geworden, mit Komplizen in der Community der kubanischen Exilanten. James Douglass und gleichgesinnte Forscher weisen tatsächlich überzeugend nach, dass Kennedy im Konflikt mit der alten Garde der CIA und des Pentagons stand, da er die Operation in der Schweinebucht (April 1961) durch die Weigerung, US-Militäreinheiten einzubeziehen, vermasselt hatte. Schlimmer noch, er hatte mit Nikita Chruschtschow (Oktober 1962) einen friedlichen Ausgang der Kubakrise ausgehandelt, indem er versprach, die amerikanischen Raketen in der Türkei im Austausch für den Abzug der sowjetischen Raketen in Kuba abzubauen." (a. a. O.) Aber wenn die Invasion so wichtig war, warum wurde sie dann abgeblasen, als Kennedy ermordet war? Johnson wäre nicht derjenige gewesen, der eine Invasion „vermasselt" hätte, wenn sie ein zweites Mal versucht worden wäre, wie Guyénot weiter schreibt: „Einige dieser Forscher versuchen nie zu erklären, warum diese Invasion nie stattgefunden hat, wenn die Schießerei in Dallas als Vorwand für eine Invasion in Kuba inszeniert wurde. Diejenigen, die sich wie James Douglass mit dieser Frage befassen, schreiben Johnson zu, dass er die Invasion verhindert hat." Johnson habe James Douglass zufolge nichts mit dem Attentatsplan zu tun gehabt, und er „vereitelte auch das eigentliche Ziel der Verschwörer, den Dritten Weltkrieg auszulösen." (a. a. O.) Aber, wie etwa auch Roger Stone wortreich und drastisch schildert, ist Lyndon Johnson alles andere als ein glaubwürdiger Zeuge, wie Guyénot schreibt: „Damit wird die riesige Menge an Beweisen ignoriert, die seit fünfzig Jahren gegen Johnson gesammelt wurden. Es wirft auch eine andere Frage auf: Wenn Johnson dem Druck der Falken, in Kuba einzumarschieren, widerstand, warum eskalierte er dann den Vietnamkrieg? Ende 1963 hatte Kennedy beschlossen, das gesamte US-

Militärpersonal in Vietnam zu evakuieren (das waren nur 15.000 ‚Militärberater'). Am 11. November unterzeichnete er die Weisung NSAM-263 für den Abzug von ‚1.000 US-Militärangehörigen bis Ende 1963', in der Erwartung, ‚bis Ende 1965 […] den Großteil des US-Militärpersonals' abzuziehen." (S. 305; als Quelle gibt Guyénot an: On JFK Library, www.jfklibrary.org/)

Aber es war eben Johnson, dem es nicht schnell genug gehen konnte, in Vietnam einzumarschieren: „Am 26. November, einen Tag nach Kennedys Beerdigung, verwarf Johnson die NSAM-263-Anweisung und ersetzte sie durch eine andere, NSAM-273, die vom Militär verlangte, einen Plan zu entwickeln, ‚damit die Vereinigten Staaten beginnen können, den Krieg nach Norden zu tragen', einschließlich ‚verschiedene Stufen möglicher erhöhter Aktivität' und ‚Militäreinsätze bis zu einer Linie von bis zu 50 Kilometern innerhalb von Laos' – was einen Verstoß gegen die Genfer Abkommen von 1962 über die Neutralität von Laos darstellte." (S. 306)[336]

Was Guyénot weiter über Johnsons unglaubliche Skrupellosigkeit und Habgier und damit auch über die rücksichtslose Gesinnung dieser Kabale schreibt, scheint sich in der Gegenwart des Dramas um den Gaza-Streifen zu bestätigen: Jared Kushner, der jüdische Schwiegersohn Trumps und wie auch Trump im Immobiliengeschäft tätig, hat vorgeschlagen, die im Gaza-Streifen lebenden und heimatlichen Palästinenser zu „entfernen" und diese Gebiete mit ihrer „wertvollen Lage am Wasser" als einträgliches Immobiliengeschäft zu vermarkten;"[337] also: eine Art „kalte" Deportation.

Kushners Pläne scheinen aber selbst die schweizerische Boulevard-Zeitung „Blick" zu schockieren: „Trumps Schwiegersohn schockt mit Gaza-Aussagen." Die Zeitung schreibt: „Seit dem Überfall auf Israel am 7. Oktober 2023 herrscht Krieg im Gazastreifen. Zehntausende Menschen sind bereits gestorben, unzählige mussten ihre Heimat verlassen. Und welcher Gedanke kommt Jared Kushner, dem Schwiegersohn und ehemaligen Berater von Donald Trump? Der ehemalige Immobilienhändler denkt vor allem ans Bauen: ‚Ufergrundstücke in Gaza könnten sehr wertvoll sein – wenn sich die Menschen auf den Aufbau ihrer Lebensgrundlagen konzentrieren würden', sagt der Ehemann von Ivanka Trump Anfang März in einem Interview an der renommierten Harvard Universität in Massachusetts. Seine Äußerungen lassen erahnen, welche Art von Nahostpolitik bei einer Wiederwahl Trumps verfolgt würde, schreibt ‚The Guardian'. Tatsächlich liefert Kushner keinen Friedensplan und weicht der wichtigsten Frage gekonnt aus – wie sieht die Zukunft der Palästinenser aus? Stattdessen formuliert er es so: ‚Es ist dort eine etwas unglückliche Situation, aber aus israelischer Sicht würde ich mein Bestes tun, um die Leute herauszuholen und dann aufzuräumen'. Für den ehemaligen Berater des Präsidenten scheint klar zu sein, dass Israel die Menschen aus Gaza besser in die Negev-Wüste im Süden Israels umsiedeln sollte. Wenn er für Israel verantwortlich wäre, würde er die Zivilisten aus der südlichen Stadt Rafah herausholen und ‚mit Diplomatie' nach Ägypten bringen. ‚Ich denke, dass es jetzt der richtige Schritt wäre, den Negev zu öffnen, dort ein sicheres Gebiet zu schaffen, die Zivilisten hinauszuschicken und dann hineinzugehen und die Arbeit zu Ende zu bringen."" Das Argument ist bekannt seit dem 11. September; im Grunde schon seit der Staatsgründung Israels, also seit dem echten Terror der Irgun und dem inszenierten „Terror" der Palästinenser: den Menschen ihre rechtmäßige

Heimat zu lassen und eine Zwei-Staatenlösung anzustreben wäre für Kushner eine ‚ganz schlechte Idee', denn es hieße, ‚einen Terrorakt zu belohnen'".[338] Terror zu inszenieren scheint ein probates Mittel für diese internationale Kosher Nostra.

Zurück zu Kennedy, Johnson und der entführten Konspiration. Über den ins Amt katapultierten, um nicht zu sagen geschossenen Präsidenten Johnson und seine perfide Habgier schreibt Guyénot: „Johnsons Entscheidung bezüglich Vietnam war ein klarer Verrat an Kennedys früherer Politik, und die erstaunliche Zweckmäßigkeit seines Politikwechsels lässt auf Vorsatz schließen. Es wurde auch festgestellt, dass Johnson und seine Geschäftspartner in den Wochen vor der Ermordung Kennedys stark in den Flugzeughersteller Ling-Temco-Vought (LTV) investiert hatten, der von einem engen Bekannten Johnsons, James Ling, gegründet wurde und seinen Hauptsitz in hat Dallas. Im Januar 1964 sollte LTV einer der größten Waffenlieferanten des Pentagons für den Vietnamkrieg werden." (S. 305)[339] Diese edle Denkungsart der Zionistenmafia taucht immer wieder auf, wie oben gesehen bei dem geschäftstüchtigen Jared Kushner, oder etwa bei der Geschichte um die auffälligen Aktienspekulationen um den 11. September mit dem ehemaligen CIA-Direktor und zeitweiligen Banker Alvin „Buzzy" Krongard im Mittelpunkt, die etwa bei Daniele Ganser ausführlich beschrieben werden; bemerkenswert ist auch die unfassbare Skrupellosigkeit die daraus spricht: aus dem Jahrtausendverbrechen des 11. September hat jemand noch versucht, ein wenig flüssiges Spekulationskapital zu schlagen;[340] und nicht nur da, auf die Hintergründe der israelischen Planungen mit Erdgasvorkommen im Gazastreifen vor schon hingewiesen worden. Auch Lyndon B. Johnson war demzufolge also vor allem am persönlichen Geschäft interessiert.-

Im Wesentlichen bestand die Entführung der Verschwörung nach Guyénot darin, dass Kräfte innerhalb des militärisch-industriellen Geheimdienstkomplexes der USA und deren Führung (CIA und Pentagon) verzweifelt versuchten, einen Krieg gegen Castro zu beginnen, und dass sie dazu bereit waren, den Präsidenten zu täuschen, aber nicht, ihn zu ermorden. „Es ist ein großer Unterschied, ob man hinter dem Rücken des Präsidenten eine Geheimoperation ins Leben ruft oder durch die Ermordung des eigenen Präsidenten Hochverrat begeht." (S. 307) Um es zusammenzufassen: Guyénot argumentiert, dass der Putsch in Dallas „ein Betrug von fantastischen Ausmaßen" war, bei dem die CIA von der „Mischpoke", der russisch-jüdischen Mafia, gekapert wurde, „deren böse Macht bis in die höchsten Sphären reicht (…). Die Mishpucka wollten Kennedys Tod und verwandelten die Operation in ein erfolgreiches Attentat. Sie entgingen dann den Ermittlungen, indem sie sich hinter dem Plan der CIA versteckten." Die CIA und ihre kubanischen Exilpartner haben Kennedys Leben retten wollen, „ihn aber zu Vergeltungsmaßnahmen gegen Castro zwingen wollten. Es handelte sich um eine Operation unter falscher Flagge: Oswald, der Sündenbock, war mit der ‚Legende' eines pro-Castro-kommunistischen Aktivisten ausgestattet worden, die am Tag des Attentats von den Nachrichtenmedien der Öffentlichkeit verkauft werden sollte." Dann sollte ein Attentat auf Präsident Kennedy stattfinden, „das so ‚realistisch' war, dass sein Scheitern als nichts weniger als ein Wunder angesehen werden würde; (…) Fußspuren würden direkt zu Castros Haustür führen, eine Spur, die auch der blutigste Amateur nicht verlieren könnte." (S. 308)

Guyénot schreibt: „Israel hatte kein Interesse an Kuba, wollte aber Kennedys Tod. Johnson auch. Also kaperten sie die Operation, wahrscheinlich indem sie die echten Scharfschützen auf dem ‚Grassy Knoll' zur Verfügung stellten. Der nationale Sicherheitsstaat war zu tief involviert, um protestieren zu können, und musste seinem ursprünglichen Plan folgen und Oswald die Schuld geben, wohl wissend, dass sie die ersten sein würden, die entlarvt würden, wenn sie versuchen würden, Israels Putsch aufzudecken." (S. 308)[341] Als Indiz dafür, dass die Spur zu rechten Exil-Kubanern absichtlich von Israels *Sayanim* gelegt wurde, nennt Guyénot „eine Reihe von Kuriositäten", die im Vorlauf des Attentats geschahen: „Wie sonst könnten wir zum Beispiel die ganzseitige Anzeige in den Dallas Morning News vom 22. November erklären, die schwarz umrandet war wie eine Traueranzeige und die ironische, drohende Überschrift trug: ‚WILLKOMMEN, MR. KENNEDY TO DALLAS...', in der der Präsident des Betrugs an den Kubanern beschuldigt wurde, die jetzt ‚in Sklaverei' zu leben hätten?' Die verschleierte Drohung wurde von einem nicht existierenden amerikanischen Untersuchungsausschuss verfasst." (S. 310; Guyénot zitiert aus James Douglas, a.a.O., S. 361). Guyénot zitiert noch eine Vielzahl weiterer Beispiele, die gemeinsam haben, dass sie in die jüdische Mafia führen, aber aus ihnen sei zu lernen, dass die „jüdische Mafia" tabu ist, „sowohl in der Kennedy-Forschung als auch in den Mainstream-Nachrichten. Es wurde (...) viel über die Beteiligung anderer ‚Mafias' gesagt: ‚Gangster im Zusammenhang mit dem Tod von JFK', lautete 1977 eine Schlagzeile der Washington Post, nachdem der HSCA-Bericht veröffentlicht worden war. Es wird allgemein zugegeben, dass Jack Ruby zur Unterwelt gehörte, aber zu sagen, er gehöre der jüdischen Gemeinde an, gilt als geschmacklos." (S. 314)

Es müsse eine tief verwurzelte ethnische Loyalität mit einigen Kennedy-Forschern geben, mit der aber eine anhaltende Selbsttäuschung verbunden sei, wie Guyénot schreibt. Zu zeigen sei dies etwa an der CIA-Meldung Nr. 1035–960, die als erstes Regierungsdokument bekannt wurde, in dem „Verschwörungstheorien" erwähnt werden, das wichtig sei als Propagandaprogramm zu deren Diskreditierung. Aber es zeigt auch, dass die CIA durch Andersdenkende wie Epstein und Lane zur Schadensbegrenzung gezwungen wurde, die darauf beharrten, die CIA zu belasten, ohne aber jemals Beweise gegen Israel zu erwähnen," die Rede ist hier von dem Journalisten Edward Jay Epstein mit seinem Buch „Inquest" (1966) und dem Anwalt Mark Lane (geb. Levin) mit „Rush to Judgement" (1966); beide klagten die CIA an. (S. 306)

Ein letztes Beispiel, das Guyénot erwähnt, ist der Oliver-Stone-Film „JFK", von dem schon die Rede war; Guyénot beschreibt hier die Verbindung des Films zu dem Produzenten Arnon Milchan, die schon bei Christopher Bollyn beschrieben wurde: „Dass israelische Agenten maßgeblich an der Verbreitung von Verschwörungstheorien gegen die CIA beteiligt waren, wurde anhand von Oliver Stones Film ‚JFK' aus dem Jahr 1991 deutlich. Darin war Kevin Costner in der Rolle des Bezirksstaatsanwalts von New Orleans, Jim Garrison, zu sehen, der eine Untersuchung zu Kennedys Ermordung einleitete 1967. Dieser Film, der die öffentliche Meinung so sehr erschütterte, dass daraus die Motivation zum „Präsident John F. Kennedy Assassination Records Collection Act" von 1992 entstand, wurde von Arnon Milchan produziert, der in einer Biografie aus dem Jahr 2011 beschrieben wurde als ‚einer der von Jugend auf wichtigsten Geheimagenten, die der israelische Geheimdienst jemals eingesetzt hat', und der am Waffenschmuggel von den USA nach Israel beteiligt war. Im Jahr 2013 enthüllte Milchan seine ausgedehnte Tätigkeit als Geheimagent Israels, bei der er sich insbesondere für die Förderung des israelischen Atomprogramms einsetzte. Es ist daher kein Wunder, dass Stones Film keinen Hinweis auf die Mossad-Verbindung gibt, auf die Garrison gestoßen ist."(S. 306)[342]

Guyénot sieht hier einen generellen Operationsmodus, mit dem Israel die USA kontrolliert: Er verstrickt Elemente der US-Regierung in seine schwarzen Operationen, um sie in die Vertuschung einzubeziehen, während die zionistisch kontrollierten Mainstream-Medien als ständiges Damoklesschwert über ihren Köpfen hängen. (317)

In der Mehrzahl der untersuchten Literatur zu Kennedy werden die israelische Spur und der Mossad nicht erwähnt, aber gibt es eine Ausnahme: „Ein einziger Autor hat den Fall gegen die israelische Unterwelt ernsthaft untersucht: Michael Collins Piper in seinem 1995 erschienenen Buch ,Final Judgement: The Missing Link in the JFK Assassination Conspiracy'. Seitdem wird Piper wie die Pest behandelt. Aber sein Werk hat an Einfluss gewonnen. Im Jahr 2013 schreibt Martin Sandler in seiner Ausgabe von Kennedys Briefen, einschließlich derer an Ben-Gurion über Dimona, über Pipers Arbeit: ,Von allen Verschwörungstheorien bleibt sie eine der faszinierendsten'", schreibt Guyénot.[343]

Welche erwähnenswerte Ausnahme gibt es noch: „Der libysche Führer Muammar Gaddafi sollte zu denen zu zählen sein, die Piper überzeugte. Er erklärte 2008: ,Kennedy hat beschlossen, das Kernkraftwerk Dimona zu überwachen. Er bestand darauf, dies zu tun, um festzustellen, ob Atomwaffen hergestellt wurden oder nicht. Die Israelis weigerten sich, aber er bestand darauf. Diese Krise wurde mit dem Rücktritt von Ben-Gurion gelöst. Er trat zurück, um der Überwachung des Dimona-Werks nicht zustimmen zu müssen, und gab grünes Licht für die Ermordung Kennedys. Kennedy wurde getötet, weil er auf der Überwachung des Dimona-Werks bestand.' Am 23. September 2009 hatte Gaddafi den Mut, in einer Rede vor der Generalversammlung der Vereinten Nationen eine neue Untersuchung zu fordern." (S. 319)[344] Gaddafi war offensichtlich ein weiteres Opfer der zionistischen Mafia.

Christ, Anti-Christ, das Wahre und das Falsche

Damit nun nach diesem langen Ritt durch die dunkelsten Kapitel der amerikanischen Geschichte zurück zur vergleichsweise sehr nüchternen Analyse Emmanuel Todds, der Tod des Protestantismus sei der Grund für Zerfall und Niedergang des Westens. Mit dem Tod des Protestantismus und dem Verlust der religiösen Bindung an christliche Werte breite sich ein „amerikanischer Nihilismus" aus, wie gesehen, und die nihilistische Ideologie zerstöre die Grundlagen von Moralität, die man auch jenseits religiöser Konzepte von Moralität für ganz selbstverständlich halten würde: „Doch vor allem wandelt die nihilistische Ideologie, die sich in Amerika immer weiter ausbreitet, selbst noch das Prinzip der Einhaltung von Verpflichtungen in etwas Überholtes, Negatives. Verrat wird etwas Normales." (S. 334).

Den Beweis für das Vordringen des Nihilismus sieht Todd erbracht durch den Verlauf des Gaza-Kriegs: „Die drei Wochen, die auf das Wiederaufflammen des Konfliktes zwischen Israel und der Hamas am 7. Oktober 2023 folgten, haben uns die rohe, impulsive Vorliebe Washingtons für Gewalt vor Augen geführt. Konfrontiert mit einem Krieg, der auf beiden Seiten vor allem Zivilisten tötete, setzten sich die Vereinigten Staaten augenblicklich für eine Verschärfung des Konflikts ein." (S.369). Und sofort wurde die amerikanische Militärmaschinerie in Bewegung gesetzt, um Israel zu unterstützen: „Bereits am 8. Oktober verlegten sie einen ersten Flugzeugträger ins östliche Mittelmeer, um Israel zu unterstützen, gefolgt von einem zweiten am 14. Oktober. Diese instinktive Reaktion entsprach keinerlei militärischen Notwendigkeit. Denn wer hätte an einen iranischen Angriff glauben sollen? Israel ist im Besitz der Atomwaffe, der Iran nicht." (a.a.O.)

Merkwürdigerweise, sagt Todd, gilt die „fast grenzenlose Solidarität Washingtons" nicht konkreten Menschen in Israel, wie etwa den gefangenen israelischen Geiseln der Hamas-Kämpfer in Gaza, sondern einem „rein imaginären Land": „Die Gleichgültigkeit Washingtons gegenüber konkreten Israelis ist faszinierend. Das Land, mit dem sich die USA grenzenlos solidarisch erklärten, ist rein imaginär." (S.369). Wer sind aber sind dann wohl tatsächlich die Menschen in den USA und Washington, die die einzige Supermacht der Welt dazu bewegen können, Israel fast bedingungslos zu unterstützen, obwohl ihnen die konkreten Menschen in Israel völlig egal sind?

Am 27. Oktober 2023 wurde von Jordanien eine Resolution für einen „sofortigen, dauerhaften und verlängerten Waffenstillstand" vorgeschlagen, aber die USA weigerten sich, dem zuzustimmen. Von den Mitgliedsstaaten der UN stimmten „hundertzwanzig Nationen dafür, fünfundvierzig enthielten sich, und nur vierzehn stimmten dagegen (…). Das amerikanische Votum gegen den Waffenstillstand ist nihilistisch, es lehnt eine gemeinsame Moral der Menschlichkeit ab." (S. 369-370)

Niemand würde das bezweifeln, aber kann man Todd da zustimmen? Handelt es sich um amerikanischen Nihilismus – oder nicht vielmehr um den nun gut bekannten amerikanisch-israelischen Zionismus? Er schreibt: „Was die Vereinigten Staaten betrifft, so erlaubt uns das Konzept der Nihilismus, in der Interpretation noch weiterzugehen: Ihr unüberlegtes und pauschales Engagement an der Seite von Israel ist ein suizidäres Symptom." (S. 371) Wirklich? Selbstmord einer Supermacht? Oder nicht vielmehr Kampf eines sich für auserwählt haltenden Volkes um die Weltmacht? Das im Kampf um die Weltmacht möglicherweise auch bereit ist, „all in" zu gehen, und seine Zerstörung zu riskieren, wenn es in diesem Kampf unterliegt? Derartige Ideen und gedankliche Motive sind in den oben zitierten „Protokollen" jedenfalls zu finden. Wäre das plausibel? Todd schreibt: „Wenn wir die strategischen Entscheidungen der Vereinigten Staaten vorhersehen wollen, müssen wir also dringend das Axiom der Rationalität aufgeben. Die USA sind nicht auf der Suche nach Gewinnen, indem sie Kosten abwägen. Im Dorf Washington, im Land der Massenerschießungen, zur Stunde der Nullreligion, ist der erste Impuls ein Drang zur Gewalt." (S. 372)

Im „Dorf Washington" herrscht „zur Stunde der Nullreligion" also ein irrationaler, suizidaler Drang zur Gewalt, aber spricht Todd da wirklich von dem 340-Millionen-

Volk der Amerikaner? Oder vielleicht nur von diesem kleinen, die Amerikaner parasitär ausnutzenden Volk der zionistischen Juden? Von denen viele auch aus dem früheren russischen Zarenreich stammen, wie Todd im Folgenden schreibt: „Als ich die Lebensläufe der amerikanischen Kriegsbeteiligten rekonstruierte, war ich überrascht, wie häufig ich auf jüdische Vorfahren aus dem Zarenreich und seinen Randgebieten stieß. (...) Anknüpfend an die Feststellung, dass die beiden einflussreichsten Persönlichkeiten, die die Ukraine ‚steuern‘, Außenminister Antony Blinken und Unterstaatssekretärin Victoria Nuland, jüdischer Abstammung sind", schreibt er: „Nehmen wir uns nun des ideologischen Hintergrunds an, Victorias Schwiegerfamilie, den Kagans. Donald, der Vater von Robert und Frederick, ist in Litauen geboren. Dass im höchsten geopolitischen Establishment so viele Personen familiäre Verbindungen zum westlichen Teil des ehemaligen Zarenreichs haben, lässt keinen Zweifel offen."

Was, welche Absichten und Ziele verfolgen diese Menschen des geopolitischen Establishments in Russland, und welche nihilistischen Ziele verfolgen sie in Israel? Zum Ukrainekrieg schreibt Todd: „Der Ukrainekrieg ist ein echter Krieg und das ukrainische Volk erlebt ein Martyrium. Dennoch geschieht die Hauptkonfrontation nicht zwischen Russland und der Ukraine, sondern zwischen Russland und den USA mit ihren Alliierten (oder Vasallen)." (S. 319) Das ist klar, aber wer führt mit welchen Absichten denn einen Krieg der USA gegen Russland? Wieso gerade ein amerikanisches geopolitisches Establishment, das jüdisch ist und aus dem westlichen Teil des ehemaligen Zarenreichs stammt? Wieso treibt dieses jüdische Establishment die Ukraine in dieses Martyrium? Gegen Russland? Vielleicht um Russland als unabhängige, christlich-orthodoxe Supermacht zu Fall zu bringen?

Zu Religion, Moral und Sittenfragen schreibt Todd: „Sittenfragen sind in den internationalen Beziehungen auf seltsame Weise wichtig geworden. Staaten im Westen verurteilen jedes Land, das der LGBTQ-Ideologie feindlich gegenübersteht, als rückständig," (S. 330) und natürlich auch Russland, das man beschuldigt, „skandalös anti-LGBTQ" zu sein, obwohl man, wie Todd schreibt, Putin so in die Karten spielt: „Russland weiß, dass seine homophobe Antitransgender-Politik andere Länder des Planeten keineswegs abstößt, sondern viele von ihnen anzieht." (S. 331).

Aber die Transgender-Ideologie habe eine tiefere Bedeutung: „Sie besagt, dass ein Mann eine Frau werden kann und dass eine Frau ein Mann werden kann. Sie ist eine Behauptung des Falschen und liegt in diesem Sinne nah am theoretischen Kern des westlichen Nihilismus. Aber wie sollte die Zustimmung zu einem Kult des Falschen zu einem sichereren militärischen Bündnis führen? Ich für meinen Teil glaube, dass es tatsächlich eine mentale und soziale Beziehung gibt zwischen diesem Kult des Falschen und der mittlerweile sprichwörtlichen Unzuverlässigkeit der Vereinigten Staaten in internationalen Angelegenheiten." (S. 334) Das ist richtig, im Prinzip, aber die „nihilistischen" Vereinigten Staaten erlauben sich die Unzuverlässigkeit und den normal gewordenen Verrat ganz bewusst, in der Absicht der Zerstörung der christlich-orthodoxen Supermacht Russland, und des „autokratischen", sozialistischen China.

Schließlich schreibt Todd: „Die Wahl von Trump, dem Champion des Vulgären, und die von Biden, dem Champion der Senilität, waren die Apotheose dieses Nullzustands. Entscheidungen aus Washington sind nicht länger moralisch oder rational."

(S. 339) So scheint es zu sein, und die Wiederwahl Trumps am 6. November wird kaum zu Hoffnungen berechtigen, dass sich daran etwas ändert. Todd schreibt, Amerika wisse weder wer oder was es ist, noch, wo es hinwill. Aber ist das so? Das jüdisch-zionistische Amerika steht erstens immer auf der richtigen Seite, seien es Demokraten oder Republikaner, ganz unabhängig von Entscheidungen aus Washington, und zweitens weiß es sehr gut wo es hinwill: an die Macht, es will offenbar die Herrschaft über die ganze Welt, durch das auserwählte Volk.

Nihilismus sei eine „Behauptung des Falschen" und liege „nah am theoretischen Kern des westlichen Nihilismus." Nihilismus ist auch eine Behauptung oder ein Akt der Zerstörung und damit des Satanismus, und eine Behauptung des Unwahren, und damit im Gegensatz zur (christlichen) Behauptung des Wahren: „Ich bin die Wahrheit und das Leben", sagt Christus, „wer aus der Wahrheit ist, höret meine Stimme." Die Behauptung des Falschen ist in dem Sinne anti-christlich, als die Bindung an das Wort und die Wahrheit christlich ist; seit der Zweiten Aufklärung nach Kant ist die Verpflichtung zur Wahrheit von religiösen Gehalten entbunden und bezieht ihren normativen Gehalt allein aus der dem Menschen anvertrauten und gegebenen Vernunft.

Der „Wille zur Wahrheit" ist absolut essentiell für jede Kulturbildung, ohne Wahrheit und auch ohne Quellen der Hoffnung in den „Oasen der Utopie" breiten sich „Wüsten der Banalität" aus, wie Jürgen Habermas schrieb; die westliche Welt versinkt in ziel- und bedeutungsloser Geschwätzigkeit. Die Intellektuellen, Journalisten und auch die Linken sind im niedergehenden Westen plan- und mutlos geworden; an den Hochschulen, klagt Todd, werden nicht mehr Qualifikationen gelehrt, die eine Verbesserung der produktiven oder gar intellektuellen Fähigkeiten bewirken oder die zu echt wertschöpfender Arbeit befähigen, sondern sie bevorzugen eine Hochschulausbildung in Jura, Finanzwesen oder Handelswesen, weil ihnen diese „größere Fähigkeiten zum Ausrauben des vom System produzierten Wohlstands verschafft. Fassen wir zusammen: Die höheren Einkommen der höher Gebildeten bringen den Umstand zum Ausdruck, dass Anwälte, Banker sowie die vielen anderen im Dienstleistungssektor Versteckten eine Meute exzellenter Raubtiere sind. Und das ist nun die äußerste Perversion, zu der diese Bildungsentwicklung geführt hat: Die Vermehrung der Akademiker erschafft eine Vermehrung von Parasiten." (S. 280).

Aber Todd scheint bei seiner Klage über den Niedergang des Westens stehen zu bleiben, und nicht erkennen zu können (oder zu wollen?), dass es im Kern diese finstere zionistische Kabbale ist, diese „biblischen Psychopathen", die den Westen in den Niedergang treiben; vielleicht auch in der irrationalen, psychopathischen Hoffnung auf die baldige Ankunft des Messias und die Errichtung des jüdischen Weltreiches mit der Hauptstadt Jerusalem, wie viele der streng orthodoxen Juden jedenfalls zu glauben scheinen. David Ben Gurion, der erste Ministerpräsident Israels, hat diesen Traum in vielen Einzelheiten am 16. Januar 1962 in einem Artikel für das „Look-Magazin" ausgemalt: „In Jerusalem werden die Vereinten Nationen (wirklich ‚Vereinte Nationen') ein Heiligtum der Propheten errichten, um der föderierten Union aller Kontinente zu dienen; dies wird der Sitz des Obersten Gerichtshofs der Menschheit sein, um alle Kontroversen zwischen den vereinten Kontinenten beizulegen, wie von Jesaja prophezeit."[345] Ben Gurion hatte damals Ideen und Ideale, die man durchaus sozialistisch nennen könnte; er träumte von einem Wohlfahrtsstaat, als Erfolg einer gelingenden Planwirtschaft. Ähnliche Ideen finden sich wohl auch in den „Protokollen"; auf dem Weg zur Weltherrschaft und -gesellschaft müssten der Westen, Russland und China aber zuerst zerstört werden, damit sich die Welt dann den Geboten des Obersten Gerichtshofs mit Sitz in Jerusalem unterordnet, und natürlich den Geboten des Propheten Jesaja. Und das Erschreckendste ist wohl, dass derlei Pläne offenbar schon Gestalt annehmen. Nihilismus als die „Behauptung des Falschen", als das Verkommen der Norm zur Einhaltung von Verpflichtungen zu etwas „Überholtem, Negativen" und die Verwahrlosung der Moral so sehr, dass „Verrat zu etwas Normalen" wird, ist offenbar Ausdruck einer Denkweise, der Nihilismus und Zerstörung von Moral und Sitten Mittel zum Zweck ist – es ist schwer, sich der Deutung zu entziehen, dass der Niedergang des Westens in dem Sinne beabsichtigt ist.

Weltgesellschaft und Weltherrschaft

Was die Welt braucht, ist trivialerweise eine Gesellschaft aus starken, demokratischen, nicht-oligarchischen Nationalstaaten, die stark genug sind, den Versuchungen oligarchischer wirtschaftlicher Machtkonzentration zu widerstehen, und die sich zu multipolaren Formationen zusammenschließen – die multipolare Weltordnung. Idealerweise sollte die multipolar angeordnete Welt auch in der Lage sein, den immer drastischer und alarmierender die Aufmerksamkeit auf sich ziehenden ökologischen Herausforderungen wirksam entgegenzutreten.

Der Soziologe Arno Bammé sieht nun die Frage nach einem Souverän auf der Tagesordnung stehen, der in der Lage ist, Weltinnenpolitik zu betreiben: „Auf der Tagesordnung steht, der Denktradition des Thomas Hobbes folgend, unabweisbar die Frage nach einem Souverän, der, mit einem durchsetzungsfähigen Machtmonopol ausgestattet und möglichst demokratisch legitimiert, in der Lage ist, Weltinnenpolitik zu betreiben." Vor dem Hintergrund der anstehenden ökologischen Probleme gelte für jeden einzelnen Staat, dass er um seiner selbst willen früher oder später in eine überstaatliche Gemeinschaft eintreten muss; Thomas Hobbes folgend gelte es dann, eine Entscheidung zu treffen zwischen weltweit gestalteter Ordnung oder chaotischer Anarchie, zwischen „Leviathan" oder „Behemoth".[346]

Die Frage, wie ein solcher Souverän zum Erscheinen auf der Weltbühne bewogen werden könnte, der unter solch herausfordernden Bedingungen in der Lage ist, Weltinnenpolitik zu betreiben, und dazu noch mit demokratischer Legitimation ausgestattet ist, dürfte nicht leicht zu beantworten sein. Thomas Hobbes folgend, meint Bammé, hätten Staaten sich dafür zu entscheiden, Souveränität abzugeben und in eine überstaatliche Gemeinschaft einzutreten; es bliebe einfach keine andere Wahl, wollten sie chaotische Anarchie vermeiden.

Der Philosoph Leo Strauß wäre wohl der Meinung gewesen, aus den Hobbeschen Naturrechtsideen wäre auch das Recht abzuleiten gewesen, zum Mittel der organisierten politischen Täuschung zu greifen, um einem gesuchten Souverän zu einem Machtmonopol zu verhelfen, das genügend Durchsetzungsfähigkeit besitzt. Darüber hinaus wäre Strauß wohl auch sicher, dass es niemand anderes als der Gott Israels und sein auserwähltes Volk sein könnte, das genügend Souveränität und Durchsetzungsfähigkeit besitzt, um diese Ordnung in der Welt herzustellen.

Aber das wäre, Todd folgend, gewissermaßen eine nihilistische Ordnung der Täuschung und des Falschen. Weil organisierte Täuschung und die nihilistische Behauptung des Falschen der Wahrheitspflicht widerspricht, würde auf diesem Wege keine stabile Ordnung entstehen können. Es bleibt nur die Möglichkeit der Schaffung einer stabilen, demokratischen multipolaren Weltordnung; deren Schaffung ist der Welt gewissermaßen aufgetragen – so sah es etwa auch K.O. Apel. Sie ist dazu verpflichtet, sie herzustellen, um Anarchie und Chaos zu vermeiden, und tatsächlich befindet sich die multipolare Welt auch auf einem guten Weg dahin; behindert wird sie vor allem durch das entstehende nihilistische, amoralische Chaos des niedergehenden Westens.

Fabrizierte Schulden und parasitär geraubte Vermögen

Aber mit dem Ritt durch die dunken Kapitel hat es noch kein Ende; die Welt wird weiter in die falsche, verhängnisvolle Richtung getrieben. Die westliche Welt befindet sich leider schon auf einem anderen Weg als dem, Chaos und Anarchie zu vermeiden; auf dem Weg, mit einem durchsetzungsfähigen Machtmonopol ausgestattet Weltinnenpolitik zu betreiben dürfte eher etwa die vom Generaldirektor Tedros Adhanom Ghebreyesus geführte WHO sein, und zu diesem Zweck wird ein übles, infames Spiel getrieben. Zu dem Spiel gehört: die WHO erst finanziell auszuhungern, um sie dann in die Abhängigkeit von privaten Finanziers zu treiben, um so also die Interessen der fianzierenden privaten Stiftungen und Konzerne ins Spiel bringen zu können.

Davon war bereits die Rede; es soll hier nur den Stand bis Mitte 2022 rekapituliert werden, um mit dem Komplex „fabrizierte Schulden" wieder an Todd anzuknüpfen: Die WHO sei eine krankgesparte Behörde, schreiben Urs P. Gasche und Martina Frei: „Die Weltgesundheitsorganisation, früher eine Eingreiftruppe mit üppiger finanzieller Ausstattung zur Bekämpfung von Volkskrankheiten wie den Pocken, wurde drei Jahrzehnte lang kleingespart. Der Grund dafür war die weltweite Schuldenkrise in den frühen Neunzigerjahren. Damals mahnten die Weltbank und der Internationale Währungsfonds (IWF), die Nationalstaaten sollten ihre Beitragszahlungen an die WHO zurückfahren, das seien unproduktive Ausgaben."[347] Hier wird man auch das jahrelange Wirken der unheilvollen Netzwerker des Neoliberalismus erkennen können, die endlich erfolgreich waren in ihrem propagandistischem Bemühen, „unproduktive Ausgaben" von den Budgets der Finanzverwalter streichen zu lassen.

Einspringen sollten dann „Philanthropen" wie die Bill-und-Melinda-Gates-Stiftung, wie der Infosperber damals schrieb, das die WHO von ihrem Gates-Netzwerk abhängig machte, und „das seit Ausbruch der Corona-Pandemie bis heute fast zehn Milliarden Dollar für die Bekämpfung des Virus verteilt hat. In den Pandemie-Jahren 2020 und 2021 gingen mehr als 1,4 Milliarden Dollar an die WHO. Das heisst, das Netzwerk war der wichtigste Geldgeber der WHO, vor den USA oder der EU." (a.a.O.) Wo ist das Problem, könnte man fragen – na eben das, dass die WHO zu 80 Prozent auf freiwillige Zuwendungen angewiesen ist: „Die Spenden kommen von den

Mitgliedstaaten und von privaten Stiftungen oder von Pharma-Unternehmen. Das Hauptproblem: Ein grosser Teil dieser Spenden ist zweckgebunden (2018/2019: 3,6 Milliarden US-Dollar, 2020/2021: rund 4,8 Milliarden US-Dollar). Das heisst, der Spender legt fest, wofür die WHO dieses Geld ausgeben darf. Also welche Forschung gefördert wird, welche medizinischen Massnahmen ergriffen werden und in welchem Land." (a.a.O.) Wenn die Pharma-Industrie der Spender ist, wird die WHO wissen, wofür sie ihr Geld ausgeben darf.

Der schwerreiche Wellcome-Trust investiert in Pharmakonzerne, schreiben die Journalisten Gasche und Frei; der Journalist Tim Schwab recherchierte zu den Hintergründen des „Wellcome Trust", es handle sich dabei „um eine gemeinnützige, etwa 38 Milliarden schwere Forschungsstiftung, die 1936 mit dem Erbe des Pharmaunternehmers Henry Wellcome gegründet wurde. Mindestens 1,1 Million Dollar setzte der ‚Wellcome Trust' laut ‚Politico' in den letzten zwei Jahren für Lobbyarbeit in Europa ein." (a.a.O.) Das Prinzip dieser selbstlosen Menschenfreunde ist also: Menschen arm und krank machen, damit die Steuerzahler diese Menschen unterstützen und mit Erzeugnissen der Pharmaindustrie „heilen", die dann die Pharmaindustrie reich machen. Am Werk ist also diese „Meute exzellenter Raubtiere" aus Pharmaindustrie, Lobby, Anwälten und Bankern und all den Handlangern aus den staatlichen Verwaltungen, die im Auftrag der Steuerzahler die Zeche dann zahlen. Auf diese Weise werden Staatsschulden geschaffen, die auf der anderen Seite der Bilanz in den Büchern der Superreichen landen. So viel zu den fabrizierten Schulden der Pharmabranche.

Einen Schritt weiter gingen Finanzjongleure, die die geniale Idee hatten, das gesamte Vermögen der Erde zusammenzuraffen, zu privatisieren und in Finanzinstrumente zu verpacken, unter dem Vorwand, es schützen zu wollen. „Mach aus der Erde eine Anlageklasse, und verkaufe sie", fasste der amerikanische Soziologe und Ökonom John Bellamy Foster dieses Programm zur Weltrettung zusammen. Es würde bedeuten, wie Foster schreibt: „Im Wesentlichen würden die Unternehmen das besitzen, was die Natur leistet, und nicht nur das Land besitzen. (…) Das Kapital würde die Dienstleistungen besitzen, die die Natur erbringt. Und es würde sie für enorme Geldsummen verwalten. Nach Ansicht der Intrinsic Exchange Group (IEG) handelt es sich dabei um eine große Anhäufung: Über das Jahrhundert gerechnet, sind die Ökosystemleistungen vier Quadrillionen (oder 4.000 Billionen) Dollar wert, die man sich einfach nehmen kann."[348] Die Finanzialisierung, die sich immer tiefer in die realen Wertschöpfungsprozesse hineinfraß, erfasste also auch die Schöpfungen der Natur; man versuchte, die an sich kostenlosen Systemleistungen der Natur in Tauschwerte, in geldliche Profite umzuwandeln.

Foster schrieb damals, im Herbst 2021 seien im Rahmen der UN-Klimaverhandlungen drei neue Initiativen in den Vordergrund gerückt wurden, und eine von denen war die „Glasgow Financial Alliance for Net Zero", in der alle großen Finanzunternehmen zusammengeschlossen sind. „Diese großen Banken und Hedge-Fonds usw. kamen zusammen und vereinten ein Vermögen von, sagen wir, 130 Billionen Dollar. Das sind im Grunde alle westlichen Banken und Hedgefonds. Und sie behaupteten, dass sie die Natur organisieren und finanzieren würden, um weltweit eine kohlenstofffreie Wirtschaft zu schaffen". (a.a.O.)

Foster schreibt weiter: „Im Monat zuvor hatte die New Yorker Börse zusammen mit der „Intrinsic Exchange Group" eine neue Anlageklasse an der New Yorker Börse eingeführt, die „Natural Capital Assets" genannt wurde. Dabei ging es um die Schaffung strukturierter Finanzinstrumente zur Erzielung von Einnahmen aus Ökosystemleistungen. Diese können dann finanziert und mit Schulden belegt werden und so weiter. Alles im Namen der Rettung der Natur." (a.a.O.)

„Was die Schulden repräsentieren oder was die Gläubiger erhalten, sind Einnahmequellen in der Zukunft", schreibt Foster. Und das ist, wie er schreibt, gefährlich: „Und das ist sehr gefährlich. Wenn man sich an die Jahre 2007 bis 2010 erinnert, an die große Finanzkrise, war das gesamte Finanzsystem wirklich vom Zusammenbruch bedroht. Und die strukturellen Veränderungen, die damals stattgefunden haben, und die mit der wirtschaftlichen Stagnation zusammenhängen, sind immer noch vorhanden. Die Finanzialisierung, das Wachstum der Schuldenwirtschaft, ist in vielerlei Hinsicht viel extremer als im Jahr 2007. Und wir sehen andere Finanzkrisen, die auftreten könnten, eine weitere denkbare große Finanzkrise. Das liegt daran, dass wir diese Schuldenblasen schaffen, die die Wirtschaft ausweiten, aber irgendwann platzt die Blase. Die Folgen sind da."

Mit dem Problem der Verschuldung und des parasitären Schein-Reichtums, der nur aus Luftbuchungen besteht, beschäftigt sich auch Todd. Todd schreibt über das „WIP" der Vereinigten Staaten, dass es sich von dem „BIP" dadurch unterscheide, dass es zu rund einem Drittel aus Luftbuchungen besteht: „In den vorangegangenen Abschnitten haben wir uns auf die offiziellen Zahlen gestützt. Nun ist der Moment gekommen, über sie hinwegzusteigen. Das amerikanische Bruttoinlandprodukt setzt sich nämlich zu einem überwältigenden Teil aus den Dienstleistungen von Personen zusammen, deren Effizienz oder gar Nutzen man nicht immer durchschaut (Todd hatte hier ‚Ärzte und überbezahlte Anwälte, räuberische Finanzmanager, Gefängniswärter und Geheimdienstmitarbeiter' genannt, auf die schon verwiesen wurde). Todd schreibt weiter: „Im Jahr 2020 umfasste das BIP als Wertschöpfung selbst die Arbeit der 15.140 Ökonomen des Landes, von denen die meisten große Lügenpriester sind und ein Jahresgehalt von im Schnitt 121.000 Dollar beziehen. Was ist das amerikanische BIP noch wert, wenn man es um die Aktivitäten dieser parasitären Masse erleichtert, deren Arbeit nichts mit einer echten Wohlstandsproduktion zu tun hat? Ich schlage eine Übung vor, die den Leser amüsieren wird: vermittels etwas freizügiger Schätzungen die Luft aus dem BIP zu lassen, um zu einer realistischen Einschätzung des jährlich in den USA produzierten Vermögens zu kommen, dem WIP (dem wahren oder realistischen Inlandsprodukt). Dies werde ich mithilfe einer Berechnung erreichen, für die ich ob ihrer Kühnheit und Präzision den Nobelpreis bekommen sollte. Die Königlich Schwedische Bank, die schon so viele peinliche Komiker mit diesem Firlefanz ausgezeichnet hat, könnte ausnahmsweise einmal einen einfachen und klaren Geist belohnen." (S. 274-275) Ohne nun auf die Einzelheiten aus Todds (sarkastischer) Berechnung des WIP einzugehen, würde es nach seiner Berechnung bei lediglich 39.520 Dollar liegen, im Gegensatz zu den 76.000 Dollar, die das amerikanische BIP pro Kopf im Jahr 2022 betragen müsste.

Auch Todd weist darauf hin, dass die USA auch dadurch überschuldet sind, dass ihre Handelbilanz ein enormens Ungleichgewicht aufweist: „Sie konsumieren viel mehr, als sie produzieren. (…) Amerika lebt von Importen, die nicht durch Exporte, sondern durch das Drucken von Banknoten gedeckt werden. Es finanziert sein Handelsdefizit durch die Ausgabe von Staatsanleihen, kann sich dies aber nur erlauben, weil der Dollar die Leitwährung der Welt ist; er dient für internationale Transaktionen und außerdem vielen der reichsten Menschen dazu, ihr Geld in Steueroasen zu horten (…). Ohne ganz sicher zu sein, kann man dennoch davon ausgehen, dass ein Drittel der im Umlauf befindlichen Dollar für diesen Zweck verwendet wird." (S. 276-277). Also auch das noch: die durch allerlei parasitäre Betrügereien zusammengeraubten Dollars werden gehortet in Steueroasen und dem Steuerzahler entzogen, damit das geraubte Geld den Betrügern in den Oasen weiterhin leistungslose Renditen beschert.

Die tieferliegenden Ursachen des Niedergangs also, zusammengefasst, nach Todd: „Zusammenbruch von Protestantismus, Bildung und staatsbürgerlicher Moral", und damit „allesamt Phänomene, die kaum mehr umzukehren sind." (S.278) Das wäre schon schlimm genug, aber, wie nun hoffentlich erkennbar geworden sein soll, steckt viel Schlimmeres dahinter; und was noch schlimmer ist: diese Phänome *müssen* irgendwie umzukehren sein, in einen Aufschwung und Neustart des Westens. Aber – wie?

Auf eine Beobachtung Todds sei noch hingewiesen, auch wenn sie in einem anderen Zusammenhang steht. Todd schreibt über die USA: „Dank des Krieges sind sie der weltweit größte Exporteur von verflüssigtem Erdgas geworden, das sie insbesondere an ihre europäischen Verbündeten liefern können, die von der russischen Gasversorgung brutal abgeschnitten wurden. Der Energiesektor hat eine der großen Eigenartigkeiten des Krieges zum Vorschein gebracht: Man fragt sich in einem fort, ob es den Amerikanern darum geht, die Ukraine zu verteidigen oder ihre europäischen und ostasiatischen Alliierten zu kontrollieren und auszubeuten." (S. 272)

Todd hatte auf die Sprengung der Nordstream-Leitungen durch die USA schon hingewiesen, aber sie sind nicht Dank des Krieges zum Großexporteur aufgestiegen, sondern weil sie Russen und Deutsche hintergangen und betrogen haben; sie haben lebenswichtige Infrastruktur zerstört, was nach Meinung von Fachleuten als Kriegsverbrechen gesehen werden kann. Antony Blinken hat sich, wie schon bemerkt, mit unvergleichlicher Dreistigkeit und Chuzpe vor die Weltpresse gestellt und von den „tremendous opportunities" geschwärmt, die diese verbrecherischen Sabotageakte für die US-LNG-Exporte bedeuten. Warum wollen die Amerikaner aber nun eigentlich die Ukraine verteidigen, fragt Todd? Wollen sie das wirklich? Oder wollen sie nur ihre europäischen und ostasiatischen Alliierten kontrollieren und auszubeuten? (s.o.)

Offenbar wollen sie tatsächlich nicht die Ukraine verteidigen – sie wollen nur deren Proxy-Krieg gegen die Russen finanzieren, den die Ukrainer am Ende möglichst noch selbst bezahlen sollen, mit ihrem Leben und ihrer Gesundheit, dann mit ukrainischer Schwarzerde, die die amerikanischen Investoren bereits massenhaft einkaufen, und drittens mit dem geliehenen Geld von BlackRock, das die Ukrainer auf lange Sicht mit ihrer billigen Arbeit bezahlen sollen. Und ihre europäischen und ostasiatischen Alliierten kontrollieren und ausbeuten wollen sie außerdem.

Die erstaunlichen Parallelen zwischen 9/11, Covid-19 und Gaza

Der übergreifende Zusammenhang des Niedergangs des Westens mit dem unethischen, morallosen und absichtlichen Produzieren von Schulden – dem natürlich unethisch und morallos „produzierte" Vermögen gegenüberstehen – liegt darin, dass das Fabrizieren von Schulden auch aufgefasst werden kann als Herrschaftsinstrument, das entwickelt und eingesetzt wurde und wird, um den Menschen möglichst auf ewig an unmenschliche, den Menschen von Sachen, Tier und Maschine unterscheidende, ihn aber degradierende und missbrauchende Verhältnisse zu ketten. Was sich in Gaza und ganz Palästina zeigt ist eine Art von israelischem Rassismus, der die Menschen in Palästina zu Menschen zweiter Klasse macht, oder gar zu Schlimmerem, zu Vieh, wie Menachem Begin ja über die Palästinenser gesagt haben soll, während die Juden „erstklassig" sind und zum Auserwählten Volk gehören, das zur Herrschaft über die übrige Welt bestimmt ist. Darum gilt internationales Recht in diesem Verständnis nirgendwo; die (orthodoxen, zionistischen) Juden stehen über dem Gesetz und müssen sich nicht an das Recht nicht halten, so wie es der Internationale Strafgerichtshof nun etwa von Israel fordert, wenn er Israel in Gaza Genozid vorwirft und gegen Benjamin Netanjahu Haftbefehl erlässt; die Forderung, internationales Recht durchzusetzen, wird dann kurzerhand zu einem Ausfluss von Antisemitismus erklärt. Aber auch generell sind „ewige" Schuldner Menschen zweiter Klasse, die in den Menschen missbrauchenden, ihn degradierenden Verhältnissen leben müssen. Der Bezug zur „Plandemie" mit Namen Covid-19 liegt darin, dass Menschen in einem sehr vorausschauenden und planvollen Vorgehen in Abhängigkeit gebracht werden von Produkten der Pharmaindustrie, die diese Produkte dann (nahezu) zwangsweise konsumieren müssen; die dabei entstehenden Kosten werden der Allgemeinheit aufgebürdet, wodurch sie sich in der Folge in gigantische Vermögen verwandeln.

Auch bei der geostrategischen Produktion von „Reichtum" sind „erstaunliche Parallelen" zwischen 9/11, Covid-19 und Gaza festzustellen, wie sie der Gründer der Organisation „Architects and Engineers for 9/11", Richard Gage, in sehr detaillierten und fundierten Analysen festgestellt hat;[349] er meint also Parallelen in den Zielen und Vorgehensweisen, die sowohl für den 11. September 2001 wie auch für den 7. Oktober 2023 auszumachen sind, und die teilweise auch für Ziele und Vorgehensweisen bei Erschaffung, Management und „Lösung" der (fabrizierten) Covid-Pandemie gelten. Geschädigte sind Palästinenser, der Nahe Osten, die Geschädigten der Covid-Pandemie, und, in gewisser Weise, der ganze „Westen", insbesondere auch die Amerikaner, die sich regelmäßig täuschen und „benutzen" lassen, wie Jeffrey Sachs das in seiner oben zitierten Wutrede gegen Benjamin Netanjahu beschreibt.

Gage nennt hier folgende Parallelen, die er zu drei Gruppen ordnet:[350]

a) Das Problem erzeugen („Anschlag" auf das WTC, 7. Oktober, „Pandemie")
b) Die öffentliche Reaktion managen
c) Eine vorgefertigte Lösung anbieten

Zu a):

- zuvor festgelegte geostrategische Ziele – Streben nach Kontrolle über natürliche Ressourcen des Zielgebiets
- eine Reihe historischer und aktueller Provokationen und Operationen unter falscher Flagge
- Sündenböcke: politisch nützliche ausländische Agenten mit Gewaltgeschichte, vom Staat entwickelt
- Ein auslösendes Ereignis (Katalysing Event) – ein innovativer Angriff mit zweifelhaftem Ursprung; eine künstliche Invasion ausländischer Agenten
- Ein katastrophales Versagen der Geheimdienste
- Eine militärische Zurückhaltung – mit einer offensichtlich untypischen Verzögerung der Reaktion
- Vorherwissen über bevorstehende Angriffe
- Tanzende Israelis – während der Angriffe

Zu b):

- Propaganda mit empörenden Slogans von Regierung und Medien zur Manipulation der öffentlichen Emotionen; Krisenakteure
- Dem Feind vorgeworfene Gräueltaten mit anschließender Entmenschlichung
- Leugnung angeblicher Gräueltaten des Feindes
- Oppositionelle Medien/Journalisten im Visier

Zu c):

- Militärischer Racheangriff im Voraus vorbereitet, ohne Untersuchung
- Besetzen des Territoriums des neuen Feindes – der Landraub
- Ausweitung des Konflikts, um ursprüngliche, umfassendere Ziele zu erreichen
- Regimewechsel der feindlichen Führung
- Verabschiedung einer „Forever War"-Richtlinie
- Milliarden fließen in die Rüstungs-, Öl-, Banken- und Medienindustrie
- Extreme öffentliche Zensur durch Regierung, MSM und soziale Medien
- Von der Regierung eingeführte drakonische Richtlinien und Überwachung
- Bösartige Wurzeln, die mehr als 250 Jahre alt sind

Richard Gage hat sich seit inzwischen fast 20 Jahren mit der Aufklärung dieser Ereignisse beschäftigt, seit er als Hochbau-Architekt aus der Gegend um San Francisco während eines Radio-Vortrages des Physik-Professors Stephen Jones zum ersten Mal davon erfahren hat, dass mit diesen drei „Einstürzen" etwas nicht stimmen konnte. Ihm war offenbar gleich klar: Hochhäuser in feuersicherer Stahlskelettbauweise können nicht durch Bürofeuer einstürzen, das ist in der ganzen Welt noch nie passiert, vorher nicht und nachher nicht – außer am 11. September 2001, und das gleich dreimal am gleichen Tag. Richard Gage und seine Mitstreiter haben in all diesen Jahren wahrhaftige Berge an Beweismaterial zusammengetragen, die alle eben dies unter Beweis zu stellen suchen: dass alle drei Gebäude des 11. September durch hochprofessionelle Sprengungen zu Fall gebracht worden sind, und dass es sich bei den Verantwortlichen um die Tat einer unvorstellbar bösartigen, kriminellen Kabale handelt.

Richard Gage hält sich aber bis heute mit Schuldzuschreibungen zurück, wer oder was eben hinter diesem Jahrhundertverbrechen stecken könnte; für Israel ist der Fall ja einigermaßen klar, aber nicht für den 11. September, und auch nicht für Covid; hier lässt er eher die Indizien sprechen, die auf eine Tätergruppe hinweisen.[351]

Gage legt Belege dafür vor, dass die Invasion Afghanistans schon Monate vor dem 11. September 2001 beschlossene Sache war, und dass man die Auslieferung Osama Bin Ladens nur pro Forma gefordert hat, obwohl der Beweis für seine Schuld nicht erbracht worden ist (s.o.). Ebenso wurde die Invasion des Irak beschlossen, obwohl es die angeblichen Massenvernichtungswaffen nie gegeben hat; tatsächlich war die Invasion des Irak nur ein Zwischenziel, um den benachbarten Iran angreifen und entmachten zu können, so wie die Neocons das mit ihrem „Projekt für ein Neues Amerikanische Jahrhundert" geplant hatten. Gleichzeit ging es um die enormen Ölreserven des Irak, mit 140 Milliarden Barrel Öl und 110 Billionen Kubikfuß Naturgas. Bis zur Invasion waren Öl- und Ölindustrie im Irak staatlich, nachher wurde sie privatisiert und an die großen Öl- und Gaskonzerne verkauft.

Wie war die Vorgeschichte des 7. Oktober? Die „Vision" des „Greater Israel" gab es schon, als die Familie Rothschild den Staat Israel gründete (s.o.), für die Likud-Partei in Israel gehörte diese „Vision" immer zum Kern ihrer Planungen. Was aber nun die tatsächlichen Hintergründe des 7. Oktober und ihre Planer entlarvt: im vor dem Gazastreifen liegenden Küstengebiet liegen erhebliche Vorkommen von Öl und Naturgas, die völkerrechtlich ja nicht Israel gehören, sondern Gaza. Die israelische Energieministerin Karine Elharrar veröffentlichte schon 2022 ein „Memorandum of Underständing", das es Israel ermöglichen würde, israelisches Naturgas nach Europa zu exportieren. Nach der Planung des „Ben Gurion Kanals", der eine Alternative wäre zum Suez-Kanal, würde dieser direkt am Gaza-Streifen vorbei durch das Tote Meer bis zur Mittelmeerküste Israels verlaufen; er wäre länger, breiter und tiefer als der Suez-Kanal und würde Schiffsverkehr in beiden Richtungen erlauben, sowie die Befahrbarkeit mir Flugzeugträgern. Dieser Kanal würde für Israel enorme Profite bedeuten, und damit würden auch Gaza und seine Liegenschaften drei- bis viermal so wertvoll wie in früheren Dekaden. Es ist auch eine Pipeline geplant, die israelische Exporte über Griechenland und Italien in den Norden Europas ermöglichen würde.

Was würde also nun fehlen, um diesen Planungen zum Durchbruch zu verhelfen? Gegen den Willen der Menschen von Gaza wäre so eine Planung natürlich nicht durchsetzbar – außer bei einem „katalytischen und katastrophalen Ereignis wie einem neuen Pearl Harbour", wie es auch ein Jahr vor dem 11. September 2001 angekündigt worden ist; das „katalytische und katastrophale Ereignis", das den Planungen zu Gaza zum Durchbruch verhelfen sollte, geschah dann am 7. Oktober 2023. Im Rahmen dieser Planungen wird mehr oder weniger offen das Ziel verfolgt, die Palästinenser zu vertreiben; der israelische Geheimdienst vertritt die Strategie, eine massive Migration der Bevölkerung sei „natürlich und notwendig", und die 2,2 Millionen Bewohner des Gaza-Streifens seien dauerhaft auf die Sinai-Halbinsel umzusiedeln.

In dem Sinne äußerte sich der rechtsextreme israelische Finanzminister Bezalel Smotrich, der am 25. November 2024 sagte, die Hälfte der Gaza-Bewohner könne „ermutigt" werden, innerhalb von zwei Jahren das Land zu verlassen und nicht nur das: „Sobald die Initiative im Gazastreifen ‚erfolgreich' umgesetzt wird, kann sie im Westjordanland wiederholt werden, behauptet der rechtsextreme Minister und fügt hinzu, dass ‚die Besetzung von Gaza kein Schimpfwort ist.'" Smotrich skizzierte auch schon im Mai 2017 seine Pläne für Israel, wonach es das Ziel für Israel sein müsse, jegliche nationale Hoffnung der Palästinenser auszulöschen.

Premierminister Benjamin Netanyahu hat zwar wiederholt bestritten, dass Israel beabsichtigt, den Gazastreifen umzusiedeln, Mitglieder seiner eigenen Likud-Partei befürworten aber diese Idee; und scheinbar hat die IDF auch schon bestimmte Bereiche des Gazastreifens für einen langfristigen Aufenthalt befestigt.[352]

Richard Gage behauptet also nun, diese Planungen für Gaza und dann das Westjordanland gab es längst, nicht erst seit dem 7. Oktober; die „False Flag" des „neuen Pearl Harbour" geschah nur noch, um diesen Plänen zum Durchbruch zu verhelfen. Diese „False-Flag-Theorie" des 7. Oktober 2023 enthält also folgende Elemente:

- die festgelegten geostrategischen Ziele
- das auslösende Ereignis
- das katastrophale Versagen der Geheimdienste bzw. der IDF
- die militärische Zurückhaltung
- das Vorwissen über bevorstehende Angriffe

Alle fünf dieser Elemente darf man inzwischen für recht gut belegt halten, insbesondere natürlich das erste, auch das zweite, also den Überfall der Quassam-Brigaden. Von der IDF bzw. deren politischer Führung wurde bekannt, dass die „moralischste Armee der Welt" und ihre Regierung Warnungen vor der Hamas möglicherweise bewusst ignoriert haben; es wurde bekannt, dass es mehrere Wochen vor dem Hamas-Überfall eindeutige Warnungen gab, die aber nicht beachtet worden sind. Eine Warnung soll etwa aus einer Signal-Einheit des Militärgeheimdienstes stammen, die die feindliche Kommunikation überwacht, und die an die zuständige Gaza-Division der Armee übermittelt wurde; aber die Warnung drang nicht durch. Eine andere Warnung kam von einer Offizierin des Militärgeheimdienstes, schon im Juli 2023. Die Offizierin hatte gewarnt, „dass die Hamas eine Serie von Trainings durchführe, die auf dem Überfall-Skript vom November 2022 basieren. Auch diese Warnung wurde ignoriert. Es handle sich um ein ‚imaginäres' Szenario, für dessen Realisierung der Hamas die Ressourcen fehlten, hieß es."[353]

Es soll sogar Warnungen gegeben haben, die von General Abbas Kamel vom ägyptischen Geheimdienst stammten; dieser habe den israelischen Premierminister Benjamin Netanyahu nur zehn Tage vor dem massiven Angriff persönlich angerufen, um ihm mitzuteilen, dass Kräfte im Gazastreifen wahrscheinlich „etwas Ungewöhnliches vorhaben, eine schreckliche Operation".[354] Von Seiten Netanjahus hieß es später dazu, einen solchen Bericht habe es nie gegeben, es handle sich um eine „Propagandafalle". Klar geworden ist aber in jedem Fall, dass es ein „Sicherheitsdesaster" gegeben hat, und auch etwa das ZDF berichtete von ignorierten Warnungen: „Zuvor hatten auch mehrere israelische und internationale Medien über Warnungen ägyptischer Behörden an Israel berichtet. Die israelische Zeitung ,Jedi'ot Acharonot' hatte etwa von einem Anruf des ägyptischen Geheimdienst-Chefs Abbas Kamel direkt bei Netanjahu Ende September berichtet. Auch der US-Politiker Michael McCaul, Vorsitzender des auswärtigen Ausschusses im Repräsentantenhaus, sagte vor rund zwei Wochen, Ägypten habe Israel drei Tage vor dem Angriff offiziell gewarnt."[355]

Wie war es also am 7. Oktober? Wer wusste was, zu welchem Zeitpunkt, und wer *wollte* vielleicht etwas nicht wissen? Netanjahu musste diese Nachricht später löschen, und die Kritik entzündete sich dann an Netanjahus Vorwurf, Geheimdienste und IDF nicht in Schutz genommen zu haben. Aber die Frage, wer tatsächlich die Verantwortung trägt für dieses „Sicherheitsdesaster" ist ja wesentlich brisanter: handelt es sich um einen Fall von „LIHOP" – let it happen on purpose? Oder gar „MIHOP" – make it happen on purpose? *Sollte* dieser Überfall der Hamas stattfinden und gelingen, und dazu noch so folgenschwer und blutig wie möglich – um anschließend so ein extrem rücksichtsloses Vorgehen gegen die Menschen in Gaza rechtfertigen zu können? Denn inzwischen wurde auch bekannt, dass die Umsetzung der „Hannibal-Richtline" am 7. Oktober angeordnet worden ist: die IDF ordnete am 7. Oktober an, Hamas-Kämpfer zusammen mit ihren Geiseln aus der Luft per Apache-Helikopter zu beschießen, damit möglichst keine Geiseln lebend gefangen genommen werden können.[356] Israelische Menschen wurden also bewusst geopfert; die Bilder mit den Parkplatz-Reihen von beschossenen und in ihren Autos verbrannten Besuchern des Supernova-Musikfestivals gingen dann um die Welt.[357]

Das wäre also die Theorie von Richard Gage zu dem 7. Oktober, und den erstaunlichen Parallelen der Ereignisse dieses Tages zum 11. September 2001; das hat es demnach also alles gegeben. Was es so am 7. Oktober aber wohl nicht gab: einen „Patsy", einen Sündenbock, jedenfalls nicht als Einzelperson, sondern das wären in dem Fall alle die den Überfall auf die Nachbardörfer ausführenden Hamas-Kämpfer auf ihren Motorrädern und Flugdrachen, mit ihrem Ziel, möglichst viele israelische Zivilpersonen nach Gaza zu entführen, und die anschließend die Aufgabe zu erfüllen hätten, die „Monster" zu sein, die die anschließende Bekämpfung und Zerstörung des Gazastreifens rechtfertigen. Diese Kämpfer müssten also diesen Plan in blindem Glauben – trotz offensichtlicher Sinn- und Aussichtslosigkeit – mitgemacht und ausgeführt haben, und die gesamte Führungsriege der Hamas müsste das unterstützt haben. Wie so etwas zu bewerkstelligen sein könnte, ist tatsächlich nicht so leicht plausibel zu machen; dass es starke Motive gegeben haben muss, eine solche False-Flag-Aktion von Seiten Israels durchzuführen, scheint dagegen viel eher plausibel. Im Falle des Mörders von Robert F. Kennedy waren Psychotricks im Spiel, der Mörder Sirhan wurde dazu gebracht etwas zu tun, was er bei klarem Bewusstsein nicht getan hätte;

ob so etwas für ein ganzes Killerkommando aus Hamas-Kämpfern denkbar wäre – dafür müsste der Beweis wohl erst noch erbracht werden.-

In Gaza wie auch beim 11. September geht es offensichtlich nicht um das Fabrizieren von (Geld-)Schulden, sondern, wie schon gesagt, um Geostrategie; in den Zusammenhang „Niedergang des Westens" gehört aber eben auch das Produzieren von Schulden durch eine Bank, was bei einer privaten Geschäftsbank oder Investmentbank zum gewöhnlichen Geschäft gehören würde, nicht aber bei Zentralbanken; in den allermeisten Fällen sind das öffentliche Institute, die keinen Erwerbszweck verfolgen. Die „Federal Reserve Bank", die FED, ist aber eine Privatbank, die Geld an den Staat USA verleiht – gegen Zinsen. Und in dem Fall wird das Geschäftsziel, gegen Zinsen ewige Schulden zu produzieren, ebenso sichtbar wie dubios und zweifelhaft. Nun aber auch das Fass „Federal Reserve Bank" und die da hinter dunklen Schatten liegenden Verbindungen zur keineswegs protestantisch-christlichen Moral dieses Bankhauses aufzumachen, würde an dieser Stelle zu weit führen; das Thema FED wird im nächsten Kapitel noch wieder aufgegriffen. Bevor es aber nun im Schwerpunkt nur noch um Ökonomie geht, folgendes Resümee aus der Analyse des arglistig herbeigeführten Niedergangs des Westens:

Johann Gottlieb Fichte[358] sprach von einem „feindselig gesinnten Staat, der mit allen übrigen im beständigen Kriege steht"; er meinte aber nicht den Staat Israel, sondern, wie er sagte, „das Judentum". Der Staat Israel scheint aber tatsächlich mit allen seinen Nachbarn im Nahen Osten in beständigem Krieg zu leben, und das „auserwählte Volk" scheint im „Westen" dasjenige zu sein, das es besser als andere versteht von Zins und Gewinnen zu leben; dem Betrug und Übervorteilung von seinem Gott ausdrücklich gestattet sind; das den methodischen Betrug in allerlei Gewerben wie etwa dem Bankgewerbe oder der Pharmabranche kultiviert hat – das aber kurioserweise seine Hoffnung auf die Ankunft des Messias nicht aufgeben will.

Aber es wird, solange in dieser Welt die Gesetze der Physik ebenso Gültigkeit besitzen wie die Gesetze moderner Rechtsstaatlichkeit und aufgeklärter universalistischer Moralbegriffe, seine Hoffnung *nie* erfüllt sehen; es wird keine Herrschaft der Juden über die Welt geben, keine Welthauptstadt Jerusalem; Israel wird nicht anders können als seinen Frieden zu machen mit der übrigen Welt, um dem Absinken in Nihilismus und Lüge, um Zerfall und seiner (Selbst-)Zerstörung aus dem Weg zu gehen. Die ans Herz zu legende Botschaft: Befreit euch von Dämonen und biblischen Psychopathen, macht Frieden mit der Welt auf Erden und mit allen Menschen.

Wartet nicht auf den Messias, der nie kommen wird: Wenn es einen Menschen gibt von dem erwartet werden könnte dass es ihn gibt oder gegeben hat, dann wäre das der junge Mann aus Nazareth, von dem die Bibel des Neuen Testaments berichtet. Alles was wir – wir als Zugehörige des Westens wenigstens auch in dem Sinne, dass sie Kirchensteuerzahler sind – heute haben, was uns heute das Herz erwärmen kann wenn es kalt und dunkel ist, wenn Not und Mangel, Krieg, Tod und Zerstörung die Menschen ängstigen und erschrecken, hat die Welt seit 2000 Jahren diesem jungen Mann zu verdanken, der sagte: liebe deinen Nächsten wie dich selbst, und liebe den, der die Stimme die Wahrheit ist; das erlebt die halbe Welt jedes Jahr zu Weihnachten. Der junge Mann ist in diesen grausamen Tod am Kreuz gegangen, um das Herz der

Menschen für immer zu erweichen, und die Stimme der Wahrheit für immer sprechen zu lassen; er hat das Licht der Liebe entzündet und die Stimme der Wahrheit für alle Menschen sprechen lassen, die guten Willens sind. Hunderte von Jahren hat es damals gedauert bis die sanfte christliche Liebesbotschaft auch die Mächtigen im Staat erreicht hat, und ohne sie wäre die Welt vermutlich in ewigem Krieg versunken, auch wenn es immer wieder auch im christlichen Namen grausame Kriege und Eroberungen gegeben hat. Seit nun rund 2000 Jahren ist diese Stimme der Wahrheit zu hören, aber seit wohl viel mehr als 2000 Jahren gibt es auch die Stimme der Verneinung, der Zerstörung und der psychopathischen Gier nach Weltherrschaft. Diese Gier erwächst aus der nihilistischen Botschaft des Falschen, der Auserwähltheit, der Apartheit und der arglistigen Täuschung; der Mensch, das „Ebenbild Gottes" aber ist zu Höherem berufen, zum „Wahren Schönen Guten"; zu Wahrheit, Frieden, Erhalt von Schöpfung und Natur und zu vernünftiger Freiheit. Die Stimme der Wahrheit darf nicht erlöschen; wenn sie erlischt, gibt es für die Welt keine Hoffnung mehr.

6. Neue ökonomische Politik

„Neue Ökonomische Politik" (NÖP) war ein kurzlebiger Versuch Lenins, das dann hereingebrochene stalinistische Chaos der „Diktatur des Proletariats" zu vermeiden. Der Ökonom Wolfram Elsner schreibt: „Zwar hatte Lenin mit seiner ‚Neuen Ökonomischen Politik' (NÖP) die Idee, die Produktivkraftentwicklung, die eigentlich in einer kapitalistischen Phase hätte geleistet werden müssen, die man aber praktisch halb übersprungen hatte, auch mit Hilfe kapitalistischer Markt-Mechanismen und kleiner und mittlerer Unternehmen unter sozialistischen Verhältnissen nachzuholen. Aber er war viel zu früh gestorben, und die schnell einsetzende Bedrohung durch das Nazireich und seinen schrecklichen Vernichtungskrieg, durch die überlegene und höchstaggressive, weil rassistisch motivierte faschistische deutsche Militärmaschine, ließen es dann offenbar nicht mehr zu, das sowjetische Sozialismuskonzept selbst noch entscheidend weiterzuentwickeln. Und so blieb dieser europäische Sozialismusversuch, zum Beispiel in ökonomischer Hinsicht, vor allem nur eine Ökonomie mit unzureichenden individuellen Anreizmechanismen, und nur eine Realökonomie, die strukturell nicht darauf angelegt war, einen strategischen Geldkapital-Überschuss zu generieren, der Macht- und Handlungsspielräume verschafft, wie es der Finanz-Kapitalismus gezielt tut. Den Wettlauf um das Beeinflussen der Welt mit Geld- und Kapital-Überschüssen und damit um die Sicherung der eigenen finanziellen Unabhängigkeit und der Ressourcen der Welt konnte dieser Staatssozialismus nicht gewinnen. Mit dem dann in China entwickelten Sozialismus-Ansatz sollte genau das nur wenige Jahrzehnte später völlig anders werden."[359]

Nun, vielleicht kann das mit dem „Völlig anders Werden" im niedergehenden Westen doch noch klappen – angespornt von der Aussicht, der „Total Eclipse", der totalen Finsternis nach dem Verbrennen allen Lebens Auge in Auge gegenüber zu stehen. Emmanuel Todd interpretiert „das unüberlegte und pauschale Engagement der USA an der Seite von Israel" als ein Symptom nicht nur des Nihilismus, sondern als ein „suizidäres Symptom" (S. 371); wenn also die Gefahr droht, dass die USA per Suizid aus dem Leben scheiden und dabei dann wohl alles Leben der übrigen Welt in einem atomaren Holocaust mit sich in den Tod reißen wollen, sind gute Gründe gegeben, es mit „Völlig anders Werden" nun schleunigst noch zu versuchen.-

Zur „halb übersprungenen" Phase der Produktivkraftentwicklung ist allerdings zu sagen, dass Marx das „Überspringen oder Wegdekretieren" notwendiger Phasen ausdrücklich für unmöglich erklärt hatte,[360] aber es war eben Lenin, der diese Phase partout überspringen wollte; der Journalist Frithjof Meyer verweist dazu auf einen Ausspruch des Staatsgründers Wladimir Iljitsch Lenin, den dieser – „rhetorisch" – getan haben soll: „In welchen Büchern steht denn geschrieben, daß derartige Eingriffe in die gewöhnliche historische Abfolge unzulässig oder unmöglich sind?"[361] Erst nachdem er mit dem Überspringen offenbar Schiffbruch erlitten hatte, kam ihm die Idee mit der Neuen ökonomischen Politik; die kam aber dann wiederum zu spät.-

Die Phasen der Produktivkraftentwicklung, die Marx als „notwendige" beschrieben hatte, also als einer inneren Entwicklungslogik folgend, von denen eine auf den Resultaten der anderen aufbaut und deren letzte diesen Prozess abschließt, implizieren einen Determinismus, sodass es nicht weiter erklärbare oder begründbare Sachzwänge sind, die diesen Ablauf als notwendigen erscheinen lassen. Joseph Schumpeter erklärt dazu, dass es in einem Entwicklungsobjekt beobachtbare „Tendenzen" gibt, die auf dieses einwirken, und die in der Summe ein Bild ergeben, das „dominierende Züge" trägt, und darum Schlussfolgerungen ermöglicht; die seien „aber nicht im gleichen Sinn wie eine Behauptung Euklids beweisbar". (Schumpeter, S. 106) Aber wegen der Vielzahl und der erkennbaren Plausibilität dieses Bildes hat es sich in den Wirtschaftswissenschaften das Erklärungsmodell durchgesetzt, von den „Industriekapitalistischen Bewegungsgesetzen" zu sprechen.

Man kann diesen Entwicklungsverlauf von Ökonomie und Gesellschaft aber auch als idealtypischen Verlauf beschreiben, als „Normalverlauf"; als einen solchen, der vernünftigerweise nicht anders gedacht werden kann; das ermöglicht es dann auch, die bei Todd beschriebenen Phänomene des Niedergangs des Westens als Abweichung von einem Normalverlauf zu erklären. Dieser Normalverlauf „muss" vernünftigerweise (denknotwendigerweise) zu einer „neuen ökonomischen Politik" führen, wie sich mit Bezug auf Kant, K.-O. Apel und einige Kernaussagen des Erlanger Konstruktivismus nach Paul Lorenzen zeigen lässt.[362] Es mag als etwas weit ausgeholt erscheinen, dies vorauszuschicken, wenn die industriekapitalistischen Bewegungsgesetze längst anerkannt sind und sie den Verlauf erklären können, die idealtypische Begründung kann dem aber zusätzliche Plausibilität verleihen.

Ordnung von Wirtschaft und Gesellschaft

Gesellschaftsordnungen brauchen einen Ordnungsrahmen, der durch Moralbegriffe fundiert ist, früher christlich-religiös und heute durch moderne Vernunftethiken, und sie müssen abstrakt so definiert sein, dass aus ihnen Ziele ableitbar sind, an denen Orientierung möglich ist. Man mag denken, es sei ein weltfremder Spleen, nach einem abstrakten Optimum oder Ideal von Gesellschafts- und Wirtschaftsordnung zu suchen in einer Zeit, in der die Mängel und das Versagen der bestehenden Wirtschaftsordnung ins Auge springen. Es liegt doch auf der Hand: die Wirtschaftsordnung soll gerechter und vielleicht inklusiver sein, nicht so exzessiv Ressourcen verbrauchend, freier und gleicher, mehr soziale Sicherheit bietend und nachhaltiger. Die Gesellschaft soll demokratisch, modern und säkular, tolerant, weltoffen, aufgeklärt und friedlich sein. Klar. Aber wenn man sich den einzelnen Fragestellungen annähert, verschwindet die vermeintliche Klarheit und Selbstevidenz. So werden wir zum Beispiel nicht darauf verzichten wollen, ohne äußere Einschränkung von Ge- oder Verboten ein Ladenlokal unserer Wahl aufzusuchen und hier als souveräner Konsument ein Produkt auszuwählen, das uns als das nützlichste erscheint, oder das uns einfach gefällt. Und dass dieses Geschäft auch möglichst gut gefüllt sein sollte, dass es auch Eines von Vielen sein soll, die zur Wahl stehen, und dass das Angebot qualitativ gut und die Preise günstig sein sollen, werden sich die meisten ebenfalls wünschen. All dies hat, so wird jedenfalls die Mehrheit der an den Universitäten lehrenden Ökonomen versichern, die freie Marktwirtschaft uns beschert (also nicht *nur* der Protestantismus!), die durch allerlei politische Eingriffe der Sozialgesetzgebung sogar auch zu einer – halbwegs – sozialen Marktwirtschaft aufgehübscht worden ist. Welche Veränderungen wären also möglich, ohne diese gewünschte Funktionalität der sozialen Marktwirtschaft zu beschädigen, oder gar zu zerstören?

Wie auch immer man stehen mag zur sozialen Marktwirtschaft und ihren Leistungen, oder zur parlamentarischen Demokratie und einer vielleicht wünschenswerter erscheinenden direkteren Demokratie, scheint jedenfalls klar: Wenn man an dem einen Rad drehen möchte, etwa um die Ungleichheit zu verringern, die Gerechtigkeit zu erhöhen oder den Ressourcenverbrauch zu verringern, muss man darauf achten, dass man an anderer Stelle nicht etwas ebenfalls als wertvoll Erachtetes verliert oder zerstört. Man muss also das Gesamte in den Blick nehmen, wenn man etwas verändern oder verbessern möchte. Und ein Optimum des Gesamten von Wirtschaft und Gesellschaft, das möglichst viel von dem realisierbar werden zu lassen verspricht, was an sich wünschen mag, wäre eben ein Ideal.[363]

Ideal

Was ist ein Ideal? Das Wort geht zurück auf das Wort Eidos, das wie viele Wörter unserer Bildungssprache aus dem Griechischen stammt, und wörtlich „das zu Sehende" oder „das Gesehene" heißt, oder auch das mit dem Auge Wahrnehmbare, also die äußere Gestalt von etwas. In der Bildungssprache der Philosophen, zuerst bei Plato, wurde die Bedeutung von Eidos dann eingeschränkt auf die geometrische Figur, also Kreise, Dreiecke, Quadrate, Pyramiden etc. Die Geometrie entstand aus der Beobachtung von in den Sand gezeichneten sichtbaren Figuren; später aber füllte die Geometrie sich sozusagen an mit unsichtbaren, nur gedachten und von Zeit und Ort unabhängigen Figuren, die aus abstrakter Überlegung, aus Theoremen entstanden waren. Diese Gestalten der Geometrie sind also nicht sichtbar, und auch nicht in der Phantasie vorstellbar, sondern lediglich aus anderen geometrischen Figuren konstruierbar. Dieses Konstruieren von orts- und zeitunabhängigen gedachten „Ideen" kann man verstehen als die Anfänge des theoretischen Denkens. Auch die Bedeutung des Wortes Utopie erklärt sich aus einer Idee: es ist zunächst nur eine gedanklich konstruierte Vorstellung, die keine Zeit und keinen (-u) Ort (Topos) hat.

Deshalb ist es aber nun nicht etwa beliebig und der Phantasie überlassen, was man über Ideale sagen kann, oder wie sie entstehen. Die Ur-Ideen als geometrische Figuren entstehen aus der gedanklichen Konstruktion aus Elementarfiguren nach Vorschriften, und deshalb sind sie auch beweisbar. Die Elementarfiguren (Ebene, Gerade, rechter Winkel, Kreis) können nun auch technische bzw. physische Realisierungen der idealen Elementarfiguren sein, aus Holz, Glas oder Metall, und sollen diesen Idealen natürlich möglichst nahe kommen. Eine ideale Ebene zum Beispiel ist durch die Symmetrieforderung definiert, wonach sie durch jeden Punkt auf der Ebene in jeder Richtung eine Symmetrieachse haben soll. Will man so eine ideale Ebene technisch realisieren, etwa als Richtplatte, so wird man sich diesem Ideal annähern können mit gewissen als tolerierbar geltenden Abweichungen, aber man wird das Ideal nie vollständig erreichen.

Ideale als gedachte, vorgestellte Figuren gibt es nun nicht nur in der Geometrie. Das lateinische Wort „idealis" meinte zunächst „dem Urbild entsprechend", wobei dieses Urbild aber nicht unbedingt eine geometrische Figur sein muss. Das Urbild konnte etwa auch ein Urbild von Schönheit sein, dann also ein ästhetisches Ideal als Schönheitsideal. Weil die Konstruktionsvorschrift des ästhetischen Urbildes aber nicht so präzise definiert ist wie die der Figuren der Geometrie, konnten sich die Schönheitsideale offenbar wandeln im Laufe der Zeit, und von Ort zu Ort.

Vollkommenheit

Von Vollkommenheit spricht man bei einer denkbar großen Annäherung an ein Ideal; im Falle des ästhetischen Schönheitsideals spricht man von vollkommener Schönheit. Vollkommenheit bezeichnet aber nicht nur die größte Annäherung an ein ästhetisches Ideal, sondern allgemeiner die (reale) Annäherung eines Objektes, eines gestalteten Werkes oder auch einer inneren mentalen oder seelischen Verfasstheit an einen Zustand, der sich nicht weiter verbessern lässt. Das kann das Folgende bedeuten: a) Makellosigkeit (integritas), also ein Zustand ohne beeinträchtigenden Makel, oder b) Vollendung (perfectio); also ein Perfectissimum im Sinne des finalen Erreichens unübertrefflicher, absoluter Fehlerlosigkeit, oder auch, im Falle von hergestellten Werken als Zweckgegenständen, von Zweckmäßigkeit oder Funktionalität.

Regulative Idee

Was ist nun eine „regulative Idee"? Bei Immanuel Kant waren dies die Gedankeninhalte „Gott, Seele, Welt", die ohne Entsprechung in der erfahrbaren Wirklichkeit sind, die unserem Wissen aber – so dachte Kant – als allgemeingültige Orientierungspunkte dienen. Ideale im Sinne von Vollkommenheit oder, wie Kant sagte, der Erfahrung nicht zugängliche „transzendentale Ideen" sind notwendige Erkenntnismittel der Orientierung; der Verstand setzt sie als anzustrebendes *Perfectissimum*, unabhängig von der Frage nach dem zeitlichen Horizont oder den äußeren Bedingungen der Realisierung. Transzendentale Ideen haben nach Kant „einen (…) unentbehrlich notwendigen regulativen Gebrauch, nämlich den Verstand zu einem gewissen Ziele zu richten, (…) einen Punkt (…), der (…) zwar nur eine Idee (focus imaginarius) (…) ist, (…) ganz außerhalb der Grenzen möglicher Erfahrung liegt, dennoch dazu dient, ihnen die größte Einheit neben der größten Ausbreitung zu verschaffen."[364] So ganz klar ist es damit für jeden wohl noch nicht, was Kant damit meint, aber wenn man sich klar macht, dass der Verstand in der Lage ist, die Idee eines idealen Kreises oder einer unendlichen Linie zu entwickeln, obwohl dergleichen in der Realität nie zu finden ist und „ganz außerhalb der Grenzen der möglichen Erfahrung" liegt, und dass diese Idee sich im Vollzug des theoretischen Denkens auch als absolut notwendig erweist, wird es vielleicht klarer.

So ein *focus imaginarius* als notwendige regulative Idee von herzustellender Vollkommenheit existiert im Rechtswesen als vollkommene Gerechtigkeit, die mit Notwendigkeit die Vorstellung der Orts-, Zeit- und Personenenunabhängigkeit der Rechtsgeltung beinhaltet. Die Idee des ewigen Friedens sowie auch die des Rechtsfriedens, und die Idee der Herrschaftslosigkeit und damit auch Klassenlosigkeit, also der Abwesenheit von auf bloßer Macht gegründeten Herrschaftsverhältnissen sind notwendige politische Ideen eines herzustellenden Zustandes der Polis, des Gemeinwesens und der Gesellschaft. Und auch die Idee der endlich getanen Arbeit, der siebte Tag der Ruhe und der Kontemplation, sind notwendige regulative Ideen eines vollkommenen Zustandes von In-der-Welt-Sein, der überwundenen Mühe und des überwundenen Mangels; ohne diese Ideen fehlte der Arbeit zu ihrer Bestimmung das Ausgerichtetsein auf etwas zu Erreichendes und Abschließendes, auf ein „to orekton", wie Aristoteles sagte. Ohne das wäre sie nur als Sisyphus-Arbeit, als endloser, sinnloser, belastender und quälender Vorgang um der quälenden Mühe selber willen vorstellbar. Man mag denken, die Arbeit solle ihren Sinn in sich selbst tragen, weil sie dem Arbeitenden Erfüllung und Selbstwertempfindung verschafft, aber dies kann eben nur dann der Fall sein, wenn die Arbeit einen äußeren Zweck erfüllt und auch durch eine noch bestehende äußere Notwendigkeit motiviert ist. Wenn die äußere Notwendigkeit und Sinnhaftigkeit entfallen ist, beispielsweise bei Seifensiedern, bei Drahtbindern oder in anderen der so vielen ausgestorbenen Berufe, kann die Arbeit in diesen Berufen nicht mehr zur Erfüllung und Schaffung von Stolz und Selbstwertempfindung taugen.

Das Ideal demokratischer und gerechter Gesellschaften

In der Diskursethik bekam die regulative Idee diese Bedeutung eines regulativen, übergeordneten, zeit- und ortsunabhängigen Prinzips, das das menschliche „Tun und Lassen" ethisch ordnet und reguliert, und das der Frankfurter Philosoph Karl-Otto-Apel einmal so formulierte: „Erstens muß es in allem Tun und Lassen darum gehen, das Überleben der menschlichen Gattung als der realen Kommunikationsgemeinschaft sicherzustellen, zweitens darum, in der realen die ideale Kommunikationsgemeinschaft zu verwirklichen." Die Verwirklichung der idealen Kommunikationsgemeinschaft verstand er als „Emanzipationsstrategie", weil der Mensch sich dadurch von nichtlegitimierten, auf bloße faktische Macht gestützten Verhältnissen befreit, ohne allerdings dabei das Überleben der menschlichen Gattung zu gefährden. Das Überleben ist in dieser Sicht aber nicht letzter, sich selbst rechtfertigender Zweck, sondern die Überlebensstrategie erhält ihren Sinn eben erst durch diese langfristige, das Hier und Jetzt überhöhende, transzendierende Emanzipationsstrategie. Der Mensch ist in diesem Sinne immer auf dem Weg zu sich selbst, und damit zu einem in ihm angelegten, immer erst noch zu realisierenden großen Ideal.

Offenbar ist diese Idee der idealen Kommunikationsgemeinschaft also ein Ideal von menschlicher Gemeinschaft, der diese sich in Vollkommenheit nur annähern könnte. In einer in diesem Sinne idealen Gesellschaft gelten nur solche Gesetze, die in allgemeinen freien parlamentarischen Diskursen entstanden sind, und die die Bürger dieser Gesellschaft sich selbst gegeben haben; Macht hat also – idealerweise – letztlich nur die Vernunft selbst, der Logos, das Wort der sich vernünftig und kompetent beratenden Bürger.-

So weit also dieses „Modell" eines idealtypischen Entwicklungsverlaufs, das ein immanentes Streben nach dem „Guten", nach Befreiung aus heteronomen Sachzwängen, nach Menschenwürde, Autonomie und Gerechtigkeit darlegen will.-

Emmanuel Todd sieht den Westen dadurch im Niedergang, dass die protestantische Ethik ihn verlassen hat; entstanden ist der Kapitalismus nach Max Weber eben aus dem Geist des Protestantismus – man könnte aber auch sagen, es waren übergeordnete Denkgesetze der Vernunft und der religionsunabhängigen Ethik, die – vorübergehend, transitorisch – den Kapitalismus prägten, und seinen Verlauf bestimmten.

Was macht den Kapitalismus nun aus, was treibt ihn an, auch im engeren ökonomischen Sinn? Nun, auch der Kapitalismus war auf dem Weg zur Realisierung eines Ideals, und mit Kant könnte man etwa sagen: der Kapitalismus war auf dem Weg, die „Autonomie des Willens gegen die Heteronomie der wirkenden Ursachen" zu setzen, also urwüchsige Not und blinde Sachzwänge zu überwinden, oder, mit Habermas gesprochen: vernünftige Freiheit zu verwirklichen; und das wiederum würde in ökonomischen Begriffen gesprochen bedeuten, „das Knappheitsproblem zu lösen", wie John Maynard Keynes das Ziel der kapitalistischen Entwicklung beschrieb, also Not, Mangel und Knappheit als „Heteronomie der wirkenden Ursachen" zu überwinden, um „Autonomie des Willens" zu erreichen. Und noch enger ökonomisch definiert bedeutet das: Was den Kapitalismus mehr als Ethik und Religion ständig voran treibt und seine Entstehung und weitere Entwicklung im innersten Kern seit mehr als 350 Jahren bestimmt, ist eben dies: das unaufhörliche Fortschreiten des technischen Vermögens, das sich – nach Beobachtung vieler Ökonomen – gesetzmäßig vollzieht, nämlich die Automation, definiert als Substitution von lebendiger Menschenarbeit durch tote Maschinenarbeit. Auch das bedeutet, neben anderem, Autonomie des Willens gegen die Heteronomie der wirkenden Ursachen zu setzen.[365]

Der Ablauflogik der sozio-ökonomischen Evolution

Emmanuel Todd schreibt über Axiome: „Die besondere Eigenschaft eines Axioms oder Postulats ist, dass sich daraus Theoreme ableiten lassen, es selbst jedoch nicht zu beweisen ist. Allerdings weist es einen solchen Grad an Plausibilität auf, dass man es als gegeben betrachtet."[366] Das Gleiche gilt, wie gesehen, für die industriekapitalistischen Bewegungsgesetze, und aus denen folgt wiederum das Theorem der Gesetzmäßigkeit des Fortschreitens der Automation, das eben diesen hohen Grad an Plausibilität aufweist, wie sich an den folgenden Beispielen leicht belegen lässt:

Shoshana Zubow, amerikanische Wirtschaftswissenschaftlerin an der Harvard Business School, legte in ihrem 1988 erschienenen Buch „In the Age of the Smart Machine: The Future of Work and Power" ihr „Zweites Zubowsches Gesetz" vor, das lautet: „Was automatisiert werden kann, wird auch automatisiert."[367] Auch dieser Satz ist nicht im strengen mathematischen Sinn beweisbar, aber, die Todd schreibt, „wie der fünfte Satz von Euklid sehr überzeugend für den gesunden Menschenverstand." Genau deshalb lassen sich daraus überaus bedeutende Theoreme ableiten, wie den, dass die Automation, damit der technische Fortschritt, und damit die Entwicklung des Kapitalismus einmal an ein Ende geraten werden, das ein Maximum wie auch ein Optimum darstellt; einen Kulminationspunkt, der einen nicht überschreitbaren Grad an „Vollkommenheit" bedeutet, wie der Ökonom Joseph Schumpeter über den technischen Fortschritt und den von ihm dadurch erwarteten Sozialismus schrieb: „Wir wollen (…) die Annahme machen, dass die Produktionsmethoden einen Zustand der Vollkommenheit erreicht haben, der keine weitere Verbesserung mehr zulässt."[368]

Maximale, vollendete Automation als vollkommene Entlastung und Befreiung von heteronomer menschlicher Arbeit bedeutet also einen nicht weiter verbesserbaren Zustand der Vollkommenheit der Produktionsmethoden, die damit dann auch (relativ) autonom geworden sind.

In dem Sinne formulierte der in die USA emigrierte Russe Wassily Leontief 1982 sein sogenanntes „Paradies-Paradoxon"; er schrieb: „Die Geschichte des technologischen Fortschritts der letzten 200 Jahre ist im Grunde die Geschichte der menschlichen Rasse, wie sie langsam, aber sicher versucht, den Weg zum Paradies wieder zu finden. Was würde allerdings passieren, wenn ihr dies gelänge? Alle Güter und Dienstleistungen wären verfügbar, ohne dass dafür Arbeit notwendig wäre, und niemand würde einer Erwerbsarbeit nachgehen."[369] Das Paradox sieht Leontief darin, dass er meint, Güter und Dienstleistungen wären nur verfügbar, wenn sie durch Erwerbsarbeit bezahlt werden, und darum stünden die arbeitenden Menschen ohne Lohn und Brot da und müssten Hunger leiden, wenn das Paradies vor der Tür steht. Aber da widerspricht er sich selbst: Im „Paradies" wären Güter und Dienstleistungen ja eben *kostenlos* verfügbar. Das Ziel der erreichten „Vollkommenheit der Produktionsmethoden" läge also auf dem Weg ins Paradies, als das Maximum dessen, was an Automation als technische Substitution von Menschenarbeit durch Maschinenarbeit jemals erreicht werden kann. Und das würde eben genau das bedeuten: Güter und Dienstleistungen wären verfügbar, ohne dass dafür Arbeit notwendig wäre, und niemand würde einer Erwerbsarbeit nachgehen müssen; Güter und Dienstleistungen wären also kostenlos verfügbar, zum Preis von Null. Damit wäre aber auch der Kapitalwert reduziert auf einen Preis von Null, und natürlich wäre dies auch das Ende des Kapitalismus, der Kapitalerträge, der mühe- und arbeitslosen Zinsgewinne – von denen Kapitalbesitzer ja heute noch träumen.[370]

Der große Ökonom John Maynard Keynes schrieb 1930 von den phantastischen „wirtschaftlichen Möglichkeiten unserer Enkel", die er in 100 Jahren erwartete (also fast für die heutige Gegenwart): „… das bedeutet, dass (…) die Menschheit dabei ist, ihr wirtschaftliches Problem zu lösen."[371] (S. 140) Keynes schreibt, wir haben uns „von Natur aus – mit all unseren Trieben und tiefsten Instinkten – eigens zu dem Zweck entwickelt, das wirtschaftliche Problem zu lösen." (S. 141)

All das bedeutet nichts anderes als das was Leontiew beschreibt, in Keynes' Worten: „Zum ersten Mal seit seiner Erschaffung wird der Mensch damit vor seine wirkliche, seine beständige Aufgabe gestellt sein – wie seine Freiheit von drückenden wirtschaftlichen Sorgen zu verwenden, wie seine Freizeit auszufüllen ist, die Wissenschaft und Zinseszins für ihn gewonnen haben, damit er weise, angenehm und gut leben kann." (S. 142). Und auch diesen Textabschnitt aus Keynes' Vortrag sollten wir uns schon einmal zu Bewusstsein bringen, im Vorgriff auf das was im Folgenden eine Rolle spielt: „Wir sollten uns wagen, den Geldtrieb nach seinem wahren Wert einzuschätzen. Die Liebe zum Geld als ein Wert in sich was zu unterscheiden ist von der Liebe zum Geld als einem Mittel für die Freuden und die wirklichen Dinge des Lebens wird als das erkannt werden, was sie ist, ein ziemlich widerliches, krankhaftes Leiden, eine jener halb-kriminellen, halb-pathologischen Neigungen, die man mit Schaudern den Spezialisten für Geisteskrankheiten überlässt." (S. 143)

Wie ist der Zusammenhang zum Axiom der zu maximierenden Automation? Dieses Ziel ist ein *endliches* Ziel; es wird erreicht sein mit Erreichen eines Zustandes von „Vollkommenheit der Produktionsmethoden", und ab dann geht es um „die Freuden und die wirklichen Dinge des Lebens." Aber den Menschen, denen die Liebe zum Geld über alles geht und die sich diesen widerlichen, krankhaftes Leiden und ihren halb-kriminellen, halb-pathologischen Neigungen hingeben, möchten erreichen, dass der Zustand von Vollkommenheit der Produktionsmethoden *nie* erreicht wird, und darum soll auch die abhängige Menschenarbeit *nie* aufhören; darum sollen Wachstum und Zinserträge in Ewigkeit steigen, wie auch die kumulierten und immer höher konzentrierten Gewinne der Konzerne und Vermögensverwalter.

Man muss nun nicht mehr erinnern an die „Jäger, Fischer und Hirten" aus der Paradies-Beschreibung bei Karl Marx, an das von Marx vorgedachte Fortschreiten aus dem Reich der Notwendigkeit ins Reich der Freiheit, oder an das „Rien faire comme un bête, auf dem Wasser liegen und friedlich den Himmel schauen" bei Adorno[372], wenn eben das erreicht ist: die Lösung des wirtschaftlichen Problems, (auch) durch die (hinreichend) erreichte Vollkommenheit der Produktionsmethoden. In den 1970er und frühen 1980er Jahren, als die Debatte um das „Ende der Arbeit" etwa mit den Aufsätzen des Soziologen Ralf Dahrendorf in der Wochenzeitung „Die ZEIT" einen ersten Höhepunkt erreichte[373], schrieb Jürgen Habermas, im innersten Kern utopischen Denkens finde sich die Befreiung des Menschen von heteronomer Arbeit: „Der Industriearbeit wohnt das Telos ihrer eigenen Abschaffung inne", sagt er in einem Interview, das er 1983 mit dem Philosophen Hans-Ulrich Reck über „Konservative Politik, Arbeit, Sozialismus und Utopie heute" geführt hat.[374]

Der Wirtschaftshistoriker Aaron Benanav erklärt, das Ende der Industriearbeit bedeute eben auch das Ende des Kapitals: „Was wir in der Gesellschaft des Mangels ‚Kapital' nennen, würde nach der Überwindung des Mangels als das verstanden werden was es in Wirklichkeit ist: *unser gemeinsames gesellschaftliches Erbe.* Über Generationen hinweg aufgebaut gehört es niemandem und allen..."[375] Das ist genau das, was für Marx „wirklicher Reichtum" ist, und der ist eben *gesellschaftlicher* Reichtum. Der Verfasser hat einmal das, was mit dem damals neuen technischen Vermögen der „Universalen Turing-Maschine"[376] in der Informatik an Möglichkeiten auftauchte, in dem Sinne „Menschheitsvermögen" genannt, also ein „Schaffensvermögen", ein kreatives menschliches Vermögen, das kein geldliches, verzinsliches Kapital-Vermögen ist.[377]

Der Wirtschaftswissenschaftler Jeremy Rifkin brachte 2014 sein viel beachtetes Buch von der „Null-Grenzkosten-Gesellschaft"[378] in den Diskurs um das „Ende der Arbeit" ein, das schon seit 1995 sein Thema gewesen war, und der Autor Paul Mason schrieb seine Bücher über den „Post-Kapitalismus" und die Vision einer „Klaren Lichten Zukunft", in dem er all das, das Verschwinden von Lohnarbeit, Kapitalherrschaft und ewigen Zinsen umfassend beschrieb. Mason machte darin, vornehmlich mit Bezug auf das Marxsche „Maschinenfragment", folgende Annahmen:

„(1) Die Maschinen verdrängen die menschliche Arbeitskraft weitgehend aus dem Produktionsprozess;

(2) Der technologische Fortschritt findet nicht in der physischen Aktivität, sondern auf der Ebene der Information statt (d. h. im Design der Maschinen, durch Automatisierung, durch die Neugestaltung der Arbeitsströme);

(3) Der Fortschritt beruht auf der Vergesellschaftung des Wissens. Wenn erst einmal die Arbeit und das Wissen jedes Menschen zur Produktivität und Effizienz aller anderen beitragen (Marx bezeichnete dies als ‚allgemeinen Verstand'), tritt ein unüberwindlicher Gegensatz zwischen Technologie und Privateigentum zutage: Dies ist die höchste gesellschaftliche Ausprägung des Kapitalismus."[379]

Technischer Fortschritt als Zuwachs von „Menschheitsvermögen" im Sinne von menschlichem Schaffensvermögen bewegt sich notwendigerweise zu auf „Vergesellschaftung des Wissens". Auch Zuboffs Theorem impliziert (neben anderem, dass die gesellschaftliche Entwicklung sich auf das Verschwinden abhängiger Lohnarbeit und eine Ausweitung des „Reiches der Freiheit" zubewegt.-

Damit sollte aber nun genug Plausibilität gesammelt sein, um das Axiom des Zweiten Subowschen Gesetzes für gültig erklären zu können, und all der Theoreme, die sich daraus ableiten lassen, wie auch dieses, dass mit einem Ende des Wachstums, einem Ende der abhängigen Lohn-Arbeit für Konzerne und einem Ende der arbeitslosen Zinseinkommen zu rechnen wäre, als „regulative Idee", als Gipfelpunkt der kapitalistischen Entwicklung, die auch ein Ziel und Ende des Kapitalismus bedeuten würde, auch ein Ende der Kapitalherrschaft, und eben auch ein Ende des nun niedergehenden Westens – sofern und so lange der Westen eben kapitalistisch ist, und darum von hochkonzentriertem Kapital dominiert.

Das „große Spiel" in der Darstellung des IGZA

Wie die Normalentwicklung des Kapitalismus verlaufen könnte, wenn sie nicht gestört wird, und auch, zu welchem Neuanfang sie führen könnte, wenn es denn so sein soll, zeigt die Forschungsarbeit des „Institutes für Geschichte und Zukunft der Arbeit", des IGZA. Das IGZA entstand ab 2015 durch die Initiative des Gründers und Stifters Horst Neumann, der lange Zeit Vorstandsmitglied des VW-Konzerns war. 2023 hat es seine Forschungen abgeschlossen, und dessen Ergebnisse und ihr gewaltiges Werk von sieben Bänden zu je 368 Seiten wurden der Öffentlichkeit vorgestellt. Der das Projekt betreuende Dietz-Verlag Bonn beschreibt es so: „Die größte Datensammlung zur Geschichte der menschlichen Arbeit: Dieses interdisziplinäre ‚Big Picture' liefert überraschende Einsichten zur globalen Geschichte der menschlichen Arbeit von ihren Anfängen bis zum Ende des 21. Jahrhunderts – vom Faustkeil bis zum humanoiden Roboter. Es beginnt mit den Wildbeutern und den beiden produktiven Meilensteinen, der Agrikulturepoche und der kapitalistischen Epoche, und mündet in eine Betrachtung der Arbeit der Zukunft."[380]

Weiter heißt es im Verlagstext: „Anhand von über tausend farbigen Grafiken, Karten, Tabellen und Zeittafeln sowie aktuellen Zahlen und Forschungsergebnissen wird die Entwicklung der Produktiv- und Destruktivkräfte der Arbeit und ihrer Einflussfaktoren nachgezeichnet…" (s.o.) In dem unfangreichen Opus der „Matrix der Arbeit" wird die Entwicklungs- und Kulturgeschichte der Menschheit und auch des Kapitalismus bis zum Eintreten ins „Reich der Freiheit", auch bis hin zu einer Komplettierung der Automation und das dadurch bedingte Verschwinden der Arbeit enorm detailreich und präzise beschrieben, besser, fundierter und detaillierter als wohl sonst kaum irgendwo in der wirtschaftswissenschaftlichen Literatur.

Das IGZA zeigt den Normalverlauf der kapitalistischen Entwicklung seit dem Jahr 1300 in einer Grafik anhand der Wachstumsraten des realen BIP pro Kopf, aus dem zu ersehen ist, dass bis zum Beginn des Industriekapitalismus ab etwa dem Jahr 1800 kaum Wachstum zu verzeichnen ist, dass dann geradezu explodiert, bis das Wachstum ab etwa Mitte der 1970er wieder abnimmt, und dann nahezu stagniert:[381]

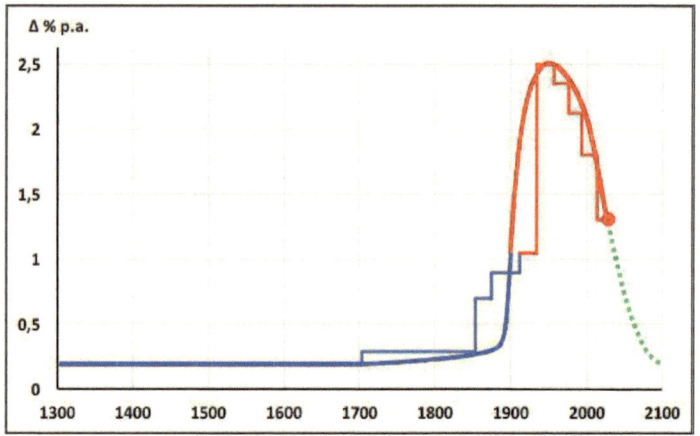

Schon aus diesem einen Bild lässt sich ablesen, wie sich Geschichte und Zukunft von Arbeit und Kapital erklären – eine Zukunft, die gleichzeitig auch ein Ende ist.[382]

In grafischer Darstellung zeigt sich der Zusammenhang von Produktivität mit notwendiger Arbeit sehr einfach: Mit dem technischen Fortschritt steigt die Arbeitsproduktivität an, und mit dem Grad der „Lösung des wirtschaftlichen Problems", also der Nachfragesättigung etc. nimmt die Menge der (noch) notwendigen Arbeit ab.

Zusammenhang von Produktivität und nötiger Arbeit:

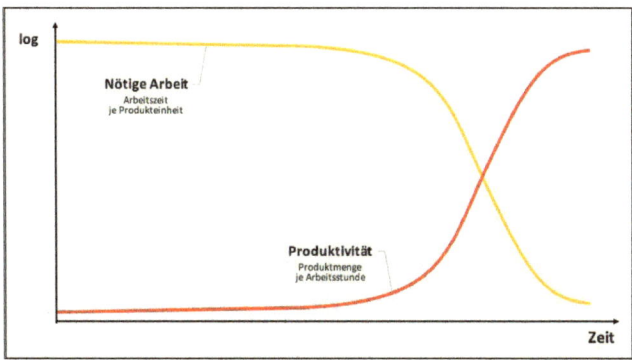

Mit erreichter maximaler „Vollkommenheit der Produktionsmethoden" sinkt die noch notwendige Arbeit also gegen null.

Der Automationsgrad bewegt sich, wie die Grafik unten zeigt, mit dem technischen Fortschritt (unter Verlangsamung) gegen 100%, während die Produktivität – rechnerisch – bis gegen unendlich steigt; mit extrem hoher Produktivität wären (maschinell) also beliebige Gütermengen produzierbar. (Daraus würde sich übrigens eine zwingende Notwendigkeit ergeben, den Kapitaleinsatz und den dadurch zu erzeugenden Output politisch zu begrenzen; Kapitalinteressen stehen dem aber entgegen…):

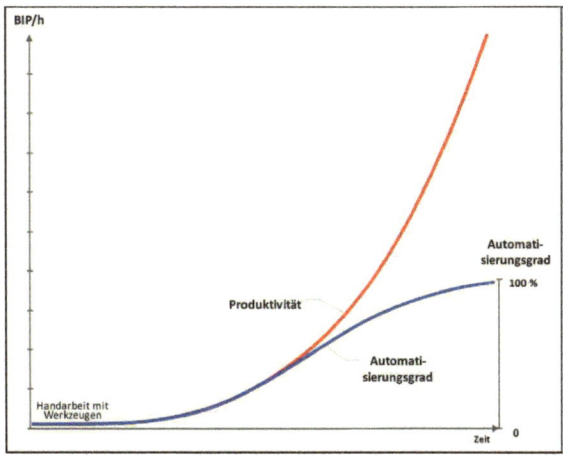

Am Beispiel des Webens zeigen die Autoren im Detail, wie der Schumpetersche Prozess der „Schöpferischen Zerstörung" von zeitweilig gängigen und dann immer wieder innovierten Produktionsverfahren das notwendige Arbeitsvolumen kontinuierlich weiter reduziert:

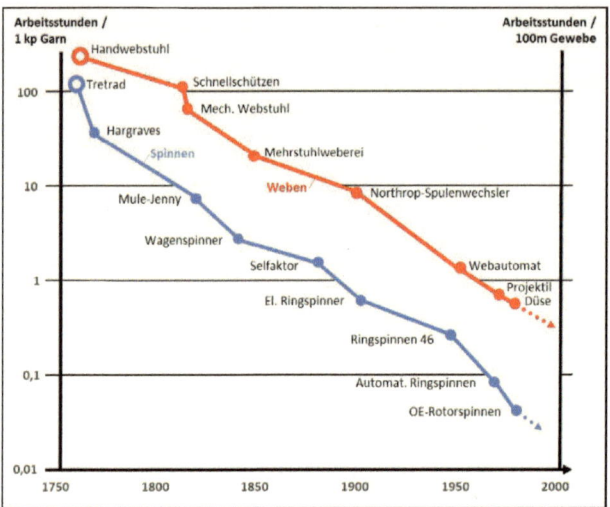

Sie zeigen auch sehr klar, wie sich die Inhalte der Arbeit unter dem Einfluss des technischen Fortschritts ändern: am Ende bleibt die „Kopfarbeit", die aber offenbar auch nicht endlos mit der (künstlich intelligenten?) Produktion von Überfluss mit weiterem Produktivitätsfortschritt angefüllt werden kann:

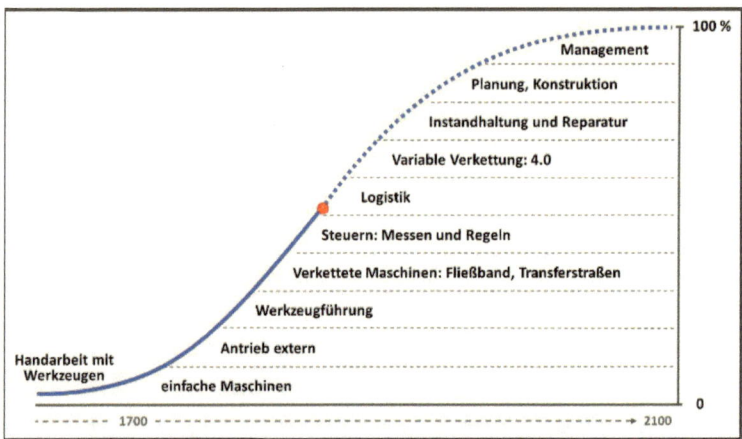

Das charakteristische „Reifeproblem des Kapitalismus", wie John Maynard Keynes es nennt, also in den Worten des „IGZA": „Wenn die Arbeits-Produktivität so weit steigt, dass ein reicher Warenkorb dank Automatisierung mit wenig Aufwand an menschlicher Arbeitszeit hergestellt werden könnte, träte das Knappheitsproblem in den Hintergrund." (S. 32) Die Autoren sprechen auch die seinerzeit bei Jeremy Rifkin vorgeschlagene Null-Grenzkosten-Gesellschaft an; das Knappheitsproblem wäre da aber schon sehr weit in den Hintergrund getreten, und würde erst bei sehr hohen Automationsgraden sichtbar: „Die ‚Null-Grenzkosten-Ökonomie' gilt erst, wenn auch die anderen Produktionsfaktoren nicht von Knappheit betroffen sind." (S. 32)

Ein anderes Problem, das (theoretisch) auftaucht, wenn Automationsgrad und Produktivität sehr hoch bzw. groß geworden sind: wenn Zinsen, Kapital und Preise für Konsumgüter sich gegen null bewegen, dürfen keine Schlaraffenland-Verhältnisse entstehen, so dass also Güter und Ressourcen verschwendet und fehlallokiert werden. Idealerweise funktioniert die Ökonomie „pareto-optimal", also so, dass genau zur richtigen Zeit genau das richtige Produkt in genau der richtigen Menge hergestellt wird. Das konnte bzw. kann erreicht werden durch „On-Demand-Produktion", von der vor einigen Jahren viel die Rede war.[383] Davon ist aber nicht mehr die Rede, möglicherweise deshalb, weil sich höhere Gewinne besser dadurch erzeugen lassen, dass man Ressourcen verschwendet, oder Profite erzielt durch betrügerisch vorgetäuschten Produktnutzen. (vgl. Todd S. 280!) Das aber nur am Rande.

Die Darstellung dieses Normalverlaufes des Kapitalismus würde nun den Schluss nahelegen, dass die dargestellten Triebkräfte zu einem finalen Ende des Kapitalismus und irgendeiner einer Art von Neuanfang führen müssen, nachdem die Wachstumskräfte mit dem Erfolg des Kapitalismus erlahmt und erloschen sind, wie Schumpeter den Verlauf erwartet hätte. Aber das IGZA kommt zu einem anderen Schluss.

Im November 2017 wurde das „Arbeitspapier #2" dieses Institutes veröffentlicht, das die oben gezeigten Grafiken enthält. In der Einleitung zu dem Papier heißt es: „Die Produktivität ist der rote Faden in der Geschichte und Zukunft der Arbeit; sie ist die Basis für die Entwicklung von Wohlstand, guter Arbeit und Lebensgestaltung. Im Arbeitspapier #2 des IGZA wollen wir die aktuelle Debatte um die stockende Entwicklung der Produktivität in den entwickelten Volkswirtschaften aufgreifen und davon ausgehend den konzeptionellen Rahmen für die weitere Beschäftigung mit diesem Thema am IGZA entwickeln. Es werden Thesen entwickelt und Themenfelder umrissen, die in den nächsten Jahren bearbeitet werden sollen." (a.a.O.) Mit „stockende Entwicklung der Produktivität" beziehen die Autoren sich auf die bei Robert Gordon dargestellte Entwicklung seit 1300 und die sich ab Mitte der 1970er Jahre einstellende Verlangsamung des Wachstums von Nachfrage und Produktivität (s.u.).

Der Titel des Arbeitspapiers stellt die entscheidende Frage: Handelt es sich um das Ende oder eine Halbzeit des großen Spiels des Kapitalismus? Wird es Wachstum und Beschäftigung in Zukunft geben (müssen?), oder kommt das Spiel zu einem (letzten) Ende, und damit auch zu einem ganz neuen, ganz anderen Anfang?

Sie spitzen in ihrer Conclusio die Frage zu auf die denkbaren Varianten der Entwicklung (die sehr präzise und umfassend dargestellten Details der Argumentation können an dieser Stelle übersprungen werden): „Welches der drei großen Regulationsmodelle ist zukunftsfähig, welches sind die günstigsten sozial-ökonomischen Rahmenbedingungen für eine Weiterentwicklung der Produktivität der menschlichen Arbeit? Ist es

- der 'rugged-individualism' der U.S.-amerikanischen Wirtschafts- und Gesellschaftsordnung;

- der besondere Chinesische Weg eines Hybrid-Systems aus Markt-Kapitalismus und Staats-Sozialismus;
- oder bietet eine Weiterentwicklung der europäischen 'sozialen Marktwirtschaft', einer Verbindung von kapitalistischer Produktionsweise, Sozialstaat und Demokratie die besten Entwicklungschancen?" (a.a.O., S. 32)

Die erste Alternative scheidet natürlich aus. Sie lassen in dem Papier #2 aus 2017 aber offen, ob „der besondere Chinesische Weg eines Hybrid-Systems" das zukunftsfähigere Regulationsmodell am Ende der kapitalistischen Entwicklung sein könnte, oder eine Weiterentwicklung der „europäischen sozialen Marktwirtschaft".

Am 12. September 2023 wurde dann das umfangreiche Projekt „Matrix der Arbeit" und die zugehörige gewaltige Datensammlung der „Matrix-Materialien" in einer Reihe von Folien[384] der Öffentlichkeit vorgestellt. Die Autoren identifizieren für die historische Entwicklung vier charakteristische ‚Produktionsweisen':

1 Wildbeuterei
1,5 frühe Agrikultur
2 hierarchische imperiale Agrikultur
3 kapitalistische Marktwirtschaft

In grafischer Darstellung:

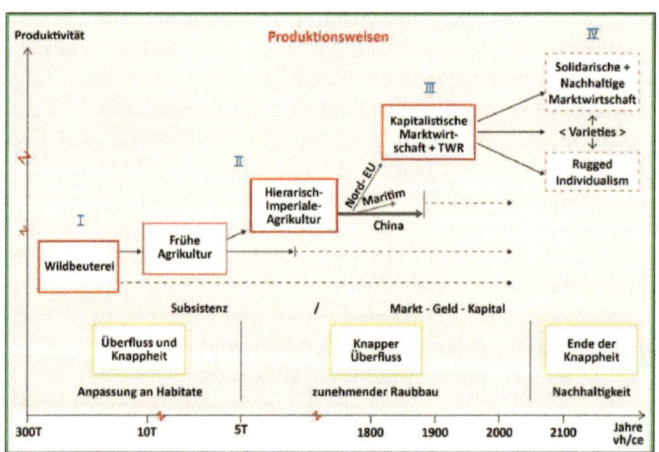

Die vierte Stufe (mit Todd könnte man sagen: der Westen) befindet sich danach in einem unentschiedenen Kampf zwischen der „solidarischen nachhaltigen Marktwirtschaft" und dem „Rugged Individualism". Das Ende der Knappheit wird bei beiden Varianten erreicht. Auf der Stufe 3 verschwindet die Entwicklung auf dem Weg in Richtung China aber plötzlich irgendwie ins Nichts und wird nicht weiter beachtet, während die „solidarische nachhaltige Marktwirtschaft" als Lösung präsentiert wird.

Der „besondere Chinesische Weg eines Hybrid-Systems", der im Papier #2 noch als denkbares Regulationsmodell und als mögliches Resultat der gesamten kapitalistischen Entwicklung vorgestellt wurde, scheidet plötzlich aus, zugunsten der nicht weiter begründeten „solidarischen und nachhaltigen Marktwirtschaft" – die mit stagnierendem Wachstum und dem durch maximierte Automation erreichten Verschwinden der Industriearbeit verbundenen Probleme lösen sich plötzlich auf. Wenn die abhängige Lohnarbeit im Geiste der Solidarität verrichtet wird, stellen sich offenbar auch Vollbeschäftigung und Kapitalgewinne ein, auch wenn das Ende der Knappheit verwirklicht ist; die Menschen müssen sich dann wohl mit der Produktion unknapper, also überflüssiger Produkte beschäftigen. Nachhaltig soll das alles aber trotzdem sein.

Frage ist, was die Autoren zu dem Kurswechsel bewogen hat. Einflüsse neoliberaler Think-Tanks? Es wird jedenfalls einfach ein moralischer Wille zu Solidarität und Nachhaltigkeit als neue Produktionsweise präsentiert; die Probleme mit dem Ende der Knappheit und der dadurch sinkenden bzw. schon versunkenen Grenzleistungsfähigkeit des Kapitals verschwinden per Definition. Tatsächlich aber beweist die Forschung der „Matrix der Arbeit": das Ende des Kapitalismus ist unausweichlich.-

Als Nachtrag zu Marx und als Zusammenfassung der Ergebnisse der Forschungsarbeit des IGZA: In den umfangreichen Forschungsergebnissen das IGZA und alle seinen Grafiken sind genau diese Zusammenhänge zwischen (zwangsläufig zunehmender) Maschinenarbeit und dem Ende des Kapitalismus sehr schön beschrieben, die Karl Marx in seinem „Maschinenfragment" damals als das „In-die-Luft-Sprengen" des Kapitalismus beschrieben hatte („es" ist in dem Text das Kapital):

„Nach der einen Seite hin ruft es also alle Mächte der Wissenschaft und der Natur wie der gesellschaftlichen Kombination und des gesellschaftlichen Verkehrs ins Leben, um die Schöpfung des Reichtums unabhängig (relativ) zu machen von der auf sie angewandten Arbeitszeit. Nach der andren Seite will es diese so geschaffnen riesigen Gesellschaftskräfte messen an der Arbeitszeit und sie einbannen in die Grenzen, die erheischt sind, um den schon geschaffnen Wert als Wert zu erhalten. Die Produktivkräfte und gesellschaftlichen Beziehungen – beides verschiedne Seiten der Entwicklung des gesellschaftlichen Individuums – erscheinen dem Kapital nur als Mittel und sind für es nur Mittel, um von seiner bornierten Grundlage aus zu produzieren. In fact aber sind sie die materiellen Bedingungen, um sie in die Luft zu sprengen."[385] Mit anderen Worten: wenn sich der Automationsgrad mit Hilfe der „Mächte der Wissenschaft" in Richtung seines möglichen Maximums bewegt, und der Wert der Arbeitskräfte, die zur Produktion des „Reichtums" notwendig sind, gegen null, werden die Produktivkräfte mitsamt ihren gesellschaftlichen Beziehungen irgendwie „in die Luft gesprengt"; das ist das Marxsche Bild für das explosive Kapitalismusende.

Das „gesellschaftlich Werden" des Kapitals ist so sehr abstrakt dargestellt, aber im Prinzip ist es völlig richtig: in der Ökonomie bewegt sich nach dem Erreichen der (realen) Wachstumsgrenzen von Arbeit und Kapital alles auf Null; die Zinsen, die Gewinne, die (kapazitätserweiternden) Investitionen, die (wertschöpfende) Arbeit, die (notwendige) Arbeitszeit, die privaten Vermögen: alles bewegt sich hin zur Null-Grenze, die Automation dagegen zur Maximum-Grenze. Die Kosten der Arbeit bewegen sich genauso gegen null wie die Erträge oder die privaten Vermögen; das bedeutet, im Marxscher Terminologie: die Gebrauchswerte steigen gegen unendlich, die Tauschwerte aber sinken gegen null. Es entsteht unermesslicher Reichtum, der nichts mehr kostet, während die – ehedem unendlich groß scheinenden, unbezahlbaren – Tauschwerte auf null schrumpfen. Daraus ergibt sich auch: Wenn die Welt fertig produziert ist und alle Kredite zurückgezahlt, besteht sie aus produzierten Dingen, die nichts mehr kosten, und produzierten Produktionsmitteln, die all die Dinge (automatisch) herstellen, die die Menschen zu konsumieren gedenken. Der Wachstumszwang ist dann beendet; das Gold ist nur noch dazu da, angebetet zu werden, von J.P. Morgan („Gold is money. Everything else is credit"[386]) oder der Sonne. Die produzierten und produzierenden Produktionsmittel *müssen* dann gesellschaftlich sein, als privater, zinstragender Kapitalwert könnten sie niemandem mehr von Nutzen sein.

Der gleiche Zusammenhang noch einmal in den Worten des Physikers Timo Daum, dessen Buch damals von der Friedrich-Ebert-Stiftung preisgekrönt worden ist: „Was geschieht nun, wenn der Anteil der im Produktionsprozess an der einzelnen Ware verrichteten unmittelbaren Arbeit immer stärker abnimmt? Im sogenannten Maschinenfragment aus den Grundrissen zur Kritik der politischen Ökonomie, einem der spannendsten Texte der ökonomischen Weltliteratur, lässt Marx nun – ganz im Stile eines Mathematikers, der eine Grenzwertbildung vornimmt – diesen Anteil gegen null gehen und kommt zum Schluss: ‚Sobald die Arbeit in unmittelbarer Form aufgehört hat, die große Quelle des Reichtums zu sein, hört und muss aufhören die Arbeitszeit sein Maß zu sein und daher der Tauschwert (das Maß) des Gebrauchswerts.' Es macht also keinen Sinn mehr, die im Produkt vergegenständlichte, darin übertragene unmittelbare Arbeit zu messen: Wenn deren Anteil vernachlässigbar wird, kann sie nicht mehr als Maß des Werts dienen. Der Anteil der im Produktionsprozess an der einzelnen Ware verrichteten unmittelbaren Arbeit wird immer geringer, der Anteil allgemeinen Wissens immer größer – und der general intellect damit zum dominierenden Produktionsfaktor."[387] Hier wird die Rolle des Wissens sichtbar, das gegen Ende der Produktivkraftentwicklung auftaucht, wenn die „Mächte der Wissenschaft" und ihre Produktivkraft sehr groß geworden sind, wie dies erst möglich ist, wenn die „Maschinerie" keine mechanische mehr ist, sondern eine digitale.

Die materielle Produktion, die während der Hochphase des Industriekapitalismus noch die Hauptbeschäftigung darstellte, ist (darum!) in der öffentlichen Wahrnehmung so gut wie verschwunden; das große Geld wird nicht mehr in der materiellen Produktion verdient, sondern in der Digitalwirtschaft, die von einigen wenigen Digitalkonzernen beherrscht ist. Von denen wäre aber eigentlich nur dies zu wünschen: dass sie „kollektiviert" wird, sodass die zweifelsfrei nützlichen Leistungen dieser Technologien von der Öffentlichkeit erbracht und genutzt werden könnten.-

Was aber nun noch immer unklar bleibt: wie hätte der „Marsch in den Sozialismus" tatsächlich ablaufen können, wenn er nicht gestoppt oder umgelenkt worden wäre, bzw. wie hätte er ablaufen können oder müssen, so, dass der Marsch auch von niemand hätte verhindert werden können? Joseph Schumpeter hatte die freiwillige, ungehinderte Übergabe der Staatsführung an eine „öffentliche und private Bürokratie", also an politische Organe angenommen. Wenn das Kapital und die „Schichten, die von Zins und Gewinnen leben", die Staatsführung aber nicht abgeben wollen? In China und der Sowjetunion wurde der Kapitalismus beendet gewissermaßen als Unfall der Geschichte, als Fehlplanung, die Millionen Menschen in China und der Sowjetunion mit dem Verlust des Lebens bezahlen mussten. Am Ende sind beide aber angelangt in Zuständen von Wirtschaft, Politik und Gesellschaft, um die der niedergegangene Westen sie beneidet. Der Westen befindet sich einem irreversiblen Niedergang, und ist nicht zukunftsfähig, ja nicht einmal dauerhaft lebensfähig.

Wie eine postkapitalistische Transformation möglich wäre

Eine freiwillige Übergabe der Kontrolle an den Staat, ganz ohne „Bruch der legalen Kontinuität", hielt Schumpeter für möglich, wie aber genau das erreicht werden kann, wenn so eine freiwillige Übergabe ausbleibt, dafür fehlen bisher die Erklärungen: Wie wäre eine kontinuierliche, sukzessive, friedliche, politisch und wissenschaftlich kontrollierte und gemanagte Transformation des auslaufenden Kapitalismus möglich? Ideen dazu fehlen meist in den diversen vorgestellten Zukunftsentwürfen, in denen etwa Genossenschaften oder lokale Assoziationen vorgestellt werden, als Alternativ-Entwürfe in „Wirtschaft und Finanzen", in denen Gesellschaften sich genossenschaftlich organisieren. „Doch diese alternativen Projekte funktionieren einstweilen eher im lokalen Rahmen", schreibt etwa Walter van Rossum einleitend in ein Gespräch mit drei Autoren zum Thema über die „Die BlackRock-Bourgeoisie".[388] All diese bei Benanav vorgestellten „Automationsdiskurse" kreisen um das ungelöste Problem der zu wünschenden Befreiung und Entlastung des Menschen von heteronomer Arbeit durch Automation einerseits und die zu fürchtende Arbeitslosigkeit andererseits, und wie im Laufe eines Erfolgs des technischen Fortschritts mit dem „Vermögen", das (noch) privates Großkapital ist, im Sinne einer friedlichen Transformation des Kapitals in gesellschaftliches Vermögen umzugehen wäre.[389]

Aber eine evolutionäre, kontinuierliche Transformation hätte im Zustand der Reife durchaus eingeleitet werden können, was allerdings ein hohes Maß an politischer Reife und Verantwortungsfähigkeit des politischen Personals verlangt hätte.

Im Normalverlauf der industriekapitalistischen Entwicklung erreichen Ökonomien und Gesellschaften, wenn diese erfolgreich verlaufen ist, an deren Ende ein Reifestadium, was trivialerweise auch bedeutet, dass die Ökonomien reich geworden sind. Wenn sie reich geworden sind, geraten sie mit zunehmender Höhe und Konzentration des privaten Reichtums in die Gefahr, vom kumulierten Reichtum der Vermögenden gewissermaßen aufgefressen zu werden: Gesellschaften bzw. ihre konstitutionellen Ordnungsproduzenten, die Staaten, verlieren ihre Handlungsfähigkeit als oberste Ordnungsmacht und sind dann nicht mehr in der Lage, die Interessen der Allgemeinheit gegen die Partikularinteressen der Vermögenden wirksam durchzusetzen. Ökonomien verwandeln sich in Oligarchien; das Personal des Staates, das in aller Regel selbst dann ja nicht so reich geworden ist, steht zunehmend unter dem Druck, zum Sprachrohr oder Sachwalter der Interessen der Vermögenden zu werden bzw. gemacht zu werden, und von diesem allgegenwärtigen Druck der Lobbyisten schleichend überwältigt und korrumpiert zu werden. Eben das ist im Westen geschehen.

Um dem zu begegnen und vorzubeugen, hätte eine funktionierende Ethik, sei sie nun protestantisch, katholisch oder auf sonstwelchen ethischen Fundamenten ruhend, eben diese Aufgabe zu erfüllen: sie müsste aus den laufenden Steuereinnahmen des – so weit und so lange – erfolgreich wirtschaftenden Kapitalismus öffentliche, überprivate, gesellschaftliche Vermögen bilden und aufkumulieren, dies aber ohne Renditeabsicht und ohne (oder fast ohne) kapazitätserweiternde Investitionen. So – und es wäre die Behauptung belegbar zu sagen: *nur* so – wäre es möglich (gewesen oder geworden), eine Transformation in einen anderen, nicht- oder nachkapitalistischen Systemzustand zu erreichen, der ohne die Art von eruptiven, leider ja auch gewaltsamen Umbrüchen und Revolutionen auskommt, wie sie in der Geschichte bekanntlich vorgekommen sind, mit teilweise verheerenden Konsequenzen. Es wäre dementsprechend also auch die Aufgabe von (ethisch und politisch intakten) Staaten, Gesellschaften und Gemeinwesen, diese Transformation mit Ziel „Reich der Freiheit" im Laufe der kommenden Jahre noch hervorzubringen.[390]

Über einige Versuche, das Sterben das Kapitalismus zu verzögern

Die Normalentwicklung des Industriekapitalismus ist verhindert worden – teils aus (orthodoxer) Dummheit der reinen Lehre des Wirtschaftswachstums, und teils von der zionistischen Kabale und ihren Think-Tanks. Beteiligt war an dieser Verhinderung – möglicherweise in deren bewusstem oder auch unbewusstem Auftrag – praktisch die gesamte „bürgerliche" Volkswirtschaftslehre, wobei die „Affirmation" der reinen Lehre des Wirtschaftswachstums bis heute anhält, mit teilweise kurioser Argumentation, wie dieses Beispiel zeigt: Der Ökonom Patrick Kaczmarczyk[391] etwa behauptet, „die Politik" müsse der Wirtschaft einen Rahmen setzen, „der den Firmen keine andere Wahl lässt, als zu investieren." (S. 22) Was würde das aber bedeuten – nichts anderes als Zwangsinvestitionen, um „ausreichendes Wachstum" zu generieren, ein ganz offensichtlich irrationales, jeder volkswirtschaftlichen Vernunft widersprechendes Ansinnen. Kein Geringerer als Adam Smith, der Begründer der klassischen Nationalökonomie schrieb in „Der Wohlstand der Nationen": „Der Konsum ist der einzige Sinn und Zweck der Produktion, und den Interessen der Produzenten sollte man nur insoweit Beachtung schenken als nötig ist, die Interessen der Verbraucher zu fördern." Die Idee, per Zwangsinvestitionen die Interessen der Produzenten zu fördern, widerspricht offensichtlich diametral den Vernunftprinzipien des Begründers der klassischen Nationalökonomie, Adam Smith.

Warum ein „Völlig anders Werden" (W. Elsner) unausweichlich ist, ergibt sich auch aus der folgenden Argumentation Kaczmarczyks, der sich in seinen Überlegungen zu einer dynamischer Theorie der Entwicklung auf Joseph Schumpeter bezieht: „Um eine dynamische Theorie der Entwicklung zu finden, muss man sich den Arbeiten des österreichischen Ökonomen Joseph Schumpeter zuwenden, die, ähnlich wie die Werke Shakespeares, oft zitiert, aber nur selten gelesen wurden." (S. 17). Er beschreibt Schumpeters Begriff der „schöpferischen Zerstörung", und das bedeute, dass „Entwicklung ein Ergebnis von Innovationen" ist, „der Schaffung von etwas

Neuem, zum Beispiel neuen Produktionsmethoden, Organisationsformen oder Produkten. Formal kommt es dabei durch eine Neukombination der Inputfaktoren – Arbeit und Kapital – zu einem Vorteil für das Pionierunternehmen im Markt, das durch eine höhere Produktivität einen relativen Kostenvorteil gegenüber der Konkurrenz hat. Letztere wird nun versuchen müssen, sich an die neuen Produkte, Methoden oder Organisationsformen anzupassen, um nicht vom Markt zu verschwinden." (S.17-18). Eben so beschreibt Schumpeter ja die Entwicklung der Kapitalismus – aber der sieht sie dabei auf dem Weg in den Sozialismus! Hier widerspricht Kaczmarczyk Schumpeter natürlich heftig: „Tatsächlich sagte Schumpeter im Jahr 1942 sogar aufgrund der zunehmenden Monopolisierung den Untergang des Kapitalismus voraus – und lag damit ebenso falsch wie Karl Marx 75 Jahre vor ihm." (S. 100) Aber Schumpeter sagte den Untergang des Kapitalismus nicht wegen zunehmender Monopolisierung voraus, sondern wegen der vorausgegangenen *erfolgreichen* Phase der schöpferischen Zerstörung, der erfolgreichen Produkt- und Prozessinnovationen, die sich eben, wie Schumpeter sagt, bis zu einem nicht mehr verbesserbaren Grad von Vollkommenheit entwickeln, bei gleichzeitigem Schwinden der Investitionschancen – wegen zunehmender *Sättigung* der wirtschaftlichen Bedürfnisse, wobei Schumpeter unter „Sättigung der Konsumgüter" sogar noch „die Muße" unter die Bedürfnisse einschloss. (Schumpeter, a.a.O., S. 215) Davon ist bei Kaczmarczyk aber nicht die Rede, sondern von seiner kuriosen Idee der Zwangsinvestitionen.

Er bearbeitet die zentrale Frage: „Warum müssen Firmen wachsen?" Es sei so, dass die Unternehmen „vornehmlich das Ziel ,Wachstum' im Kopf" hätten, und fragt, warum das so sei; seine Antwort: „Die Antwort darauf ist einfach: Wie wir als Menschen sehen sich Firmen ebenfalls einer völlig ungewissen Zukunft gegenüber. Und so, wie wir Menschen mit der Ungewissheit unsere Schwierigkeit haben oder sie gerne verdrängen, mögen Firmen den Umstand genauso wenig. Es ist selten, dass Menschen sich der fundamentalen Ungewissheit ihres Lebens bewusst sind und diese akzeptieren. Vielmehr beobachten wir, dass sie versuchen, sowohl ihre Umwelt als auch ihre Gedanken zu kontrollieren. Je mehr wir uns einreden, dass wir die Kontrolle über unser Leben haben, desto sicherer fühlen wir uns. In einer Marktwirtschaft verfolgen Firmen dasselbe Ziel. Sie wollen ihr wirtschaftliches Umfeld so weit wie möglich kontrollieren und ihr Überleben sichern. Zur Kontrolle wiederum brauchen sie Marktmacht – und um diese Marktmacht zu erlangen, müssen sie wachsen." (S.131-132). Nun, das ist richtig erkannt – aber nur diese historische Zeit lang, bis „der einzige Sinn und Zweck der Produktion" in einem signifikanten Umfang erreicht ist.

Wenn aber diese finale Reifephase erreicht ist, können und dürfen Unternehmen und Ökonomien nicht mehr wachsen; es kann sich jenseits dieser Phase nur noch ein kannibalisches, chaotisches, moralfreies Nach-mir-die-Sintflut-Endspiel des Kapitalismus einstellen, wenn der Moment seines gesunden Weiterlebens verpasst ist. Wegen des „abnehmenden Grenznutzens des Kapitals", wie Keynes diesen Mechanismus in der Spätphase des Kapitalismus beschreibt, verringert sich die zusätzliche Produktion im Verhältnis zum eingesetzten Kapital, sodass mehr Kapital immer geringeres, zusätzliches Wachstum generiert; auch darum gibt Schumpeter auf die Frage: „Kann der Kapitalismus weiterleben?" die Antwort: „Nein, meines Erachtens nicht."

Ulrike Herrmanns *Ende des Kapitalismus, das kein Ende ist*

Ein weiterer Beleg für die Unausweichlichkeit des Kapitalismus-Endes wird geliefert von der Journalistin Ulrike Herrmann. [392] Sie beschäftigt sich in ihrem Buch „Das Ende des Kapitalismus" mit dem Problem des Wachstums und seinen auftauchenden Grenzen, und da die ökologischen Probleme mit dem Wachstum überhand nehmen, behauptet sie, die Ökonomen hätten dabei „versagt", geeignete tragfähige Antworten und Lösungsvorschläge zu liefern. Sie sieht die ökologische Notwendigkeit eines „Schrumpfens" der Wirtschaft, das herzustellen die Ökonomen nicht fertig bringen; das „grüne Wachstum", auf das wachstumsgläubige Ökonomen setzen, sei unmöglich: „Die meisten Ökonomen halten es für völlig unproblematisch, Klimaschutz zu betreiben. Sie sind überzeugt, dass ‚grünes Wachstum' möglich sei, weil sie eine schrumpfende Wirtschaft gar nicht denken können. Ihre Theorien würden allesamt zusammenbrechen, wenn der Kapitalismus endet. Also fabulieren sie davon, welch wunderbare ‚Renditen' in einer klimaneutralen Welt zu erwarten wären."[393]

Ihre These ist also, dass grünes Wachstum nicht möglich ist, von dem die versagenden Ökonomen fabulieren, aber welche Ökonomen meint sie? Sie schreibt: „Volkswirte unterteilen sich, grob gesagt, in zwei Schulen: die Keynesianer und die Neoklassiker. Die Keynesianer gehen, wie der Name schon verrät, auf den britischen Ökonomen John Maynard Keynes zurück, der 1936 seine Allgemeine Theorie veröffentlichte. Sie sollte dauerhaftes Wachstum sichern, denn die Weltwirtschaftskrise ab 1929 hatte gezeigt, dass der Kapitalismus politisch gesteuert werden muss, um schwere Turbulenzen zu vermeiden. Keynes entwickelte daher die sogenannte ‚Nachfragetheorie': In Krisenzeiten soll der Staat Schulden machen, um die Konjunktur anzukurbeln. Zuletzt wurden diese Vorschläge in der Coronapandemie beherzigt, indem der deutsche Staat etwa 500 Milliarden Euro mobilisierte, um Kurzarbeiter und Firmen zu unterstützen." (S. 216) Die Keynesianer haben danach also nicht versagt, im Gegenteil, sie haben „große Verdienste, wenn es gilt, Wirtschaftskrisen zu meistern." Was sie jedoch übersieht: Auch Keynes glaubte nicht an ewiges Wachstum, wie oben gesehen; er erwartete aber kein Schrumpfen, sondern ein allmähliches Nachlassen und schließlich das Eintreten von „Statik" jenseits der dynamischen Wachstumsphase, eben wegen dieses immer weiter „abnehmenden Grenznutzens des Kapitals".

Weiter zu ihrer Behauptung, die Wirtschaft müsse schrumpfen, und dass bei dieser Aufgabe bisherige Theorien versagen: „Aber gerade weil das Wachstum im Zentrum ihrer Theorie steht, sind sie völlig ratlos wie sich dauerhaftes Schrumpfen gestalten ließe. Eine sinkende Produktion ist in ihren Konzepten nirgends vorgesehen." (S. 217) Sie kritisiert nun die Neoklassiker, bei denen ebenfalls kein Schrumpfen vorgesehen ist: „Die ‚Neoklassiker' wiederum setzen beim ‚Markt' an. Er soll die Wirtschaft regeln, während dem Staat eine eher bescheidene Rolle zugewiesen wird. Vielen Menschen leuchtet intuitiv ein, dass sich eine Wirtschaftstheorie auf den ‚Markt' konzentriert, schließlich gehen alle tagtäglich einkaufen. Daher fällt meist gar nicht auf, dass auf Märkten fertige Güter getauscht werden. Wenn jedoch nur das Endprodukt interessiert, gerät die eigentliche Herstellung schnell aus dem Fokus. In der Neoklassik spielen daher Investitionen, Kredite, Großbanken, Technik oder Energie kaum eine Rolle – diese sind aber für den realen Kapitalismus zentral." (S. 217) Damit sagt sie zwar manches Richtige über einen „dynamischen" Kapitalismus, aber die Neoklassiker wollen eben die Marktkräfte entfessen; der Staat spielt da kaum eine Rolle, und ein Schrumpfen der Wirtschaft wollen sie natürlich erst gar nicht.

Wen sie aber vergisst, ist der Ökonom Joseph Schumpeter: den kennt sie garnicht. Dabei ist es eben der Ökonom Schumpeter, der die Lösung der Probleme mit dem – nun überproduktiven, wachstumsfanatischen – Kapitalismus sozusagen unter der Hand, gratis, mitgeliefert hätte, und all die Steuerungsprobleme, mit denen sie sich dann in ihrem Buch bzw. der Kapitalismus selber herumschlägt; sie wären – jedenfalls im Prinzip – gelöst oder lösbar, so, wie Schumpeter sich die Lösung vorgestellt hatte.

Ulrike Herrmann glaubt nun, es gäbe eine marktwirtschaftlich-privatkapitalistische Version von „Ende des Kapitalismus". Ökologisch zwingend notwendig ist aus ihrer Sicht ein Schrumpfen der Wirtschaft, und dazu schlägt sie eine Kriegswirtschaft vor, in der die Vermögen so privat bleiben können wie sie immer waren, nur unter einem Regime staatlicher Regulierung und Koordination. Die privaten Unternehmen können innerhalb eines staatlich gesetzten Rahmens dabei frei auf eigene Rechnung wirtschaften, mit entsprechenden Verlustrisiken und Gewinnchancen.

Sie argumentiert nun zunächst, dass Regulierung und Staat für das Funktionieren des Ganzen in jeder Volkswirtschaft unverzichtbar sind: „Wer den ‚freien Markt' propagiert, vergisst (…) gern, dass private Unternehmen nur einen Teil der Wirtschaft ausmachen. Oft ist es nämlich effizienter, auf kommerzielle Betriebe zu verzichten. Ob Schulen, Straßen, Bahnen, Krankenkassen, Wasserwerke oder Stromnetze: Die Versorgung der Allgemeinheit funktioniert besser und ist billiger, wenn der Staat übernimmt. Wie ineffizient der ‚freie Markt' sein kann, führt etwa das US-amerikanische Gesundheitssystem vor, das keine gesetzlichen Krankenkassen kennt und daher extrem teuer ist. Pro Kopf geben die USA fast doppelt so viel für ihr Gesundheitssystem aus, wie es in allen anderen Industrieländern üblich ist. Aber diese Unsummen verpuffen. Die durchschnittliche Lebenserwartung liegt in den USA drei Jahre niedriger als in Schweden. Auch die Amerikaner selbst sind mit ihrem Gesundheitssystem höchst unzufrieden: Sie haben deutlich weniger Vertrauen in die heimische Krankenversorgung als die viel ärmeren Kubaner, Inder oder Vietnamesen. Auch die Klimakrise wird sich nur bewältigen lassen, wenn der Staat eingreift. Denn der Ökostrom wird nicht von selbst fließen. Fotovoltaik, Windräder, Wärmepumpen, neue Stromnetze, Ladesäulen, Batteriespeicher, grünen Wasserstoff, weitere Bahnstrecken und zusätzlichen Nahverkehr kann es nur geben, wenn der Staat lenkt, forscht, finanziert und subventioniert."[394]

Das ist ja alles vollkommen richtig, aber ist ihre Lösung praktikabel?

Am Ende ihres Buches behauptet sie, so oder so, das Ende des Kapitalismus *muss* kommen, denn die Menschen haben einfach keine andere Wahl mehr: „Viele Menschen hängen immer noch dem Irrtum an, dass sie die Wahl hätten. Nach dem Motto: Wenn der Abschied vom Kapitalismus so mühsam ist, dann behalten wir ihn eben. Doch diese Wahl gibt es nicht. Die Industrieländer stehen vor einer Alternative, die eigentlich keine ist. Entweder sie verzichten freiwillig auf Wachstum – oder die Zeit des Wachstums endet später gewaltsam, weil die Lebensgrundlagen zerstört sind. In jedem Fall wird der Kapitalismus untergehen und eine neue Wirtschaftsordnung entstehen. Sie ließe sich wohl am besten als ‚Überlebenswirtschaft' bezeichnen, denn es geht um die Rettung der Menschheit." (S. 256-257).

Auch das ist sicher richtig, aber da erwartet sie offensichtlich von der Koordinationsleistung einer privaten Kriegswirtschaft und dem Verzichtswillen der Menschen zu viel. Sie scheint nicht zu verstehen, dass es das *Kapital* ist, das unbedingt wachsen und Zinsgewinne einstreichen will, aber nicht „der Kapitalismus", und schon gar nicht „die Menschheit". Diese Klassen, die „von Zins und Gewinnen leben" (Schumpeter), wollen dass die Wirtschaft wächst, auf Biegen und brechen; sie halten das für ihr Lebensrecht, ob die Lebensgrundlagen dabei zerstört werden oder nicht.

Um den durch die oben beschriebenen Marktmechanismen – Kontrolle über das wirtschaftliches Umfeld des Mitbewerbers, Sicherung des Überlebens und Herstellen von Marktmacht – erzeugten Wachstumszwang in ein „Schrumpfen" zu verwandeln, werden die von ihr vorgeschlagenen Mittel nicht ausreichen: Sie verkennt mit ihrem Vorschlag eben den genannten endogenen, systemischen Wachstumszwang; die britische Kriegswirtschaft hatte außerdem völlig andere Ziele und Motive und musste unter gänzlich anderen Bedingungen des gesamten wirtschaftlichen Umfeldes ihre Ziele erreichen; Ziel war Sicherung eines Mindeststandards, unter sonst massiv gestörten Arbeitsbedingungen der Volkswirtschaft. Die britische Kriegswirtschaft sollte die Wirtschaft außerdem auch nicht dauerhaft ersetzen, sondern nur eine vorübergehende Notmaßnahme sein. Dauerhaft würde eine von Ulrike Herrmann anvisierte Kriegs-Planwirtschaft zum Zweck des Schrumpfens nicht funktionieren können.

Alternative Planungsmodelle

Es soll nun über einige in der jüngeren Gegenwart enstandene oder früher entstandene und jetzt diskutierte Planungsversuche berichtet werden, die, wie zu vermuten ist, alle daran scheitern, dass die Eigentumsfrage, die „offene Wunde der kapitalistischen Gesellschaft", nicht gelöst ist, oder nur in der Theorie oder der Fiktion.

Über das zum Hamburger „New Institute" gehörende Forschungsprojekt einer „Kriegswirtschaft" auf der theoretischen Grundlage des österreichischen Ökonomen Otto Neurath war oben schon berichtet worden (S. 216, Fußnote 387). Neurath wurde 1916 in der Wirtschaftsabteilung des österreichischen Kriegsministeriums berufen und habilitierte sich 1917 in Politischer Ökonomie an der Universität Heidelberg über „Die Kriegswirtschaftslehre und ihre Bedeutung für die Zukunft".[395] Als am 7. April 1919 die „Bayerische Räterepublik" ausgerufen wurde, wurde Neurath Präsident eines von ihm gegründeten Zentralwirtschaftsamtes; die „Bayerische Räterepublik" existierte dann aber nur vier Wochen.

Wenn nun, 100 Jahre später, junge Wirtschaftswissenschaftler eines schicken Hamburger Institutes sich diesen alten Ideen zuwenden, darf man gespannt sein ob sich dahinter etwas anderes verbirgt als das, was der Kriegswirtschaftslehrer Neurath sich von einer Zentralwirtschaft versprochen hatte. Die Mitglieder des Projects „Beyond Capitalism: War Economy and Democratic Planning" jedenfalls scheinen der Projektbeschreibung nach von den gleichen Sorgen getrieben zu sein und zumindest ähnliche Zielideen zu verfolgen wie Ulrike Herrmann mit ihrer Version einer (privaten) Kriegswirtschaft: „Angesichts der Polykrise ist der neoliberale Marktfundamentalismus nicht länger akzeptabel, und dementsprechend steigt die Forderung, konventionelle Werte wie ‚Marktfreiheit‘ und ‚ewiges Wirtschaftswachstum‘ radikal zu überdenken. Wir steuern mit voller Geschwindigkeit auf eine planetarische Katastrophe zu. Freie Märkte, Wirtschaftswachstum und technologischer Fortschritt, die einst als rational, effizient und emanzipatorisch galten, bedrohen heute die menschliche Zivilisation. Im Jahr 1919 lehnte Otto Neurath die ‚Pseudorationalität‘ einer Marktwirtschaft ab und argumentierte für die Notwendigkeit, eine ‚Kriegswirtschaft‘ zu installieren, die nicht auf Geldwechsel basiert. Neben Pandemien, Inflation und Kriegen, die auch Neuraths Zeit prägten, erleben wir eine Klimakrise, die die Polykrise beschleunigt. Das Anthropozän erfordert daher neue konkrete Visionen, um die ‚Pseudorationalität‘ des gegenwärtigen Systems zu überwinden." (a.a.O.)

Leiter des Projekts ist der japanische marxistische Philosoph Kohei Saito, der in seinem 2023 auf Deutsch erschienen Buch „Systemsturz. Der Sieg der Natur über den Kapitalismus"[396] wie der Titel sagt auf einen Sieg der Natur, also des Ökosystems im weitesten Sinne, über den Kapitalismus hofft. Seine Vision ist ein „Ökokommunismus, der nicht auf Wirtschaftswachstum ausgerichtet ist, das Produktionstempo herunterfährt und Wohlstand umverteilt."[397] Auch Saito hofft, ganz orthodox-marxistisch, auf eine Transformation der kapitalistischen Tauschwirtschaft zur Gebrauchswertwirtschaft; offen wäre, wie sie vonstatten gehen soll. Der Wirtschaftshistoriker Aaron Benanav, von dem oben schon die Rede war, ist übrigens auch beteiligt an diesem Programm; dass der Kapitalismus in der Tat mit nichts anderem beschäftigt war als eben so eine Transformation zur Gebrauchswertwirtschaft hervorzubringen, war auch die oben schon zitierte Einsicht bei Benanav, was aber nichts an der Tatsache ändert, dass die Eigentumsfrage noch immer die „offene Wunde" der kapitalistischen Gesellschaft ist. Was aus dem Programm zu lesen ist, ist also, kurz gesagt: viel guter Wille und wenig reale Möglichkeiten, die Eigentumsfrage zu lösen.-

Einen anderen Versuch startete das „Netzwerk demokratische Planung"[398], das sich selbst so beschreibt: „Um die Diskussion um eine moderne Form einer demokratischen Planwirtschaft voranzutreiben, ist das Webprojekt ‚Demokratische Planung‘ von Einzelpersonen aus dem ‚Netzwerk Demokratische Wirtschaftsplanung‘ initiiert worden, in dem sich kritische Wissenschaftler:innen und Aktivist:innen u.a. im erweiterten Umfeld des Podcasts „Future Histories" und anderen Zusammenhängen organisieren." Im Rahmen dieses Netzwerks werden folgende Modelle der diese Modelle vertretenden Autoren diskutiert:

1. Partizipative Ökonomie (Hahnel/Albert)
2. Cybersozialismus (Cockshott/Cottrell)
3. Amazon-Sozialismus (Saros)
4. Negotiated Coordination (Devine)
5. Multilevel Democratic Iterative Coordination (Laibman)
6. Half-Earth Socialism (Vettese/Pendergrass)

7. Commonismus (Sutterlütti/Meretz)

8. Arbeitszeitrechnung (Gruppe Internationaler Kommunisten)

Zu 1.) Die Partizipative Ökonomie ist ein „Modell für eine postkapitalistische Wirtschaft, das im libertären Sozialismus wurzelt"; vorgestellt wurde es erstmals 1991 von den Wirtschaftswissenschaftlern Michael Albert und Robin Hahnel. In einer partizipativen Wirtschaft sind die Produktionsmittel in gesellschaftlichem Besitz. Jeder Arbeitsplatz wird von den Arbeitnehmern selbst verwaltet, und jeder Arbeitnehmer hat eine Stimme im Betriebsrat, der das höchste Entscheidungsgremium des Betriebs ist. Im Rat wird festgelegt, wie das Einkommen aufzuteilen ist und wie dabei Anstrengung zu berücksichtigen sind; dabei sollen die Aufgaben in einem ausgewogenen Verhältnis von befähigender und erfüllender Arbeit stehen.

„Jeder Haushalt ist Mitglied im Verbraucherrat des Wohnviertels, in dem Entscheidungen über den kollektiven Konsum am Wohnort getroffen werden und in dem jedes Mitglied eine Stimme hat. Die Nachbarschafts-Verbraucherräte sind Mitglieder größerer geografischer Regionalverbände, in die sie rotierende und abrufbare Delegierte entsenden, um über Verbrauchsfragen zu entscheiden, die größere Bevölkerungsgruppen betreffen." (a.a.O.)

Das Modell der „Partizipative Ökonomie" enthält darüber hinaus folgende Regeln: „Jedes Jahr nehmen diese Arbeitnehmer- und Nachbarschaftsräte und ihre Verbände an einem dezentralen Planungsverfahren teil. Jeder Arbeitnehmer- und Verbraucherrat liefert Vorschläge, was er im kommenden Jahr zu produzieren oder zu konsumieren möchte. Diese Vorschläge führen zu Preisen, die in einem interativen Prozess über mehrere Runden aktualisiert werden, bis ein demokratisch akzeptierter Plan für den Jahresbeginn erreicht ist. Im Laufe des Jahres wird der Plan angepasst. Bei der Verfassung von längerfristigen Investitions- und Entwicklungspläne spielen nationalen Industrie- und Verbraucherverbände eine noch größere Rolle." (a.a.O.)

Zu 2): Der Cybersozialismus nach Cockshott/Cottrell: „Der Cybersozialismus will durch den umfassenden Einsatz moderner Informationstechnologie eine demokratische zentrale Planung ermöglichen. Cockshott/Cottrell argumentieren, dass dank moderner Rechenleistung und miteinander verbundener Netzwerke eine stark zentralisierte Planung im Vergleich zu historischen Versuchen, etwa in der Sowjetunion, viel detaillierter, effizienter und umfassender sein kann. Darüber hinaus werden Elemente wie Arbeitszeitberechnung, Pseudomärkte für Konsumgüter und die Umsetzung direktdemokratischer Prinzipien eingeführt." (a.a.O.)

Zu 3): Amazon-Sozialismus (nach dem Wirtschaftswissenschaftler Daniel E. Saros): „Saros' Modell, das als ‚Amazon-Sozialismus' bezeichnet wurde, baut auf dem Parecon-Modell auf, allerdings mit einigen wichtigen Änderungen und einer stärkeren Nutzung moderner Informationstechnologie. Selbstverwaltete Betriebe veröffentlichen ihre Produkte auf einer digitalen Plattform, dem 'General Catalogue'. In der Planungsphase vor der Produktion geben die Konsument:innen an von was sie wieviel konsumieren wollen. Auf Basis des erklärten Bedarfs bekommen die selbstverwalteten Betriebe ‚Punkte' zugeteilt, mit denen sie die notwendigen Produktionsmittel, Arbeiter:innen und Ressourcen einkaufen. Dieser Zyklus wiederholt sich und wird angepasst. Ein Expertengremium regelt dabei die Einbeziehung ökologischer Grenzen." (a.a.O.)

Zu 4.) Negotiated Coordination (Devine). Pat Devine ist ein „radikal-sozialistischer Ökonom". „Devines Modell stammt aus der reformsozialistischen Tradition und möchte, im Gegensatz zur sowjetischen top-down-Planung, ein Gleichgewicht zwischen zentraler und dezentraler Ebene erreichen. Auf zentraler Ebene gewichtet die Gesellschaft in Form allgemeiner Pläne unterschiedliche, allgemeine Ziele (Konsum, Investition, Entwicklungsrichtung etc.). Die Umsetzung ist dezentral, die Betriebe handeln also relativ autonom. Sie entscheiden, wie sie produzieren, welche Vorprodukte sie kaufen und legen - abseits von einigen zentral festgesetzten Preisen - die Preise für ihre Produkte fest. So bleiben horizontale Marktbeziehungen erhalten, die Betriebe konkurrieren um Absatzmärkte und nutzen ihr lokales, implizites Wissen. Die unbewusste Herrschaft der "Marktkräfte" wird jedoch überwunden, denn die Investitionsfunktion ist vergesellschaftet und wird auf mehreren Ebenen, partizipativ geplant. Nicht der Erfolg in der Konkurrenz entscheidet darüber, welche Betriebe wachsen und welche schrumpfen, sondern ‚Negotiated Coordination Bodies' verteilen Investitionsmittel. In diesen Gremien finden direkte Verhandlungen und Koordination unter der Beteiligung von Repräsentant:innen aller von Investitionsentscheidungen betroffenen statt (bspw. Arbeiter:innen, Konsument:innen, Zuliefer:innen, lokale Gemeinden, etc.). Diese beurteilen die Leistungszahlen der Betriebe, ihre Innovationspläne, ihre ökologische und soziale Performance, etc. und entscheiden, über die Zuteilung von Mitteln." (a.a.O.)

Zu 5.) Multilevel Democratic Iterative Coordination (David Laibman). David Laibman ist emeritierter Professor für Ökonomie am Brooklyn College und am Graduate Center of the City of New York. "Laibmans Ansatz basiert auf der reformsozialistischen Tradition. Es betont ein Gleichgewicht zwischen zentralen und lokalen Entscheidungen und möchte den lokalen Unternehmen genügend Autonomie geben, um Probleme der Top-Down-Planung zu vermeiden, die im sowjetischen System auftraten. Ein Hauptziel ist die Integration von lokalem, implizitem Wissen in das Plansystem. Unter Einsatz moderner Informationstechnologie sieht es einen ‚demokratischen, iterativen Mehrebenen-Koordinationsprozess' vor. Das beinhaltet ständige Kommunikation, Anpassung und Konvergenz zwischen zentraler und lokaler Planung. Auf zentraler Ebene setzt Laibmans Modell, im Gegensatz zu Devine auf mehr technische Mittel, statt auf direkte Verhandlungen, wie z.B. eine zentrale Preisfestsetzung, die externe Effekte berücksichtigt - im Unterschied zu Devine dürfen Betriebe nicht ihre Preise festsetzen. Außerdem gibt es Anreize für Unternehmen, die realistische und ambitionierte Planung belohnen. Betriebe formulieren Pläne, geben sie nach oben und werden mit den gesamtgesellschaftlichen Plänen abgestimmt - im Gegensatz zu Cockshott/Cottrell werden also nicht Outputziele zentral festgelegt, sondern vor allem Preise. Die Betriebe verkaufen ihre Produkte und können damit wieder Produktionsmittel einkaufen. Das Ziel ist, durch ein effektives Planungszentrum und zentrale Preisfestsetzung den lokalen Unternehmen einen stabilen Makro-Rahmen für effektive Planung zu bieten, die sowohl Makropläne als auch spezifische lokale Bedingungen berücksichtigt. Die zentrale Planungsbehörde wiederum profitiert von genauen Informationen, da lokale Unternehmen ein Interesse daran haben, zuverlässige Informationen an sie weiterzugeben und effizient zu planen und zu produzieren. Dies soll eine vorteilhafte Beziehung zwischen lokalen Unternehmen und der zentralen Planungsbehörde sicherstellen." (a.a.O.)

Zu 6.) Half-Earth Socialism (Vettese/Pendergrass). Troy Vettese ist Post-Doc Fellow an der University von Berkeley, Kalifornien; er nimmt teil an dem oben genannten Programm "Beyond Capitalism: War Economy and Democratic Planning" des "New Institute" in Hamburg. Die Beschreibung des „Half Earth Sozialism": „Vettese/Pendergrass haben ein Modell entworfen, das dezidiert die Klimakrise und ökologische Fragen wie Biodiversität zum Ausgangspunkt nimmt. Ihr Modell könnte man als ökosozialistische zentral-kybernetische Planung bezeichnen. Auf einer zentralen Ebene - bei ihnen ein Weltparlament - werden demokratisch grundlegende Ziele bezüglich Emissionen, Energiemix, Energienutzung und Flächennutzung, im Hinblick auf gesellschaftliche Bedürfnisse und planetare Grenzen in natura festgelegt. Hierbei greifen Vettese/Pendergrass auch auf Neuraths Argumente gegen eine universelle Recheneinheit zurück, die bei Entscheidungen vielfältige, eigentlich nicht vergleichbare Optionen immer auf 'einen Nenner', wie bspw. Arbeitszeit oder Geld, bringen will. Aus den zentralen Vorgaben ergeben sich für Individuen und Regionen bspw. Energie- und Emissionsrationen. Untere Ebenen, d.h. regionale Parlamente und lokale Betriebe, planen auf Basis dieser zentralen, jedoch für Regionen und Sektoren aufgeschlüsselte physische Vorgaben. Dabei verfügen sie über ausreichende Entscheidungsbefugnisse, sodass auch lokales und bereichsspezifisches Wissen integriert wird. Vettese/Pendergrass beziehen sich auch auf die moderne Informationstechnologie und der Modellierung von Erdsystemen, die für eine 'kybernetische Planwirtschaft', in der es auch sehr viel lokale Autonomie gibt, nützlich seien. Half Earth Socialism heißt das Modell, da für wirklich nachhaltigen Artenschutz die Hälfte der Erde der Natur überlassen werden soll." (a.a.O.) Aus der Beschreibung sind die Parallelen zu dem oben genannten Ansatz (Neuraths Kriegsökonomie) abzulesen.

Zu 7.) Commonismus (Sutterlütti/Meretz). Stefan Meretz ist promovierter Werkstoffwissenschaftler; er betreibt den Blog „Keimform". Die Beschreibung: „Meretz und Sutterlütti entwickelten dieses Modell auf Basis der Commonsforschung. Zentral ist die Abschaffung jeglichen Arbeitszwangs und die Verteilung ‚nach Bedürfnissen', nur so, behaupten die Autoren, könnten die Probleme des Realsozialismus vermieden werden. In der Koordination ist der Ansatz sehr dezentral, es gibt keine Zentralinstanz und die Betriebe organisieren sich miteinander autonom. Verschiedene Gremien und Orte erarbeiten Lösungen für Konflikte, aber keine Institution besitzt Durchsetzungskraft, sondern die Betriebe und Betriebszusammenschlüsse entscheiden sich für Lösungen. Des Weiteren existiert keine zentrale Rechengröße, sondern eine Vielzahl von Hinweisen (Benötigte Arbeit/Produkte, Arbeitszeit, Ökologie, Arbeitszufriedenheit, etc.) erlauben den Betrieben kohärent zu wirtschaften." (a.a.O.)

Zu 8.) Arbeitszeitrechnung (Gruppe Internationaler Kommunisten). Beschreibung: „Die Gruppe Internationaler Kommunisten (GIK) steht in der Tradition des Rätekommunismus und leitet ihr Modell von klassischen Marxschen Texten ab. Sie betont

Dezentralität und die Autonomie der Betriebe gegen die leninistische Zentralplanung. Statt einer geldförmigen Rechnungseinheit, wollen sie mit Arbeitszeit planen, dabei ist jede Stunde gleich viel wert, egal ob von Putzkraft oder Managerin. Produkte kosten dann ihre Arbeitszeit, bspw. ein Apfel 10 Minuten oder eine Maschine 400 Stunden. Diese Arbeitszeitrechnung soll das Verhältnis von Produzent:innen und Produkt entmystifizieren und transparent machen. Die Betriebe schlagen Pläne von unten vor und Branchenräte oder Zentralräte vergleichen und bewilligen diese Pläne. Zusätzlich legen alle Betriebe ihre Planung in einer ‚öffentlichen Buchhaltung' offen und können so kontrolliert und bewertet werden."

Auch hier zeigt sich, wie oben: viel guter Wille und wenig reale Möglichkeiten, die Eigentumsfrage zu lösen. Es lohnt kaum, diese Modelle im Einzelnen anzuschauen: Allen diesen Modellen ist gemeinsam, dass in ihnen Varianten von Partizipation an Eigentum diskutiert werden, die nur real gelebt und wirksam werden könnten, wenn irgendeine Form der Partizipation an Eigentum schon geschaffen ist, also: wenn die Partizipienten es haben. Sie sind sich abgesehen von all ihren theoretischen Differenzen darin einig, dass über Eigentum gemeinsam bzw. gesellschaftlich verfügt werden müsste, nur – sie haben keins. Die Eigentumsfrage, die „offene Wunde der kapitalistischen Gesellschaft" bleibt im großen gesamtgesellschaftlichen Rahmen also ungelöst, solange das Kapital den gesamtgesellschaftlichen Rahmen dominiert. In Staaten, in denen die Eigentumsfrage tatsächlich gelöst ist, jedenfalls so weit, dass nicht das konzentrierte Privateigentum die Gesellschaften dominiert, sind all die oben vorgestellten kleinteiligen Modelle der Partizipation irrelevant; entscheidend ist, ob Regierungen die Banken und Großunternehmen kontrollieren, oder Banken und Großunternehmen die Regierungen. (siehe oben S. 39)

Der „Philosoph" Markus Gabriel: Gutes tun

Zum (leider nicht) guten Schluss sollen die Weisheiten eines Philosophen vorgestellt werden, der im Gegensatz zu den Anhängern des Idee des „Democratic Planning" die Lösung der Probleme des Kapitalismus nicht in der Lösung der Eigentumsfrage sieht, sondern darin, dass der Kapitalismus nun ganz einfach ethisch werden muss – so, als habe es Max Webers Erklärung für die Entstehung des Kapitalismus aus dem Geiste des Protestantismus nie gegeben. Max Weber zufolge war die (protestantische) Ethik ein Faktor bei der Entstehung des Kapitalismus, aber der hat sein Pensum längst erfüllt, und ist nun überproduktiv. Da kann eine neu entdeckte Ethik nicht mehr viel helfen, und gegen Emmanuel Todds Aussicht auf das – unumkehrbare – Herabsinken des kapitalistischen Westens in Nihilismus schon garnicht. Marcus Gabriel möchte die Menschheit dem Klappentext seines Verlages zufolge aber nun mit folgenden Einsichten beglücken: „Lange war die herrschende Doktrin, ein auf reinem Gewinnstreben basierendes Wirtschaftssystem bringe die Menschheit stetig voran. Davon kann keine Rede mehr sein – vielmehr wissen wir längst, dass diese Form des Kapitalismus verantwortlich ist für soziale Ungleichheit, Klimakrise, Massenmigration, ja selbst für Kriege. Markus Gabriel macht deutlich, dass wir dem

Schaffen des Guten einen neuen Wert verleihen müssen – in der Gesellschaft allgemein und in der Wirtschaft im Besonderen. Nur ein ethischer Kapitalismus, der finanziellen Profit grundsätzlich mit moralisch positiven Werten verknüpft, wird unsere Erde, unseren Wohlstand und auch unsere demokratischen Staatsformen sichern können. Wir haben eine Zukunft: mit einer Welt, in der die Schaffung von Gütern stets mit moralisch guten Ergebnissen einhergeht und in der wir nicht nur politischen Institutionen, sondern auch Wirtschaftsführern und technologischen Visionären vertrauen können, dass ihr grundlegendes Ziel darin besteht, die Dinge für alle zum Besseren zu verändern."[399] Marcus Gabiel aber weiß von alledem nichts, was den Kapitalismus in seinen 350 Lebensjahren angetrieben hat, und was ihn nun in die Kalamitäten führt, von denen Ökonomen, die mehr von ihrem Fach verstehen als der Philosoph Gabriel, nun schon seit Jahrzehnten berichten: von sinkenden Investitionschancen, sinkender Grenzleistungsfähigkeit des Kapitals, von zu großen, nicht investierbaren Sparvermögen; von extremer Ungleichheit, und unvorstellbarer staatlicher Überschuldung, zusätzlich zu all den oben genannten Symptomen der ökologischen Überforderung.

Gabriel glaubt, wir brauchen einfach nur eine „radikal innovative Idee des Guten", und die muss „realistisch und utopisch" sein. Er will das mit einem „simplen Beispiel" erläutern: Es gibt zwei Firmen, die Fimen Gut und Böse, und beide machen etwa gleiche Umsätze. Firma Böse verursacht Umweltschäden, die Gesellschafter beuten ihre Beschäftigten aus, und „schaffen eine toxische Arbeitsathmosphäre". Beide Firmen sind aber erfolgreich und werfen hohe Gewinne ab. Firma Gut hat aber Dank ihres Geschäftsmodells und ihrer Betriebskultur gesunde, zufriedene Angestellte, sie erzeugt umweltverträgliche Waren und Dienstleistungen und investiert einen bedeutenden Teil ihrer Gewinne in andere sozial ausgerichtete Unternehmen. (S. 9)

Was ist das Geheimnis der Firma Gut? Der Philosoph Gabriel glaubt, er müsse sich nur auf Kants Begriff des „Höchsten Guts" beziehen, um argumentieren zu können, dass es im Sinne des Höchsten Guts besser ist, wenn Menschen glücklich werden, weil sie *verdienen*, als wenn Menschen glücklich werden, wenn sie böse agieren, also wenn sie es *nicht verdienen*. Das wars. Er schmuggelt hier einfach eine implizite Definition von „Verdienen" als moralisch gerechtfertigtes Handeln ein, und das war's; Menschen müssen einfach nur Gutes tun, damit der Kapitalismus die Demokratie retten kann. Wer hätte das gedacht.

Warum gibt es so böse Menschen, die Gutes *nicht* tun? Da wäre zum Beispiel „die Branche der Sozialen Netzwerke", die „phänomenale Geschäftsmodelle" vorlegen und „denkbar erfolgreich" sind; die haben aber alle, meint Gabriel, zu „einem massiven Demokratieabbau in der Welt beigetragen." Sie haben „indirekt einige der jüngsten geopolitischen Konflikte mitverursacht, indem sie es ruchlosen staatlichen und privaten Akteuren ermöglichten, Verschwörungserzählungen und blanke Lügen zu verbreiten und Wahlen zu manipulieren". (S. 11)

An welche ruchlosen Akteure mag er denken, die Wahlen manipulieren und Verschwörungserzählungen[400] verbreiten? Man muss aber nun nicht weiter vordringen in dem Versuch, dem Geraune des „Philosophen" substantielle Erkenntnisse abzugewinnen. Dass er diesen von „Aufklärern" wie den „Volksverpetzern"[401] oder dem

„CeMAS"[402] und seiner Gesellschafterin Pia Lamberty fabrizierten Begriff der „Verschwörungserzählung" verwendet, sollte schon Beleg genug sein, dass Markus Gabriel nicht für einen seriösen Philosophen gehalten werden darf. Die Frage ist nur, wie es möglich ist, moderne, kluge, rationale denkende Menschen kognitiv so nachhaltig zu blenden, zu hypnotisieren und zu impfen, dass sie derartig schlichte Weisheiten und „Erzählungen" für bare Münze nehmen; das ist das eigentlich am meisten bestürzende Symptom für den Niedergang des Westens.

Das Ende des Kapitalismus nach Zinn, Keynes und Schumpeter

Nun zu Josephs Schumpeters Begründung für das besiegelte Ende der Weiterlebens des Kapitalismus. Auch Schumpeter sagt (wie Todd, s.o.) über den Beobachtungsbereich der Ökonomie, dass hier Erkenntnisse „nicht im gleichen Sinn wie eine Behauptung Euklids beweisbar sind", also so wie in den exakten Naturwissenschaften, der Mathematik oder der Physik. (Schumpeter, S. 106) Beweisbar sind aber die in einem Beobachtungsobjekt vorhandenen „Tendenzen", sagt Schumpeter, und die Schlüsse, die gezogen werden können, wenn die auf ein Objekt wirkenden Tendenzen weiterhin so wirken, wie in einem zu einem Zeitpunkt beobachteten Zeitraum.

Welches sind die „dominierenden Züge des Bildes", und was sind die weiterwirkenden Tendenzen, die sich aus den Beobachtungen ergeben? Schumpeter nennt folgende (S. 350 ff.):

a) „Das Wirtschaftsleben wird (…) von einer kleinen Zahl bürokratisierter Gesellschaftsunternehmungen kontrolliert". Er meint also große oligopolistische Kapitalgesellschaften, nicht kleine und mittlere eigentümergeführte Unternehmen.

b) Der Fortschritt hat sich verlangsamt und ist mechanisiert und planmäßig geworden (vgl. die Beobachtungen bei Robert J. Gordon: The Rise and Fall of American Growth, a.a.O.)

c) „Der Zinsfuß nähert sich dem Nullpunkt, und zwar nicht nur zeitweilig oder unter dem Druck der staatlichen Politik, sondern infolge eines dauernden Dahinschwindens von Investitionsgelegenheiten." (S. 350). Schumpeter hält diese Tendenz für einen dominierenden Zug in diesem Bild des Wandels des Kapitalismus, der historisch, typisch, einmalig und nicht wiederholbar ist.

d) „Der industrielle Besitz und die industrielle Leistung sind entpersönlicht worden, da das Eigentum in Aktien und Obligationsbesitz degeneriert ist und die Geschäftsleiter ähnliche Denkgewohnheiten wie Beamte angenommen haben."

e) „Die kapitalistische Motivation und ihre Maßstäbe sind am Vergehen und Verwelken." (S. 350)

Schumpeter schließt daraus nun: „Die Folgerung hinsichtlich des Übergangs zu einem sozialistischen Regime (…) ist naheliegend." (S. 350)
Bemerkenswert ist, dass Schumpeter seine Prognose des Sinkens der Zinsen schon in den 1940er Jahren stellte, wie auch John Maynard Keynes. Fast 80 Jahre später, im

Januar 2020, schreibt der Journalist Mark Schieritz: „Ärgern Sie sich über die niedrigen Zinsen? Dann machen Sie sich auf etwas gefasst. Denn der Zinsschwund ist womöglich nicht das Resultat der Politik durchgedrehter Notenbanker. Sondern das Ergebnis einer sich seit Jahrhunderten entfaltenden historischen Entwicklung."[403] Schieritz berichtet hier von den Forschungen des Ökonomen Paul Schmelzing, der im Auftrag der Bank of England Informationen über Zinssätze seit dem Mittelalter zusammengetragen hat. Das Ergebnis seiner Forschungen: Bis ins Jahr 1311 lässt sich die Entwicklung des Zinses zurückverfolgen, und es zeigt sich, dass die Zinsen zwar kurzfristig schwanken, „der langfristige Trend aber weist eindeutig nach unten." Und unten heißt: Null-Zins, oder sogar darunter, also Negativzins. Sie schwäbische Hausfrau zahlt zu, wenn sie ihr Geld auf die Bank bringt.

Der einfache Grund für den Lauf der wirtschaftlichen Entwicklung: „So wie im Laufe der wirtschaftlichen Entwicklung der Preis für die meisten Güter gesunken ist, ist auch der Preis für Geld gesunken. Ein Beispiel: Im Jahr 2000 kostete ein Gigabyte Festplattenspeicher noch rund 40 Dollar, heute sind es wegen des technologischen Fortschritts nur noch wenige Cent. Warum sollten Finanzprodukte nicht eine ähnliche Entwicklung durchmachen? Der Zinsschwund wäre dann kein Alarmsignal, sondern eine Art spätkapitalistisches Wohlstandsphänomen in dem Sinne, wie es der Bonner Ökonom Carl Christian von Weizsäcker zu zeigen versucht hat." (Schieritz, a.a.O.) Aber hier täuscht sich Schieritz; Zinsen sind kein Preis für Zinsprodukte. Zinsen sind ein Knappheitsindikator wie auch Güterpreise; der im langfristigen Trend fallende Zins ist ein Indikator für den Trend, dass der Mensch auf dem Weg ist, „das wirtschaftliche Problem zu lösen", wie Keynes das genannt hat (s.o.), also für den finalen Erfolg des Kapitalismus.[404]

Schumpeter folgerte aus den oben genannten Symptomen also die Erwartung eines „Übergangs zu einem sozialistischen Regime", das er „Sozialismus" nannte; die Erwartung eines eher progressiven, jedenfalls nicht explosiven Übergangs hatte auch er. Der Wirtschaftswissenschaftler Michael Hudson, Professor an der Universität von Missouri-Kansas City, beschreibt die von ihm erwartete bzw. sich bereits vollziehende Wandlung des späten Kapitalismus in einem Interview mit folgenden Worten: „Das heißt, dort entstehen gemischte Volkswirtschaften mit starken staatlichen Infrastrukturinvestitionen, um – so zumindest die Idee – Bildung, Gesundheitsversorgung, Transport und andere Grundbedürfnisse für die Bevölkerung bereitzustellen. Der Staat tritt als öffentliches Versorgungsunternehmen auf und versucht, diese Bedürfnisse durch Subventionen oder kostenlose Dienstleistungen zu befriedigen."[405] Das ist mit Überschneidungen das, was Wolfram Elsner über den chinesischen Sozialismus schreibt; im Prinzip zeigen sich so die Umrisse des „ganz anders Werdens". Auch eine „neue Infrastrukturpolitik" oder ein „Kommunismus des Alltagslebens" können (auch im Westen!) aus dem entstehen, was Keynes und Schumpeter – bei allen zwischen ihnen sonst bestehenden Differenzen – als das zu erwartende Ende des produktiven, expansionsfähigen (bzw. expansionswilligen) Kapitalismus beschrieben hatten – wenn es nicht noch oder weiterhin verhindert wird.[406]

Der Wirtschaftswissenschaftler Karl-Georg Zinn, emeritierter Professor für Finanzwissenschaften an der RWTH Aachen, beschrieb diesen von den „endogenen

Bewegungsgesetzen des Industriekapitalismus" angetriebenen Weg in „die Wachstumsstagnation" in seinem Buch „Vom Kapitalismus ohne Wachstum zur Marktwirtschaft ohne Kapitalismus"[407], in dem er sich auf die Stagnationstheorien von Keynes und Schumpeter und deren Parallelen einerseits und deren charakteristische Differenzen anderseits bezog. Auch Zinn führt seine von Schumpeters Sozialismus-Ideen inspirierten Überlegungen bis zu dem Schluss: „Jetzt an China zu denken, liegt nahe." (S. 127). Schumpeter schrieb über die von ihm vorgeschlagene „Sozialisierung": „Die Sozialisierung bedeutet einen Schritt über die Großunternehmung hinaus auf dem Weg, der durch diese vorgezeichnet ist; oder, was auf das Gleiche hinauskommt: die sozialistische Leitung wird sich vermutlich dem Kapitalismus der Großunternehmng jener Art von Konkurrenzkapitalismus ebenso überlegen erweisen, wie der Kapitalismus der Großunternehmung sich jener von Konkurrenzkapitalimus überlegen gezeigt hat, dessen Prototyp die englische Industrie vor gut 100 Jahren war." (S. 125) Dabei betont Zinn, dass Schumpeter „die Sozialisierung von Klein- und Mittelbetrieben und der Landwirtschaft ausdrücklich ablehnt". Schumpeters Idee für einen „Gesamtplan" war die, wie Zinn schreibt: „Der ‚Gesamtplan' der sozialistischen Wirtschaft fügt die Betriebe in einen gleichgewichtig verlaufenden Entwicklungsprozess, der zwar politisch vorgegeben wird, aber die marktwirtschaftlich erzeugten Knappheitsindikatoren und Allokationsvorgaben integiert." Das wäre also schon fast das, was Wolfram Elsner über das chinesische Anderssein der Ökonomie schreibt.

Schumpeter sah die kapitalistische Entwicklung auf dem „Marsch in den Sozialismus", wie Zinn schreibt, aber der Marsch wurde gestoppt: „Zwangspause, Umweg oder Kompassfehler?"[408] (S. 130) Warum gab es den „Marsch in den Sozialismus" – er wäre die Normalentwicklung des Industriekapitalismus gewesen; Schumpeters Sozialismusprognose unterstellte den Verlauf der Normalentwicklung des Industriekapitalismus. Aber sie „endete praktisch 1914, und Schumpeters Status-quo-Prognose verlor durch die politisch bedingten Zufallsereignisse an Zuverlässigkeit." (S. 130) Die Chancen für sozialistische Reformen wurden durch die vielen Zufallsereignisse bis zum Zerfall der Sowjetunion (Zufallsereignisse sowohl bei Entstehung wie auch Zerfall der Sowjetunion, „zufällige" chinesische Chaosjahre, zwei Weltkriege) erheblich beeinträchtigt. Die wohlfahrts- und sozialstaatliche Ära zwischen 1950 und Mitte der 1970er Jahre brachte zwar eine zuvor ungekannte Ausdehnung quasi-sozialistischer Bereiche innerhalb des Sozialismus hervor, die wurde aber in den altindustrialisierten Volkswirtschaften durch „die neoliberalistische Gegenrevolution zur Sozialstaatsentwicklung seit den 1970er Jahren gestoppt." (S. 131)

Nun schlug die Stunde des Neoliberalismus: „Die neoliberalistische Wende brachte einer lang angelegten, geduldig und mit lang anhaltendem Durchsetzungswillen vorangetragenen Gegenstrategie zum ‚Marsch in den Sozialismus' den ersehnten Erfolg. Diese ‚Gegenstrategie' (…) hatte Schumpeter zwar früh wahrgenommen, aber deren Erfolgschance völlig unterschätzt". (S. 131) Zinn zitiert in Fußnote 111 Schumpeters Bemerkung zur Mont Pèlerin-Gesellschaft; die Thesen dieser Ökonomen auf ihrem „Berg in der Schweiz" hätten Widerspruch zu fast allen damals geläufigen Sozialis-

mus-Erwartungen geäußert, ihre Thesen hätten aber nicht einmal Widerspruch provoziert. Schumpeter hat also den – in sehr vieler Hinsicht erstaunlichen! – Durchhal-
tewillen dieser kleinen, machtvollen Gesellschaft dramatisch unterschätzt.[409]

Zu Keynes sagt Zinn, dass es im Sinne Keynes' und Schumpeters notwendig gewesen wäre, sich auf Stagnation einzustellen, statt „mit untauglichen Mitteln die vergan-
gene Wachstumsdynamik restaurieren zu wollen". (S. 133). Keynes, schreibt Zinn,
hatte anderes im Sinn als all das, was heute mit immer absurderen und immer ver-
zweifelter erscheinenden (und leider auch kriminell erscheinenden) Mitteln versucht
wird: „Keynes hatte ein eindeutiges wirtschaftspolitisches Programm für den Stagna-
tionszustand formuliert: gleichmäßigere Verteilung von Einkommen bzw. Kaufkraft,
höheren Staatsanteil zugunsten öffentlicher Güter, Arbeitszeitverkürzung sowie ge-
samtwirtschaftliche Investitionsplanung und Lenkung zwecks Vorauskoordination
von Ersparnis und Investition." Auch Keynes hat also in der „Allgemeinen Theorie"
eine „Sozialisierung der Investitionstätigkeit" gefordert, aber, leider: „Der ‚public sector' geriet in den 1980er Jahren die Hände der Neoliberalen". (Zinn, S. 134)

Der Zeitpunkt zur Realisierung von Regulationsmodellen entweder nach dem (sozialistischen) Plan Schumpeters oder nach Keynes' mehr marktwirtschaftlichen Ideen
mit dennoch staatlicher Regulierung ist nun also verpasst. Als einzig noch realisier-
bare Lösungsidee für das Eigentumsproblem präsentiert Zinn den Vorschlag des
Ökonomen Giacomo Corneo[410]: der Staat kauft Aktienkapital von Großunternehmen
(S. 128); mit anderen Worten: das (zu vergleichsweise hohen Kosten) nachträglich zu
tun, was in der sozialstaatlichen Quasi-Sozialismus-Phase leicht möglich gewesen
wäre. Aber der Staat wäre mit den erforderlichen Aktienkäufen nicht nur überfordert;
Corneos Idee des „Aktienmarkt-Sozialismus" enthält auch einen Konstruktionsfeh-
ler: der Staat kann sich nicht mit Gewinnabsicht an privaten Unternehmen beteiligen,
die selbst wachstums- und renditeabhängig sind. Der Staat hätte Vermögen bilden
müssen ohne Renditeabsicht, und ohne kapazitätserweiternde Investitionen. Auch
das also heißt: Das „Anders werden" muss anders werden.-

Im Rückblick auf die Diskussion der eminenten Bedeutung des „General Intellect",
wie Marx ihn verstanden hatte, muss man heute leider sagen, dass dieses Verständnis
so gut wie verschwunden ist. Die oben beschriebenen und im Grunde einzig relevanten Zusammenhänge zwischen „general intellect", also „intelligentem", allgemein
verfügbarem und öffentlich erzeugtem Wissen und der Produktivkraftentwicklung
mit dem Gesellschaftlichwerden der Produktion werden durch den gegenwärtigen
Hype um die „Künstliche Intelligenz" völlig verwischt und vernebelt; Maschinen (wie
ChatGPT) erzeugen nun maschinell Bilder und Clips, deren Wert zweifelhaft ist. Umgekehrt werden „echte" Menschen daran gehindert, aus freiem Schaffensdrang und
–vermögen die Dinge zu tun, für die sie tatsächlich gedacht sind, und wozu ihnen die
Freiheit gegeben sein sollte. Wenn KI aber doch eine (maschinelle) Arbeit leistet, für
die sie gedacht ist (nämlich Menschen von notwendiger Arbeit zu entlasten bzw. zu
befreien), wird von „affirmativen" Ökonomen flugs behauptet, die KI sei *kein* „Jobkiller". So durfte der Ökonom Jens Südekum als vom ZDF berufener „Experte" für
die Arbeitswelt dem großen Publikum erläutern, warum die KI kein Jobkiller ist, denn
die Arbeitswelt werde sich – zum Glück, wie er meint – ändern; es werde darum „für

Menschen weiterhin genug zu tun geben". Aber das ist Unsinn. Die Botschaft bleibt auch nach 100 Jahren Allan Turing und Norbert Wieners „Automat, der das präzise Äquivalent der Sklavenarbeit ist"[411] offenbar noch immer die Gleiche: Es sei halt immer so gewesen, dass Investitionen in innovative Maschinenenarbeit und neue menschlichen Jobs sich die Waage halten; es seien immer Jobs weggefallen, aber dafür neue Jobs entstanden, meint Südekum, und darum auch bei der neuen KI: „Bei KI ist das sicher nicht anders".[412] Aber da täuscht sich Südekum, der den Menschen zu einer Sisyphus-Maschine herabwürdigen möchte, die wie Charlie Chaplin in „Modern Times" auf ewig im Dienste des Kapitals Gewinne zu produzieren hat. Der Mensch ist eben keine Maschine – was KI und intelligente Roboter aber gerne sein dürfen. Der Mensch ist eben auch kategorial anders, denn der Mensch hat Würde.-

Der zweite Sozialismus-Versuch

Nun endlich zum großen „Völlig-anders-Werden" im „Chinesischen Jahrhundert", aber mit nun viel theoretischem Rüstzeug. Erstaunlicherweise scheint von alledem nichts bekannt zu sein, was die Theoretiker des „großen Endspiels" des Kapitalismus haben kommen sehen; all die Themen und Probleme der „Transformationsforschung", die sich um das von Marx vorgedachte Ende des Kapitalismus drehen und wie es nach dem „Zusammenbruch" und dem „In-die-Luft-Sprengen" weiter gehen müsste, scheinen im nun wirklich sozialistischen China überhaupt keine Rolle zu spielen, und auch im nun überhaupt nicht mehr sozialistischen Russland. Warum ist China überhaupt sozialistisch geworden? Ist China ohne stringente ökonomietheoretische Begründung sozialistisch geworden – einfach, weil man den Theorien von Marx, Lenin und Stalin geglaubt hat? War das ein Irrtum? Warum ist Russland sozialistisch geworden – das war, wie gesehen, ganz sicher ein Irrtum; in Russland war der Sozialismus ein eingestandener Fehlversuch. In China hat man aber an die Zukunft des Sozialismus geglaubt und hat den Versuch nicht aufgegeben; am Ende hat man so ein Ziel erreicht, das niemand für möglich gehalten hätte.

Russland hat seinem Fehlversuch aber genauso seine Existenz zu verdanken wie China seinem Versuch, der lange wie ein Fehlversuch aussah, dann aber als Versuch erfolgreich war. Der Westen aber bleibt gefangen in einer Entwicklungsphase, die er schon längst hätte überwunden haben sollen; es ist genau so, wie Todd es beschreibt, und auch Wolfram Elsner sieht es so: „Wie in fast allen niedergehenden Imperien in der Geschichte sehen wir Formen privater Finanzierung von Politikern und Politik und die Privatisierung großer Teile des (idealerweise neutralen und über den Einzelinteressen stehenden) Staates." (Elsner, S. 321)

China aber ist anders: „Denn in China sind die meisten der größten und strategisch wichtigsten Unternehmen staatlich. Ein Fokus liegt sodann aber auf deren Wettbewerb mit den Privaten, damit sie nicht träge und bürokratisch, eben gerade nicht zu Oligarchien und politischen Machtzentren werden. Wenn sie das nicht schaffen, lässt man sie auch schon mal eiskalt bankrottgehen. In China ist eben nichts und niemand ‚too big to fail'. Und nichts und niemand kann sich auf ein ‚Bailout' durch die Steuerzahler*innen verlassen." (S. 321)

Elsner schreibt weiter über die charakteristische Andersartigkeit Chinas: „Der Wettbewerbs- und Innovationsdruck selbst für große Staatsunternehmen geschieht etwa durch Förderung von KMU und von millionenfachem, von den Konzernen dauerhaft unabhängigem Unternehmertum, Existenzgründungen, Spin-offs, und durch die Organisierung eines gesellschaftsweiten, offenen Innovationsprozesses – und das bei fast zehn Millionen Naturwissenschafts- und Ingenieur-Studierenden." (S. 321-322) Es herrscht in China aber kein Wachstums*zwang*, obwohl der Wunsch nach weiterem Wirtschafts- und Wohlstandswachstum durchaus gegeben ist, denn China hat viel nachzuholen, wie oben schon gesehen.

Unendlich kann das Wachstum aber auch in China nicht sein: „Auch chinesisches Wachstum wird natürlich kein unendliches Wachstum sein, weil es unendliches Wachstum auf einem begrenzten Planeten nicht geben kann, aber das Wachstum von Innovationsfähigkeit, Wohlstand und Lebensqualität durch soziale Sicherheit und offene Strukturen, ähnlich wie früher Schwedens ‚Flexicurity‘, sowie durch ein Mindestmaß an Kollektivität und nationaler, sozialer und öffentlich-regulatorischer Einbettung könnte sich verstetigen lassen, unabhängig von quantitativem, extensivem, ressourcenverbrauchendem Wachstum." (S. 51).

Genau das alles kann es aber im Westen nicht geben. Im völlig unregulierten Westen ist es eben so, dass Menschen und Firmen sich einer völlig ungewissen Zukunft gegenüber sehen, wie Kaczmarczyk schreibt, und darum verfolgen sie in einer Marktwirtschaft dasselbe Ziel wie Firmen: „Sie wollen ihr wirtschaftliches Umfeld so weit wie möglich kontrollieren und ihr Überleben sichern. Zur Kontrolle wiederum brauchen sie Marktmacht – und um diese Marktmacht zu erlangen, müssen sie wachsen." (s.u.) Diese Sicherheit mit gleichzeitiger Innovationsfähigkeit, mit Wohlstand und Lebensqualität kann Menschen und Firmen nur so eine „nationale, soziale und öffentlich-regulatorischer Einbettung" bieten, wie sie der sozialistische Staat China nach langem Probieren geschaffen hat; der Westen aber bleibt gefangen im unendlichen Kampf um Marktmacht; Menschen und Firmen müssen um Macht und ihr Überleben kämpfen, und darum gibt es da eben einen Wachstums*zwang*. Die alte kapitalistische Regel heißt eben „Wachsen oder Weichen", bei Strafe des Untergangs.

Ist China sozialistisch, dabei aber „gemischt" marktwirtschaftlich? Wolfram Elsner schreibt, die chinesische Wirtschaft und das chinesische System seien schon „gemischt", aber „als Ganzes eben keine ‚Marktwirtschaft‘, damit auch keine ‚sozialistische Marktwirtschaft‘, bestenfalls noch ein ‚marktwirtschaftlicher Sozialismus‘, ein Sozialismus mit Märkten, wie beschrieben. Keine der oben genannten Systemcharakterisierungen oder Systemmerkmale, auch keine vereinfachte ‚Mischung‘ wäre in der Lage zu erklären, wie China so lang anhaltend und stabil, gegen alle äußeren Widrigkeiten, nachholen und aufsteigen konnte." (S. 333).

Elsner grenzt seine Charakterisierung ab von der „gemischten" Wirtschaftsform im früheren Jugoslawien: „Wie aber nicht zuletzt eben jenes Nachkriegs-Jugoslawien der ‚Arbeiterselbstverwaltung‘ gezeigt hat, wäre eine ‚gemischte Wirtschaft‘, die idealerweise ja sozialistisch-zentralplanerische und kapitalistisch-marktwirtschaftliche Elemente (beides in sich wie gezeigt bereits äußerst komplexe Konzepte und Phänomene) ‚gleichberechtigt‘ zusammenbringen soll, ein in sich inkonsistentes und daher labiles Konglomerat, das über kurz oder lang in eine Richtung kippen müsste." (S. 332-333). In China aber scheint das offenbar gut zu funktionieren: „China aber geht überraschend stabil einen Weg zu technologischer Innovation, Einkommens- und Wohlfahrtswachstum, radikalem Umwelt- und Klimaschutz und wachsender internationaler Vernetzung – und zu erheblicher marktwirtschaftlicher Dynamik unter starken Formen staatlicher Planung, eigentumsrechtlicher Vielfalt, wachsender Sharing-Ökonomie und sozialer Mobilisierung." (S. 333)

Der Soziologe Wolfgang Streeck schrieb im Juni 2019: „Die Eigentumsfrage ist die offene Wunde der kapitalistischen Gesellschaft; in ihr liegen die Nerven blank. Wer in sie hineinfasst, wie der Jungsozialist Kühnert, darf sich nicht wundern, wenn der Kranke beginnt, um sich zu schlagen. ‚Kollektivierung'!"[413] Wie oben gesehen, hat der – damalige – Jungsozialist Kühnert die ihm vom kranken Kapitalismus geschlagenen Wunden überstanden, jedenfalls bis ihm die nächsten Wunden geschlagen wurden. Kühnert hat als Jungsozialist die „Kollektivierung" von Staatsunternehmen vorgeschlagen – die Eigentumsfrage aber blieb ungelöst. In China wurde sie gelöst, auf eine zeitweilig fürchterlich grausame und chaotische Weise (‚‚Zehn Jahre des Chaos zwischen 1966 und 1976", unter dem Namen „Chinesische Kulturrevolution"), aber nun hat China seinen stabilen Weg gefunden, die Eigentumsfrage zu lösen. Russland musste durch die Zeit eines verheerenden Bürgerkriegs, in dem zwischen den Jahren 1917 und 1922 8 bis 10 Millionen Menschen ihr Leben verloren. Es folgten die wechselvollen Jahre der staatssozialistischen Sowjetunion mit dominierendem Staatseigentum, bis Russland nach deren Zusammenbruch schließlich zu seinem gemischt-wirtschaftlichen System gefunden hat, mit großen marktwirtschaftlichen Anteilen.

In Russland ist die Stabilität gewährleistet durch das Staatseigentum an den Energieunternehmen, ohne die Russland nicht dauerhaft lebensfähig wäre. Im Kapitalismus aber ist die Eigentumsfrage die offene Wunde, und es scheint nicht schwer plausibel zu machen, dass, je größer und wertvoller die Vermögen geworden sind, umso heftiger um das Recht auf das Eigentum gekämpft wird – mit allen feinen und unfeinen Mitteln. Wie oben gesehen, ging es bei der Gründung der Mont Pèlerin Gesellschaft und der dann losgetretenen Flut von Think Tanks und Instituten zur Beeinflussung der öffentlichen Meinung um die Gestaltung der Nationalökonomie, und die schlechten Erfahrungen mit der sozialistischen Planwirtschaft (die nach dem 1920 von Ludwig van Mises aufgestellten Unmöglichkeitstheorem[414] in einer sozialistischen Planwirtschaft eben unmöglich sein sollte, und es auch tatsächlich war) machten eine durch diese Erfahrungen belehrte Gestaltung der Nationalökonomie um so wichtiger, wo die wahre Lehre des freien Marktes und der Schutz des Eigentums und der Interessen der besitzenden Schichten nun absolut im Mittelpunkt standen. Dagegen ist zunächst auch noch nichts einzuwenden; zum Problem wird die absolute Priorisierung des Schutzes des Eigentums an großen Vermögen und der diese besitzenden Schichten erst, wenn der Schutz der Interessen der Allgemeinheit unter den im reichen Kapitalismus geschaffenen, hochkonzentrierten Vermögen erstickt.

Wie oben (S. 69) schon bemerkt, hält Todd die „quälenden" Probleme mit dem Reichtum, der sich in einem oligarchischen System „an der Spitze der sozialen Struktur" ansammelt, für selbstverständlich und quasi naturgegeben: Das Geld muss in

Sicherheit gebracht werden und man muss dafür sorgen, dass es „arbeitet". (Todd, a.a.O., S. 185/186) Er bedankt sich für die Einsicht in diese Nöte bei Peter Thiel, dem Mitbegründer von PayPal, der ihn „im Verlauf einer reichhaltigen und fesselnden Diskussion, die insbesondere um die amerikanischen Eliten ging, die Sichtweise derjenigen Leute hat verstehen lassen, die wirklich Geld haben." Wenn dann jemand an die offene Wunde der kapitalistischen Gesellschaft rührt, die Eigentumsfrage stellt oder gar „Kollektivierung!" ruft, scheint es Emmanuel Todd völlig selbstverständlich, dass dann „die Nerven blank" liegen und Verstaatlichung oder auch nur angemessene Versteuerung – die Erhebung eines staatlichen Sozialbeitrags von diesen „Leuten, die wirklich Geld haben" – unter allen Umständen verhindert werden muss.

Die Frage, wie die Eigentumsfrage nun am Ende des Produktivkapitalismus gelöst werden kann, stellt sich aber – und immer dringlicher. Man muss sich dabei vor Augen halten, dass der Ruf nach „Kollektivierung" nach Entstehung eines oligarchischen Systems ja erst dann ertönt, wenn bestehende öffentliche Vermögen veruntreut worden sind, oder wenn auf mögliche Staatseinnahmen durch missbräuchliche Steuergesetzgebung verzichtet wird oder worden ist – infolge des jahrzehntelangen Einflusses neoliberaler Ökonomik, die das Verschenken von Steuereinnahmen durch Steuersenkungen zu einer der Allgemeinheit nützenden Wohltat erklärt.

Wie kann der Staat, die Öffentlichkeit also umgehen mit Vermögen, die – legal, aber morallos – veruntreut worden sind? Das ist die Kardinalfrage. Man mag denken: um die Lösung kümmern sich Ökonomen. Aber in die Hände der Neoliberalen ist in den 1980er Jahren nicht nur der „Public Sector" gefallen, sondern auch die USA selber, und sogar der ganze nun niedergehende Westen, seit der Kontrollübernahme durch die NeoCons. Der Westen befindet sich in den Händen nicht nur von neoliberalen Ökonomen, die dem unfähigen Politpersonal ihre Wunschagenda einflüstern, sondern von skrupellosen, zionistischen Kriminellen. Der 11. September 2001 war die Zeitenwende, die tatsächlich die Kaperung der Geschichte bedeutet hat; bis dahin hätte sie noch nach dem Plan der Geschichte verlaufen können, aber danach nicht mehr. Mit dem spektakulären Einsturz der Türme des WTC stürzte auch der bis dahin noch mögliche gute, moralische, wertgebundene und den Keim seiner nachkapitalistischen Transformation in sich tragende Kapitalismus in Trümmer, und wenn die Welt sich damit abfindet, dass diese Verbrechen nicht aufgeklärt werden, ist alle Hoffnung auf eine lebensfähige und lebenswerte Zukunft verloren.

Die Lösung der Eigentumsfrage nach dem Niedergang des Westens wird es notwendig machen, das Recht wieder an seinen Platz zu setzen, und auch das von der kriminellen Kabale geraubte öffentliche Eigentum wieder an seinen Platz zu setzen. Das ist die Aufgabe, vor der der Westen nun steht, wenn er seinen Glauben nicht verlieren will, wenn er nicht in Chaos, Nihilismus und finalem Holocaust versinken will. Was wir in der Gegenwart erleben, ist dies: Wir haben den kontrollierten Abriss des World Trade Centers am 11. September erlebt, und eine kontrollierte Zerstörung unserer Ökonomie während der Covid-Pandemie. Beides zusammen führte zu einer kontrollierten Zerstörung von Zukunft, Wissenschaft und Vernunft: So sagte es der weise „Comedian" Jimmy Dore am 1. Dezember 2024.[415] Damit dürfen wir uns nicht abfinden.

Wie wird die Erde sein – lebenrot oder totrot, wie Wolf Biermann einst sang? Erik M. Warburg war der älteste Sohn des deutschen Bankiers Max Moritz Warburg; dessen Onkel Paul Moritz Warburg war einer der Gründer der privaten amerikanischen Notenbank, der FED. (s.o.) Mit der Gründung der FED gelang den Warburg-Brüdern und ihren Genossen ein Coup, der die Welt früher oder später vor eben diese Entscheidung stellen wird: Wie wird sie werden, die Erde – lebenrot oder totrot? Erik Warburg gründete 1952 die Atlantik-Brücke. Sein Sohn James Paul Warburg, wie auch Vater und Onkel Mitglieder im Council on Foreign Relations, sagte am 17. Februar 1950 vor dem Ausschuss für auswärtige Beziehungen des US-Senats: „Wir werden eine Weltregierung haben, ob wir sie wollen oder nicht. Die Frage ist nur, ob die Weltregierung durch Zustimmung oder durch Eroberung erreicht wird."[416] Eine Welt, die von diesen „auserwählten" Menschen regiert wird, kann keine lebenrote, lebenswerte, lebensfähige Welt sein – sondern nur eine Diktatur. Die Zustimmung zu dieser Art von Weltregierung könnte nur durch Drohung erreicht werden, mit gewaltsamer Eroberung; das wäre also nicht freie Zustimmung unter Gleichen, sondern Erpressung. Wie sollte eine Weltregierung für diese Welt erreicht werden – durch Eroberung in einem Dritten Weltkrieg, gegen Russland und dann gegen China? Damit von dieser Welt nichts mehr übrig bleibt?

Die Welt steht vor der Entscheidung: Alles oder nichts, entweder – oder. Das bedeutet, in den damaligen Worten Wolf Biermanns:

„So oder so, die Erde wird rot
Entweder lebenrot oder totrot..."

Der Liedermacher Wolf Biermann dachte in seinem früheren Leben an eine kommunistische Erde, damals, in seiner Ost-Berliner Altbauwohnung, als er als Kommunistenkind noch an die Zukunft dieser Art von roter Erde glaubte. Heute glaubt er offenbar an nichts mehr. Aber diese sich für auserwählt haltenden Menschen versuchen die Welt vor diese Entscheidung zu stellen, um die Weltregierung an die biblischen Wahnträume dieser psychopathischen Menschengruppe zu übergeben – und gehen dabei das Risiko der finalen Zerstörung im atomaren Inferno ein. Dann ist die Erde totrot. Das darf um Himmels Willen nicht geschehen.

Wir brauchen heute einen anderen Traum von lebenroter Erde: Nicht kommunistisch, und nicht privatkapitalistisch-oligarchisch. Eher eine sozialistische Morgenröte.

Heute kann die Erde tatsächlich nur noch überleben, wenn wir die Kraft finden, uns der kontrollierten Zerstörung von Zukunft, Wissenschaft und Vernunft zu widersetzen, und eine gesunde, vitale, leuchtend lebenrote Zukunft schaffen.

Revolution liegt in der Luft, sie ist fällig, längst, sie ist überfällig.

Endnoten

[10] So äußerte sich David Graeber in einem Interview mit dem Magazin „Guernica" vom 1. Mai 2012. https://www.guernicamag.com/beholden/

[11] Financial Times: "Europe must trim its welfare state to build a warfare state". https://www.ft.com/content/37053b2b-ccda-4ce3-a25d-f1d0f82e7989

[12] Der Putsch in der Ukraine 2014. WSWS https://www.wsws.org/de/topics/event/2014-coup-ukraine

[13] Die „Anti-Terror-Operation" Pietro Poroschenkos begann am 14. April 2014, nachdem der CIA-Chef John Brennan dies in einer geheimen Mission in Kiew angeordnet hatte. Die ukrainische Seite der Separatistengebiete – auch Wohngebiete und zivile Einrichtungen – wurde mit schweren Waffen beschossen, die aus den USA und Europa kamen. Bis zum Einmarsch der Russen im Februar 2022 kam es zu über 14.000 Toten. In den „Tagesthemen" dieses Tages konnte Thomas Roth damals noch ungehindert berichten, dass „die Kiewer Regierung nach einigem Zögern die angekündigte Anti-Terror-Operation" begonnen habe. Heute wird gelegentlich in Video-Clips daran erinnert, dass dieser von der Ukraine begonnene Bürgerkrieg tatsächlich stattgefunden hat, sonst wäre er wohl - vergessen. https://x.com/PolitRealist/status/1914186854393401540

[14] Der Spiegel: Nato sucht Gegner. Die Nato gibt sich beim Gipfel in Lissabon mit viel Pomp ein neues strategisches Konzept. Doch das lässt zentrale Fragen offen: Wie hält es die Allianz künftig mit Russland - und was passiert mit ihren Nuklearwaffen? https://www.spiegel.de/politik/ausland/strategie-gipfel-der-allianz-nato-sucht-gegner-a-729439.html

[15] X-Tweet des Parodie-Accounts von RFK Jr. vom 1. März 2025. https://x.com/RFKJr_Official/status/1895872553543254438

[16] Der Autor dieses (Kennedy in den Mund gelegten) Tweets unterstellt, dass der Öffentlichkeit der Name Jeffrey Epstein und die Hintergründe und verfolgten Absichten des von Epstein betriebenen Pädophilenrings bekannt sind. Vgl. etwa die Anklageschrift des Bezirksgerichts von New York, in der die Epstein zur Last gelegten Verbrechen aufgelistet sind. https://www.justice.gov/usao-sdny/press-release/file/1180481/dl

[17] Vgl. Wikipedia-Eintrag zu Attentat auf Donald Trump https://de.wikipedia.org/wiki/Attentat_auf_Donald_Trump

[18] John F. Kennedy: Rede im Waldorf Astoria Hotel, New York City, vom 27. April 1961 vor der Amerikanischen Zeitungsverleger Vereinigung (American Newspaper Publishers Association)

[19] In den Jahren 1962-1963 untersuchte der Ausschuss für Auswärtige Beziehungen des Senats die Jewish Agency und den American Zionist Council. Ihre Finanzierungsströme aus Israel sowie Lobby- und PR-Kampagnen in den Vereinigten Staaten wurden in eidesstattlichen Aussagen am 23. Mai und 1. August 1963 untersucht. https://www.israellobby.org/Senate/default.asp

[20] Vgl. Wikipedia-Eintrag für Victor Ostrovsky https://de.wikipedia.org/wiki/Victor_Ostrovsky

[21] Vgl. Wikipedia-Eintrag für Leslie Wexner https://de.wikipedia.org/wiki/Leslie_Wexner

[22] Vgl. Wikipedia-Eintrag zu RFK Jr., Abschnitt „Falschinformation über die Covid-Pandemie". https://de.wikipedia.org/wiki/Robert_F._Kennedy_Jr.

[23] Das Bundesministerium des Inneren und für Heimat hat allen Ernstes am 27. 2. 2025 einen „Beratungskompass für Verschwörungsdenken" gestartet, der „Betroffenen und ihren Angehörigen" online und telefonisch eine „vertrauliche Beratung" anbietet. Die verantwortliche Innenministerin Nancy Fäser erklärt dazu: „Verschwörungserzählungen gehen einher mit Lügen und Desinformation. Sie werden gezielt verbreitet, um unsere Gesellschaft zu spalten und das Vertrauen in die unabhängige Wissenschaft, in freie Medien oder demokratische Institutionen zu zerstören. Verschwörungserzählungen können in extremistische Ideologien führen und Täter zu Straf- und Gewalttaten antreiben. Besonders oft werden antisemitische Verschwörungserzählungen verbreitet." Ach - wie kommt es dazu, dass es einen Hang zur Verbreitung "antisemitischer Verschwörungserzählungen" gibt? Ausgerechnet antisemitisch? Weiter heißt es in dem Text: "Verschwörungserzählungen speisen sich aus der Annahme, dass als mächtig wahrgenommene Einzelpersonen oder Gruppen wichtige Ereignisse in der Welt beeinflussen und dabei die Bevölkerung über ihre Ziele im Dunkeln lassen. Besondere Wirkungsmacht entfalten sie in gesellschaftlichen Krisenzeiten, so auch während der Covid-19-Pandemie und aktuell im Kontext des russischen Angriffskrieges gegen die Ukraine. Verschwörungserzählungen prägen viele extremistische Strömungen und können zu gefährlicher Radikalisierung und Gewalt führen. Aber auch jenseits extremistischer Strukturen und Netzwerke leisten sie antidemokratische Haltungen hervorbringen und verfestigen." (https://www.bmi.bund.de/SharedDocs/pressemitteilungen/DE/2025/02/beratungskompass.html) Die Soziologen Andreas Anton und Alan Schick haben in einer schon 2021 vorgelegten Untersuchung ("Der Kampf um die Wahrheit", Komplett-Media 2021) überzeugend dargelegt, dass der Begriff „Verschwörungstheorie" nicht ein neutraler oder gar analytischer Sinne gebraucht werden kann, sondern nur noch (als Schimpfwort, als Kampfbegriff und als Mittel zur Abwertung und Ausgrenzung missliebiger Meinungen." Dieser Begriff wird als Denunziationsbegriff verwendet, weshalb es kaum jemanden gibt, der sich selbst als Verschwörungstheoretiker bezeichnen würde. Der Amerikanist Michael Butter wurde bekannt durch das großangelegte von der EU finanzierte Forschungsprojektes COMPACT, unter Beteiligung von über über

150 Wissenschaftlern aus über 30 Ländern. Butlers Ertrag dieser umfangreichen Forschungsarbeit: die Behauptung, es sei ein Charakteristikum von Verschwörungstheorien, dass sie „immer falsch" sind. Aber der erzielte Erkenntnisgewinn ist damit gleich null: Wenn nicht die Wahrheit das Kriterium liefert, ob eine Theorie sinnvoll zu verwenden ist, handelt es sich um eine sinnleere Tautologie, die keinen Wahrheitswert liefern kann, weil sie dann nicht „immer falsch" ist, sondern weder wahr noch falsch. Es handelt sich um eine Pseudo-Theorie, mit der aber – selbst von Regierungsstellen – operiert wird, als habe es den aufgeblasenen Hype um Professor Butler oder den ebenso pseudowissenschaftlichen Begriff „Verschwörungserzählung" der Psychologin Pia Lamberty (CeMAS) nie gegeben. Vgl. Michael Butter: Nichts ist wie es scheint. Über Verschwörungstheorien. Suhrkamp 2018

[24] Ausschnitt der Rede von Sheldon Adelson und seiner Frau Miriam auf X: https://x.com/henri_fjord/status/1901258498169561375

[25] Wikipedia-Eintrag für Sheldon Adelson https://de.wikipedia.org/wiki/Sheldon_Adelson

[26] Benjamin Netanjahu ist wegen mumaßlicher Kriegsverbrechen vom IStGH zur Verhaftung ausgeschrieben. Vgl. Bericht dess Spiegel vom 21.11.2024 https://www.spiegel.de/ausland/internationaler-strafgerichtshof-erlaesst-haftbefehle-gegen-netanyahu-und-hamas-anfuehrer-a-3a158c6a-f6bf-40a2-8baf-e2f5ecf9cba5

[27] Vgl. Wikipedia-Eintrtag für "Conference of Presidents of Major American Jewish Organizations" https://en-m-wikipedia-org.translate.goog/wiki/Conference_of_Presidents_of_Major_American_Jewish_Organizations?_x_tr_sl=en&_x_tr_tl=de&_x_tr_hl=de&_x_tr_pto=rq

[28] Der frühere malaysische Premierminister Mahathir bin Mohamad hat sich 2003 in einer Rede in diesem Sinne geäußert, und hat diese Ansicht in einem Interview mit dem Sender Aljazeera 2020 bekräftigt: „The Jews rule the world by proxy." Amerika sei völlig entschlossen, Israel zu unterstützen, sogar wenn Israel internationale Verbrechen begeht. Kandidaten die zur Wahl stehen, müssen die jüdische Lobby informieren. https://x.com/jakeshieldsajj/status/1894309491904319675

[29] Christoffer Bollyn: Solving 9-11: The Deception That Changed the World. 2014, ohne Ort, Selbstverlag. https://www.amazon.de/Solving-9-11-Deception-Changed-World/dp/0985322586

[30] Webauftritt Christopher Bollyn https://www.bollyn.com/

[31] So zum Beispiel in dem auf Youtube veröffentlichten Vortrag mit dem Titel: „David Icke - What Others Dare Not Say", der dem Autor einige Jahre nachher den vom King`s College London und seinen Autoren Daniel Allington und Tanvi Joshi vorgetragenen Vorwurf des Antisemitismus und der „Verschwörungstheorie" (sic!) eingebracht hat: „What Others Dare Not Say": An Antisemitic Conspiracy Fantasy and Its YouTube Audience. Journal of Contemporary Antisemitism, 3(1), 35-53. https://kclpure.kcl.ac.uk/ws/portalfiles/portal/142576203/document.pdf

[32] Ohne tiefer in die theologische Definition des Thorah-Judaismus einzusteigen, sei folgender Artikel des Deutschlandfunk-Autors Carsten Hueck über den jüdischen kanadischen Historikers Yakov Rabkin („Im Namen der Thora") wiedergegeben: „Ultraorthodoxe Juden gegen den Staat Israel. Der jüdische Antizionismus ist so alt wie der Zionismus selbst, schreibt der kanadische Historiker Yakov Rabkin. Sein Buch über eine strenggläubige jüdische Opposition fügt auch dem aktuellen Antisemitismus-Streit in Deutschland wichtige Facetten hinzu." Seit dem 7. Oktober 2023 befinden sich orthodoxe Anhänher des Thorah-Judaismus in heftiger Opposition sowohl zu dem Staat Israel und seinen aktuellen rechtsradikalen politischen Vertretern wie auch gegen die brutale Unterdrückung der palästinensischen Bevölkerung vor allem im Gaza-Streifen. https://www.deutschlandfunkkultur.de/yakov-m-rabkin-im-namen-der-thora-ultraorthodoxe-juden-100.html

[33] Kees van der Pijl: Academic Corruption, the Israel Lobby, and 9/11 or, Why I have resigned from my emeritus status at the University of Sussex. März 2019. https://www.academia.edu/38701130/Academic_Corruption_the_Israel_Lobby_and_9_11_or_Why_I_have_resigned_from_my_emeritus_status_at_the_University_of_Sussex

[34] 1. Laurent Guénot: From Jahweh to Zion. Three Thousand Years of Exile: Jealous God, Chosen People, Promised Land . . . Clash of Civilizations. Sifting and Winnowing Books 2018. Derselbe: JFK - 9/11. 50 Years of Deep State. Progressive Press 2014. 2. Film "911 and Israels Great Game", September 2022, https://odysee.com/@EarthNewspaper:e/Laurent-Guy%C3%A9not-911-And-Israel's-Great-Game:0 ; 3. Film: "Israel & Assassination of the Kennedy-Brothers" https://www.youtube.com/watch?v=Kzz9Md0d76Y

[35] Matthew Towers: Film "Israels Second 9/11. How Zionism conquered JFK, America & Palestine". https://truthtower.com/

[36] Webauftritt AE911 https://www.ae911truth.org/

[37] Vgl. Youtube-Video eines Gespräches über die Entstehungsgeschichte der Organisation AE911, ihren jetzigen Stand und den Erkenntnisstand zu den drei Themen 9/11, Covid-19 und 7. Oktober 2023. https://richardgage911.org/its-here-long-awaited-ae911truth-interview-of-richardgage911/ Am 4. April 2025 erschien ein Podcast-Interview mit dem früheren Wrestler Jake Shields, in dem die ganze Breite der Hintergründe zu 9/11, angefangen mit der Geschichte Palästinas bis zur heutigen Gaza-Tragödie, dem breiten Publikum von Shields mit seinen 850.000 Followern in einem 90-minütigen Interview mit vielen dokumentierenden Einspielern vorgestellt wurde. https://richardgage911.substack.com/p/tonight-tale-of-two-champions-jake

[38] Die Organisation 911Truth.Org https://911truth.org/, das International Center for 9/11 Justice https://ic911.org/, 911 Pilots https://911pilots.org/, die 120-minütige Dokumentation des Historikers Ryan Dawson (X-Tweet) https://x.com/AdameMedia/status/1902174341028004025 Die umfangreichste Datensammlung zu den Themen Ukraine-Krieg, Israel/Palästina, Covid Pandemie und inszenierter Terrorismus stammt wohl von dem „Swiss Policy Research", einem unabhängigen Forschungs- und Informationsprojekt zu geopolitischer Propaganda in Schweizer und internationalen Medien. (https://swprs.org/)

[39] United Nations Human Rights Council: "More than a human can bear: Israel's systematic use of sexual, reproductive and other forms of gender-based violence since October 2023". https://www.ohchr.org/en/press-releases/2025/03/more-human-can-bear-israels-systematic-use-sexual-reproductive-and-other?sub-site=HRC

[40] Tagesschau vom 13.03.2025. https://www.tagesschau.de/ausland/europa/un-menschenrechtsrat-israel-100.html

[41] Guyénot, Laurent. JFK-9/11: 50 Years of Deep State, S.237.

[42] Wolf Wetzel: „Bilder, die sich gleichen. Bestimmte Verbrechen des deutschen Faschismus sind einzigartig — gerade das Beispiel des Gaza-Bombardements zeigt aber: Sie sind nicht die einzigen, die uns mit Entsetzen erfüllen." Manova News. 25. Januar 2025. https://www.manova.news/artikel/bilder-die-sich-gleichen

[43] Zu den inneren Verbindungen von Faschismus und Zionismus ausführlich im 2. Kapitel

[44] Wikipedia-Eintrag für Council on Foreign Relations: https://de.wikipedia.org/wiki/Council_on_Foreign_Relations

[45] „Das American Empire und seine Medien." https://swprs.org/das-american-empire-und-seine-medien/

[46] „Die Propaganda-Matrix:Wie der CFR den geostrategischen Informationsfluss kontrolliert." https://swprs.org/die-propaganda-matrix/

[47] Archibald Cary Coolidge: The United States as a World Power, 1908

[48] Walter Lippmann: Die öffentliche Meinung. Wie sie etsteht und manipuliert wird. Originaltitel: Public Opinion. Westend-Verlag 2018

[49] In dem o. g. Text wird aus dem Buch „Imperial Brain Trust" von Laurence H. Shoup und William Minter zitiert, ab Seite 169 ff. https://swprs.org/wp-content/uploads/2017/09/cfr_imperial_brain_trust.pdf#page=181

[50] Wikipedia-Eintrag für John McCloy: https://de.wikipedia.org/wiki/John_Jay_McCloy

[51] Wikipedia-Eintrag für Zbigniew Brzeziński https://de.wikipedia.org/wiki/Zbigniew_Brzezi%C5%84ski

[52] Victoria Jane Nuland ist eine US-amerikanische Diplomatin. Sie war von 2013 bis 2017 Assistant Secretary of State im US-Außenministerium und ab Mai 2021 Staatssekretärin für politische Angelegenheiten. Seit dem 28. Juli 2023 ist sie geschäftsführende US-amerikanische Vizeaußenministerin. (siehe Wikipedia-Eintrag https://de.wikipedia.org/wiki/Victoria_Nuland) Nulands sagte 2013 im US-Senat, dass in den 22 vorangegangenen Jahren seit 1991 fünf Milliarden US-Dollar aus US-Steuermitteln für Demokratisierung, Wohlstand, Sicherheit und Demokratie in der Ukraine eingesetzt worden seien. Mit diesen Mitteln ist nach Einschätzung von zeitgeschichtlichen Beobachtern der Putsch gegen den damaligen gewählten Präsidenten Janukowitsch finanziert worden. Im Wikipedia-Eintrag wird auch der Hintergrund zu Nulands trauriger Berühmtheit durch ihre „Fuck you Europe"-Aussage erläutert.

[53] Wikipedia-Eintag für Michael Froman: https://de.wikipedia.org/wiki/Michael_Froman Für die Organisation B'nai B'rith findet sich folgender Wikipedia-Eintrag: „B'nai B'rith (hebräisch בני ברית; deutsch „Söhne des Bundes"), auch Bnai Brith oder im deutschsprachigen Raum bis zur Zeit des Nationalsozialismus Unabhängiger Orden Bne Briss (U.O.B.B.) oder Bnei Briß genannt, ist eine jüdische Organisation. Sie wurde im Jahre 1843 in New York als geheime Loge von zwölf jüdischen Einwanderern aus Deutschland gegründet und widmet sich laut Selbstdarstellung der Förderung von Toleranz, Humanität und Wohlfahrt." Über eher weniger bekannte Inhalte und Bestrebungen der Freimaurerei weiter unten.

[54] Wikipedia-Eintrag für Council on Foreign Relations https://de.wikipedia.org/wiki/Council_on_Foreign_Relations

[55] Edward Bernays: Propaganda. Orange-Press 2011, S. 37. Bernays schreibt weiter: „Die unsichtbare Regierung ist tendenziell in den Händen weniger konzentriert aufgrund der Kosten, die damit verbunden sind, die soziale Maschinerie zu handhaben, welche die Meinungen und Gewohnheiten der Massen kontrolliert." (S. 63).

[56] Ein Beispiel für das Wirken der Propaganda-Matrx ist das „Hasbara-Projekt" das als Instrument der Öffentlichkeitsarbeit der Regierung Israels in den 1970er Jahren gegründet wurde, wie die New York Times im Jahr 1986 berichtete. Während es 1983 noch über 50 größere Medienunternehmen gab, sind es heute nur noch 6 große Medienkonglomerate, die 96%der Nachrichten kontrollieren. Der ehemalige Flugkapitän Dan Hanley, der es sich zur Aufgabe gemacht hat die nachweislich unmöglichen Flugmanöver aufzudecken, die angeblich von den Flugzeugentführern des 11. September ausgeführt worden sein sollen, schreibt in einem Tweet: „Zionists have infiltrated every level and branch of management to ensure that it happens." https://twitter.com/danhanley4/status/1756971961094127996

[57] Walter Lippmann: The Good Society. 3. Auflage. George Allen and Unwin 1944

[58] Wikipedia-Eintrag Mont Pèlerin Society https://de.wikipedia.org/wiki/Mont_P%C3%A8lerin_Society

[59] In: Srnicek, Nick; Williams, Alex. Die Zukunft erfinden: Postkapitalismus und eine Welt ohne Arbeit. Fuego.

[60] Srnicek und Williams schreiben: „Die Atlas-Stiftung rühmt sich heute, mehr als 400 neoliberale Institutionen in über 80 Ländern mit auf den Weg gebracht und vernetzt zu haben. Hier wird das gesamte Ausmaß der neoliberalen ideologischen Infrastruktur deutlich." A.a.O.

[61] Der Ökonom Michal Hudson schreibt über diese Zeit: „Es sollte nicht überraschen, dass Banken wie in den Blasenwirtschaften des Westens zu den wichtigsten Kontrollzentren der Wirtschaft wurden. Anstelle des versprochenen Wohlstands wurde eine neue Klasse von Milliardären gegründet, angeführt von den berüchtigten „Sieben Bankiers", die sich die ehemals staatliche Öl- und Gas-, Nickel- und Platin-, Strom- und Aluminiumproduktion sowie Immobilien, Stromversorgungsunternehmen und andere öffentliche Unternehmen aneigneten. Es war das größte Geschenk der modernen Geschichte. Die sowjetische Nomenklatura wurden die neuen Herren in einer regelrechten Machtübernahme, die Marx als „ursprüngliche Akkumulation" bezeichnet hätte. Michal Hudson: "Socialism, Land and Banking: 2017 compared to 1917", erschienen in "Beijing today", 21. Oktober 2017. Wer waren die sieben Bankiers: Boris Beresowski, Michail Chodorkowski, Michail Fridman, Pjotr Awen, Wladimir Gussinski, Witali Malkin und Wladimir Potanin. Von diesen waren oder sind die ersten sechs jüdisch. Der „Oligarch" Roman Arkadjewitsch Abramowitsch wird zu den „berüchtigten sieben Bankern" nicht dazu gezählt; jüdisch ist auch er.

[62] Die Werke der großen Ökonomen Karl Marx, John Maynard Kenes und Jospef Schumpeter werden mancherorts wegen ihrer Bedeutung, aber auch wegen der thematischen Überschneidungen ihrer Werke als „Grand Theories" bezeichnet, trotz aller inhaltlichen Differenzen. Der Ökonom Robert L. Heilbroner schreibt über die politische Ökonomie bei „Marx. Keynes and Schumpeter", obwohl Keynes Marx kaum kannte und Schumpeter kaum zur Kenntnis nahm, während Schumpeter ein großer Verehrer von Marx war, diesen aber auch heftig kritisierte. Vhl. Robert L. Heilbroner: Marx. Keynes and Schumpeter. Journal of Economic Issues, Vol. 18, No. 3 (Sep., 1984), pp. 681-695 (15 pages)

[63] Berliner Zeitung: Platzt nach der Wahl die Bombe? 21. Februar 2025 https://www.berliner-zeitung.de/wirtschaft-verantwortung/nord-stream-2-platzt-nach-der-wahl-die-bombe-li.2300940

[64] Bild-Zeitung: BILD hatte die Einsicht beantragt: Kanzleramt will „Nord Stream 2"-Akten nicht rausrücken. 18.02.2025 https://www.bild.de/leben-wissen/mein-recht-verbraucherportal/ostsee-pipeline-nord-stream-2-kanzleramt-verweigert-akteneinsicht-67a0dbb508bc756e749d591b

[65] Meldung des Business Wire vom 25. Februar 2025: https://www.businesswire.com/news/home/20250224817505/de

[66] X-Account von Francisca Albanese https://x.com/franceskalbs?lang=de

[67] Heiner Flassback: Grundlagen einer relevanten Ökonomik. Westend Verlag 2024

[68] So formulierte es der Rezensent Thomas Trares in einem Artikel der „Nachdenkseiten": „Flassbecks „Grundlagen einer relevanten Ökonomik" – mehr als nur ein Buch, ein „Lebenswerk"!" Nachdenkseiten, 5.8.2025 https://www.nachdenkseiten.de/?p=128263

[69] So etwa im Jahrbuch 16 „Normative und institutionelle Grundfragen der Ökonomik" von Richard Sturn, Katharina Hirschbrunn, Gisela-Kubon-Gilke (Hrsg.), S. 12. Metropolis Verlag 2017

[70] Ingo Pies: Ironie bei Schumpeter – Ein Interpretationsvorschlag zum 75. Jubiläum von ‚Kapitalismus, Sozialismus und Demokratie'. Diskussionspapier Nr. 2017-04 des Lehrstuhls für Wirtschaftsethik n der Martin-Luther-Universität Halle-Wittenberg.

[71] Joseph Schumpeter. 1942 (3rd edition: 1950). Capitalism, Socialism, and Democracy. New York: Harper Torchbooks, Harper and Row Publishers, pp. 132-34, 141-42, 150-51, 417-18.

[72] Wikipedia-Eintrag für Colloque Walter Lippmann https://de.wikipedia.org/wiki/Colloque_Walter_Lippmann

[73] Dies ist, auf wenige Sätze zusammengefasst, der Kern der Stagnationstheorie der wirchaftlichen Entwicklung, wie sie etwa von dem emeritierten Finanzwissenschaftler Karl-Georg Zinn mit Bezug auf John Maynard Keynes und Joseph Schumpeter vertreten wird. In: Karl Georg Zinn: Vom Kapitalismus ohne Wachstum zur Marktwirtschaft ohne Kapitalismus. VSA 2015. Dies wird im weiteren Verlauf umfassend diskutiert.

[74] Emmanuel Todd, von dem im nächsten Kapitel die Rede sein wird, schrieb schon 1999 über die „Stagnation der entwickelten Gesellschaften", in seinem Buch „Die neoliberale Illusion". Der Neoliberalismus sei „zum Religionsersatz geworden", und alles habe sich „einem engen ökonomischen Denken" unterzuordnen. Natürlich ist das ungebremste Wachstum von Umsätzen und Gewinnen in diesem Denken das Ziel, tatsächlich ist die „Stagnation der entwickelten Gesellschaften" aber nicht aufzuhalten und das Resultat einer natürlichen, sinnvollen Entwicklung. Sie muss allerdings politisch bewältigt werden. Emmanuel Todd: Die neoliberale Illusion. Rotbuchverlag, Zürich 1999.

[75] X-Tweet von Caitlin Johnstone vom 17. Februar 2025 https://x.com/caitoz/status/1891622570405003379

[76] John Meynard Keynes: Vorlesung über „Ökonomische Möglichkeiten für unsere Enkelkinder", gehalten in Madrid 1930, gedruckt erschienen in der Zeitschrift „The Nation & The Athenaeum" am 11. und 18. Oktober 1930. Entnommen aus: Norbert

Reuter: Wachstumseuphorie und Verteilungsrealität. Wirtschaftspolitische Leitbilder zwischen Gestern und Morgen. Mit Texten zum Thema von John Maynard Keynes und Wassily W. Leontief, 2. Vollständig überarbeitete und aktualisierte Auflage, Marburg 2007. Seitenangaben zum Text von Keynes entsprechend.

[77] Vgl. Laurent Guyénot: JFK-9/11: 50 Years of Deep State. Kontre Kulture 2021. S. 273 ff.

[78] X-Tweet von Caitlin Johnstone vom 17. Februar 2025 https://x.com/caitoz/status/1891325806259159169

[79] Todd, Emmanuel. Der Westen im Niedergang: Ökonomie, Kultur und Religion im freien Fall. Westend Verlag. S. 49

[80] Tagesschau vom 15.1.2025: Biden warnt vor gefährlicher Oligarchie. Am kommenden Montag gibt US-Präsident Biden sein Amt an Trump weiter. In einer Abschiedsrede an die Nation warnte er nun die Amerikaner eindringlich vor den Gefahren für die Demokratie - und vor einer Herrschaft der Superreichen. https://www.tagesschau.de/ausland/amerika/usa-abschiedsrede-biden-100.html

[81] Guyénot, Laurent. JFK-9/11: 50 Years of Deep State, S.236-237,. Kontre Kulture.

[82] In einem Film mit dem Titel „Die Truman-Show" geht es um das künstlich inszenierte Leben des Truman Burbank, das sich in einer von einer gigantischen Kuppel überdachten und von Wasser umgebenen Küstenstadt abspielt. In der idyllischen Kleinstadt gibt es kontrollierbares Wetter, künstlichem Sternenhimmel und Sonne und Mond. Dies alles wird ständig von einem Filmteam gefilmt und als Life-Show übertragen, ohne dass die Hauptperson Burbank davon weiß. Das ganze Leben des Truman Burbank ist also eine Show, mit der Werbeeinnahmen erzielt werden sollen.Truman wird damit in eine – wahnhafte – Vortäuschung einer inszenierten Realität manipuliert. Vgl. Wikipedia-Eintrag für Truman-Show https://de.wikipedia.org/wiki/Die_Truman_Show

[83] John F. Kennedy: Rede im Waldorf Astoria Hotel, New York City, vom 27. April 1961 vor der Amerikanischen Zeitungsverleger Vereinigung (American Newspaper Publishers Association) unter dem Titel „Der Präsident und die Presse". Kennedy sagte in der Rede: „Ich möchte über unsere gemeinsamen Verantwortlichkeiten angesichts einer alle betreffenden Gefahr sprechen. Die Ereignisse in den letzten Wochen haben vielleicht geholfen, diese Herausforderung für einige zu erhellen; die Dimensionen ihrer Bedrohung türmen sich aber seit vielen Jahren am Horizont auf. Was auch immer unsere Hoffnungen für die Zukunft sein mögen – diese Bedrohung zu reduzieren oder mit ihr zu leben –, es gibt kein Entkommen vor ihr, weder vor der Schwere noch vor der Totalität ihrer Herausforderung für unser Überleben und unsere Sicherheit – es ist eine Herausforderung, die uns auf ungewohnte Weise in jeder Sphäre menschlicher Tätigkeit konfrontiert.Diese tödliche Herausforderung stellt an unsere Gesellschaft zwei Anforderungen, die sowohl den Präsidenten als auch die Presse direkt betreffen – zwei Anforderungen, die fast im Widerspruch zueinander zu stehen scheinen, die aber in Einklang gebracht werden und die wir erfüllen müssen, um dieser nationalen Gefahr zu begegnen. Ich beziehe mich zum einen auf die Notwendigkeit, die Öffentlichkeit mehr zu informieren, und zum anderen auf die Notwendigkeit von weit mehr dienstlicher Verschwiegenheit. Bereits das Wort Geheimhaltung steht im Widerspruch zu einer freien und offenen Gesellschaft; und als Volk sind wir unserer Natur nach und historisch ablehnend gegenüber Geheimgesellschaften, geheimen Eiden und geheimen Verfahren." Weiter sagte Kennedy: „Es braucht eine Änderung der Anschauung, eine Änderung der Taktiken, eine Änderung der Aufgaben – bei der Regierung, beim Volk, bei jedem Geschäftsmann oder Arbeiterführer und bei jeder Zeitung. Denn rund um die Erde stehen wir einer monolithischen und skrupellosen Verschwörung gegenüber, die sich vorwiegend auf verdeckte Mittel stützt, um ihre Einflusssphäre auszudehnen – auf Infiltration statt Invasion, auf Umsturz statt Wahlen, auf Einschüchterung statt Wahlfreiheit, auf Guerillas bei Nacht statt Armeen bei Tag. Es ist ein System, das unermessliche menschliche und materielle Ressourcen zwangsverpflichtet hat für den Aufbau einer dicht geknüpften, hoch effizienten Maschine, die militärische, diplomatische, geheimdienstliche, wirtschaftliche, wissenschaftliche und politische Unternehmungen verbindet." Monolithische skrupellose Verschwörung: es braucht nicht viel Phantasie um sich vorzustellen, dass genau die skrupellosen Verschwörer für die spätere Ermordung Kennedys Verantwortung tragen.

[84] Vgl. die Erklärung des Ökonomen Jeffrey Sachs zu Benhamin Netanjahu, wonach Netanjahu die großen US-Kriege nach 9/11 angestiftet habe; er sieht hier eine „Extremisten-Bande" von Erz-Zionisten unter Führung Betanjahus am Werk. Mehr im Verlauf des Buches.

[85] Link zu dem Gespräch von Tucker Carson mit dem Abgeordneten Thomas Massie auf X: https://x.com/AdameMedia/status/1883468441296003154

[86] Müller, Albrecht. Die Revolution ist fällig: Aber sie ist verboten (S.12). Westend Verlag GmbH.

[87] New York Post: Trump orders review to identify, punish and deport antisemites — including students on visas. https://nypost.com/2025/01/29/us-news/trump-ordering-review-to-punish-and-deport-antisemites-including-students-on-visas/

[88] "The International Holocaust Remembrance Alliance (IHRA) is an intergovernmental organization with 35 Member Countries." https://holocaustremembrance.com/resources/arbeitsdefinition-antisemitismus

[89] Die Weltwoche: „Financial Times: EU diskutiert über Rückkehr zu russischem Gas im Rahmen eines Ukraine-Friedensdeals". In der Europäischen Union wird eine mögliche Wiederaufnahme von russischen Pipelinegas-Lieferungen diskutiert – als Teil eines möglichen Abkommens zur Beendigung des Krieges in der Ukraine." Weltwoche vom 30.01.2025 https://weltwoche.de/daily/financial-times-eu-diskutiert-ueber-rueckkehr-zu-russischem-gas-im-rahmen-eines-ukraine-friedensdeals/

[90] Todd, Emmanuel. Der Westen im Niedergang: Ökonomie, Kultur und Religion im freien Fall. Westend Verlag.

[91] Michael Hesse: „Emmanuel Todd: Das Ende des Westens ist nah" Frankfurter Rundschau, 28.10.2024, https://www.fr.de/kultur/gesellschaft/nah-emmanuel-todd-das-ende-des-westens-ist-93380369.html

[92] Die an der London School of Economics lehrende Philosophin Lea Ypi vertritt mit Bezug auf Kant und Ansätze des Marxismus sowie der Kritischen Theorie einen „moralischen Sozialismus".

[93] Die FAZ schrieb am 28. Mai 2014: „Für den neu gewählten ukrainischen Präsidenten Petro Poroschenko herrscht in der Ostukraine „Kriegszustand". „Die Anti-Terror-Operation hat ‚endlich richtig begonnen', sagte er der „Bild"-Zeitung. https://www.faz.net/aktuell/politik/ausland/poroschenko-spricht-von-kriegszustand-in-ostukraine-12962017.html

[94] Ingar Solty: Der Krieg im Irak hat die Welt verändert – zum Schlechten. Rosa-Luxemburg-Stiftung, 20.03.2023 https://www.rosalux.de/news?tx_news_pi1%5Baction%5D=detail&tx_news_pi1%5Bcontroller%5D=News&tx_news_pi1%5Bnews%5D=50152&tx_news_pi1%5Bnews_uid%5D=0&cHash=3305cac4af9556a7c75d1369ebf023d6

[95] Wikipedia-Eintrag für Wesley Clark https://en.wikipedia.org/wiki/Wesley_Clark

[96] C-SPAN User Clip, erzeugt am 3. 12. 2020 https://www.c-span.org/video/?c4927483/user-clip-netanyahu-no-question-saddam-working-nuclear-weapons Siehe auch oben den Interview-Ausschnitt mit Jeffrey Sachs, in der Einleitung.

[97] Wikipedia-Eintrag zu Turkmenistan-Afghanistan-Pakistan-Pipeline https://de.wikipedia.org/wiki/Turkmenistan-Afghanistan-Pakistan-Pipeline

[98] U.S. Rejects New Taliban Offer. ABC News, 15.10.2001 https://abcnews.go.com/International/story?id=80482&page=1

[99] Reinrad Merkel: Meinung: Die NATO-Intervention gegen das Gaddafi-Regime war illegitim. Bundeszentrale für politische Bildung, 10.7.2012. https://www.bpb.de/themen/kriege-konflikte/dossier-kriege-konflikte/140315/meinung-die-nato-intervention-gegen-das-gaddafi-regime-war-illegitim/

[100] Chronologie des Kriegs: Wie sich Libyen von Gaddafi befreite. Der Spiegel vom 20.10.2011. https://www.spiegel.de/politik/ausland/chronologie-des-kriegs-wie-sich-libyen-von-gaddafi-befreite-a-792996.html

[101] Daniel Killy: Biden Mannschaft. Jüdische Allgemeine vom 21. 1. 2021 https://www.juedische-allgemeine.de/juedische-welt/bidens-mannschaft/

[102] The American Empire and it's Media. Suiss Media Research 2017. https://swprs.org/the-american-empire-and-its-media/ Das Swiss Media Research wurde umbenannt in Swiss Policy Research, daraus wurde oben (S. 7) bereits zitiert.

[103] Candice Vacle: Die geheime Macht der Bilderberg-Gruppe. Info-Sperber, 30.08.2019. https://www.infosperber.ch/politik/welt/die-geheime-macht-der-bilderberg-gruppe/

[104] Wikipedia-Eintrag für Trilatere Kommission https://de.wikipedia.org/wiki/Trilaterale_Kommission

[105] Der Katholik Joe Biden sagte in einer Rede anlässlich einer Feier des Haukkah-Festes am 11. Dezember 2023: „You don't have to be a Jew to be a Zionist. I am a Zionist". Redetext mit dem Titel „Remarks by President Biden at a Hanukkah Holiday Reception", https://www.whitehouse.gov/briefing-room/speeches-remarks/2023/12/11/remarks-by-president-biden-at-a-hanukkah-holiday-reception/

[106] „Blasphemische" Olympia-Eröffnung: Kardinäle und Bischöfe fordern eine offizielle Entschuldigung des IOC". CNA Deutsch Nachrichtenredaktion, 2. August 2024. https://de.catholicnewsagency.com/news/16309/blasphemische-olympia-eroffnung-kardinale-und-bischofe-fordern-eine-offizielle-entschuldigung-des-ioc

[107] Vatican News: Heiliger Stuhl kritisiert Eröffnungsfest der Olympischen Spiele. 3. August 2024. https://www.vaticannews.va/de/vatikan/news/2024-08/vatikan-kritik-eroeffnungsfeier-paris-olympische-spiele-pm.html

[108] Kim Dotcom (Schmitz), X-Tweet vom 28. August 2024, mit 7,5 Millionen Views zum Zeitpunkt 08.11.2024. https://twitter.com/KimDotcom/status/1825187568834753021 Kim Dotcom hat im November 2024 einen „ernsthaften" Schlaganfall erlitten, wie der Spiegel am 25.11.2024 berichtete. Insgeheim wird der eine oder andere Freund und Verteidiger Kims über die Frage nachdenken, ob diesem unglücklichen Schlaganfall vielleicht irgendwie nachgeholfen wurde; mittels Nanotechnologie könnte es vielleicht möglich sein, Blutgerinnungsprozesse im Gehirn gezielt hervorzurufen. Aber das ist natürlich pure Spekulation. Kims Tweet vom 28. August 2024 hatte inzwischen über 8 Millionen Views und immer nicht gelöscht; dieser Tweet ist tatsächlich „wichtig". Der Spiegel: Kim Dotcom berichtet von »ernsthaftem« Schlaganfall. https://www.spiegel.de/netzwelt/web/kim-dotcom-berichtet-von-ernsthaftem-schlaganfall-a-4986a24f-347e-4a11-bc1e-76b26d780788

[109] Anshel Pfeffer, Haaretz: „Netanyahu's Hollow 'Triumph' in Congress: Winning in Speeches, Losing in Wars". Er schreibt: "Netanyahu may have won 52 standing ovations from the rapturous, majority-Republican audience, but his rhetoric that so impressed the natives in Washington offered nothing for Israelis watching back at home." 25. Juli 2024 https://www.haaretz.com/israel-news/2024-07-25/ty-article.premium/netanyahus-hollow-triumph-in-congress-winning-in-speeches-losing-in-wars/00000190-e668-d8b8-a59a-eefeb7e90000

[110] Ich werde wie gesagt auf Kim Dotcom zurückkommen und auch auf diesen Artikel der „Jüdischen Allgemeinen", die sich mit Kims Tweet beschäftigt hat und die nun versucht, seinen Beitrag mit „Satire" ins Lächerliche zu ziehen: „Kim Dotcom hat

die »Protokolle der Weisen von Zion« entdeckt - und ist nun einer ganz, ganz großen Verschwörung auf der Spur." https://www.juedische-allgemeine.de/allgemein/alles-nicht-ganz-so-falsch-wie-geglaubt/

[111] Laurent Guyénot führt dieses Argument an, um Zweifel an der Verursachung des 11. September zu zerstreuen: „Letztlich besteht ein unbestreitbarer kausaler Zusammenhang zwischen der Ermordung John F. Kennedys und dem 11. September: Die Voraussetzungen für das zweite Attentat wären nicht eingetreten, wenn Präsident Kennedy überlebt und seine Politik fortgesetzt hätte." Guyénot, Laurent. JFK-9/11: 50 Years of Deep State, S.243

[112] Der UN-Sonderausschuss stellt am 14. November 2024 fest, dass Israels Kriegsführungsmethoden in Gaza mit Völkermord vereinbar sind, einschließlich des Einsatzes von Hunger als Kriegswaffe. https://www.ohchr.org/en/press-releases/2024/11/un-special-committee-finds-israels-warfare-methods-gaza-consistent-genocide

[113] Caitlin Johnstones Tweet auf X vom 24.10.2024 https://x.com/caitoz/status/1849575584462160132 .

[114] Schutz vor Russland: Neuer EU-Kommissar will Europa drastisch aufrüsten. Der Spiegel , 7.11.2024. https://www.spiegel.de/ausland/schutz-vor-russland-neuer-eu-kommissar-will-europa-drastisch-aufruesten-a-aa7fb5d5-0f26-48d0-9ad6-656d05eaca8f

[115] Den russischen „Pranksten" Vovan und Lexus ist es gelungen, dem französischen Ex-Präsidenten Hollande das Bekenntnis zu entlocken, dass in den Minsk-Verhandlungen nur auf Zeit gespielt worden ist: „Die russischen Witzbolde Vovan und Lexus zwangen den ehemaligen französischen Präsidenten Hollande, die Wahrheit über die Minsker Vereinbarungen zu sagen, indem sie vorgaben, Ukrainer zu sein." X-Tweet vom 17.11.2024 https://x.com/ricwe123/status/1858094523504803869

[116] Dieses Zitat von Jeffrey Sachs stammt von dem „Zivilisationisten" Amjad Masad; gepostet auf X am 30.9.2024 https://x.com/amasad/status/1840860445667967176

[117] John F. Kennedy: Rede vor amerikanischen Zeitungsverlegern am 27 April 1961

[118] Rede von John F. Kennedy vor der American University in Washington, D.C., gehalten am 10. Juni 1963. http://john-f-kennedy.info/reden/1963/american-university/

[119] Mariana Mazzucato: The Value of Everything. Making and Taking in the Grobal Economy. Public Affairs 2018

[120] Brynjolfsson, Erik; McAfee, Andrew. Race Against The Machine: How the Digi-tal Revolution is Accelerating Innovation, Driving Productivity, and Irreversibly Transforming Employment and the Economy (English Edition) . Digital Frontier Press 2011

[121] Robert J. Gordon: The Rise and Fall of American Growth. Princeton University Press 2016

[122] Statista: Anzahl der chinesischen Dollar-Milliardäre zwischen von 2004 bis 2024. https://de.statista.com/statistik/daten/studie/936526/umfrage/anzahl-der-chinesischen-milliardaere/

[123] IWF-Prognose: Globale Staatsschulden steigen über 100 Billionen. Tagesschau, 15.10.2024. https://www.tagesschau.de/wirtschaft/weltwirtschaft/iwf-staatsverschuldung-usa-china-100.html

[124] Vgl. „Bald 50 Billionen Dollar Schulden - in den USA tickt die Schuldenbombe". Focus online, 4.7.2024, https://www.focus.de/finanzen/boerse/rene_will_rendite/verschuldung-bald-50-billionen-dollar-schulden-in-den-usa-tickt-die-schuldenbombe_id_260104873.html

[125] Die Zahlen stammen aus einem Artikel des Ökonomen Christian Kreiß: „Börsengewitter: Wetterleuchten oder Korrektur? Zunehmende Ungleichverteilung in den USA und ihre Auswirkungen", erschienen in den „Nachdenkseiten" am 12.08.2024. https://www.nachdenkseiten.de/?p=119514#foot_2

[126] Der NDR berichtete am 14.03.2024: „Depressionen und Ängste: Arbeitnehmer fallen so oft aus wie nie. Wegen psychischer Erkrankungen wie Depressionen und Ängste haben Arbeitnehmer in Niedersachsen 2023 so oft wie nie im vergangenen Jahrzehnt gefehlt." https://www.ndr.de/nachrichten/niedersachsen/Depressionen-und-Aengste-Arbeitnehmer-fallen-so-oft-aus-wie-nie,fehltage104.html

[127] Der Spiegel schrieb am 1. Mai 2019: „Kühnert will Kollektivierung von BMW. Kevin Kühnert hat seine Idee eines "demokratischen Sozialismus" erklärt. Dazu gehöre, Großkonzerne wie BMW zu kollektivieren. Außerdem solle jeder nur noch die selbst genutzte Wohnung besitzen dürfen." https://www.spiegel.de/politik/deutschland/kevin-kuehnert-will-kollektivierung-von-grossunternehmen-wie-bmw-a-1265315.html

[128] „There is no freedom without morality and truth. The immoral rules-based order and its empire of lies are the enemy of freedom. Just look at Gaza." X-Tweet vom 8.10.2024 https://x.com/KimDotcom/status/1843640590644523455

[129] Kim Dotcom Schmitz meldete am 25. November 2024 auf X, er habe einen schweren Schlaganfall erlitten. Sein X-Account ist noch aktiv, und der Tweet vom 18. August, den er als den wichtigsten bezeichnet, den seine Follower je lesen werden, ist noch immer angeheftet und hat nun über acht Millionen Views. https://x.com/KimDotcom/status/1860944312873468127

[130] Was sich in der Barbarei des Gaza-Kriegs äußert ist tatsächlich die in kühlen Philosophen-Worten vorgetragene Konsequenz dieses Verzichts auf die „Rücksichtnahme auf das Lebensrecht des Mitmenschen": „andere", feindliche Menschen (in Israel: Palästinenser) dürfen rücksichtslos ermordet, bekämpft und vernichtet werden.

[131] Wikipedia-Eintrag zu Leo Strauß: https://de.wikipedia.org/wiki/Leo_Strauss

[132] Volker Ulrich: Die Rede, in der er die Vernichtung der Juden ankündigte. In: Die Zeit, vom 30.1.2019 https://www.zeit.de/wissen/geschichte/2019-01/adolf-hitler-reichstagsrede-1939-juden-holocaust-nationalsozialismus

[133] Vgl. Die Welt: So antisemitisch war der Auto-Milliardär Henry Ford. 15. November 2021. https://www.welt.de/geschichte/article231379525/Judenhass-in-den-USA-So-antisemitisch-war-Henry-Ford.html; die Bemerkung Haim Cohens zu den israelischen Rassegesetzen findet sich in: J. Badi, Fundamental Laws of the State of Israel, New York 1960, S. 156.

[134] Muriel Kalisch im Spiegel vom 25. März 2024: Israel begibt sich weiter ins Abseits. https://www.spiegel.de/ausland/krieg-im-gazastreifen-israel-begibt-sich-weiter-ins-abseits-a-03b95589d-209a-4e6a-a074-ac58b98f60fd; eine Analyse der Menschenrechtsexpertin Francesca Albanese der Uno zu Gaza weist Israel als „Schande" zurück. Der Spiegel vom 26. März 2024 https://www.spiegel.de/ausland/israel-weist-bericht-von-uno-expertin-als-schande-zurueck-a-0469d2de-6361-4d89-968c-51d0afb3bf27

[135] Rolf Benz: Die Protokolle der Weisen von Zion: Die Legende von der jüdischen Weltverschwörung. C.H.Beck 2007. Im Klappentext zum Buch heißt es: „Daß es sich dabei um ein Konstrukt des Antisemitismus handelt, ist schon oft wissenschaftlich bestätigt worden." Dazu ist Folgendes zu bemerken: Wer von einem Text behauptet, er sei „ein Konstrukt des Antisemitismus", handelt sich das folgende logische Problem ein: an einen wissenschaftlichen Text ist grundsätzlich zuerst die Anforderung zu stellen, dass er wahrheitsgemäß ist. Der Nachweis, dass ein Text „ein Konstrukt des Antisemitismus" ist, müsste prüfen, ob die darin enthaltene Aussage wahr ist. Die bloße Behauptung des Antisemitismus kann aber die Wahrheitsprüfung nicht ersetzen, bzw., wie Benz agumentiert, selbst schon der Wahrheitsbeweis sein. Dann nämlich würde jede Behauptung des Antisemitismus zu einer sich selbst bestätigenden Tautologie.

[136] Norbert Häring: „Geheimer Verhandlungsstand zu den Internationalen Gesundheitsvorschriften veröffentlicht. Artikel des Blogs „Geld und mehr" vom 24. März 2024. https://norberthaering.de/macht-kontrolle/ihr-verhandlungsstand/

[137] A Proclamation on Transgender Day of Visibility, 2024. https://www.whitehouse.gov/briefing-room/presidential-actions/2024/03/29/a-proclamation-on-transgender-day-of-visibility-2024/

[138] Allan Dulles wurde 1953 zum Direktor der CIA berufen, und geriet nach der Wahl John F. Kennedys mit diesem immer mehr in Konflikt, nicht zuletzt auch wegen dessen Bevorzugung klandestiner Aktivitäten, auch durch private Institutionen, wobei er „durchaus auch die Desinformation der US-Bevölkerung einbezog". Er wurde dann von Kennedy entlassen. Nach der Ermordung Kennedys wurde Dulles 1963 Mitglied der Warren-Kommission, die das Attentat aufklären sollte. „Dulles forcierte von Anfang an die Alleintäterthese, was Ermittlungen in andere Richtungen blockierte. So bagatellisierte er die von Lee Harvey Oswalds Familie verbreitete Behauptung, wonach Oswald ein CIA-Agent gewesen sei, und vereitelte jede Spurensuche in Richtung CIA." Wikipedia-Eintrag zu Allan W. Dulles https://de.wikipedia.org/wiki/Allen_Welsh_Dulles

[139] Loose Change. Second Edition. https://www.imdb.com/title/tt0831315/

[140] Jostein Gaarder: „Gottes auserwähltes Volk". Aftenposten, 5.8.2006 https://www.aftenposten.no/meninger/kronikk/i/weW34/guds-utvalgte-folk Deutsche Übersetzung von https://www.imdb.com/title/tt0831315/

[141] Internationaler Strafgerichtshof - Untersuchung gegen Chefankläger Khan. ARD Tagesschau, Stand: 11.11.2024 21:31 Uhr https://www.tagesschau.de/ausland/europa/untersuchung-khan-strafgerichtshof-100.html Der Haftbefehl gegen Netanjahu ist inzwischen erlassen worden.

[142] Kim Dotcom sagt in der Vorstellung des Intervies auf X: "I haven't done any interview in years and this may be my last one as the world is on the brink of nuclear war. Here's why we are facing the abyss." https://x.com/KimDotcom/status/1805322917645107481?lang=bn

[143] Dieser Ausspruch Jimmy Dores inspirierte den Verfasser zu diesem zunächst englischsprachigen Titel, der aber dann in Anlehnung an den deutschen Buchtitel Albrecht Müllers stehen blieb.

[144] Georg Wilhelm Friedrich Hegel, Samtliche Werke. Neue kritische Ausg. Begr. von Georg Lasson, (neu) hrsg. von Johannes Hoffmeister, Bd. 5: Phänomenologie des Geistes. Hamburg, 1952. S. 21.

[145] Karl Marx/Friedrich Engels, Werke, Berlin 1971, Bd. 13, S. 8f.

[146] So der Bericht über Herodes den Großen im „Israel-Spezialist". Da werden übrigens auch die Zweifel um den Kindermord zu Bethlehem erwähnt: „Der im Matthäusevangelium erwähnte Kindermord zu Bethlehem ist die berühmteste Anekdote, die mit dem Namen Herodes verbunden wird. Nach christlicher Überlieferung sollen Tausende erstgeborene Knaben ums Leben gekommen sein. Allerdings gibt es außer der christlich-biblischen Überlieferung keine historischen Indizien für diesen Kindermassenmord. Doch soll Herodes tatsächlich die Idee eines Messias gefürchtet und ihre Vertreter verfolgt haben." https://www.israel-spezialist.de/herodes-der-grosse.htm

[147] Berthold Seewald: Jüdischer Aufstand - „Blut floss in Strömen die Stufen des Tempels herab". Die Welt, 7.9.2022, https://www.welt.de/geschichte/kopf-des-tages/article240899673/Belagerung-Jerusalems-Blut-floss-von-den-Stufen-des-Tempels-herab.html

[148] Vgl. Wikipedia-Eintrag Eroberung von Jerusalem (70 n. Chr.) https://de.wikipedia.org/wiki/Eroberung_von_Jerusalem_(70_n._Chr.)

[149] Übersetzung des Textes von Cassius Dio nach Karl Christ: *Geschichte der römischen Kaiserzeit. Von Augustus zu Konstantin.* 6. Auflage mit aktualisierter Bibliographie. Beck, München 2009

[150] Vgl. Bibel Gateway, 1. Samuel 15: Saul soll die Amalekiter ausrotten. https://www.biblegateway.com/passage/?search=1%20Samuel%2015&version=HOF In einem Artikel der TAZ vom 29. 10. 2023 wird ein Auftritt Netanjahus beschrieben, in dem dieser eine neue Phase des Krieges ankündigt: „Er redet von den ‚Hallen des Bösen', in denen sich die Bodentruppen Israels nun befinden. Auch eine biblische Referenz webt er ein: ‚Ihr müsst euch erinnern, was Amalek euch angetan hat, sagt unsere heilige Schrift.'" https://taz.de/Benjamin-Netanjahus-Kriegsrhetorik/!5964144/

[151] Von dem Philosophen Philostratos wird schon um 200 n. Chr. von einer jüdischen Weltverschwörung berichtet. Philostratos behauptete, die Juden hätten sich „nicht nur gegen die Römer, sondern gegen die gesamte Menschheit erhoben". Die Juden lebten in „undurchdringlicher Absonderung" und verweigerten der übrigen Welt die Tischgemeinschaft. In: Hannes Stein: Hoch die Weisen von Zion!, in Kursbuch 124: Verschwörungstheorien, Berlin 1996, S. 35-48, hier S. 36

[152] Ein Youtube-Video zeigt die Geschichte der Familie Rothschild, und eine Szene aus einem Interview mit dem – kürzlich verstorbenen – britischen Baron Jakob Rothschild, in dem dieser bestätigt, dass seine Familie den Staat Israel gegründet hat. Rechtliche Grundlage war die „Balfour-Deklaration", in der „Sympathie" mit dem Bestreben der Britischen Krone erklärt wird, für das jüdische Volk eine „Heimstatt" in Palästina zu schaffen. „Lord Rothschild Claims His Family Created Israel", https://www.youtube.com/watch?v=lUpZT5hEh8Q

[153] Wikipedia-Eintrag "Balfour-Deklaration" https://de.wikipedia.org/wiki/Balfour-Deklaration

[154] Der folgende deutsche Text enthält Ausschnitte aus dem Buch: Christopher Bollyn: Solving 9-11: The Deception That Changed The World; hier besonders Kapitel III: America the Target: 9-11 and Israel's History of False Flag Terrorism.

[155] Der Nachrichtendienst AMAN (Direktorat für militärische Aufklärung) wurde im März 1949 als Nachrichtendienstabteilung der Israelischen Armee gegründet; im Jahr 1953 bekam der Dienst seinen heutigen Namen als Aman. In der Gründungsphase des israelischen Staates war vor allem die Militärorganisation Hagana für die Beschaffung geheimdienstlicher Informationen zuständig, beziehungsweise eine ihrer Eliteeinheiten, der Scherut Jediot. https://de.wikipedia.org/wiki/Aman

[156] Damit ist das angesprochen, was als „Nakba" (Katastrophe oder Unglück) in die Geschichtsschreibung eingangen ist: die Flucht und Vertreibung von etwa 700.000 arabischen Palästinensern aus dem früheren britischen Mandatsgebiet Palästina. Vgl. Wikipedia-Eintrag zu Nakba https://de.wikipedia.org/wiki/Nakba

[157] In der „Welt" findet sich folgende Dokumentation dieses Anschlags: „Diesen Anschlag in Jerusalem begingen Juden: Am 22. Juli 1946 sprengte ein Kommando der radikalen Gruppe Irgun das „King David"-Hotel. 91 Tote waren die Folge – und die Isolation ihres Anführers Menachem Begin. Trotzdem machte er später Karriere." Begin wird Regierungschef, später wird er der erste Israeli sein, der den Friedensnobelpreis erhält. Jizchak Zadok, einer der Attentäter, steht 60 Jahre später mit Siegerlächeln vor dem „King David"-Hotel. https://www.welt.de/geschichte/gallery157217259/Diesen-Anschlag-in-Jerusalem-begingen-Juden.html

[158] Arie Perliger, Leonard Weinberg: Jewish Self-Defence and Terrorist Groups Prior to the Establishment of the State of ISRAEL: Roots and Traditions. Universität von Massachusetts Lowell und University von Nevada, Dezember 2003

[159] Die „Irgun Zwai Leumi" war eine jüdische, von 1931 bis 1948 bestehende zionistische paramilitärische Untergrundorganisation im britischen Mandatsgebiet Palästina vor der israelischen Staatsgründung. Sie stand der Weltunion der *Zionistischen Revisionisten* von Wladimir Jabotinsky nahe, welcher von 1937 bis 1940 auch Oberkommandierender war. https://de.wikipedia.org/wiki/Irgun_Zwai_Leumi

[160] Howard M. Sachar: A History of Israel: From the Rise of Zionism to Our Time. 3. Auflage Mai 2007, Erstausgabe 1976.

[161] In dem genannten Artikel des New Statesman, in dem es um den Krieg 1982 im Libanon geht, heiß es wörtlich: „Der Krieg im Libanon kann nicht verstanden werden als ein Krieg um das Überleben, nicht mal von seinen ergebensten Verteidigern. Aus diesem Grund ist die Regierung zu großen Teilen dazu übergegangen, die Palästinenser zu dehumanisieren. Begin beschrieb sie in einer Rede vor der Knesset als „Tiere die auf zwei Beinen gehen." Palästinenser sind oft „Läuse" genannt worden, und ihre Flüchtlingslager im Libanon bezeichnet man als Touristenlager ..." Aus dem Internetarchiv https://web.archive.org/web/20170218142602/http://i.imgur.com/vmfnb.jpg

[162] Lawon Affäre: https://www.wikiwand.com/de/Lawon-Aff%C3%A4re

[163] Livia Rokach: Israel's Sacred Terrorism: A Study Based on Moshe Sharett's Personal Diary and Other Documents. 2018

[164] Der Journalist Sulaiman Achmed veröffentlichte auf X einen packenden Filmausschnitt über den Grafen Bernadotte, der dann von israelischen Terroristen ermordet worden ist. https://twitter.com/ShaykhSulaiman/status/1758627063085568246

[165] Am 14.11.2024 gibt die Sonderberichterstatterin für die Menschenrechtslage in den Palästinensergebieten, Francesca Albanese, bekannt, dass sie „vernünftige Gründe" für die Annahme eines israelischen Völkermordes im Gazastreifen sieht. In dem

Bericht des UNRIC sagt Albanese: „Nach fast sechs Monaten des unerbittlichen israelischen Angriffs auf den besetzten Gaza-streifen ist es meine Pflicht, über das Schlimmste zu berichten, wozu die Menschheit fähig ist, und meine Ergebnisse zu prä-sentieren". (…) „Es gibt vernünftige Gründe für die Annahme, dass die Schwelle, die auf die Begehung des Verbrechens des Völkermordes hindeutet, … erreicht wurde", so Albanese. https://unric.org/de/sonderberichterstatterin-sieht-vernuenftige-gru-ende-fuer-annahme-des-voelkermordes-in-gaza/

[166] Der folgende Text ist eine Übersetzung aus Bollyns Buch „Solving 9-11: The Deception That Changed The World", hier der erste Abschnitt „I - 9/11 Through the Eyes of an American Skeptic", und da der Unterabschnitt „Odigo Warnings." Der Text aus Bollyns o. g. Buch ist ein PDF von seiner Webseite „Bollyn.COM", und enthält keine Seitenangaben.

[167] 36 Strategeme: Die Sechsunddreißig Strategeme sind eine Sammlung von Strategemen, die einem chinesischen General zugeschrieben werden, und die in China Allgemeingut und Schullesestoff sind, und als Cartoons gedruckt werden. https://de.wikipedia.org/wiki/36_Strategeme

[168] Edward S. Herman, Noam Chomsky: *Manufacturing Consent – The Political Economy of the Mass Media.* Neudruck Auf-lage. Pantheon Books, New York 2002

[169] Wikipedia-Eintrag zur USS-Liberty https://de.wikipedia.org/wiki/Liberty_(Schiff,_1945)

[170] Benjamin Netanjahu: Terrorism: How the West Can Win. Farar Strauß & Giroux, 1986

[171] Stephen Green: Taking Sides: America's Secret Relations with a Militant Israel 1948/1967. Faber und Faber 1984

[172] Wikipedia-Eintrag für Oded Yinon und den nach ihm benannten Plan: https://en.wikipedia.org/wiki/Yinon_Plan

[173] General Wesley Clark - "We're Going to Take Out 7 Countries in 5 Years". Youtube Video https://www.youtube.com/watch?v=jWxKn-1S8ts

[174] The Jerusalem Post: Netanyahu under fire for using Greater Land of Israel map at UN, vom 22.9.2023. https://www.jpost.com/israel-news/politics-and-diplomacy/article-760189

[175] Alan Sarowski: Treason, Betrayal and Deceit: The Road to 9/11 and Beyond. https://www.serendipity.li/wot/sabrosky.htm

[176] Vgl. Wikipedia-Eintrag "Project for the New American Century", https://de.wikipedia.org/wiki/Pro-ject_for_the_New_American_Century

[177] Das im September 2000 erschienene Strategie-Papier des PNAC hat den Titel: Rebuilding Americ's Defenses. https://re-sistir.info/livros/rebuilding_americas_defenses.pdf

[178] Wikipedia-Eintrag für AIPAG https://de.wikipedia.org/wiki/American_Israel_Public_Affairs_Committee

[179] Die Times of Israel berichtet, Ehud Barak habe sich dutzende Male mit Epstein getroffen, und dabei dessen private Flugzeuge benutzt. In der Affäre um Epstein ging es kanntlich um Kinderpornografie. Times of Israel, 4. Mai 2023 https://www.timeso-fisrael.com/ehud-barak-met-with-jeffrey-epstein-dozens-of-times-flew-on-private-plane-report/

[180] The Washington Post: ISRAELI FIRM LOSES N.Y. AIRPORT AWARD. 11. April 1987. https://www.washington-post.com/archive/politics/1987/04/12/israeli-firm-loses-ny-airport-award/b197ca31-2b51-4236-97d5-541f5955b4f9/

[181] Aktuell hat, in einem anderen Zusammenhang, das Maurice R. Greenberg World Fellows Program große Aufmerksamkeit auf sich gezogen, da der frühere russische Oppositionelle Alexej Navalny diesem Programm im Jahr 2010 Fellow war und von diesem gefördert wurde. Die Umstände des Todes Navalnys befinden sich z. Zt. noch in der Klärung. Es wurde vermutet, dass Navalny von diesen Kreisen in den USA als Oppositioneller aufgebaut werden sollte.

[182] Wikipedia-Eintrag für WJC bzw. jüdischer Weltkongress. https://de.wikipedia.org/wiki/J%C3%BCdischer_Weltkongress

[183] CNN vom 12. September 2001: WTC leased to Silverstein, Westfield. http://edi-tion.cnn.com/2001/BUSINESS/asia/09/12/aust.westfield.biz/index.html

[184] Siehe die Webseite des Piloten Dan Hanley und den Webauftritt seiner Seite 911Pilots.Org. https://911pilots.org/about-captain-dan-hanley/

[185] Wie inzwischen lange bekannt, sendete die BBC am 11. September 2001 einen Bericht der Reporterin Jane Standley, das Salomon-Brothers-Building sei eingestürzt, als es, wie in der Übertragung zu sehen, noch stand. Alle Versuche der Klärung, wer der BBC diese Nachricht übermittelt hatte, blieben ergebnislos, es wurde dem allgemeinen „Chaos" zugeschrieben. Die Originalbänder der 9/11-Berichterstattung selber blieben ebenfalls unauffindbar; sie seien leider „archiviert" worden. https://www.bbc.co.uk/blogs/theeditors/2007/02/part_of_the_conspiracy.html

[186] Kees van der Pijl zitiert in einem Artikel für die Universität Sussex Yuri Slezkine: „Wie Yuri Slezkine es in seiner klassischen Studie ‚Das jüdische Jahrhundert' ausdrückt: Jüdisch-Sein und möglicherweise Amerikanisch-Sein … hängt von der anhal-tenden Auserwähltheit Israels ab". Yuri Slezkine: The Jewish Century. Princeton, New Jersey: Princeton University Press, 2004

[187] Der Text bis zu der Stelle enthält also quasi die verschriftlichte (und teilweise ergänzte) Form des Vortrags, den Christopher Bollyn 2006 auf der Open Mind Conference in Kopenhagen gehalten hat.

[188] Ashton Carter, John Deutch, Philip Zelikow: Catastrophic Terrorism. Tackling the New Danger. Foreign Affairs Volume 77 Number 6 1998. http://web.mit.edu/chemistry/deutch/policy/1998-CatastrophicTerrorism.pdf

[189] Wikepedia-Eintrag für John Deutsch https://de.wikipedia.org/wiki/John_M._Deutch

[190] Wikepedia-Eintrag für Phillip Zelikow https://de.wikipedia.org/wiki/Philip_Zelikow Das NIST, das National Institute of Standards and Technology, behauptete ja in seinem Bericht, das WTC7 sei durch Bürofeuer eingestürzt; eine Behauptung, die durch eine von der Universität Alaska vorgelegte Simulation des Einsturzes widerlegt worden ist; dazu ebenfalls später.

[191] Der Schrecken der Medusa (Originaltitel: The Medusa Touch) ist ein Mystery-Thriller des Regisseurs Jack Gold aus dem Jahr 1978. https://de.wikipedia.org/wiki/Der_Schrecken_der_Medusa

[192] Wikipedia-Eintrag zu „Die einsamen Schützen" (The Lone Gunmen). https://de.wikipedia.org/wiki/Die_einsamen_Sch%C3%BCtzen

[193] Wikipedia-Eintrag für Arnon Milchan https://de.wikipedia.org/wiki/Arnon_Milchan

[194] Todd schreibt den Verfall der Moral – fälschlich – der nihilistischen Ideologie zu, die „das Prinzip der Einhaltung von Verpflichtungen in etwas Überholtes, Negatives" verwandelt: „Verrat wird etwas Normales". Näheres weiter unten.

[195] Der denkwürdige Besuch John McCains und Lindsey Grahams bei einem Asow-Batallion 2016 in der Ukraine, wo die beiden zum Kampf gegen Russland aufrufen, ist inzwischen als Video um die Welt gegangen. https://www.youtube.com/watch?v=eQ4e1A-LZEA

[196] Seit Monaten mehren sich die Zweifel am Gesundheitszustand und an der Führungsfähigkeit Joe Bidens, wie etwa die folgende Schlagzeilen zeigen: Offizieller US-Bericht sagt: Biden ist geistig verwirrt (Der Westen), Biden mit nächstem bizarren Auftritt – Sorgen wegen seines Alters werden größer (Franfurter Rundschau); Älterer Mann mit schlechtem Gedächtnis (Tagesspiegel)

[197] Ash Carter, John M. Deutch, Philip D. Zelikow: Catastrophic Terrorism: Elements of a National Policy. Paper - Center for International Security and Cooperation, Stanford University. https://www.belfercenter.org/publication/catastrophic-terrorism-elements-national-policy

[198] Der Titel der Dissertation Zelikows ist im Netz nicht verfügbar; es gibt einen Blog, in dem die mysteriöse Dissertation erwähnt wird, und in dem sie sich daraus ableitenden Fragestellungen zu 9/11 diskutiert werden. http://qlipoth.blogspot.com/2006/10/creation-and-maintenance-of-public.html

[199] Für Yigal Blum findet sich heute folgendes Profil im Researchgate: https://www.researchgate.net/profile/Yigal-Blum

[200] Operation Gegossenes Blei. Die Operation begann am 27. Dezember 2008 mit Luftangriffen durch die israelischen Luftstreitkräfte (IAF) und endete am 18. Januar 2009 mit einer einseitigen Waffenstillstandserklärung durch Israel. https://de.wikipedia.org/wiki/Operation_Gegossenes_Blei

[201] In der Wikipedia findet sich folgender Eintrag: „Woolsey befindet sich im Aufsichtsrat von Genie Energy – 2013 erhielt das US-israelische Unternehmen eine Lizenz, in den syrischen Golanhöhen nach Öl zu suchen. Am 7. Oktober 2015 verkündete das Unternehmen, es hätte durch Probebohrungen ein großes Ölvorkommen gefunden. Zu den Investoren gehören Jacob Rothschild, 4. Baron Rothschild, Hedgefondsmanager Michael Steinhardt, der ehemalige US-Energieminister Bill Richardson, Medienunternehmer Rupert Murdoch, der ehemalige Verteidigungsminister und Vizepräsident der Vereinigten Staaten Dick Cheney und der ehemalige US-Finanzminister und Chefökonom der Weltbank Lawrence Summers. Dem Unternehmen Genie steht der frühere rechtsgerichtete israelische Minister Effi Eitam vor." Wikipedia-Einttag zu James Woolsey. https://de.wikipedia.org/wiki/James_Woolsey

[202] The New York Times: Opinion - The Public Knowledge of 9/11. https://www.nytimes.com/2004/09/11/opinion/the-public-knowledge-of-911.html

[203] Wikipedia-Eintrag für Arthur Ochs Sulzberger Jr. https://de.wikipedia.org/wiki/Arthur_Ochs_Sulzberger_Jr.

[204] Wikipedia-Eintrag zu Leroy Hulsey https://de.wikipedia.org/wiki/Leroy_Hulsey

[205] Jimmy Dore Show Youtube, vorgestellt am 20.2.2024: We've Been Lied To All Along https://www.youtube.com/watch?v=aZXsIkbxMGo

[206] Nach einer Umfrage von YouGov vom 12. September 2013 vermuten 46% der Befragten eine kontrollierte Sprengung als Ursache des Einsturzes von WTC7. https://yougov.co.uk/politics/articles/7229-new-poll-finds-most-americans-open-alternative-911-1

[207] Die „ICTS international" hat heute ihren Sitz in der Nähe des Flughafen Amsterdam, in Schiphol, Niederlande. Im Management sich fast ausschließlich jüdische Namen. https://www.ictsintl.com/about-icts/icts-management

[208] Bilder und Videos von der Sprengung der Zwillingstürme sind inzwischen massenhaft im Netz vorhanden, so zum Beispiel auf der Seite der Architekten und Ingenieure AE911 https://www.ae911truth.org/evidence/explosive-features

[209] Diese Ereignisse werden bei Ch. Bollyn in Abschnitt IV seines Buches geschildert: „The Terror Drills That Became Real: 9-11, the London Bombings & the Sinking of Estonia." In diesem Buch warden nur die Terror-Drills behandelt.

[210] Nato-Generalsekreät Stoltenberg „warnte" am 10. Februar 2024 vor Jahrzehnte langer Konfrontation mit Russland. Die Zeit, 10. Februar 2024. https://www.zeit.de/politik/deutschland/2024-02/nato-jens-stoltenberg-russland-sicherheit-europa-warnung-waffenproduktion

[211] Avi Shlaim, International Herald Tribune, 4. Februar 2005: A Debate: Is Zionism today the real enemy of the Jews? https://users.ox.ac.uk/~ssfc0005/Is%20Zionism%20today%20the%20real%20enemy%20of%20the%20Jews.html

[212] Al Jazeera: World slams US ceasefire veto at UN Security Council on Israel's Gaza war. "The move on Tuesday was the third US veto of a UNSC resolution demanding a ceasefire in Gaza, and came a day after Washington circulated a resolution that would support a temporary ceasefire linked to the release of all Israeli captives from the Palestinian enclave. The vote in the 15-member council was 13-1, with the United Kingdom abstaining, reflecting the strong support from countries around the globe for ending the devastating conflict that has killed more than 29,000 Palestinians." https://www.aljazeera.com/news/2024/2/21/world-condemns-uss-latest-un-security-council-veto-on-gaza-ceasefire

[213] Torsten Harmsen schreibt in der Berliner Zeitung: „Die Impfungen gegen Covid-19 waren mit einer sehr hohen Erwartung verbunden. Diese hat sich kaum erfüllt. Welchen Nutzen bringen sie überhaupt – und für wen?" Corona-Impfung: Wirksam oder schädlich? Eine Debatte über Nutzen und Risiko. Berliner Zeitung 25.10.023 https://www.berliner-zeitung.de/gesundheit-oekologie/sind-die-corona-impfungen-wirksam-oder-schaedlich-debatte-ueber-risiko-und-nutzen-li.2148517

[214] Studie aus Japan: Alle Corona Varianten wurden im Labor erzeugt. Dr. Peter F. Mayer, tkp – Der Blog für Science & Politik. https://tkp.at/2023/12/24/studie-aus-japan-alle-corona-varianten-wurden-im-labor-erzeugt/

[215] „Gierflation: Bereichern sich Konzerne auf Kosten der Verbraucher:innen?" Verbraucherzentrale, Stand 30.10.2023 https://www.verbraucherzentrale.de/aktuelle-meldungen/vertraege-reklamation/gierflation-bereichern-sich-konzerne-auf-kosten-der-verbraucherinnen-89083

[216] Der Wirtschaftswissenschaftler Christian Kreiß, Professor an der Hochschule Lahr, hat untersucht, wieso die Automobilhersteller auch in dem Jahr 2023, also nach den Pandemiejahren, wieder Rekordgewinne erzielen konnten. Die Gewinne flossen nicht etwa in Investitionen oder Gewinnbeteiligungen in Form höherer Löhne an die Beschäftigten, sondern in „außergewöhnlich hohe Dividendenauszahlungen". Christian Kreiß: Neue Rekordgewinne in der Automobilbranche – wer erwirtschaftet und wer bekommt sie? Nachdenkseiten, 1. September 2023. https://www.nachdenkseiten.de/?p=103125

[217] Zitat sinngemäß aus o. g. Buch Bollyns, hier Kapitel 11: XI - The Fleecing of America: 9-11 and the Crisis on Wall Street.

[218] Der Ökonom Christian Kreiß, auch ehemaliger Investmentbanker, beschäftigt sich in seinem wissenschaftlichen Schaffen seit Langem mit dem Problem der Überschuldung einerseits und den übergroßen privaten Vermögen andererseits. In einem Artikel des Magazins Telepolis schreibt er über „Schulden auf neuem Höchststand": „Bei Ausbruch der Finanzkrise 2008 betrugen die weltweiten Schulden 168 Billionen US-Dollar bzw. etwa 282 Prozent vom Welt-BIP. Das war damals bereits viel zu viel, sodass dadurch eine Finanzkrise ausgelöst wurde, weil die Schulden nicht mehr in voller Höhe bedient werden konnten. Heute ist die Lage noch weitaus schlimmer, genauer: noch viel weniger tragbar als 2008. Momentan dürften die Schulden deutlich über 350 Prozent vom Welt-BIP betragen, also die Schuldenlast gut ein Viertel höher als 2008." Die praktische Konsequenz dieser gigantischen Überschuldung: „In meinen Augen als ehemaliger Investmentbanker ist es ausgeschlossen, dass der derzeitige Schuldenberg jemals real zurückgezahlt werden kann. 350 Prozent vom BIP bedeutet, dass die gesamte Erdbevölkerung dreieinhalb Jahre ohne Lohn ausschließlich für die Gläubiger arbeiten müsste, das sind im Wesentlichen die oberen ein Prozent der Erdbevölkerung, denen das Hälfte des Erdvermögens gehört, bzw. die oberen 10 Prozent, denen 85 Prozent gehört." Christian Kreiß: Der größte Wirtschaftsabsturz der Neuzeit. Online-Magazin Telepolis 14.08.2020 https://www.telepolis.de/features/Der-groesste-Wirtschaftsabsturz-der-Neuzeit-4870567.html

[219] Vgl. etwa die „Neue Züricher Zeitung" vom 19.3.2023: „Die grösste Bank der Schweiz kauft die zweitgrösste, um sie vor dem Untergang zu bewahren." https://www.nzz.ch/wirtschaft/ubs-kauft-cs-mit-bundeshilfe-die-zentrale-punkte-im-abkommen-ld.1731225

[220] UBS Global Wealth Report 2023 https://www.ubs.com/global/de/media/display-page-ndp/de-20230815-global-wealth-report-2023.html

[221] Wikipedia-Eintrag für das Finanzdatenanalysesystem Aladdin: https://de.wikipedia.org/wiki/Aladdin_(BlackRock)

[222] Die These von der säkularen Stagnation hat Larry Summers in seiner Rede bei der 14. Jahreskonferenz des IMF (International Monetary Fund) im November 2013 vorgetragen. https://larrysummers.com/imf-fourteenth-annual-research-conference-in-honor-of-stanley-fischer/

[223] Lawrence „Bill" Summers entstammt einer einflussreichen jüdischen Akademikerfamilie. https://de.wikipedia.org/wiki/Lawrence_Summers

²²⁴ Werner Rügemer: Blackrock-Kapitalismus. Das neue transatlantische Finanzkartell. Blätter für deutsche und internationale Politik, Ausgabe Oktober 2016

²²⁵ Wer war treibende Kraft für die Aufhebung des Glass-Steagal-Acts von 1933: der damalige (jüdische) US-Finanzminister Lawrence „Bill" Summers. Clinton lobte die Einigung: „Das neue Gesetz wird die Kosten senken, die Auswahl erhöhen und dem Kunden mehr Schutz gewähren". Finanzminister Lawrence Summers sagte: „Diese Einigung ist ein großer Schritt zur historischen Modernisierung unsere Finanzsystems". In einem Artikel der „Welt" wird dieser – verhängnisvolle – Schritt begeistert gefeiert: „US-Banken vor neuer Fusionswelle. Gesetz erlaubt Universalbanken - Aktien starten einen Höhenflug". Die Welt, 25.10.1999. https://www.welt.de/print-welt/article594637/US-Banken-vor-neuer-Fusionswelle.html

²²⁶ Hans-Jürgen Jakobs: Wem gehört die Welt? Die Machtverhältnisse im globalen Kapitalismus. Albrecht Knaus Verlag München 2016

²²⁷ Diese Verbindungen sollen an dieser Stelle nicht vertieft werden, aber es sei als Indiz der Hinweis gegeben, dass der frühere Internetunternehmer Eric Schmidt als Mitgründer von Google ab 2016 ins Pentagon ging, als Leiter des Defense Innovation Advisory Board. Der „infosperber" schrieb am 25.11.2011 „über Facebook-Investoren mit CIA-Verbindungen": „Die US-Regierung will den Geheimdiensten gesetzlich erlauben, das gesamte Internet weltweit abzuhören. Doch darauf wartet der Geheimdienst CIA nicht, sondern hat bei Facebook bereits seine Finger im Spiel." https://www.infosperber.ch/freiheit-recht/datenschutz/facebook-investoren-mit-cia-verbindungen/

²²⁸ Um den Umfang des Themas „Pandemie" nicht zu sehr ausufern zu lassen, sei an der Stelle kurz auf die Geschichte des Pharmakonzerns Moderna und seines jüdischen CEO Stéphane Bancel hingewiesen. Bancel erklärte auf einer Podiumsdiskussion anlässlich des Weltwirtschaftsforums 2023, schon 2019 von einer kommenden Pandemie gewusst zu haben. Er habe sein Unternehmen schon im Jahr 2019 auf die Produktion von Milliarden „Impfstoff"-Dosen eingeschworen, denn 2020 würde es eine Pandemie geben. Vgl. Report24: Moderna Chef erklärte beim WEF, schon 2019 von der Pandemie gewusst zu haben https://report24.news/moderna-chef-erklaerte-beim-wef-schon-2019-von-der-pandemie-gewusst-zu-haben/ Interessant ist ferner, dass Richard A. Rothschild schon 2015 und 2019 Patente auf biometrische Tests für Infektionen mit Covid-19 angemeldet hat. https://pubchem.ncbi.nlm.nih.gov/patent/US-2020279585-A1

²²⁹ Berliner Morgenpost: Biontech-Deal sorgt für Ärger – warum mauert von der Leyen? Berliner Morgenpost vom 27.9.2022 https://www.morgenpost.de/politik/article236519799/corona-biontech-eu-von-der-leyen.html

²³⁰ Jacobin-Magazin: Der lausigste Deal der EU-Geschichte. 25. Mai 2023. https://jacobin.de/artikel/der-lausigste-deal-der-eu-geschichte-pfizer-ursula-von-der-leyen-eu-sms-impfstoff-korruption-martin-sonneborn-claudia-latour

²³¹ Vgl. Infosperber vom 23.8.2021: Behörden täuschen Öffentlichkeit über Corona-Haftungsklauseln. https://www.infosperber.ch/gesundheit/public-health/behoerden-taeuschen-oeffentlichkeit-ueber-corona-haftungsklauseln/

²³² Die Tagesschau schrieb am 29.3.2021: „WHO zum Ursprung der Pandemie: Fledermaus wohl Träger des Coronavirus. WHO-Experten halten die Übertragung des Coronavirus auf den Menschen durch ein Zwischenwirt-Tier für sehr wahrscheinlich. Ob die Pandemie auf einem Markt im chinesischen Wuhan begann, konnte nicht geklärt werden." https://www.tagesschau.de/ausland/asien/who-ursprung-coronavirus-101.html

²³³ tkp.at – Der Blog für Science & Politik. Die „Studie aus Japan: Alle Corona Varianten wurden im Labor erzeugt" erschien am 24. Dezember 2023. https://tkp.at/2023/12/24/studie-aus-japan-alle-corona-varianten-wurden-im-labor-erzeugt/

²³⁴ Atsushi1 Tanaka, Takayuki Miyazawa: Unnatural evolutionary processes of SARS-CoV-2 variants and possibility of deliberate natural selection. https://zenodo.org/records/8361577

²³⁵ Substack Phillip Altmann https://substack.com/@phillipaltman

²³⁶ Der folgende Text nimmt Bezug auf einen in der Berliner Zeitung am 12.2.2023 erschienenen Text der Autoren RA René M. Kieselmann, Prof. Dr. Gerd Morgenthaler, Dr. Amrei Müller, Prof. Dr. Günter Reiner, RA Dr. Patrick Riebe, RAin Dr. Brigitte Röhrig und Prof. Dr. Martin Schwab, mit dem Titel: „Das Zulassungsdesaster: Lobbyarbeit und Rechtsbruch im Fall der mRNA-Präparate". https://www.berliner-zeitung.de/politik-gesellschaft/das-zulassungsdesaster-lobbyarbeit-und-rechtsbruch-im-fall-der-mrna-praeparate-li.314750

²³⁷ Der Journalist und Finanzwissenschaftler Norbert Härig hat sich in seinem Blog „Geld und mehr" mit den denkenswerten Hintergründen dieses MDR-Beitrages auseinandergesetzt. https://norberthaering.de/propaganda-zensur/mdr-dna-verunreinigungen-geloescht/

²³⁸ Vgl. etwa: Gemeinsame Pressemitteilung von Charité, Max Delbrück Center und FU Berlin, unter Mitwirkung von Wyhler: Nasenimpfstoff gegen Corona erfolgreich getestet. https://www.charite.de/service/pressemitteilung/artikel/detail/nasenimpfstoff_gegen_corona_erfolgreich_getestet/

²³⁹ Vgl. Corona-Doks: Was haben Emanuel Wyler und Peter Albiez von Pfizer miteinander zu tun? https://www.corodok.de/was-emanuel-wyler/

²⁴⁰ Infosperber: Und doch: Labors in Ukraine forschten mit B-Kampfstoffen. https://www.infosperber.ch/politik/und-doch-labors-in-ukraine-forschten-mit-b-kampfstoffen/

[241] Vgl. Thomas Röper: Inside Corona. Die Pandemie, das Netzwerk & die Hintermänner. J-K-Fischer-Verlag 2022

[242] Tagesschau: Auch Dänemark stellt Ermittlungen ein. 26.2.204 https://www.tagesschau.de/ausland/europa/daenemark-nord-stream-untersuchung-100.html

[243] Nachdenkseiten: Victoria Nuland feiert Terror gegen Nord-Stream-2: „Bin sehr erfreut". Nachdenkseiten vom 27.1.2023 https://www.nachdenkseiten.de/?p=93089

[244] Die Weltwoche: US-Aussenminister Antony Blinken feiert Nord-Stream-Lecks als „enorme Chance": Amerika sei dadurch führender Gas-Lieferant für Europa geworden. Weltwoche vom 3.20.2022 https://weltwoche.ch/daily/us-aussenminister-antony-blinken-feiert-nord-stream-attacken-als-enorme-chance-amerika-sei-dadurch-fuehrender-gas-lieferant-von-fuer-europa-geworden/

[245] Berliner Zeitung: Polens Außenminister macht USA verantwortlich. 27.9.2022 https://www.google.com/search?client=firefox-b-d&q=sikorsky+thank+you+amerika+

[246] Am 20.11.2024 ist der Spiegel mit seiner neuesten Variante der Erklärung der Nordstream Pipelines hervorgetreten, wonach ja die Ukraine für die Sabotage verantwortlich sein soll: „Wie ein ukrainisches Geheimkommando Nord Stream sprengte. Im September 2022 zerstörte eine Truppe aus Agenten und Hobbytauchern die Nord-Stream-Pipelines. SPIEGEL-Recherchen zeigen nun: Sie brauchten nicht viel mehr als Wagemut und Todesverachtung." Nicht weniger als neun Autoren waren an dieser „Recherche" beteiligt. https://www.spiegel.de/politik/deutschland/nord-stream-wie-ein-ukrainisches-geheimkommando-pipelines-sprengte-a-7aceb6f8-060f-4d29-9ddd-582dfdaf4ac6 Einer der beteiligten Autoren mit Namen Fidelius Schmidt hat nun auch gleichzeitig das Kunststück fertiggebracht, nicht nur die in der Ukraine vermuteten Täter für entweder unschuldig oder aber leider nicht mehr fassbar zu erklären, sondern dies: der Sabotageakt war keineswegs empörend, sondern ein Glücksfall für Deutschland: „Gut für Deutschland. Nach der Sprengung der Nord-Stream-Pipelines war die Empörung in Berlin groß. Aber der Ausfall der Gasröhren in der Ostsee war nicht nur aus Sicht der wichtigsten Bündnispartner ein Glücksfall. Sondern auch für Deutschland." https://www.spiegel.de/politik/deutschland-und-nord-stream-warum-die-sprengung-der-pipelines-gut-sind-a-e24256c2-23d9-4817-ad45-52b73e80b9b0 Wie sehr Deutschland sich hier zum Narren machen lässt, von einer üblen Allianz aus journalistischen und geheimdienstlichen Betrügern, sprengt alle Dimensionen.

[247] Die Tagesschau etwa berichtete am 26.9.2023 in einem Artikel (mit 13 Autoren!) über ihre „Forschungserebnisse": „Ein Jahr nach den Anschlägen auf die Nord-Stream-Pipelines haben deutsche Behörden mehrere Tatverdächtige identifiziert. Sie stammen alle aus der Ukraine. Nach Recherchen von ARD, SZ und "Zeit" dementieren die meisten eine Tatbeteiligung." Über diese „Tatverdächtigen" aus der Ukraine spricht heute kein Mensch mehr. https://www.tagesschau.de/investigativ/nord-stream-anschlaege-100.html

[248] Seymour Hersh: How America Took Out The Nord Stream Pipeline. The New York Times called it a "mystery," but the United States executed a covert sea operation that was kept secret—until now. 08.02.2023 https://seymourhersh.substack.com/p/how-america-took-out-the-nord-stream

[249] Die süddeutsche Zeitung hielt es für notwendig, vor dem Crash zu warnen: „Warum das Reden von der Krise gefährlich werden kann". Im Text hieß es: „Wenn man einigen Börsenpropheten glauben mag, dann steht der nächste Finanzschmelze bevor. Uns drohe wahlweise „die größte Wirtschaftskrise seit Jahrzehnten", ein „Weltsystemcrash" oder gar „der größte Crash aller Zeiten". Süddeutsche Zeitung, 25.10.2019 https://www.sueddeutsche.de/wirtschaft/boersencrash-1929-1.4655799

[250] Richaed David Precht: Jäger Hirten Kritiker. Goldmann 2018

[251] Die Finanzberater Matthias Weik und Marc Friedrich argumentierten mit ihrem Buch eben so. Der Crash ist die Lösung: Warum der finale Kollaps kommt und wie Sie Ihr Vermögen retten – Bastei Lübbe 12 Nov. 2015

[252] Matthew Brown, USA TODAY: Fact check: A Bill Gates-backed pandemic simulation in October did not predict COVID-19 https://eu.usatoday.com/story/news/factcheck/2020/03/26/fact-check-bill-gates-backed-pandemic-exercise-didnt-predict-covid-19/5081854002/

[253] Im Archiv des Deutschlandfunks findet sich ein Artikel der Autorin Karin Beinsdorf vom 16. September 2002, in dem noch auf Bücher des „Diplom-Konspirologen" Matthias Bröckers und dessen Kernaussagen aufmerksam gemacht werden darf: „All diese Werke können nicht darüber hinwegtäuschen, dass bis heute niemand schlüssig erzählen kann, was am 11. September wirklich geschah, wer beteiligt war und wer wann was wusste. Darauf macht Mathias Bröckers bei Zweitausendeins aufmerksam. „Verschwörungen, Verschwörungstheorien und die Geheimnisse des 11.9." ist sein Buch überschrieben, in dem er die Widersprüche und Ungereimtheiten auflistet, die hohe Lesarten des Anschlags kennzeichnen." Hier findet sich auch das Zitat der Rede von George Bush an der UN-Vollversammlung: „Wir müssen die Wahrheit über den Terror aussprechen. Lasst uns niemals frevelhafte Verschwörungstheorien im Zusammenhang mit den Anschlägen vom 11. September tolerieren, boshafte Lügen, die bezwecken, die Schuld von den Terroristen selbst abzuwenden, weg von den Schuldigen." Karin Beinsdorf schreibt weiter: „Vor der UN-Vollversammlung versuchte George Bush II im November 2001 jeden Zweifel im Keim zu ersticken: Es war das Netzwerk Al Quaida mit Osama bin Laden als Drahtzieher, basta. Wer etwas anderes zu denken wagt, dient nur der Achse des Bösen." Deutschlandfunk, Archiv: Mathias Bröckers: Verschwörungen, Verschwörungstheorien und das Geheimnis des 11.9. https://www.deutschlandfunk.de/mathias-broeckers-verschwoerungen-verschwoerungstheorien-100.html

[254] Was sich hinter dem Begriff „Neue Weltordnung" verbirgt, ist an der Stelle mit wenigen Worten nicht zu sagen und soll später umfassend erläutert werden.

[255] Thomas Röper schreibt in seinem Buch „Inside Corona" über die Vorgeschichte und die Hintermänner der Pandemie von einer Konferenz, die der Google-Mitgründer Eric Schmidt am 12. und 13. Januar 2021 unter dem Namen „Futures Forum for Preparedness" veranstaltet hat, bei der „wichtige Entscheidungen und Lösungen für die Pandemie" gefunden werden sollten, und zu der eine Menge illustrer Persönlichkeiten eingeladen waren, wie z. B. Anthony Fouci von NIH, der Chef der WHO Tedros Adhenom Gebreyesus, Thomas Bollyky vom Council on Foreign Relations, Rebecca Katz von der Open Philanthropy, und, wie Röper schreibt, „natürlich durfte unsere alte Freundin Margaret Hamburg nicht fehlen." Thomas Röper, a.a.O., S. 303

[256] In: „Anti-Spiegel" vom 19.01.2022: Eines der Ziele hinter der Pandemie, Abschnitt: Das Netzwerk, und „Blow the system!". https://www.anti-spiegel.ru/2022/die-ziele-hinter-der-pandemie/

[257] https://www.pfizer.com/people/leadership/board-of-directors/scott_gottlieb-md

[258] Handelsblatt: Michael Bloomberg spendet 1,8 Milliarden Euro an Universität. 19.11.2018 https://www.handelsblatt.com/politik/international/johns-hopkins-university-michael-bloomberg-spendet-1-8-milliarden-euro-an-universitaet/23652912.html

[259] Die Aufzeichnung der Pressekonferenz im Elysee-Palast in Paris mit Selensky, Merkel, Macron und Putin: https://www.youtube.com/watch?app=desktop&v=0KO_JFoSpJ4

[260] Vgl. Finanzwende e.V: CumEx. Ein nicht enden wollender Skandal. https://www.finanzwende.de/themen/cumex

[261] Wikipedia für Warburg-Familie https://de.wikipedia.org/wiki/Warburg_(Unternehmerfamilie)

[262] Eine erste Reaktion des „Tagesspiegel" etwa war, die Veröffentlichung des (grob fahrlässig) mithörbar gemachten Gespräches der russischen Journalistin Margarita Simonjan voller Empörung in die Schuhe zu schieben: „Geleaktes Tonband der deutschen Luftwaffe: Diese Russin löste die Taurus-Affäre aus. Auf ihrem Social-Media-Kanal postete Margarita Simonjan das geheime Tonband, auf dem sich deutsche Generäle über die Ukraine austauschen. Wer ist diese Frau?" Tagesspiegel vom 3.3.2024   https://www.tagesspiegel.de/internationales/geleaktes-tonband-der-deutschen-luftwaffe-diese-russin-loste-die-taurus-affare-aus-11303938.html Dass die Bundeswehr-Offiziere waren, die mit ihrer brandgefährlichen Plauderei die Affäre und hohe Kriegsgefahr ausgelöst haben, kommt diesen „Journalisten" nicht in den Sinn.

[263] ZDF: „Nach Taurus-Abhöraffäre:Experte warnt vor russischen „Schlafviren". ZDF-Interview, 04.03.2024. https://www.zdf.de/nachrichten/politik/ausland/umbach-experte-sicherheit-militaer-putin-ukraine-krieg-russland-100.html

[264] In einem Artikel des Handelsblatt aus November 2014 konnte noch über die Vorgänge auf dem Maidan berichtet werden: „Ukraine-Krise - Maidan-Todesschüsse rufen Berlin auf den Plan. 100 Tote gab es bei dem Umsturz in Kiew. Doch bis heute weiß niemand, wer geschossen hat. Dass das Russland in die Hände spielt, weiß auch die Bundesregierung, die nun die Aufklärung forcieren will." https://www.handelsblatt.com/politik/deutschland/ukraine-krise-maidan-todesschuesse-rufen-berlin-auf-den-plan/9608320.html Der an der Universität Ottawa lehrende Politikwissenschaftler Ivan Katchanovski hat verschiedene peer-reviewte Untersuchungen vorgelegt, in denen er den Hergang der Ereignisse belegt. Seine Schlussfolgerung (unter anderen): „Die visuelle Rekonstruktion der Schießereien auf Maidan-Demonstranten und Journalisten zeigt, dass Maidan-Demonstranten während des Maidan-Massakers in der Ukraine am 20. Februar 2014 von Scharfschützen im Hotel Ukraina und anderen von Maidan kontrollierten Gebäuden erschossen wurden." Ivan Katchanovski: Das „Massaker der Scharfschützen" auf dem Maidan in der Ukraine. Conference: Annual Meeting of American Political Science Association, San Francisco. https://www.researchgate.net/publication/266855828_The_Snipers%27_Massacre_on_the_Maidan_in_Ukraine

[265] Der Spiegel vom 04.11.2015: „Die Schande von Odessa. Nach Straßenschlachten ging im Mai 2014 in Odessa das Gewerkschaftshaus in Flammen auf, 48 Menschen starben. Nun stellt der Europarat ein Urteil aus." https://www.spiegel.de/politik/ausland/ukraine-europarat-kritisiert-ermittlungen-zu-strassenschlachten-a-1060987.html

[266] Die Zeit: „Poroschenko spricht von Krieg. (...) Der von der ukrainischen Regierung als Anti-Terror-Operation bezeichnete Einsatz habe laut Poroschenko endlich richtig begonnen. (...) Mit Terroristen bezeichnet die Regierung in Kiew prorussische Separatisten. Eine der Hochburgen der Rebellen ist die Stadt Donezk." Die Zeit vom 28.5.2014. https://www.zeit.de/politik/ausland/2014-05/poroschenko-krieg-ostukraine

[267] Der Spiegel wusste mit Erscheinen der Titelgeschichte in Heft 31 schon am 27.7.2014, dass Putin höchstpersönlich für die Flugzeugtragödie um den Flug MH17 verantwortlich war: „Stoppt Putin jetzt", in roten fetten Lettern auf dem Titelblatt zu lesen, umrahmt von Bildern der zu Tode gekommenen Familienangehörigen. Später wurde der Spiegel für diese Geschichte vom Presserat gerügt: „Kress: "Spiegel" wird für "Stoppt Putin jetzt!"-Titel gemaßregelt. Der Deutsche Presserat hat die Porträts von Absturzopfern aus dem Flug MH17 in mehreren Medien missbilligt. Das Gremium stellte klar, dass identifizierende Abbildungen von Opfern in der Regel nicht dem Opferschutz nach Ziffer 8, Richtlinie 8.2 entsprechen. Offiziell missbilligt wurden Darstellungen bei "Bild.de" und "Spiegel". https://kress.de/news/beitrag/123436-quot-spiegel-quot-wird-fuer-quot-stoppt-putin-jetzt-quot-titel-gemassregelt.html Rechtlich ist der Fall nach langen Untersuchungen niederländischer Gerichte mit fragwürdigen Urteilen zu Ende gegangen. Als aber zwei niederländische Medienunternehmen RTL Nederland und RLT News sicherheitsbezogene Informationen zum Abschuss der Maschine bekommen und veröffentlichen wollten, wurde ihr Anspruch abgelehnt. Die Unternehmen hätten keinen Anspruch gegen die niederländische Regierung auf Veröffentlichung von sicherheitsbezogenen Informationen zum Abschuss der Maschine. Die beiden Medienagenturen

wollten erreichen, dass sie beim Minister van Justitie en Veiligheid (Minister für Justiz und Sicherheit, Niederlande) Auskunft darüber erhalten, was die niederländischen Behörden genau über den Abschuss des Flugzeugs wissen, was man in dem Fall für ein berechtigtes Anliegen halten würde. Der Minister gab aber keine Auskunft. Offenbar trägt dieses Verhalten nicht gerade zu weiterer Vertrauensbildung bei, nachdem schon der ganze Prozess etwa wegen der ständigen Anwesenheit des ukrainischen Geheimdienstes im Prozess nicht gerade transparent verlaufen ist. Vgl.: EuGH-Urteil zum Flug MH17 Nieder-lande darf Informationen über Abschuss geheim halten. -https://www.lto.de/recht/nachrichten/n/c45122-eugh-niederlande-mh17-malaysia-airlines-flug-17-rtl-informationsfreiheit/

[268] T-Online: Pläne von Finanzminister Lindner - Jetzt kommt seine Renten-Revolution. https://www.t-online.de/finanzen/aktuelles/id_100110678/christian-lindners-revolution-das-veraendert-sich-durch-die-aktienrente.html

[269] Vgl. JACOBIN: Die Aktienrente macht Spekulation zur Staatsräson. Christian Lindners »Generationenkapital« macht unsere Renten abhängig von den Profiten des Finanzmarkts, das heißt: von der Ausbeutung von Beschäftigten in Aktiengesellschaften. Julia Bernard, 05. Februar 2024. https://jacobin.de/artikel/aktienrente-generationenkapital-spekulation

[270] Das Interview fand statt Ende Februar 2024. Die Aufzeichnung des kurzen Interviews auf Youtube: https://www.youtube.com/watch?v=sufD6GHJUXs

[271] Gaza-Krieg: Südafrika stellt Eilantrag wegen humanitärer Lage in Gaza. Medlung in der ZEIT vom 7. März 2024. https://www.zeit.de/news/2024-03/07/suedafrika-ruft-wegen-humanitaerer-lage-in-gaza-erneut-un-gericht-an

[272] Die TAZ schrieb über das Urteil des IGH zum Genozid-Vorwurf gegen Israel, die Richterin Julia Sebutinde, die in einem Minderheitsurteil zugunsten Südafrikas gegen Israel entschieden hatte, die Richterin sei „proisraelisch" und „zionistische Fundamentalistin." Die TAZ vom 31.1.2024 https://taz.de/Proisraelische-Richterin-am-IGH/!5985718/ Inzwischen hat der IStGH gegen Netanjahu Haftbefehl erlassen.

[273] Der Spiegel berichtet: „Zahl der getöteten Journalisten auf höchstem Stand seit Jahren". „In den ersten drei Monaten des im Oktober begonnenen Krieges zwischen Israel und der Hamas seien mehr Journalisten getötet worden als jemals in einem einzelnen Land über ein ganzes Jahr hinweg, erklärte das CPJ. 77 Journalisten und andere Medienschaffende seien infolge des Kriegs in Gaza getötet worden. 72 von ihnen seien Palästinenser gewesen, die bei israelischen Angriffen getötet worden seien." Der Spiegel vom 16.2.2024 https://www.spiegel.de/kultur/gaza-krieg-zahl-der-getoeteten-journalisten-auf-hoechstem-stand-seit-jahren-a-68b9f87c-07fc-4987-b1c4-748327f036b5

[274] Süddeutsche Zeitung: „Empörung nach tödlichen Schüssen bei Hilfskonvoi. Bei der Verteilung von Hilfslieferungen in Gaza-Stadt sollen mehr als 100 Menschen getötet worden sein. Die UN fordern Aufklärung, Frankreich spricht von "Beschuss von Zivilisten durch das israelische Militär". Die Armee verteidigt sich." Meldung vom 1.3.2024. https://www.sueddeutsche.de/politik/israel-gaza-hilfslieferungen-schuesse-konvoi-zivilisten-1.6408552

[275] Die Meldung der Tagesschau vom 1.3.2024: „UN zu tödlichem Vorfall in Gaza: Ratlosigkeit und ein dringender Appell." Die Tagesschau bemühte sich in den Tagen, den Vorfall als ungeklärt darzustellen. Immerhin schließt sich die ARD-Korrespondentin Antje Passenheim der Einschätzung des französischen UN-Botschafter Nicolas de Rivière an, der vor der Tür des Sicherheitsrates sagte: „Die humanitäre Situation für Zivilisten in Gaza verschlechtert sich täglich. Wir stehen einem beispiellosen Desaster gegenüber." Weiter schreibt sie: „Seit Monaten schafft der Sicherheitsrat es nicht, dafür eine Resolution durchzubringen. Vor nicht einmal zwei Wochen scheiterte der jüngste Versuch wieder einmal am Veto der USA. Seit Ausbruch des Krieges zwischen Israel und der Hamas setzt Washington dieses Veto immer wieder ein, um Israel zu schützen. Bei immer mehr Ratsmitgliedern sorgt das für großen Unmut." https://www.tagesschau.de/ausland/asien/gaza-tote-hilfsgueter-106.html

[276] Der Stern vom 22.11.2023: „4000 tote palästinensische Kinder "nicht genug" – ehemaliger US-Sicherheitsberater empört mit islamfeindlichen Tiraden". https://www.stern.de/politik/ausland/ex-sicherheitsberater-von-obama-belaestigt-verkaeufer-mit-islamfeindlichen-tiraden-34223216.html

[277] Das Firmenprofil: https://www.gothamgr.com/team . Am 21. November 2023 erschien die Meldung der Trennung dieser Firma von Seldowitz: „Gotham Government Relations cuts ties with former Obama administration official caught harassing halal cart vendor". https://www.cityandstateny.com/politics/2023/11/gotham-government-relations-cuts-ties-former-obama-administration-official-caught-harassing-halal-cart-vendor/392235/

[278] Times of Israel: UNRWA report says Israel coerced some agency employees to falsely admit Hamas links. 8. März 2024. https://www.timesofisrael.com/liveblog_entry/unrwa-report-says-israel-coerced-some-agency-employees-to-falsely-admit-hamas-links/

[279] UN-Bericht: Ex-Gefangene berichten von Misshandlungen durch Israel. 5. März 2024 https://www.trtdeutsch.com/politik-inland/un-bericht-ex-gefangene-berichten-von-misshandlungen-durch-israel-17235879

[280] TRTWorld: Rabbi from hell incites Israeli Jews to commit genocide in Gaza. 9. März 2024 https://www.trtworld.com/middle-east/rabbi-from-hell-incites-israeli-jews-to-commit-genocide-in-gaza-17285204

[281] Terrifying Footage Shows Boeing 747 Engine Fire Over Miami. Zero-Hedge 19. Januar 2024. https://www.zerohedge.com/markets/terrifying-footage-shows-boeing-747-engine-fire-over-miami

[282] Berliner Zeitung: Boeing-Whistleblower John Barnett ist tot. Die Zeitung schreibt zu dem Fall: „Bereits in 2019 berichtete Barnett gegenüber der BBC von einem hohen Druck auf die Mitarbeiter von Boeing, die Teile in Flugzeuge einbauen, die nicht den Standards entsprechen würden. Noch in der vergangenen Woche gab er eine förmliche eidesstattliche Erklärung ab, in der er von den Anwälten von Boeing befragt wurde, bevor er von seinen eigenen Anwälten ins Kreuzverhör genommen wurde. (…) Boeing steckt derzeit in einer tiefen Krise. Bei dem Zwischenfall im Januar mit einer so gut wie neuen Boeing 737-9 Max von Alaska Airlines war kurz nach dem Start im Steigflug ein Rumpf-Fragment an der Reihe 26 herausgebrochen. Die mehr als 170 Menschen an Bord kamen weitgehend mit einem Schrecken davon. Experten verwiesen aber darauf, dass durch einen glücklichen Zufall die beiden Sitze an dem Loch im Rumpf leer geblieben waren." https://www.berliner-zeitung.de/news/boeing-whistleblower-john-barnett-ist-tot-li.2195609

[283] T-Online, 30. September 2023: „Das Ende eines amerikanischen Traums. Eine wahre Ladendiebstahl-Epidemie breitet sich in den USA aus. Während Demokraten und Republikaner über die Gründe streiten, leiden Kunden unter den absurden Gegenmaßnahmen des Einzelhandels. (…) Ausgerechnet im Land, das den unbeschwerten Konsum wie kein anderes feiert, entsteht so eine Parallelwelt." https://www.t-online.de/nachrichten/ausland/usa/id_100214880/armutsproblem-der-usa-ladendiebstahl-epidemie-im-land-des-ueberflusses.html

[284] Jimmy Dore schreibt auf X (Twitter) zu dem Vorfall mit Boeing: „It´s a symptom of end stage capitalism that we are currently living in and no politician will address it cuz they serve the capitalists. America needs a real revolution." Der Post vom 11. März 2024 wurde fast 200.000 mal angezeigt. https://x.com/jimmy_dore/status/1767286473265729816?s=20

[285] Unit 8200 ist ein israelischer Militärgeheimdienst: https://de.wikipedia.org/wiki/Unit_8200

[286] Webauftritt von Yossi Carmil: https://www.amcham.co.il/about/board-of-directors/yossi-carmil

[287] Jens Berger: Hat der Krieg in Gaza etwas mit Erdgas zu tun? Nachdenkseiten vom 16. November 2023. https://www.nachdenkseiten.de/?p=106807

[288] Noch ein (bisher) letztes Beispiel für die völlige ego-zentrierte Moralfreiheit dieser Connection: Der (jüdische) US-Senator Richard Blumenthal erklärt in aller Offenheit: „Wir kommen in der Ukraine auf unsere Kosten. Das russische Militär wurde um 50% dezimiert, ohne dass auch nur ein einziger US Soldat gestorben ist. Und das für weniger als 3 % unseres Militärbudgets. Das ist aus militärischer Sicht ein Schnäppchen". X-Post von Jonas Danner vom 12. März 2024 https://x.com/MrJonasDanner/status/1767436637342949512?s=20

[289] Vgl. Der Spiegel vom 11. März 2024: „Olaf Scholz und der Krieg - Ein Kanzler verzwergt sich selbst". Olaf Scholz hat mit seiner entschiedenen Absage an die Lieferung des Taurus-Marschflugköpers offenbar genauso den heftigen Unmut der Kriegsbefürworter erregt wie Papst Franziskus mit seinem Appell an die Ukraine, in Friedensverhandlungen zu treten. https://www.spiegel.de/politik/olaf-scholz-der-bundeskanzler-und-der-krieg-a-dcd0c8a7-d8e8-4f44-8723-649c57a7756c

[290] Vgl. Der Spiegel: „Putin will nach Ansicht des US-Sondergesandten nicht »ganz Europa« einnehmen." N dem Artikel heißt es: „Der Kremlchef wolle sich nach seiner Auffassung nicht »ganz Europa« einverleiben. Wenn er nach den Motiven Putins gefragt werde, dann sehe er einfach nur, dass Putin es auf ganz Europa abgesehen habe, so Wittkoff. »Dies ist eine ganz andere Situation im Zweiten Weltkrieg – damals gab es keine Nato.« Der Spiegel vom 23.3.2025. https://www.spiegel.de/ausland/wladimir-putin-will-nach-ansicht-des-us-sondergesanten-steve-witkoff-nicht-ganz-europa-einnehmen-a-37b725a5-a7a2-4fa2-949a-6c6a08390ad7

[291] Kant fasst seine Kritik an jüdischen Glaubensinhalten dahingehend zusammen, dass diese die bloße Verfolgung von Geboten fordern, nicht aber Moral. Das Judentum, wie Kant sagt, sei eine „statuarische" Religion, in der es „für göttlich gehaltene Verordnungen" gebe, „die für unsere reine moralische Beurtheilung willkührlich und zufällig" sind. Aus: Immanuel Kant: Die Religion innerhalb der Grenzen der bloßen Vernunft. Verlag von Philipp Reclam jun. Leipzig.

[292] Wenn ein jüdischer Mensch oder ein jüdisches Volk gesündigt hat, dann gegen Gott, niemals gegen andere Völker oder gegen Menschen anderer Völker. Sinngemäß nach Laurent Guyénot: Von Jahwe nach Zion, a. a. O., S.456-457

[293] Pastor Dr. Christoph Schroeder „Was ist Wahrheit?" (Joh 18,38) Die Pilatusfrage im gegenwärtigen gesellschaftlichen Kontext. https://www.frei-und-fromm.de/positionen/eingabe-und-offener-brief-des-initiativkreises-an-die-28-landessynode/was-ist-wahrheit/

[294] Aus dem Johannes-Evangelium Kapitel 1, Vers 1.

[295] Kant widmet ja seine ganze Schrift „Die Religion innerhalb der Grenzen der bloßen Vernunft" der Frage nach der Herkunft des „radikal Bösen in der menschlichen Natur"; gibt es einen „Hang zum Bösen in der menschlichen Natur", und ob „Der Sieg des guten Prinzips über das Böse" gelingen kann, wie auch „die Gründung eines Reichs Gottes auf Erden".

[296] Karl-Otto Apel: Diskurs und Verantwortung. Das Problem des Übergangs zur postkonventionellen Moral, Suhrkamp, Frankfurt am Main, 1988

[297] Vgl. Laurent Guyénot, From Yahweh to Zion, a.a.O., S.85.

[298] Al Jazeera, 4. Mai 2021: Video shows Israeli settler trying to take over Palestinian house. https://www.aljazeera.com/news/2021/5/4/if-i-dont-steal-your-home-someone-else-will-jewish-settler-says

[299] Diese Zitate sind enthalten in dem Artikel „Der verschwiegene Rassismus der Philosophen" des Philosophen Patrick Spät, erschienen im Magazin Telepolis am 24. Februar 2014. Spät sieht in diesen Zitaten Belege, dass die genannten Philosophen „Rassisten und Antisemiten" seien. Deren „Traditionslinie", schreibt Spät, sei „in der deutschen Ideengeschichte erschreckend lang und konsequent. Es ist an der Zeit, dass der Rassismus von Luther über Kant bis Wagner offen thematisiert wird. Und dass Heidegger als das bezeichnet wird, was er zweifelsohne war: ein Antisemit." Er benutzt das Urteil „A ist Antisemit" aber – typischerweise – als affirmierende Generalabsolution, die dieses Urteil vor die Beantwortung der Frage stellt, ob Urteile über bestimmte jüdische Verhaltensweisen eine Entsprechung in der Realität haben können, beispielsweise auch in juristischem Sinn. Das wäre eben die – im gesamten Kontext der oben beschriebenen zionistisch-mafiösen Verbrechen – zu stellende bzw. zu beantwortende Frage. https://www.telepolis.de/features/Der-verschwiegene-Rassismus-der-Philosophen-3363965.html

[300] Immanuel Kant: „Allgemeine Anmerkung zur Exposition der ästhetischen reflektierenden Urteile." In: Kritik der Urteilskraft, Ersterscheinung 1790, Reclam 1963

[301] David Ben-Gurion hatte sich gegen Kennedys ausdrücklichen Wunsch mit Nachdruck für das Atomwaffen-Entwicklungsprogramm in der israelischen Forschungsanstalt Dimona eingesetzt, Kennedy hatte verlangt, dass halbjährliche Inspektionen in Dimona stattfinden sollen, um die Entwicklung von Atomwaffen zu verhindern. Bevor Ben-Gurion auf diesen schriftlichen Wunsch Kennedys antwortete, trat er zurück. Der israelische Autor Avner Cohen schreibt in seinem Buch „Israel und die Bombe": „Am 27. Juni 1963, elf Tage nach der Ankündigung seines Rücktritts, hielt Ben Gurion eine Abschiedsrede vor den Mitarbeitern der Rüstungsentwicklungsbehörde (RAFAEL), in der er (…) das Atomprojekt begründete. In der Rede sagte Ben-Gurion: „Es gibt eine Sache (...), in der wir keinem anderen Volk auf der Welt unterlegen sind – das ist das jüdische Gehirn. Und (...) Wissenschaft beginnt im Gehirn. (…) Ich bin zuversichtlich (...), dass unsere Wissenschaft uns mit den Waffen versorgen kann, die wir brauchen, um unsere Feinde davon abzuhalten, einen Krieg gegen uns zu führen." Fünf Monate nach dieser Rede Ben-Gurions war Kennedy tot. Aus: Avner Cohen, Israel and the Bomb, Columbia University Express 1998

[302] Vgl. Apel: Das Apriori der Kommunikationsgemeinschaft. In: Transformation der Philosophie, Bd. 2, S. 358–435, hier S. 414.

[303] Vgl. Brandon Smith: "To Understand The Globalists We Must Understand Their Psychopathic Religion". (Artikel des Blog „Alt-Market.US" vom 21. Februar 2024 https://alt-market.us/to-understand-the-globalists-we-must-understand-their-psychopathic-religion/) Der Artikel beschäftigt sich mit einem plötzlichen Auftauchen von Okkultismus bei sehr reichen Eliten: „Im späten 18. und frühen 20. Jahrhundert erlebte die westliche Welt einen plötzlichen Ausbruch offenen Okkultismus unter den ultrareichen Eliten. Der Aufstieg der „Theosophie" war im Gange und entwickelte sich zu einer Art Modetrend, der letztendlich den Weg für das bereitete, was später als „New Age"-Spiritualismus bezeichnet wurde. Der Haupttreiber der theosophischen Bewegung war eine kleine Gruppe obskurer Akademiker, die teilweise von einer Frau namens H.P. Blavatsky angeführt wurde. Die Gruppe war besessen von esoterischem Glauben, Gnostizismus und sogar Satanismus." Smith entwickelt seinen Gedanken in Anknüpfung an Überlegungen des derzeit sehr populären Historikers Yuval Harari, der behauptet, eine Seele, Individualität und einen moralischen Kompass könne es nicht geben: „Globalisten behaupten, dass es keine Seele, keine individuelle Identität und keinen moralischen Kompass gibt. Aus ihrer Sicht besteht keine Gefahr, Technologie als Weg zur Göttlichkeit zu übernehmen, da dadurch nichts verloren gehen würde; und hier sehen wir die wahre Natur des Luziferianismus am Werk. Ein perfektes Beispiel für diesen Krebs ist Yuval Harari, Sprecher des Weltwirtschaftsforums – ein Mann, der den leisen Teil laut ausspricht und regelmäßig die dunkleren Lehren des Luziferismus propagiert." Smith führt seine Überlegungen weiter zu dem Gedanken, dass es eine sehr kleine „globalistische Kabale" gebe, die sich psychopathisch bzw. soziopathisch verhalte; wie mit Bezug auf Überlegungen Laurent Guyénots (a.a.O.) weiter unten argumentiert werden soll, gilt dies auch für die „zionistische Kabale". Smith schreibt: „Um zu verstehen, was Luziferianismus ist, stellen Sie sich den Antigott vor; ein Krieg gegen die Natur oder ein Krieg gegen den natürlichen Zustand der Menschheit, getarnt als „Aufklärung". Aus diesem Grund versuchen Globalisten, die extrem entgegengesetzte Sichtweise jeder natürlichen Veranlagung einzuführen. Die Vorstellung, dass der Mensch ein unbeschriebenes Blatt sei, ist auf der Yuval-Harari-Seite verankert, ist eine solche falsches Narrativ. Es ist eine Philosophie, die durch unzählige psychologische und anthropologische Studien entlarvt wurde. Von Carl Jung über Joseph Campbell bis hin zu Steven Pinker und darüber hinaus deuten alle wissenschaftlichen Beweise darauf hin, dass Menschen von Geburt an über angeborene psychologische Qualitäten und Eigenschaften verfügen. Einige davon sind einzigartig für die Person, andere sind universelle Archetypen und Ideen, die die Mehrheit der Menschen teilt (z. B. Gewissen und moralischer Kompass). Wenn wir diese angeborenen Eigenschaften nicht hätten, wäre die Menschheit schon vor Tausenden von Jahren ausgestorben. Wir wissen immer noch nicht, wo genau sie herkommen, wir wissen nur, dass wir ohne sie keine Menschen mehr sind. Es gibt jedoch einen bestimmten Prozentsatz der Menschen (1 % oder weniger), der diese angeborenen Charaktereigenschaften tatsächlich nicht besitzt. Sie werden allgemein als Psychopathen und Soziopathen bezeichnet und ihr Verhalten ist dem der Globalisten sehr ähnlich. Ich vertrete seit langem die Theorie, dass die globalistische Kabale in Wirklichkeit ein Kult höher funktionierender Psychopathen ist." Laurent Guyénot spricht von einem psychopathischen Gott Jahweh: „Jahwe ist ein Vater für sein Volk, aber ein Vater, der, um seinen Sohn unter seiner strengen Kontrolle zu halten, ihn daran hindert, ein empathisches Bündnis mit anderen Völkern einzugehen. Er überzeugt die Juden davon, dass alle, die ihre Freunde sein wollen, in Wirklichkeit ihre schlimmsten Feinde sind und dass jedes Vertrauen auf Nichtjuden nur in die Katastrophe führt. Die Juden müssen ihr ganzes Vertrauen allein auf Jahwe setzen." (a.a.O., S. 455).

[304] Lord Jacob Rothschild with Marina Abramovic in front of a painting called "summoning satan" https://br.ifunny.co/meme/lord-jacob-rothschild-with-marina-abramovic-in-front-of-a-bh76OIyS8?s=cl

305 Marina Abramovic Lord Jacob Rothschild with satanic Aleister Crowley witch Marina Abramovic in front of a painting called "Satan Summoning his Legions." Philippine Mathilde Camille, Baroness de Rothschild with baphomet jewelry. https://br.ifunny.co/picture/marina-abramovic-lord-jacob-rothschild-with-satanic-aleister-crowley-witch-HYnT49Ry9?s=cl

306 Im Netz ist ein Filmausschnitt zu finden mit dem Titel „The Babushka Lady", in dem der Vermutung nachgegangen wird, dass es sich bei den Aufnahmen um Pfillipine de Rothschild handelt, die an dem Tag 30 Jahre alt wurde. Das FBI soll mehrfach versucht haben, ihren Namen ausfindig zu machen, was aber nicht gelungen sei. https://rumble.com/v3quk8e-the-babushka-lady-philippine-de-rothschild.html

307 Das Lied „Morder Most Foul" von Bob Dylan erschien am 27. März 2020 auf dem Album „Rough and Rowdy Ways" als Single-Auskopplung. In der oben zitierten Textzeile heißt es:

„They killed him once and they killed him twice
Killed him like a human sacrifice
The day that they killed him, someone said to me, son
The age of the Antichrist has just only begun"

308 Über den „narzistischen Psychopathen" Israel ist seit dem 7. Oktober 2023 so viel geschrieben und in den sozialen Medien gesagt, gezeigt und berichtet worden, dass nur noch rätselhaft erscheint, wie die gesamte Weltöffentlichkeit schweigend und passiv diesem mörderischen genozidalen Treiben Tag für Tag zusehen kann, ohne dass dem auf irgendeine Weise Einhalt geboten wird. Stellvertretend für viele folgendes Youtube-Video: https://www.youtube.com/watch?v=nMng4AKPxrU

309 Guyénot zitiert aus: Philip Muehlenbeck, Betting on the Africans: John F. Kennedy's Courting of African Nationalist Leaders, Oxford UP, 2012.

310 Guyénot zitiert aus: George and Douglas Ball, The Passionate Attachment: America's Involvement With Israel, 1947 to the Present, W.W. Norton & Co., 1992, p. 51.

311 Seymour M. Hersh: The Samson Option: Israel's Nuclear Arsenal and American Foreign Policy. Random House 1991

312 Guyénot zitiert aus: Michael Collins Piper, False Flag: Template for Terror, American Free Press, 2013, pp. 54–55.

313 RTL: „60 Jahre nach dem Attentat: Wie John F. Kennedy unsterblich wurde." Im Text heißt es: „Die erste Kugel verfehlt das Ziel, die zweite dringt von hinten in Kennedys Rücken, tritt an seinem Hals beim Krawattenknoten wieder aus, trifft den vor ihm sitzenden Connally in den Rücken, durchschlägt seine Brust sowie das rechte Handgelenk und bohrt sich schließlich in den linken Oberschenkel. Die erstaunliche Flugbahn des Geschosses, von der die Warren-Kommission ausgeht, wird später von Kritikern ‚Magic Bullet' genannt: Zauberkugel." Noch immer gibt es nicht der Hauch eines Zweifels in diesem Text, vom 23. November 2023. https://www.rtl.de/cms/60-jahre-nach-dem-attentat-wie-john-f-kennedy-unsterblich-wurde-5067532.html Auch etwa der folgende Artikel aus einem GEO-Heft unterstützt die offizielle Theorie; darin wird u. a. behauptet, Kennedy habe „das Dach der dunkelblauen Limousine abnehmen lassen", was kaum Kennedys eigene Idee gewesen sein wird; Zweck ist hier wohl eher die Stützung der offiziellen Legende. Das Abnehmen des Daches wird von anderer Seite als Teil des Coups gesehen, wozu auch das Zurückbeordern der Wachleute der CIA hinter dem Wagen Kennedies kurz vor dem Anschlag gehört. Näheres weiter unten. Vgl. Ralf Berhorst, GEO: Attentat in Dallas - John F. Kennedy: Wie der US-Präsident und Hoffnungsträger vermutlich zu Tode kam. 23.11.2023. https://www.geo.de/wissen/weltgeschichte/jahrhundertmord--wer-er-schoss-us-praesident-john-f--kennedy--34205530.html

314 Roger Stone: The Man Who Killed Kennedy: The Case Against LBJ. Skyhorse Publishing 2013. In dem Kabel-Netzwerk C-Span wurde am 9. Dezember 2013 ein öffentlicher Vortrag von Roger Stone aufgezeichnet, in dem dieser sich sehr explizit zu den Vorwürfen gegen Johnson äußert. https://www.c-span.org/video/?316819-1/the-man-killed-kennedy

315 James W. Douglass : JFK and the Unspeakable: Why He Died and Why It Matters, 2008

316 David Talbot: Brothers: The Hidden History of the Kennedy Years. 2008

317 Michael Collins Piper Final Judgment: The Missing Link in the JFK Assassination Conspiracy. 1993

318 John Hughes-Wilson: JFK: An American Coup D'Etat: The Truth Behind the Kennedy Assassination. 2016

319 Guyénot hält eine Beziehung zum FBI für die Wahrscheinlichte: „Tatsächlich hat mich die jahrelange Lektüre des gesamten Spektrums der ‚JFK-Forschung' davon überzeugt, dass die Beweise, die Oswald mit der CIA in Verbindung bringen, bestenfalls sehr dürftig sind, wohingegen es eindeutige Beweise dafür gibt, dass er auf der Gehaltsliste des FBI stand." A. a. O., S. 315

320 Die deutsche Wikipedia berichtet in ihrem umfangreichen Artikel über diese Aktion Oswalds und die merkwürdige Tatsache, dass Oswald für seine Aktionen ein Büro nutzte, das im Haus des FBI-Mannes Guy Banister lag; die Doppel-Rolle Banisters wird an anderer Stelle noch näher beleuchtet: „Die Adresse, die Oswald auf seinen Flugblättern nannte, lag zudem in einem Haus, in dem auch Guy Banister sein Büro hatte, ein ehemaliger FBI-Mann mit Verbindungen sowohl zu antikommunistischen Exilkubanern als auch zur Mafia. Das wurde von Staatsanwalt Garrison und anderen Kritikern der Alleintäterthese als Beleg dafür gewertet, dass Banister etwas mit dem Attentat zu tun hätte; Oswald soll auch mit ihm gesehen worden sein." Wikipedia: Das Attentat auf John. F. Kennedy. https://de.wikipedia.org/wiki/Attentat_auf_John_F._Kennedy#Die_%E2%80%9E-Backyard-Photos%E2%80%9C

[321] Wikipedia für Kosher Nostra: https://de.wikipedia.org/wiki/Kosher_Nostra

[322] Wikipedia für Mickea Cohen: https://de.wikipedia.org/wiki/Mickey_Cohen

[323] Vgl. den Webauftritt der ADL und deren aktuelle Kampagne gegen Tiktok: „Sliding Through: Spreading Antisemitism on TikTok by Exploiting Moderation Gaps". https://www.adl.org/resources/blog/sliding-through-spreading-antisemitism-tiktok-exploiting-moderation-gaps

[324] Guyénots Quellenangabe zum Zitat des Rechtsanwalts Rubys ist: William Kunstler, My Life as a Radical Lawyer, Carol Publishing, 1994, p. 158; Steve North, "Lee Harvey Oswald's Killer 'Jack Ruby' Came From Strong Jewish Background," The Forward, November 17; als Quelle des Ausrufs Golda Meirs wird angegeben: Alan Hart, Zionism, vol. 2, op. cit., p. 279.

[325] Wikipedia-Eintrag zu Dorothy Kilgallan: https://de.wikipedia.org/wiki/Dorothy_Kilgallen

[326] Guyénot bezieht sich auf James Douglass: James Douglass, JFK and the Unspeakable: Why He Died and Why It Matters, Touchstone, 2008, p. 300.

[327] Wikipedia-Eintrag für Charles Crenshaw: https://de.wikipedia.org/wiki/Charles_Crenshaw

[328] Der Spiegel vom 7.6.1992: „Der mit den Fakten tanzt". https://www.spiegel.de/politik/der-mit-den-fakten-tanzt-a-a3a99f23-0002-0001-0000-000013681772

[329] Vgl. die Veröffentlichungen des Rechtsanwalts Markus Kompa, der sich den Fragestellungen um den Kennedy-Mord immer wieder gewidmet hat, hier speziell zu dem aktuellen Bericht des Portals T-Online zur gefundenen Kugel des Personenschützers Paul Landis. Markus Kompa - Desinformation-Online – Florian Harms und die Fake News. https://kanzleikompa.de/2023/12/

[330] Guyénot zitiert: Natasha Mozgovaya, "Prominent Jewish-American politician Arlan Specter dies at 82," Haaretz, October 14, 2012, on www.haaretz.com.

[331] Guyénot nennt als Quelle das Buch von Natalie Ornish: Pioneer Jewish Texans, The Texas A&M University Press, 2011.

[332] Israel & Assassination of The Kennedy Brothers (Laurent Guyénot), auf Youtube: https://www.youtube.com/watch?v=Kzz9Md0d76Y

[333] Wikipedia-Eintrag für Jim Garrison: Jim Garrison war Bezirksstaatsanwalt von New Orleans von 1962 bis 1973. Weltbekannt wurde er für seine Untersuchungen in Zusammenhang mit dem Attentat auf John F. Kennedy. Seine Ermittlungen sind Thema und Inhalt des Spielfilms JFK – Tatort Dallas von Oliver Stone. https://de.wikipedia.org/wiki/Jim_Garrison

[334] Wikipedia-Eintrag für das Dal-Tex-Building https://en.wikipedia.org/wiki/Dal-Tex_Building Das Dal-Tex-Building behand sich direkt neben dem County Criminal Courts Building, in dessen Keller Oswald von Ruby erschossen wurde.

[335] Jim Garrison hat sich in seinem Buch „On the Trail of the Assassins" zu der Frage geäußert. Er erklärt darin, die Route der Wagenkolonne Kennedys durch Dallas, die direkt die Main Street hinunter und auf den Stemmons Freeway führen sollte, sei in letzter Minute geändert worden, um in die Houston Street und dann in die Elm Street abzubiegen. Der Verdacht des Staatsanwalts Garrison begründet sich eben darin, dass die Route entlang der Elm Street in die Nähe des Grassy Knoll führte, wo seiner Vermutung nach ein Schütze positioniert war; und außerdem, wie gesehen, in unmittelbare Nähe des Dal-Tex-Building, wo Garrison ein Snipers-Nest vermutete, was dann, wie er schrieb, zu einer „Kreuzfeuertriangulation" hätte führen können bzw. sollen. Jim Garrison: On the Trail of the Assassins. Sheridan Square 1988

[336] Quellenangabe: LBJ Library: www.lbjlib.utexas.edu/johnson/archives.hom/nsams/nsam273.asp.

[337] The Guardian: Jared Kushner sagt, Gazas „Grundstück am Wasser könnte sehr wertvoll sein". Der Artikel bezieht sich auf ein Interview, das Kushner am 15. Februar gegeben hat und am 20. März vom Guardian auf seinen jetzigen Stand geändert wurde. https://www.theguardian.com/us-news/2024/mar/19/jared-kushner-gaza-waterfront-property-israel-negev

[338] BLICK: Trumps Schwiegersohn schockt mit Gaza-Aussagen. 20.3.024 https://www.blick.ch/ausland/ufergrundstuecke-ko-ennten-sehr-wertvoll-sein-trumps-schwiegersohn-schockt-mit-gaza-aussagen-id19554128.html

[339] Quellenangabe bei Guyénot: Joan Mellen, A Farewell to Justice, Potomac Books, 2007.

[340] Daniele Ganser: Imperium USA, a.a.O., S. 261 ff.

[341] Quellenangaben bei Guyénot: Michael Collins Piper, Final Judgment: The Missing Link in the JFK Assassination Conspiracy, American Free Press, 6th ed., 2005, pp. 290–297; False Flag: Template for Terror, American Free Press, 2013, p. 81; and Ch. 44 of Gary Wean, There's a Fish in the Courthouse, Casitas, 1987.

[342] Quellenangabe bei Guyénot: Meir Doron, Confidential: The Life of Secret Agent Turned Hollywood Tycoon - Arnon Milchan, Gefen Books, 2011, p. xi.

[343] Quellenangabe bei Guyénot: Martin W. Sandler (ed.), The Letters of John F. Kennedy, Bloomsbury, 2013.

[344] Quellenangabe bei Guyénot zur Rede Gaddafis: Youtube: "Gaddafi says JFK assassinated by Israel;" sowie Youtube: "Gaddafi calls for investigation into JFK/MLK assassinations."

[345] David Ben Gurion: „The Next 25 Years". Look Magazin, 16. Januar 1962

[346] Arno Bammé: Sprache – Technik – Ökonomie. Von der analogen "Gemeinschaft" zur digitalen "Gesellschaft". Metropolis Verlag 2024, S. 306

[347] Infosperber: „WHO gerät immer mehr in Abhängigkeit von Bill Gates & Co." Artikel von Urs P. Gasche und Martina Frei vom 24.09.2022. https://www.infosperber.ch/wirtschaft/konzerne/who-geraet-immer-mehr-in-abhaengigkeit-von-bill-gates-co/

[348] Lynn Fries: The capitalist solution to 'save' the planet: make it an asset class & sell it. Interview mit John Bellamy Foster vom 12. Juli 2022, MR Online. https://mronline.org/2022/07/12/the-capitalist-solution-to-save-the-planet-make-it-an-asset-class-sell-it/

[349] Richard Gage: Gaza – The Astounding Parallels with 9/11 – Introduction. https://richardgage911.org/gaza-the-astounding-parallels-with-9-11-introduction/ ; derselbe: Parallels between 9/11 and the Genocide in GAZA, Video-Vortrag https://odysee.com/$/embed/@CatherineWatters:9/Richard-Gage-alone:1

[350] Teile dieser Systematik finden sich wieder in Christopher Bollyns Beschreibung des 11. September, wie das katastrophale Versagen der Geheimdienste, die militärische Zurückhaltung, das Vorwissen über bevorstehende Angriffe, die „tanzende Israelis", und das „Management" der Täuschung und Vertuschung nachher.

[351] Es war schon darauf hingewiesen worden, dass Richard Gage in einem am 4. April 2025 erschienenen 90-minütigen Podcast mit dem ehemaligen Wrestler Jake Shields in vielen Einzelheiten, unterstützt durch eine Menge an Einspielfilmen, die ganze Geschichte dieses auserwählten Volkes schildert; konzentriert um die Ausgangsfragestellung des Architekten Richard Gage nach den wahren Hintergründen des 11. September, davon abgeleitet die Frage nach den wahren Tätern, deren Geschichte eben dann in die Geschichte Palästinas überleitet; die Ideen und Ziele der Zionisten, die mit der Staatsgründung Israels immer deutlicher auf eine Vertreibung der Palästinenser abzielten; der 11. September hatte den Zweck, den Nahen Osten so umzugestalten, dass kein Nachbarstaat Israels mehr in der Lage sein soll, Widerstand zu leisten. Gage stellt ebenso detailliert und wohlinformiert die Verbindungen zur Covid-Pandemie wie zum Gaza-Krieg dar. https://richardgage911.substack.com/p/tonight-tale-of-two-champions-jake

[352] Times of Israel vom 24.11.2024 https://www.timesofisrael.com/smotrich-says-half-of-gazans-can-be-encouraged-to-leave-within-two-years/

[353] Medienberichte: „Israel lagen vor Terror vom 7. Oktober offenbar konkrete Warnungen vor. Terroristen könnten mit Motorrädern und Gleitschirmen die Gaza-Grenze überwinden und rund 250 Geiseln nehmen. So stand es vor dem Terrorangriff in Warnungen der Armee – die nicht geglaubt wurden." Maria Sterkl, Der Standard, 19. Juni 2024. https://www.derstandard.de/story/3000000225052/israel-lagen-vor-terror-vom-7-oktober-offenbar-konkrete-warnungen-vor

[354] „Ägypten will Israel vor »großer Aktion« in Gaza gewarnt haben" Mena-Watch, 10.10.2023 https://www.mena-watch.com/aegypten-israel-ignorierte-warnungen/

[355] Kritik an Israels Geheimdiensten - Netanjahu entschuldigt sich für Vorwürfe. ZDFheute, 29.10.2023. https://www.zdf.de/nachrichten/politik/ausland/netanjahu-geheimdienst-warnung-kritik-israel-100.html

[356] Haaretz: IDF Ordered Hannibal Directive on October 7 to Prevent Hamas Taking Soldiers Captive. 7. Juli 2024 https://www.haaretz.com/israel-news/2024-07-07/ty-article-magazine/.premium/idf-ordered-hannibal-directive-on-october-7-to-prevent-hamas-taking-soldiers-captive/00000190-89a2-d776-a3b1-fdbe45520000

[357] Der hier zitierte Wikipedia-Artikel behandelt nicht die Frage, ob es sich bei den Toten dieses Massakers nach dem Supernova-Festival auch um Opfer des IDF-Beschusses gemäß der Hannibal-Direktive handelt. Der Artikel handelt aber von einer Schadenersatzklage von 42 Überlebenden dieses Angriffs: „42 Überlebende des Hamas-Terrorangriffs auf das Supernova-Musik-Festival reichten am 1. Januar 2024 eine Schadensersatzklage gegen den israelischen Inlandsgeheimdienst Schin Bet, die Armee, die Polizei und das israelische Verteidigungsministerium ein. Die Kläger fordern am Bezirksgericht Tel Aviv Schadensersatz in Höhe von umgerechnet 50 Millionen Euro. Sie werfen den staatlichen Sicherheitsorganen Fahrlässigkeit und grobe Versäumnisse vor dem Hamas-Angriff vom 7. Oktober vor. Ein einziger Anruf der Armee bei dem für das Festival zuständigen Kommandanten, das Festival wegen der drohenden Gefahr aufzulösen, „hätte Leben gerettet und die körperlichen und seelischen Verletzungen von Hunderten von Partybesuchern, darunter auch der Kläger, verhindert". Die Frage ist also, ob diese Unterlassung nicht nur grob fahrlässig war, sondern möglicherweise gar bewusst geschehen ist, im Sinne der „LIHOP"-Theorie. https://de.wikipedia.org/wiki/Massaker_von_Re%CA%BCim

[358] Das Fichte-Zitat ist enthalten in einer Fußnote zu diesem Text: Beiträge zur Berichtigung der Urtheile des Publicums über die französische Revolution, S. 191–193, enthalten in: Sämmtliche Werke Bd. 6

[359] Elsner, Wolfram. Das chinesische Jahrhundert: Die neue Nummer eins ist anders (S.22-23). Westend Verlag. In Fußnote 60 ist dieser Text schon einmal zitiert.

[360] Marx schrieb im Vorwort zur „Kritik der Politischen Ökonomie": „Auch wenn eine Gesellschaft dem Naturgesetz ihrer Bewegung auf die Spur gekommen ist - und es ist der letzte Endzweck dieses Werks, das ökonomische Bewegungsgesetz der modernen Gesellschaft zu enthüllen -, kann sie naturgemäße Entwicklungsphasen weder überspringen noch wegdekretieren.

Aber sie kann die Geburtswehen abkürzen und mildern." Karl Marx, Friedrich Engels: Werke, Band 23, „Das Kapital", Bd. I, S. 11 - 17

[361] Frithjof Meyer: Auf der Stelle erschießen. Der Spiegel, 29/1999. https://www.spiegel.de/politik/auf-der-stelle-erschiessen-a-1105bd09-0002-0001-0000-000013981253

[362] Vom Niedergang der Intellektuellen wird – nicht nur bei Todd – noch die Rede sein; von dem wird man aber auch bei Philosophen und Ökonomen sprechen müssen, denn nach Habermas und Apel sind eigentlich keine Philosophen mehr aufgetaucht, die zu Verständnis und Orientierung hätten wirkungsvoll betragen können, ebensowenig wie Ökonomen nach Keynes und Schumpeter. Der neueste Lichtblitz des Sachverständigenrats für Wirtschaft will wohl allen Ernstes „Investitionsquoten" vorschlagen („Zwang für Investitionen in Infrastruktur, Bildung und Verteidigung", Handelsblatt, 13.11.2024) nach dem hellen Vorbild der Frauenquote, was dann nicht mehr weit ist bis zur Konsumquote, mit anderen Worten: Mindest- oder Zwangskonsum. Es gibt andere Ökonomen die das ernsthaft vorschlagen, ich komme darauf zurück.

[363] Die Herren Marx und Engels hatten, mit Verlaub, nicht das richtige Verständnis von Ideal, so wie es in den Anfängen der Wissenschaftssprache entwickelt worden war – das zu zeigen ist Inhalt des folgenden Kapitels. In der „Deutschen Ideologie" heißt es: „Der Kommunismus ist für uns nicht ein Zustand, der hergestellt werden soll, ein Ideal, wonach die Wirklichkeit sich zu richten haben wird. Wir nennen Kommunismus die wirkliche Bewegung, welche den jetzigen Zustand aufhebt." Und wonach richtet sich die „wirkliche Bewegung", wie ist sie definiert, und wie ist sie begründet? Wer oder was ist ihr Motor? Handelt es sich da um ein bewusstloses Naturereignis? Oder sind die Beweger Menschen mit Gründen und Zielen? In dem Fall müssten sie sich schon an einem gedanklich vorweggenommenen Zielzustand orientieren, und das meint man gewöhnlich mit Ideal. So meinten das auch die ersten Verwender dieses Wortes in der Wissenschaftssprache. Karl Marx und Friedrich Engels, Die Deutsche Ideologie, in: MEW, Bd. 3, Berlin (Ost): Dietz 1978, S. 35.

[364] Immanuel Kant, Kritik der reinen Vernunft, 2. Auflage 1787, S. 428

[365] Man könnte auch einfach sagen: das Fortschreiten des technischen Vermögens wird ermöglicht durch die Nutzung von Kapital, und das ist: vor-getane Arbeit. Es muss also noch nicht die Kapitalistenklasse sein, die Kapital nutzt und bildet, sondern jeder, der Arbeit vor-tut, vor-leistet, um so den Gesamtertrag der geleisteten Arbeit zu vergrößern. Erst wenn sich eine Arbeitsteilung bildet derart, dass der eine Teil die kumulierte, von anderen vorgeleistete Arbeit nutzt, und der andere die von eigenen Händen geleistete Arbeit, entsteht die Trennung zwischen Besitzenden und Lohnabhängigen im Kapitalismus, was allerdings auch schon unter vorkapitalistischen, also feudalen Bedingungen der Fall war oder sein konnte. Wenn die vorgeleistete Arbeit sich dann in Maschinen „ansammelt", also in dem Sinne vorgeleistet worden ist, nimmt der Kapitalismus gewissermaßen Fahrt auf.

[366] Todd, Emmanuel a.a.O., S.26.

[367] Shoshana Zuboff: In the Age of the Smart Machine: The Future of Work and Power. New York 1988

[368] Joseph Schumpeter: Kapitalismus Sozialismus und Demokratie, UTB, achte Auflage 2005, S. 215

[369] Wassily Leontief: The Distribution of Work and Income, Scientific American, 1982, Vol. 247, No.3, S. 192

[370] Für Angehörige des Bankgewerbes ist diese Erkenntnis eine Binsenweisheit; Banker wissen: Wenn jeder alles zurückzahlen würde, was jemals geliehen wurde, würde es überhaupt kein Geld mehr geben. Es wäre kein Geld mehr im Umlauf, alle Münzen und Banknoten würden zurückwandern in die Tresore, und es gäbe keinen Dollar oder Euro mehr auf irgendeinem Girokonto. Kurz gesagt, alles Geld würde verschwinden, übrig blieben die Güter als Gebrauchswerte, die nun bezahlt worden sind. Wenn nun die gesamte geschichtliche „Schuld" abgetragen, also „bezahlt" wäre, wäre das Knappheitsproblem gelöst – jedenfalls im Prinzip.

[371] John Meynard Keynes: Vorlesung über „Ökonomische Möglichkeiten für unsere Enkelkinder", gehalten in Madrid 1930, gedruckt erschienen in der Zeitschrift „The Nation & The Athenaeum" am 11. und 18. Oktober 1930. Entnommen aus: Norbert Reuter: Wachstumseuphorie und Verteilungsrealität. Wirtschaftspolitische Leitbilder zwischen Gestern und Morgen. Mit Texten zum Thema von John Maynard Keynes und Wassily W. Leontief, 2. Vollständig überarbeitete und aktualisierte Auflage, Marburg 2007. Seitenangaben zum Text von Keynes entsprechend.

[372] Theodor W. Adorno: Minima Moralia. Reflexionen aus einem beschädigten Leben. Suhrkamp 1994, S. 208

[373] Ralf Dahrendorf; Wenn uns die Arbeit ausgeht. Die Zukunft verlangt neue Gestaltung des sozialen Lebens. Die ZEIT, 29. September 1978; ders.: Die Arbeitsgesellschaft ist am Ende. Wer immer verspricht, ein Rezept gegen die Arbeitslosigkeit zu haben, sagt die Unwahrheit. Die ZEIT, 29. November 1982

[374] Jürgen Habermas: Die Krise des Wohlfahrtsstaates und die Erschöpfung utopischer Energien. In: Die Neue Unübersichtlichkeit. Suhrkamp Verlag 1985, S. 69

[375] Aaron Benanav: Automatisierung und die Zukunft der Arbeit. Suhrkamp 2021, S. 141. Benanav zitiert aus: Michael Lebovitz, The Socialist Alternativ. Real Human Development, New York: Monthly Review Press 2010, S. 31 - 45

[376] Die „Universale Turing-Maschine" ist die mathematisch-technische Grundlage für das, was aus dem 1936 erschienenen Aufsatz des Mathematikers Allan Turing „On Computable Numbers" hervorging, nämlich die Wissenschaft Informatik.

[377] Der Begründer der Faches Wirtschaftsinformatik in Deutschland, Peter Mertens, der 1972 an der Universität Erlangen-Nürnberg den ersten Lehrstuhl dieses Faches innehatte, trat 1995 mit der „These" hervor, dass eine zu maximierende Vollautomation das langfristige Wissenschafts- und Forschungsziel seiner Forschergemeinschaft sein sollte. Ich habe damals zu diesem Thema meine Doktorarbeit geschrieben: Ludger Eversmann: Wirtschaftsinformatik der ‚langen Frist'. DUV 2003

[378] Jeremy Rifkin: Die Null-Grenzkosten-Gesellschaft. Campus 2014; ders.: Das Ende der Arbeit und ihre Zukunft. Fischer, Frankfurt 1997

[379] Mason, Paul: Klare, lichte Zukunft: Eine radikale Verteidigung des Humanismus. Suhrkamp Verlag, S.367

[380] Matrix der Arbeit. Materialien zur Geschichte und Zukunft der Arbeit. Dietz Verlag Bonn 2023

[381] Cornelius Markert, Horst Neumann, Marc Amlinger: Geschichte und Zukunft der Produktivität: Ende oder Halbzeit eines großen Spiels? IGZA Arbeitspapier #3. Die Grafiken finden sich auf den Seiten 12, 19, 23, 25, 26 und 28

[382] Die Darstellung nimmt Bezug auf Robert J. Gordon: The Rise and Fall of American Growth.

[383] Das war einer der Schwerpunkte in meinem (nicht sehr erfolgreichen) Buch: „Marx's Reise ins digitale Athen". Rotbuch-Verlag 2019

[384] MATRIX DER ARBEIT BUCHVORSTELLUNG Berlin, 12. September 2023 https://igza.org/wp-content/uploads/2023/10/Praesentation_IGZA_2023-09-12_email.pdf

[385] MEW 42, 601f.

[386] Siehe Fußnote 141

[387] Daum, Timo. Das Kapital sind wir: Zur Kritik der digitalen Ökonomie (Nautilus Flugschrift) (S.217). Edition Nautilus.

[388] „Die BlackRock-Bougeoisie". Walter van Rossum diskutiert in der Reihe „The Great Weset" mit den Autoren Ulrich Gausmann, Horst Müller und Werner Rügemer über dieses spezifische Transformationsproblem. https://www.manova.news/artikel/die-blackrock-bourgeoisie

[389] Am Hamburger „The New Institute", dessen Entstehung sich den Mäzenen und Stiftern Max Herz (Hamburger Kaffee Röster) und Erck Rickmers (Reederei) verdankt, läuft gegenwärtig das Forschungsprogramm „Beyond Capitalism: War Economy and Democratic Planning", das sich der Fragestellung widmet: „Wie können wir angesichts der sich abzeichnenden planetarischen Katastrophe eine demokratisch strukturierte ‚Kriegswirtschaft' und eine entsprechende neue Vorstellung von Freiheit und Fortschritt eine egalitärere und nachhaltigere Gesellschaft aufbauen?" Das Programm klingt sehr anspruchsvoll: „Wir steuern mit voller Geschwindigkeit auf eine planetarische Katastrophe zu. Freie Märkte, Wirtschaftswachstum und technologischer Fortschritt, die einst als rational, effizient und emanzipatorisch galten, bedrohen heute die menschliche Zivilisation. Im Jahr 1919 lehnte Otto Neurath die ‚Pseudorationalität' einer Marktwirtschaft ab und argumentierte für die Notwendigkeit, eine ‚Kriegswirtschaft' zu installieren, die nicht auf Marktaustausch basiert. Neben Pandemien, Inflation und Kriegen, die auch Neuraths Zeit prägten, erleben wir eine Klimakrise, die die Polykrise beschleunigt. Das Anthropozän erfordert daher neue konkrete Visionen, um die ‚Pseudorationalität' des gegenwärtigen Systems zu überwinden. Angesichts der Polykrise ist der neoliberale Marktfundamentalismus nicht länger akzeptabel, und dementsprechend steigt die Forderung, konventionelle Werte wie ‚Marktfreiheit' und ‚ewiges Wirtschaftswachstum' radikal zu überdenken." Wer würde da nicht zustimmen, allerdings – wer besitzt denn die Verfügungsgewalt in einer solchen „Kriegswirtschaft"? Es werden im Einzelnen folgende Forschungsfragestellungen genannt: „Indem wir uns auf verschiedene Formen demokratischer Planung in Theorie und Praxis stützen, wollen wir neue Wege der Wertschöpfung für das soziale Wohlergehen erkunden, die dem kapitalistischen Wertkonzept als endloser Gewinnmaximierung zuwiderlaufen und darüber hinausgehen. Wir werden in drei Dimensionen arbeiten: 1. Wie ist es möglich, die Demokratie in der Kriegswirtschaft zu sichern und sogar zu vertiefen? 2. Wie kann die soziale und individuelle Freiheit trotz der offensichtlichen Notwendigkeit, sich strikt an die soziale und ökologische Planung zu halten, gedeihen? Und 3. Was würden Wohlstand und Entwicklung im Leben nach dem Kapitalismus bedeuten?" Das klingt zweifellos vielversprechend, scheint aber auch wiederum genau der Frage aus dem Weg zu gehen: wenn in einer nicht-kapitalistischen „Kriegswirtschaft" demokratisch geplant werden soll – wer ist das planende Subjekt, das mit welchem Recht über Vermögen und Eigentum verfügt? Wie entsteht diese planende Kriegswirtschaft? Diese Frage wird von den Anhängern des „Democratic Planning" umgangen. https://thenew.institute/en/programs/beyond-capitalism-war-economy-and-democratic-planning#about

[390] Ich habe so argumentiert im Essay „Endstation Weltenbrand - Der Kapitalismus war an sein Ende gelangt, zu den jetzigen Katastrophen hätte es nicht kommen müssen — doch die Menschheit wurde um ihr Happy End betrogen." In: Online-Magazin Manova, erschienen am 14. 10. 2022 https://www.manova.news/artikel/endstation-weltenbrand Emmanuel Todd und Albrecht Müller sagen ja auch, dass bis zur Übernahme des Neoliberalismus eine recht vielversprechende sozialstaatliche Entwicklung ab den 1950er Jahren eingesetzt hatte, und die hätte mit Verstand und Weitblick fortgesetzt werden können. Das sollte sie aber nicht.

[391] Kaczmarczyk, Patrick. Kampf der Nationen: Wie der wirtschaftliche Wettbewerb unsere Zukunft zerstört (S.23). Westend Verlag. Zu bemerken ist, dass Kaczmarczyk sich für einen linken Ökonomen hält.

[392] Herrmann, Ulrike. Das Ende des Kapitalismus: Warum Wachstum und Klimaschutz nicht vereinbar sind – und wie wir in Zukunft leben werden (S.216). Kiepenheuer & Witsch.

[393] Der Soziologe und Journalist John Bellamy Foster schreibt: Ökologisches Kapital gibt es nicht, das ist ein Oxymoron, eine Contradictio in adiecto, das gibt es nur in einer Welt, in der man sich die Schöpfung der Natur selbst am Ende noch als Geldkapital, als käufliches Gut vorstellt, und tatsächlich gibt es ja bereits diese Bestrebungen, Naturgüter als „Asset Class" zu behandeln, wie käufliche Güter, aus denen sich dann, nachdem diese Güter weltweit privatisiert und von öffentlicher Nutzung ausgeschlossen worden sind, phantasische Gewinne erzielen lassen. John Bellamy Foster beschreibt diese sozusagen ultimative Idee des Kapitalismus zur Rettung des Planeten so: „The Main COP27 Solution to Saving the Planet: Make It an Asset Class & Sell it." Artikel von John Bellamy Foster, erschienen am 9.11.2022, im Institut for New Economic Thinking, https://www.i-neteconomics.org/perspectives/blog/the-capitalist-solution-to-save-the-planet-make-it-an-asset-class-sell-it

[394] Herrmann, Ulrike. Das Ende des Kapitalismus: Warum Wachstum und Klimaschutz nicht vereinbar sind – und wie wir in Zukunft leben werden (S.244-245). Kiepenheuer & Witsch eBook.

[395] Wikipedia-Eintrag für Otto Neurath. https://de.wikipedia.org/wiki/Otto_Neurath

[396] Kohei Saito: Systemsturz. Der Sieg der Natur über den Kapitalismus. DTV 2023

[397] Wikipedia-Eintrag für Kohei Seito https://de.wikipedia.org/wiki/Kohei_Saito

[398] Netzwerk Demokratische Wirtschaftsplanungplanung https://www.demokratische-planung.de/info/ueber-uns/

[399] Markus Gabriel: Gutes tun. Wie der ethische Kapitalismus die Demokratie retten kann. Ullstein, 2024

[400] Der Ökonom Norbert Häring berichtet in seinem Blog "Geld und mehr" am 16. 05. 2023, dass der Landesbeauftragte für Politische Bildung des Landes Schleswig-Holstein unter dem Titel „Tatort soziale Netzwerke. Verschwörungsmythen und Fake News im Internet" Workshops und Lehrerfortbildungen in Schulen anbietet, die „junge Menschen für Fake News und Verschwörungsmythen sensibilisieren und einen souveränen Umgang mit ihnen vermitteln" sollen. Bezahlt vom FDP-geführten Bundesbildungsministerium und der Zeitbild-Stiftung sollen 50 Jugendliche ab 14 Jahren zu Leitern von Workshops ausgebildet werden, in denen sie Gleichaltrige gegen Verschwörungstheorien impfen. In Anbetracht des meist demagogischen Gebrauchs des Begriffs, muss man das als weitere Eskalationsstufe in einem Propagandafeldzug gegen Oppositionelle betrachten. Es gibt bedenkliche Bezüge zu einer EU-Nato-Kampagne zur Indoktrination von Kindern.Auf ihrer Netzseite schreibt die Zeit-Stiftung über das bundesweite Projekt „Buch der Demokratie – Verschwörungstheorien aufdecken": „Verschwörungstheorien und Fake News überschwemmen unseren Alltag, besonders medial. Was ist wahr – was ist Fake? Um das herauszufinden und Verschwörungstheorien entschieden entgegen zu treten (…), bietet die Zeitbild-Stiftung mindestens 50 Jugendlichen ab 14 Jahren die Möglichkeit, zu „Peer-Scouts" gegen Verschwörungstheorien und Fake News ausgebildet zu werden. In einem zweitägigen digitalen Kompaktkurs werden alle Inhalte, Methoden und Praxisbeispiele vermittelt, welche die Jugendlichen im Anschluss in ihren eigenständig angelernten Workshops mit rund 5.000 weiteren Jugendlichen umsetzen können." (https://www.zeitbild-stiftung.de/projekte/buchderdemokratie/) Die Logik dahinter, wie Häring schreibt: „Das ist typisch für derartigen Projekte zur „Aufklärung über Verschwörungstheorien" und damit auch bei der Ausbildung der Peer Scouts nicht anders zu erwarten. Wie im grassierenden Faktencheckerunwesen oder in einschlägigen Büchern, wird auf Teufel komm raus manipuliert. Es wird so getan, als rede man von absurden Thesen, wie dass wir von Reptilien regiert werden, um dann aber viel realistischere Thesen über denselben Kamm zu scheren. Es wird so getan, als gingen Verschwörungsthesen immer damit einher, dass irgendwelche dunklen Mächte einen monströsen Plan verfolgen, ganz vielen Menschen ganz großen Schaden zuzufügen. Gern wird deshalb auch alles, was man Verschwörungsthese nennen kann, in den Ruch des Antisemitischen gebracht. Was öffentliche Stellen sagen, wird unhinterfragt als die Wahrheit betrachtet, was davon abweicht, als Fake News oder Verschwörungstheorie. Weil die verwendete Definition der Verschwörungstheorie meist extrem diffus und dehnbar ist, kann jegliche (noch) unbewiesene These von Regierungskritikern, wonach bestimmte Maßnahmen (auch) andere Ziele oder Folgen haben als die erklärten, pauschal als Verschwörungstheorie gebrandmarkt werden." https://norberthaering.de/propaganda-zensur/schule-verschwoerungstheorie/ Das bedeutet, mit Blick auf das Wirken der zionistischen Kabale: sie sind in der Lage, bis in die Gestaltung öffentlich-rechtlicher Fernsehprogramme hinein zu wirken, das den wenigsten Fernsehmachern und –zuschauern bewusst sein dürfte. Auch das ist interessant: das Verschieben „all dessen, was man Verschwörungsthese nennen kann, in den Ruch des Antisemitischen." Wie ist das zu erklären? Warum will man realistische Aufklärung über Tätertypothesen in den Ruch des Antisemitismus bringen, wenn nicht deshalb, weil die wahren Täter (in den Fällen) eben diesen zionistischen Kreisen zuzurechnen sind?

[401] Webauftritt der Seite Volksverpetzer https://www.volksverpetzer.de/

[402] Webauftritt des CeMAS https://cemas.io/team/pia-lamberty/

[403] Mark Schieritz: „Der Zins kommt nicht zurück". Die ZEIT online, 13. Januar 2020. https://www.zeit.de/wirtschaft/geldanlage/2020-01/zinsen-sparen-notenbank-zinsniveau-finanzpolitik-5vor8

[404] Es war ja nun zu beobachten, dass der Zins doch zurückkommt, warum nun wieder steigende Zinsen? Nun, dass hier bei dem Wiederanstieg der Zinsen nach Covid-19 Mechanismen eine Rolle gespielt haben, die möglicherweise dubiosen Ursprungs sind wie auch die schon genannte Käufer-Inflation mit ihrem künstlich hoch gehaltenen Preisniveau, bestätigt eher die Regel als dass sie ihr widerspricht. Langfristig werden die Zinsen sicher wieder fallen.

[405] Interview mit der Redaktion der Gruppe „VIER" zum Buch „Destiny of Civilization" von Michael Hudson vom 1.8.2022 https://www.vierte.online/2022/08/01/wie-die-usa-ihre-globale-dominanz-sichern-wollen-us-oekonom-michael-hudson-im-exklusiv-interview/

[406] 2019 erschien im Suhrkamp-Verlag das Buch „Die Ökonomie des Alltagslebens. Für eine neue Infrastrukturpolitik", zu dem Wolfgang Streeck ein Vorwort schrieb. In den „Blättern" schreibt er unter dem Titel „Der alltägliche Kommunismus. Eine neue Ökonomie für eine neue Linke" einleitend über diese Fundamentalökonomie: „Die Eigentumsfrage ist die offene Wunde der kapitalistischen Gesellschaft; in ihr liegen die Nerven blank." Darum gilt, wie er schreibt: Die Fundamentalökonomie „rechnet sich am besten, wenn sie eine öffentliche ist, also vor allem vom Staat oder unter strenger staatlicher Aufsicht und staatlichem Schutz betrieben wird." Die von Hudson vorgeschlagene Konzeption einer gemischen Volkswirtschaft mit staatlichen und privaten Anteilen lässt sich hier offensichtlich leicht zur Übereinstimmung bringen.

[407] Karl Georg Zinn: Vom Kapitalismus ohne Wachstum zur Marktwirtschaft ohne Kapitalismus. VSA, Hamburg 2015

[408] Ich habe mir also erlaubt, diese drei Fragen so zu beantworten, dass der Stopp dieses Marsches die Folge von einerseits gewöhnlicher wissenschaftlicher Ungenauigkeit und ideologischer Verblendung (vulgo: Dummheit) war bzw. ist, und andererseits der Erfolg dieses beharrlichen, sehr langfristig und geradezu konspirativ angelegten Verhindern des Marsches, zugunsten der Interessen der Besitzenden (mindestens).

[409] Dass an dieser Stelle des Textes von der vorher beschriebenen „zionistischen Kabale" die Rede ist, mag man in dieser Gesellschaft seriöser Ökonomen gewissermaßen gar nicht denken, aber Walter Lippmann und seine Freunde im Geiste haben offenbar wirklich sehr weit vorausgedacht.

[410] Giacomo Corneo: Bessere Welt. Hat der Kapitalismus ausgedient? Goldegg Verlag 2014

[411] Der Mathematiker Norbert Wiener schrieb 1942: „Bedenken wir dass der Automat, was immer wir davon halten, ob er Gefühle hat oder nicht, das präzise Äquivalent der Sklavenarbeit ist."

[412] ZDF-Interview mit dem Ökonomen Jens Südekum vom 17.4.2023 zum Thema „Ist künstliche Intelligenz ein Jobkiller". https://www.zdf.de/nachrichten/digitales/kuenstliche-intelligenzi-suedekum-arbeitsplaetze-100.html

[413] Wolfgang Streeck: Der alltägliche Kommunismus. Eine neue Ökonomie für eine neue Linke. Blätter, Juni 2019

[414] Wikipedia-Eintrag für „Wirtschaftsrechnung im Sozialismus" (*Socialist Calculation Debate*) https://de.wikipedia.org/wiki/Wirtschaftsrechnung_im_Sozialismus

[415] X-Tweet des International Center for 9/11 Justice https://x.com/ic911justice/status/1863300472443994551

[416] Vgl. Wikipedia-Eintrag für James Warburg https://de.wikipedia.org/wiki/James_Warburg